海門神寺

深圳赤湾天后古庙变迁史

陈文广 龚礼茹 著

方志出版社
Publishing House of Local Records

图书在版编目（CIP）数据

海门神寺：深圳赤湾天后古庙变迁史 / 陈文广，龚礼茹著. —北京：方志出版社，2022.12

ISBN 978-7-5144-5290-7

Ⅰ. ①海… Ⅱ. ①陈… ②龚… Ⅲ. ①寺庙－史料－深圳 Ⅳ. ①K928.75

中国国家版本馆CIP数据核字(2023)第071419号

责任编辑：王娜
责任校对：刘玉霞
责任印制：梅中英
出 版 者：方志出版社
地　　址：北京市朝阳区潘家园东里 9 号（国家方志馆4层）
邮　　编：100021
网　　址：http://www.zgfzcb.cn
发　　行：方志出版社图书营销中心（010-67110500）
印　　刷：深圳市汇亿丰印刷科技有限公司
开　　本：787毫米×1092毫米　1/16
印　　张：26.25
字　　数：372千字
版　　次：2022年12月第1版
印　　次：2022年12月第1次印刷
定　　价：66.00元

赤湾天后古庙旧照（清末）

上联：鹭配惟天海宇澄清惶恐滩头皆乐土

下联：和蹊我后云轩仿佛零丁洋里尽恩波

序 言

赤湾是我国广袤南海的一颗明珠，位于广东省深圳市南头半岛。它的发展，离不开海洋文化的滋润和影响。人类一直在利用海洋提供的资源繁衍不息，大海是人类的摇篮。中华民族是一个开放的民族，信仰与崇拜始终贯穿在中国人的生活之中。

中国文化博大精深，“岳镇海渎”祭拜体系是中国封建社会的官方信仰模式，以泰山封禅为极则。但是在社会底层流行甚广的民间信仰，与中华民族海文化发生紧密联系的则是妈祖天后神祇。勤劳的中国人民在创造世界与改造世界的时候，建立了中华民族信仰。这些信仰不仅满足了各地人民的精神需求，而且还被传递到世界各地，成为中华民族的根本信仰与民族团结的符号。

妈祖天后是中华民族最底层的民间信仰，虽然不像正统的佛教和道教有深奥的理论，以及成体系的神祇系统，包括一定等级建制的神职人员，乃至宏大的建筑，但是它却是最有影响力的信仰之一，因为它与人们日常生活联系最为紧密，反映了人们的某种精神需要。它的建立体现了地方性、时代性、文化性、开放性、国际性，以及与时俱进的特点。妈祖天后信仰无疑是在中华文化的滋润下长成的，虽然它是在宋代才出现的信仰活动，但是它的发展速度与传播范围却极为惊人，短短二三百年间，这种信仰在明清时期已经在我国漫长的海岸线扎下了根，成为中国海神信仰的代表。这充分说明它的发展与我国航海技术的发展和海上贸易的发达有着重要的因果关系。而且伴随着我国人民出洋谋生，妈祖天后信仰也被华人带到世界各地，特别是在东南亚华人生活的地区，妈祖天后信仰已经充满了国际性的特点，现在世界各地以供奉妈祖天后为特色的神庙达到上千座，覆盖了上亿人口。

繁茂的中国文化，催生了中国妈祖天后信仰的出现，并以大海一样的胸怀，接纳了无数众生。宏大的叙事传统，以及深邃莫测的大海性格，丰富了我国海洋文明的内容，建立了妈祖文化的体系。随着时代发展，妈祖天后在中国文化的地位一直在不断地增强与丰富，特别是明清时期的妈祖天后身上拥有更多的超越性、开放性和灵活性。妈祖天后信仰超越了地方的边界，成为我国海边人民的共同信仰，不仅有重要的救护功能，还具有护国、扬善惩恶等各种力量。今天的妈祖天后仍然是沿海地区人民供奉的神祇，发挥护佑众生的作用。此外，带有地域文化与地方神特点的妈祖天后，又为各地文化大发展与大繁荣提供了一定资源，现在许多地方都在开展妈祖民俗节庆活动，这些活动为当地增添了更多的文化性，美化和丰富了人民生活，成为人们喜闻乐见的文化内容。

赤湾天后古庙（今名）坐落于赤湾港内，据考宋时已立。《新安县志》也实证明永乐八年（1410），由使臣张源重修庙宇。之后，赤湾这座天妃庙便成为明朝国家使臣出使南海诸国前等候季风和祭祀海洋活动的重要场所，历史上早有“海门神寺”的美誉。目前，是广东省海上丝绸之路十大地理坐标之一。

陈文广和龚礼茹撰写的《海门神寺——深圳赤湾天后古庙变迁史》一书，通过文献史料勾勒出深圳赤湾天后古庙的历史变迁，折射出宋代以降珠江口和深圳海洋社会的历史，对于研究深圳“一带一路”历史和海洋文化具有重要意义。

楼宇烈先生（图左）为本书题词

我粗粗通读此书，感觉作者对赤湾天后古庙的历史文献等基础史料掌握得比较扎实，分析研究有独到之处，是研究广东民间信仰和深圳海洋历史文化的一部学术著作。尤其能感受得到二位作者希望通过赤湾天后古庙深厚历史文化的挖掘整理，来证明深圳海洋文化与妈祖文化底蕴的高度，说明深圳并不是人们印象中的“文化荒漠”，即深圳不是对传统文化一无所知的城市，相反，其蕴含的历史文化资源，是一种不同于传统历史名城的海洋文化特性。

新时代的深圳，理应重新认识与定位妈祖文化。正如书中第五章写到：“赤湾妈祖文化不仅是深圳的宝贵财富，也是深圳文化的高度所在，在当今大湾区的政治、经济、文化构建中都独具价值。首先，从全球视野来看，妈祖文化作为中国为数不多的世界非物质文化遗产，是中华传统文化的骄傲，在推动中国乃至全球社会秩序和社会进步方面独具贡献。其次，从人类命运共同体层面来看，妈祖文化凝聚于海洋文化的精神，是人类共同的精神财富。再次，从中华民族文化认同来看，妈祖文化是地域辐射最广的文化因子之一——有华人的地方就有妈祖。最后，从讲好中国故事，建立文化自信来看，深圳讲好天后文化故事，对于形成独具一格的深圳文化，其价值巨大。”可见，妈祖作为中华海神的象征，她集智慧、慈爱、包容、善良、勇敢于一身，体现了中国人在面对海洋时一往无前、开拓进取、敢闯创新的海洋精神。妈祖的影响不仅遍布中国，还远播至东南亚、欧洲、美洲、非洲等地，成为世界华人“文化认同”的精神力量；妈祖文化不仅是中国海洋文化的精神象征，也是世界海洋文化的精神象征。2009年，妈祖信俗被列入联合国教科文组织《非物质文化遗产公约》人类非物质文化遗产代表名录，这对于推动中华民族优秀传统文化走向世界具有重要的历史意义。我们期待赤湾天后古庙在未来的发展中，一方面能构建成为粤、港、澳的文化认同的圣地，成为大湾区一个象征性的文化家园。同时，为助力中国传统文化的复兴、推动深圳本土文化走出去发挥重要的作用。

是为序。

楼宇烈

2022年1月8日

目录

导 论

第一节 引言

21世纪是海洋的世纪，向海则兴，背海则衰。随着“一带一路”倡议的提出，城市迈入“亲海时代”是大势所趋。深圳在海洋发展方面具有得天独厚的自然条件，东临大亚湾，西抵珠江，南接香港新界，拥有257公里延绵的海岸线和1145平方公里广阔的海域面积。深圳的发展，离不开海洋文化的滋润和影响。

深圳历史上就是“海上丝绸之路”的一个重要节点，海洋文化有长达2000多年的历史。南山地处广东省深圳市西部，自东晋咸和六年（331）在南头古城一带设立东官郡始，直至20世纪50年代以来，都是历代郡治或县治所在地，被誉为“深港历史之根”。早在新石器时代，深圳沿海就有先民居住，出现了山岗、乌背岭、赤湾、咸头岭、小梅沙、盐田、上洞村等海湾古沙堤堆文化遗址（出土了包括石斧、石刀、石簇和大批夹砂以及普遍装饰绳纹、划纹、贝印纹粗制的彩陶器）。汉代，推行盐铁官营制度，在今深圳南头设立的东部盐官（简称“东官”），是深圳历史上最早的行政建制单位，南头也成为华南沿海重要的政治和经济中心之一。唐代，随着海上丝绸之路的繁荣发展，深圳南头沿海（赤湾一带）成为广州进出南海的必经航道，被誉为“广州通海夷道”。为确保海路畅通和贸易安全，朝廷在今深圳南头赤湾沿海一带设立“屯门镇”。明洪武年间（1368—1398），朝廷在深圳设立东莞守御千户所和大鹏守御千户所。万历元年（1573），现深圳和香港地区从东莞县析出，设立新安县。明清时期，深圳赤湾港不仅是广州通往南海各国的官方航道，也是海上丝绸之路中外使节、商旅往来的重要港口。康熙《新安县志》卷三地理志称：“邑地颇辽阔，人民向称辐辏矣。乃辐辏者，皆沿海之区，财求向称饶阜矣。”①

深圳经济特区于1980年8月正式成立，改革开放的“第一炮”就在深圳南头半岛打响。随着近年来国家提出的“一带一路”倡议，自贸区、大湾区建设的集结号又在这里吹响。“一带一路”建设不仅为深圳提供着自我改革、前进创新的机遇，还给深圳赋予了新的战略定位和历史使命。因此，想要深刻认识深圳的历史使命，就有必要认识深圳的海洋文化，对深圳的海洋文化有一定的“文化自觉”。“文化自觉”观念是费孝通先生首先提出的，“指生活在一定文化历史圈子的人对其文化有自知之明，并对其发展历程和未来有充分的认识”②。文化自觉只有建立在对“根”的找寻与继承上，才能在这个正在形成的多元文化的世界里确立自己的位置。

赤湾海洋文化是深圳海洋文化的重要组成部分。赤湾，位于深圳市西部的南头半岛西南端，它西濒珠江口，北倚南山，南临伶仃洋，与香港、澳门隔海相望，是天然的深水港和避风、候风良港。作为古代海上丝绸之路的重要海港，赤湾素有“粤海门户”之称。明人《赤湾》诗

---

① 张一兵：《深圳旧志三种》，深圳：海天出版社，2006年，第239页。
② 费孝通：《费孝通论文化与文化自觉》，北京：群言出版社，2005年，第344页。

云："海上群山控海门，古祠钟鼓自晨昏。"[①]各类大型船舶都从赤湾候风出发驶向外洋。为保障航行顺利，船舶出海前都会在赤湾天后古庙举行祭祀仪式。赤湾天后古庙（今名）坐落在赤湾港内，据传宋时就已建立。明清时期更有"海门神寺"之美誉。清人《赤湾胜概》云："一望苍茫万顷波，海门神寺奠山阿。"[②]她不仅是广东海洋贸易的集散地和广东海防中路的营垒驻所，也是明代国家使节出使候风的重要锚地。因此，这也注定了赤湾天后古庙具有的官方色彩。在各高级军事官员、地方知县和地方士绅及民众的努力下，这一时期，赤湾天后古庙已发展成为拥有"九十九道门"、占地近千亩的大庙，是华南沿海规模最大的一座天后庙。康熙《新安县志》卷三地理志载："赤湾胜概，在南山之南，势耸丽开展，两翼盘护葱郁，天妃宫殿焉。前居海，洪涛万顷，一望无际……"[③]

赤湾天后古庙至今保存的"辞沙"祭典，是明清国家使节率船队出使各国之前，在古庙前沙滩上举行官方祭祀海洋的仪典。"辞沙"祭典是目前我们发现唯一尚存的古代国家最高规格等级的海洋祭祀大典，理应在国家祭祀文化体系中占有极其重要的位置。同时，也具有巨大的文化价值。以深圳赤湾天后古庙为中心的妈祖文化圈，不仅面向深圳、东莞、惠州，还辐射至广州、香港、澳门地区，以及东南亚各国。它跨越海洋与陆地，呈现出流散性和延展性，是粤港澳大湾区海洋文化的重要组成部分。在长达七个多世纪的历史中，赤湾天后古庙见证了深圳海上的繁华，而她自身也成为深圳独具特色的海洋文化的一个象征性地标。我们不禁要追问：一间位于深圳南头半岛最南端的天后古庙，她几乎处

① 张一兵：《深圳旧志三种》，深圳：海天出版社，2006年，第523页。
② 同上，第530页。
③ 同上，第284页。

于封建王朝的天涯海角，为何会引起国家王朝的注意？为何出使东南亚各国的使臣在此地停留？为何使臣在赤湾举行国家最高规格等级的海洋祭祀大典？为何省府高级军事长官和地方知县频频重修此庙？为何地方精英分子努力将此庙融入本地社会网络？为何出入珠江口的商人、渔民乃至农民要远道来此祭拜妈祖？

上述众多追问与疑惑都指向深圳的海洋历史文化，而要认识深圳的海洋历史文化，首先要从了解赤湾天后古庙的海洋历史文化开始。因为赤湾天后古庙的海洋历史文化不仅是深圳海洋历史文化的结晶，也是深圳海洋历史文化高度的体现。本书在历史文献和田野调查的基础上，试图再现赤湾天后古庙的历史变迁过程，进而通过这座控扼珠江口的“海门神寺”，去解析深圳与海上丝绸之路的历史渊源和文化传承，这利于我们更好地挖掘、保护南山以及深圳的历史。同时，对认识粤港澳大湾区的海洋文化之根基，推动海洋深圳的发展，具有深远的现实意义。

第二节　赤湾的自然地理与人文生态

一、自然·地理

（一）岬角拱卫的海湾

赤湾位于珠江口东岸，南头半岛西南端，东、北、西三面环山，湾口面向西南，呈“U”形港湾。其背倚南山，山上有淡水流下；右侧为牛羊山，海拔128米；左侧为狮山，海拔98米，仅西南面为敞开的湾口。这一岬角拱卫的特征，使其具有如下三个得天独厚的条件：

第一，适宜躲避台风和等候季风。据《港口工程》等专业学术期刊的研究报告，“赤湾口正西南向约0.9公里有伶仃岛作天然屏障，南有香港大屿山、大濠岛作掩护，又有珠江口门的万山群岛和广阔浅滩阻挡外涌浅浪”[①]，故赤湾一带海面风浪较小。每年6月至8月份，南海洋面台风频繁。每遇台风，在珠江口活动的渔民便会将船舶驶入赤湾港避风。另一方面，由于春夏吹东南风，秋冬吹西北风之缘故，远洋航行的船队均需在此等候适合的季风，以便漂洋过海，顺风顺水。再者，赤湾还是广州通往东南亚航道在内陆的最后出海港口，故船队需要在赤湾候风起航。

第二，赤湾港能提供淡水补给。赤湾背倚南山，南山上有淡水流下。嘉庆《新安县志》载：“仙人足石、双层塔石，俱在南山。其下有泉，澄彻可爱，祈雨屡验。”[②]“南头河发源于南山，至西门头入海。”[③]赤湾天后古庙内有一水井，井水清澈甘甜，适宜饮用，也同样能够为往来船舶提供淡水补给。

第三，赤湾水深条件良好，是海水深入陆地的典型海湾，适合巨轮停泊。由于赤湾受内伶仃岛的掩护，湾外紧邻珠江口东航道——矾石水道，水深达10～12米。“距岸约1公里即为伶仃洋东槽，水深达10～12米。东槽北通虎门，南接暗土顿水道经急水门（或咸汤门）入香港，水深条件很好……赤湾的潮汐属不规则半日潮，潮差较大，有利于巨轮乘潮进出。”[④]

由此可见，赤湾地理、气候的独特性，适宜大型船舶在此候风出入以及避风和补给。因而它成为扬帆出海的起始点，实乃天造地设。

（二）水口交汇

赤湾地处珠江和南中国海伶仃洋的交汇处，这一地理位置具有以下几个特征：

---

① 陈石莹：《深圳赤湾港》，《港口工程》1986年第3期。
② 张一兵：《深圳旧志三种》，深圳：海天出版社，2006年，第937页。
③ 同上，第708页。
④ 黄镇国：《深圳地貌》，广州：广东科技出版社，1983年，第305页。

第一，暗沙较多。所谓暗沙，《地质辞典》的解释：“即表面沉积有沙砾、贝壳等松散碎屑物质的暗礁，海中由沙和珊瑚碎屑堆成的岛屿，略高于高潮线，或与高潮线相平。如中国黄海的五条沙、南沙群岛的曾母暗沙等。”[①]据研究，赤湾因受珠江上游冲刷下来的大量沙石及海洋潮汐作用的影响，沙砾、贝壳等物质容易横塞于赤湾海中，加之赤湾附近风浪掀沙作用十分明显，咸淡水交界面常在赤湾附近河段内摆动，涨潮流盐水的前峰常抵赤湾大铲一带，输沙表现形式为海域回沙。[②]由于海沙淤积，“（赤湾）湾内周围是堤式海滩、沙坝、潟湖洼地、泥沙质滩地、海蚀岩礁等散落其间”[③]。

第二，水位落差大。赤湾处在江河淡水与海洋咸水的交汇口，海洋波涛作用力较强，水位落差明显。清人屈大均在《广东新语》中写道：“虎门外之水重，咸也。虎门内之水轻，淡也。舟入虎门，则低五寸，出虎门，则高五寸，水咸故有力也。”[④]虎门位于赤湾之西北，从虎门至赤湾一带的水面都深受咸、淡水汇聚交汇的影响。

第三，海产丰富。赤湾潮汐作用明显，康熙《新安县志》载：“自县东南大洋，通佛堂门，至南头洋，一派入虎头门而上；其潮候消长，时刻不爽。”[⑤]渔民谚语则云：“水头鱼多，水尾鱼少。不如沓潮，鱼无大小。”[⑥]潮汐给赤湾沿海带来丰富的海产，尤其盛产鲎和银鲈。

鲎……出沙江、赤湾洋面者佳。[⑦]

---

① 地质矿产部《地质辞典》办公室编辑：《地质辞典》，北京：地质出版社，1986年，第472页。
② 张镜潮、沈莹：《赤湾港泥沙淤积预报》，《海洋工程》1984年第4期。
③ 梁逢伍：《赤湾港码头新型结构》，《水运工程》1992年第8期。
④ 〔清〕屈大均：《广东新语》，北京：中华书局，1985年，第130页。
⑤ 张一兵：《深圳旧志三种》，深圳：海天出版社，2006年，第280页。
⑥ 〔清〕屈大均：《广东新语》，北京：中华书局，1985年，第135页。
⑦ 张一兵：《深圳旧志三种》，深圳：海天出版社，2006年，第694页。

秋风已起，吾人皆强饭加衣，诵者□之归来，当思鲈美，以鲈为秋季食谱中之佳品也。查鲈之佳美者以松江为最，远近知名，然不易得。求其次者，则赤湾之银鲈亦不俗，堪与媲美。抑亦吾粤之土产也。爰乘此鲈鱼当时得令之际，述之为读者告焉。盖赤湾处吾粤之南，系属滨海之区，烟水茫茫，一望无际。远看东南六百里，好比不尽长江滚滚来。内中盛产鱼虾之属，湾岸之旁船艇栉比鳞次，要皆为捕鱼捞虾之渔户。若渔者捕捉鱼类，皆依其时令而为，若春边冬鲤秋鲈等等。迩者金风送爽，已凉气候九秋天，鲈鱼则应时上市。查赤湾独产银鲈一种，长约二尺，巨口细鳞，视诸松江产者不遑多让。其鳞雪白如银，名之曰银鲈，洵名副其实，然得之者已叹难逢，弗令其值矣。余尝试此，故能述其梗概如上。惟迄今倭奴返境，渔船蛋户，皆不敢出海捕鱼，用是银鲈风味，已不可多得。[①]

第四，事故频繁。赤湾地理受潮汐、季风、暗沙、江水等众多自然界因素影响，形成较为复杂的水文环境，所以事故频繁。我们在进行田野调查的时候，这一点得到众多渔民的证实。渔民说："我们走船到赤湾庙前面的海洋的时候，经常会遇到一个大大的漩涡，必须要拜'赤湾嫲'（赤湾妈祖）才能通过。如果你不拜的话，你的船是出不了海的，一直会在海上打转。不过，只要你准备三支香，对着赤湾庙诚心向'阿嫲'（本地方言妈祖称呼）祈祷，拜完之后你就可以过去了。因为这里是河海交汇处，所以赤湾庙附近的鱼很多而且很肥美。这些都是'阿嫲'保佑的原因。"从渔民的讲述中我们得知，尽管他们并未得知赤湾庙附近的海域中有暗沙，但可以猜测正是此处有暗沙之故才使船只无法轻易出海，或许这也是最初民间发愿在此建庙祭祀的缘由之一。

① 《赤湾银鲈》，香港《国华报》，1937 年 12 月 4 日，第 6 版。

二、赤湾历史

“赤湾”这一地名，最早见于明天顺八年（1464）黄谏所写的《新建赤湾天妃庙后殿记》：“天妃行祠，海滨地皆有，而东莞则有二。一在县〔东〕百余里赤湾南山下。”①而赤湾扼守着珠江口，在地理区位、政治、经济和海防军事等方面发挥作用巨大。

（一）航海要冲

查阅明代以前的史料，“赤湾”这一地名尚未出现，它与今南头、香港屯门一带笼统称为“屯门”。从汉代开始，广州就成为中国海上丝绸之路的重要港口。而从广州出海的舟船沿珠江顺流而下，经过虎门到达赤湾，之后，便可直入大洋。《广东新语》记载：“从广州虎门而出，水皆曰洋，在东为东洋，西为西洋。五月南风大盛，舟始开洋，亦曰飘洋。”②从唐至清的相关文献史料中，大多数的记载内容都记录了赤湾一带海域的重要地位：

广州东南海行，二百里至屯门山。乃帆风西行……二日至末罗国，大食重镇也。③

三佛齐者，诸国海道往来之要冲也。三佛齐之来中国也……欲至广者，入自屯门。④

广东省会襟江带海，其东出海则由虎头门。而虎头门之东则为南头，省会之门户也。⑤

---

① 张一兵：《深圳旧志三种》，深圳：海天出版社，2006 年，第 1033 页。
② 〔清〕屈大均：《广东新语》，北京：中华书局，1985 年，第 132 页。
③ 〔唐〕欧阳修：《新唐书》卷四十三下地理志，江安傅氏双鉴楼藏明刊本，第 18 页 b。
④ 〔宋〕周去非：《岭外代答》，屠友祥校注，上海：上海远东出版社，1996 年，第 70 页。
⑤ 〔明〕王在晋：《海防纂要》卷一，明万历四十一年刻本，第 39 页 a。

澳门至省则水浅而不能行，必须由大屿山经南头直入虎门，以抵于珠江，此南头所以为全广之门户也。[①]

广州舶船往诸番者，出虎头门，始入大洋，分东西二路。东洋差近，西洋差远。宋于中路置巡海水师，营垒今为东莞县南头城。海环广南界，滨海诸郡，而广州居其中，其备屯门、鸡栖、佛堂门、冷水角、老万山、虎头门等澳，而南头城在虎门之东，尤为省城门户。[②]

以上可见，赤湾是“广州舶船往诸番者”停泊、候风的港湾，是“诸国海道往来之要冲也”，是“全广之门户”。从“广东省会襟江带海，其东出海则由虎头门。而虎头门之东则为南头”，即广州出发到南海诸国，船只出了东莞县的虎头门之后，有东、西两条海道。西路经香山入南海，此海道水浅且较远，适合小型船只通行；东路则是经今深圳南头入海，此海道较近而且水深，便于大型船只航行。而使节一般乘坐官船出行，吃水较深，因此，东路赤湾海域顺理成章成为明代使节出使、外藩朝贡的必经之地。[③]

---

① 张一兵：《深圳旧志三种》，深圳：海天出版社，2006 年，第 862 页。

② 〔清〕潘锡恩等：《大清一统志》卷四四一，四部丛刊续编景旧钞本。

③ 历代赤湾天后庙的碑记记载了这一事实。（1）顺治年间东莞人王应华在《重修赤湾天妃庙记》载：“虎门为吾粤中路咽喉地，凡朝绅由广出使，与夫占城、[爪]哇、真腊、三佛齐诸国所贡献，自广入者，悉舣过于此。”（2）嘉庆年间新安县知县孙海观在《重修赤湾天妃庙引》提到：“而新安赤湾天后庙，为省会藩篱之地，扼外洋要害之冲，护卫虎门、澳门，以作保障；汇东北诸海，以为归宿；外而占城、爪哇、真腊、三佛齐，番舶来贶，莫不经由于此，然后就岸。”（3）邑人蔡学元在《重修赤湾天后庙记》载：“赤湾，地滨大海，左控罗浮、梧桐之胜，右瞰虎门、龙穴之险。其地秀杰，其神灵异。凡出使外国，与占城、[爪]哇、真腊、三佛齐诸国入贡，悉经于此。”参见张一兵：《深圳旧志三种》，深圳：海天出版社，2006 年，第 502、1068、1069 页。

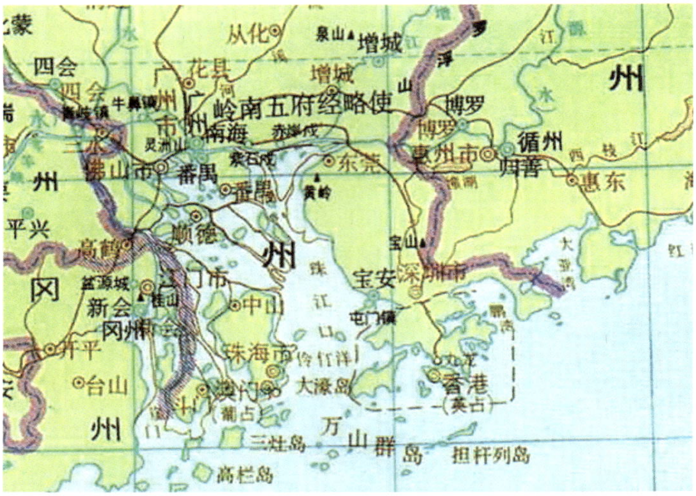

唐代屯门镇

（二）粤海门户

赤湾是广东海防中路的战略要地，是虎门要塞的前卫，是省会的屏藩。唐代，朝廷在广州府宝安县设立“屯门镇”军事防卫，负责缉私、防盗以及确保海上贸易运输的安全。“开元二十四年正月，广州宝安县新置屯门镇，领兵二千人，以防海口。”①宋代，朝廷又在此设防“屯门砦”，仍设置营垒派兵驻守。元朝，则于该区设置“屯门巡检司”，而赤湾是屯门镇和巡检司的重点管辖区域。明清两朝，广东海防大体分为东、中、西三路。②广州是为中路，位于广东省的中南部、珠江三角洲一带。明朝初期，朝廷在深圳南头设置东莞守御千户所，同时，在卫所外围高点修筑墩台以便瞭望防守，其中，赤湾小南山上（现称）便设置

① 〔宋〕王溥：《唐会要》卷七十三，清“武英殿聚珍版丛书”，第 17 页 a。

② 嘉靖《广东通志》载：“备倭分三路。中路在广州府东莞县南头、屯门等澳，大战船八艘，乌艚二十艘；广海卫、望峒澳战船四艘。嘉靖二十二年海寇何亚八焚其大半。东路在潮州府柘林澳，战船二艘，乌艚十二艘；碣石靖海、甲子门等澳艚船十艘，哨船各二只。西路在高州府石城、吴川澳，各哨船二艘；琼雷二府海港乌艚各二艘；雷州海港战船六艘。”参见〔明〕黄佐：《广东通志》卷三十一，嘉靖四十年刻本。

墩台。每墩由东莞守御千户所拨派五名“守旗军”驻守，“（明）赤湾墩，瞭守旗军五人，东莞所拨”[①]。如发现敌情，放烟为号，并按敌情严重程度，放置不同数目的烟柱，以便及时通知东莞所城，做好防御或出击的战斗准备。明正德十二年（1517），葡萄牙侵犯我国南海沿海地方，在屯门等地营建据点。正德十六年（1521），广东按察使汪鋐受朝廷之命率军驻守南头与入侵的葡萄牙军舰展开了我国历史上最早的海战——屯门海战，主战场即位于赤湾一带海域。此战最终将葡萄牙人赶出赤湾海面。

赤湾烟墩

清康熙五十六年（1717），为进一步巩固广东海防，广东巡抚在赤湾设立左、右炮台，分别有士兵二十名，生铁炮六门。嘉庆《新安县志》载：“自复界后，海宇敉宁，而设险更为周密。虽今之汛地及设兵，皆与旧制不同。而大屿山、鸡翼角炮台，南头炮台，赤湾左、右炮

① 张一兵：《深圳旧志三种》，深圳：海天出版社，2006 年，第 384 页。

台，最为险要。”[①]鸦片战争期间，为打击英国侵略者，林则徐布防珠江口，曾重修赤湾炮台。张之洞在《广东海图说》中载：“九龙西赤湾旧炮台，前俯伶仃洋海面。南头、碧头两旧炮台，不当船路。茅洲旧炮台，偏在腹地，形制卑小，并圮无用。九龙东沱泞旧炮台，在沱泞岛上，形势太孤，亦圮。”[②]道光十九年（1839）九月，大鹏守御所军官赖恩爵指挥中国水师，在中英九龙海战中击败英军，取得鸦片战争首战——九龙海战的胜利。同年十一月，在穿鼻洋海面爆发的“穿鼻之战”中，广东水师提督关天培曾依靠赤湾炮台，领兵在伶仃洋上击败英军，赤湾炮台为战胜英军发挥了重要的作用。

赤湾左炮台

① 张一兵：《深圳旧志三种》，深圳：海天出版社，2006 年，第 863 页。

② 〔清〕张之洞：《广东海图说》，转引自马金科：《早期香港史研究资料选辑》，香港：三联书店（香港）有限公司，1998 年，第 54 页。

赤湾右炮台遗址

20世纪初，赤湾是民国政府海军驻防的重要海港之一，曾在赤湾海域驻守数艘军舰。抗日战争期间，日舰多次炮轰珠江口的赤湾，攻入深圳，抢夺广九铁路。上述可见，赤湾是全广的门户和战略要地之所在。

（三）海洋贸易

自古以来，赤湾是海上丝绸之路的重要锚地。明朝，广州是唯一允许与南中国海各国进行贸易的城市，而赤湾作为进出广州的门户，它在当时的作用便类似于今天出入广东的海关。南中国海各国的商人和使节乘船到中国来，不能直接进广州，都要在南头（赤湾）一带等候通知和传召。如果外来商船没有与中国朝廷建立朝贡贸易关系，是不允许进入广州的，他们只能逗留在南头（赤湾）附近的海域进行贸易。①

① 〔葡〕皮列士：《东方志——从红海到中国》，何高济译，北京：中国人民大学出版社，2012年，第115页。

另外,《广东新语》“扬粤之人，凡以乌白艚船自大小虎门放洋，经乌潴、独潴二洲而出，历大佛、灵昆之山，以贯于东西洋者，必祈祷于天妃焉……天妃所在有祠……其在新安之赤湾者，舟行必告，是曰辞沙”①，以及康熙《新安县志》“赤湾胜概，在南山之南……天妃神甚灵应，船经此，必祷祀之”②，清代新安知县孙海观《重修赤湾天后庙引》“因思赤湾为洋船往来之所必经”③等史料记载中，也印证了明清时期随着海上丝绸之路的发展，朝廷以广州为中心的海外贸易空前繁荣，商人船舶穿梭如织地往来于赤湾，因笃信天后“神贶”,故“船经此，必祷祀之”。直到今日，赤湾港仍然是中国海上丝绸之路重要的贸易港口。

三、赤湾村落史及其经济生活

（一）赤湾周边的村落

南头半岛最南端的赤湾，原是“一片兀立于平地海滨的山丘，与内伶仃岛、大铲岛、孖洲岛等海岛一起，是屹立于南头南面海上的一群岛屿，后来深圳湾与珠江口两边的海水带来的泥沙堆积，加上这里的地壳微微上升，这群岛屿与大陆相连，成为半岛上的一些山岭”④。赤湾土地面积不大，大约2.3平方公里，由于此地山丘众多，陆地交通相对不便，中华人民共和国成立以前，这里除了赤湾天后古庙外，只有为数不多的渔民暂居，并未形成聚居性村落。

赤湾一带附近民居主要集中在南山北麓、南头半岛中部地区，这里

---

① 〔清〕屈大均:《广东新语》,北京：中华书局，1985年，第205页。
② 张一兵:《深圳旧志三种》,深圳：海天出版社，2006年，第284页。
③ 同上，第1068页。
④ 深圳市南山区区志编纂委员会:《深圳市南山区志（上册）》,北京：方志出版社，2012年，第74页。

原是一片海水，后来由深圳湾和珠江的海流从东西两个方向带来的泥沙堆积而成，是南头半岛最窄处，地下水丰富。[①]主要村落有南园村、南山村、向南村等。这些村落的形成大约如下：南宋时期，广东增城人吴洪渊迁此定居，逐渐繁衍成村，即当今的南园村、大冲村、南光村等。元末明初，陈氏从沙井迁到南山脚下，形成南山村；郑氏从珠光庵前村迁来，定居于向南村等；黄氏从福田沙头村迁来，定居北头村等。从现存的族谱记载来看，他们似乎围绕南山及南头半岛左右两侧的海湾（前海湾和后海湾）购置土地、建立蒸尝，确立族产。郑、吴、陈、黄等姓氏经过数代发展，成为南头地方上有影响力的家族。

除此之外，明代万历年间（1573—1620），樊氏迁居湾厦村，后莫姓、陈姓、刘姓、叶姓、谢姓等陆续迁入。明代，后海村立村，以梁姓为主。明末清初，一些南海、中山、番禺籍渔民到伶仃洋捕鱼，遂在伶仃岛定居，新中国成立后，他们部分迁居蛇口渔一村。清末，来自广东紫金、惠阳、宝安等地的客家人，如邬姓、陈姓等迁居至南山脚下的田寮仔和鸡栖，即今南水村和水湾头村。这一时期，来自海丰等地的渔民在农闲时节也来到南头半岛一带打鱼，农忙时节即返回陆丰干农活，年复一年在海丰和蛇口流动。新中国成立后，他们定居蛇口渔二村。除了南头半岛外，赤湾对岸的大铲岛、伶仃岛等地也聚居成村，以杂姓为主，如王姓、张姓、符姓等。[②]

（二）经济生活

新安县自古就与海洋结下不解之缘。南头赤湾一带也因地濒大海之环境，百姓居民过着与海洋息息相关的生活，并以海洋为依托发展具有

---

① 深圳市南山区区志编纂委员会：《深圳市南山区志（上册）》，北京：方志出版社，2012 年，第 74 页。
② 胡爱民：《南山老村》，北京：团结出版社，2016 年，第 1—20 页。

海洋特色的渔、盐等产业。《广东通志》载：“（新安）地近海澳，沃野平原，阡陌连顷，鱼盐之利，贫民是赖。然为长鲸怖鳄出入之乡，洵属海疆重地。”[1]康熙《新安县志》亦载：“自双冈历沙头，出咸西，接新安，迤逦数十里皆海岸，其利渔盐。”“地多高山峻岭，而邻于大海，鱼盐蜃蛤之利为便，民争趋之，是以不暇他务也。”[2]

晒盐

海盐的生产在深圳更有着悠久的历史。早在三国时期，东吴便在南头设置“司盐都尉”负责监管。至宋，深圳地区的产盐业初具规模，出现了东莞盐场，以及海南、黄田、归德三盐栅。北宋《元丰九域志》中记广州有“静康、大宁、东莞三盐场”，东莞盐场主要分布在赤湾周边一带。元、明、清各朝，东莞盐场始终是广东地区最重要的产盐基地。因此，海盐是南头半岛百姓的重要经济来源，也直接影响当地官员的俸

① 〔清〕阮元：《广东通志》卷一百二十，清道光二年刻本。
② 张一兵：《深圳旧志三种》，深圳：海天出版社，2006年，第239页。

饷。明代新安知县曾曰："本官月俸关支，与盐政考成，皆切本县。"[①]

赤湾沿海渔业也十分发达。由于新安县（深圳）地处珠江入海口，咸淡水交汇的洋面是各类鱼、贝生长的最佳水域，鱼类资源极其丰富，"新安一面负山，三面通海，民间以海为田，以鱼为活"[②]，"民多重农桑而后商贾。邑地滨海，民多以业渔为主"[③]。

种养生蚝

除了以上的渔、盐业外，养殖蚝业也是新安县独特的海洋经济类型。蚝，学名牡蛎，浅海贝壳动物，是适宜咸淡水交汇地区生活的水产品。"水淡则蚝死，然太咸则蚝瘦，大约淡水多处蚝易生，咸水多处蚝易肥。"[④]深圳产蚝的历史可追溯至晋代。两晋时，深圳地域海岛上出现"卢亭"或"卢余"疍民，唐刘恂《岭表录异》记载："卢亭者，卢循背据广州，既败，余党奔入海岛野居，唯食牡蛎，垒壳为墙

① 张一兵：《深圳旧志三种》，深圳：海天出版社，2006 年，第 361 页。
② 同上，第 1015 页。
③ 同上，第 643 页。
④ 光绪《香山县志》卷五，光绪五年刻本，第 29 页 a。

壁。”[1]深圳南头半岛海域盛产鲜蚝，尤其是前海湾和后海湾是咸淡水交汇的浅水海湾，极其适合生蚝的种养，海域周边的大新村、南园村、北头村、向南村、后海村、海湾村等村落经济也都以养蚝为主，其中，大新村的南头蚝田与沙井蚝田连成一片，是深圳地区头等上好的蚝田。

① 〔唐〕刘恂：《岭表录异》，鲁迅校勘，广州：广东人民出版社，1983年，第9页。

第一章　东海逝波：零丁之叹与赤湾传说

南宋祥兴元年（1278），兵败被俘的文天祥在广东被元军押送至大都，船只经过深圳赤湾洋面的零丁洋（又名伶仃洋）时，他写下了这首千古名篇以明志。

过零丁洋

〔宋〕文天祥

辛苦遭逢起一经，干戈寥落四周星。
山河破碎风飘絮，身世浮沉雨打萍。
惶恐滩头说惶恐，零丁洋里叹零丁。
人生自古谁无死？留取丹心照汗青。

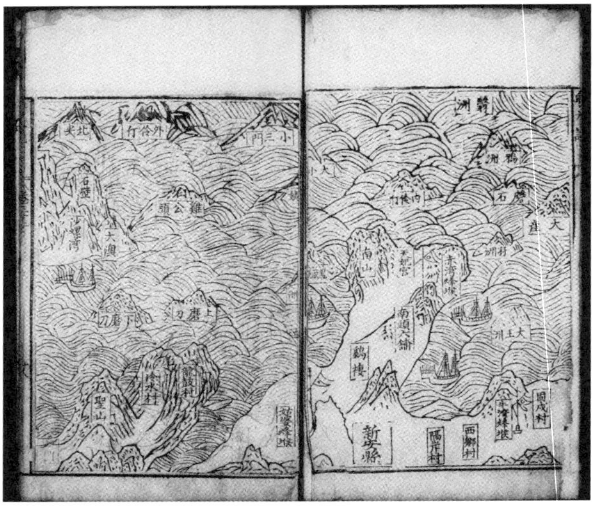

赤湾天妃宫南临伶仃洋[1]

遗憾的是，第二年因厓山海战惨败，丞相陆秀夫背负少帝赵昺投海殉国，南宋灭亡。不知何种缘故，少帝亡于珠江口岸的新会，珠江口的东岸——深圳赤湾却流传着一个“赤湾娘娘为少帝赠梁木以作棺材”的故事，庙旁还建有少帝的陵墓。赤湾天后古庙早期的历史为何与南宋灭亡的事件有关？赤湾天后娘娘与宋少帝的故事为何流传开来？而这个故事的流传，似乎说明早在南宋赤湾天后古庙就已经创建了。关于赤湾天后古庙早期的历史，由于文献记载相当匮乏，流传下来的大多是传说与故事。虽说传说故事并不一定是历史的真实反映，然而通过考察传说故事的流播以及建构，可以深入了解当时人们对历史事件的看法。而要厘清妈祖信俗在赤湾的源起与演变，我们有必要首先从妈祖、海神的信俗及其时代宕开笔墨，来呈现妈祖信俗出现的时代背景，并对其进行解释。

① 〔明〕郭棐《粤大记》卷三二。

宋少帝陵

第一节　赤湾妈祖文化的肇始

一、广东的海神文化

自然界的神秘和变幻莫测，使早期的先民们感到惶恐。加之知识的匮乏和生产力的低下，先民自然而然地产生了一系列的崇拜，以解释身边所发生的一切自然现象。在先民的崇拜之中，海洋崇拜是其重要的组成部分。《礼记》有载：“三王之祭川也，先河而后海。”[①]“天子命有司祈祀四海、大川、名源、渊泽、井泉。”[②]这里的“四海”是指东海、西海、南海和北海，说明海洋崇拜、祭祀在这时期就已形成，但尚未有证据表明此时的“四海”已经被赋予神格化特征。“四海”由神灵所掌管的记载或最早出现在战国时期，成书于战国时期的《太公金匮》曰：“南海神曰祝融，东海神曰勾芒，北海神曰玄冥，西海神曰蓐收。”[③]文中“四海”已分别由

① 崔高维校点：《礼记》，沈阳：辽宁教育出版社，2000 年，第 124 页。
② 同上，第 60 页。
③ 〔唐〕瞿昙悉达：《唐开元占经》卷一一三，四库全书本，第 23 页 b。

各自的神灵所管辖。秦汉之后，国家对“四海”与“四海神”有了区别祀奉。隋代，国家下诏在广州建立南海神庙。之后，商船、使船由广州出发前都会到南海神庙祭祀祈福，以求航路平安。

广州南海神庙

妈祖信仰发端于中国东南沿海的福建。宋代，海外贸易的发展带动了海神信仰的传播。今天我们所称的“妈祖”，普遍认为历史上真有其人，姓林，最早并无名字，百姓称她“林氏女”，其早期的庙宇也被称为“林夫人庙”。因传说她拥有各种灵异的本领，在宋代被民间百姓称为“神女”或“龙女”，如廖鹏飞在《圣墩祖庙重建顺济庙记》中记载“世传通天神女也”[①]；丁伯桂的《顺济圣妃庙记》称其为“圣妃”，“号通贤神女。或曰：龙女也”[②]等。北宋宣和元年（1119），给事中路允迪得妈祖护佑，顺利出使高丽，朝廷赐予妈祖“顺济”庙额。此后，妈祖在护使、平寇、海运、赐雨等方面具有“神功效绩”，受朝廷

① 〔宋〕廖鹏飞：《圣墩庙重建顺济庙记》，载蒋维锬、郑丽航辑纂：《妈祖文献史料汇编（碑记卷）》，北京：中国档案出版社，2007 年，第 1 页。

② 〔宋〕丁伯桂：《顺济圣妃庙记》，载蒋维锬、郑丽航辑纂：《妈祖文献史料汇编（碑记卷）》，北京：中国档案出版社，2007 年，第 2 页。

不断敕封，其封号也由“夫人”升至为“妃”“天妃”“天后”等，成为中国最有影响力的海神。这段时期，多数志书或史料上的妈祖名字称谓除采用以上“林氏女”“天妃”“神女”或“龙女”之外，还出现了“通贤灵女”“通神贤女”“通灵神女”“林氏灵女”“南海神女”等称号。与此同时，民间社会对妈祖身世和圣迹传说也日益丰富，妈祖的名字逐渐由“林氏女”被创造成为“林默”，“默娘”的称呼也随之形成。

“妈祖”称谓的出现最早见载于清康熙二十四年的《台湾府志》：“（三月）二十三日。名为妈祖飓。真人飓多风，妈祖飓多雨。”[①]而后，台湾地区的“妈祖”称谓也逐渐被闽南地区所采用。又因为闽南地区方言中，“妈”与“嫲”同音，通常方言里的“妈”指的是“嫲”（祖母的意思），而“祖”有“曾祖”的意思，其代表着权威、地位及至高尊荣等含意。因此，“妈祖”的称谓可以视为闽南当地百姓对这位“神女”最爱戴、最敬重的象征。

福建省兴化府湄洲妈祖祖庙全景（摄于1922年）

① 〔清〕周元文修，陈滨等：《乾隆重修台湾府志》卷十三，清康熙五十一年刻本，第12页a。

宋朝，由于宋室的南渡，王朝经济重心逐渐转移到东南地区。又随着南方经济的繁荣，商业贸易的增多，海上交通的兴起，妈祖信仰以福建莆田为中心，迅速在中国沿海地区传播开来，广东成为妈祖信仰的传播最早的地区之一。当时，广东地区妈祖庙宇的分布有以下特征：

其一，广州城外立庙“妈祖行祠”。宋人刘克庄记载：“余北游边，南使粤，见承楚、番禺之人祀妃尤谨。”[①]成书于南宋嘉熙三年（1239）的《方舆胜览》记载了宋代广州城外的妈祖行祠：“东庙在州东，即南海王庙；西庙去城十五里，盖敕封灵惠助顺显卫妃行祠。”[②]元佚名《夷坚续集》曰：“广州城南五里，有崇福无极夫人庙，碧瓦朱甍，庙貌雄壮。商船往来，无不乞灵于此。庙之后宫，绘画夫人梳妆之像，如鸾镜、凤钗、龙巾、床帐、衣服、金银器皿、珠玉异宝，堆积满前，皆海商所献……凡过庙祈祷者，无不各生敬心……至元归附大元，屡尝忠国护民，朝廷累加宣命，至今香火尤甚。”[③]

其二，珠江口西岸的顺德、南海和阳江地区先后建庙。顺德天后庙“在三华鳌峰之阴。相传宋时夷船入贡，遭风祷神，获安建此”[④]。南海天后庙“在大沥堡莅庄乡，宋季建”[⑤]。阳江崇善坊天后宫“在崇善坊，曰祖创宫，传自宋创建”[⑥]。

其三，珠江口东岸的东莞县（今深圳、香港、东莞地区）也相继建庙。《东莞县志》载：“天妃庙，一在官厅头，旧演武亭后，建自宋代。”[⑦]1955年在香港发现的大庙湾石刻载：“今三山念法明土人林道义

---

① 〔宋〕刘克庄：《后村集》卷九十一，四部丛刊影旧钞本，第 30 页 b。
② 〔宋〕祝穆：《方舆胜览》卷三四，宋刻本，第 8 页 a。
③ 蒋维锬，郑丽航辑纂：《妈祖文献史料汇编第一辑（散文卷）》，北京：中国档案出版社，2007 年，第 9 页。
④ 〔清〕郭汝诚修，冯奉初等纂：《顺德县志》卷十六，清咸丰六年刻本，第 35 页 a。
⑤ 〔清〕潘尚楫修，邓士宪纂：《南海县志》卷十二，清同治八年刻本，第 27 页 b。
⑥ 〔清〕周玉衡修，陈本纂：《阳江县志》卷九，清道光二年刻本，第 21 页 a。
⑦ 陈伯陶：《东莞县志》卷十八，东莞：养和印书局，1927 年，第 253 页。

继之，道义又能宏其规，求再立石以纪。咸淳甲戌六月十五日书。”也就是说，最迟在南宋咸淳年间，香港南北佛堂天后庙就已经建立。而赤湾位于福建和广州水路的必经航道上，且地理位置更为重要，理应是官府建立天妃庙的首选；另外，从明初赤湾天妃庙的碑刻记载得知，“天妃旧有庙”，这也与传说南宋时就有天妃庙相吻合。

二、赤湾天后古庙由来的传说

早在隋代，广州黄埔已形成南海神（洪圣）庙，之后，南海神的信仰迅速传播至广东沿海其他地区。北宋熙宁元年（1068）东莞县东郊就已建立庙宇，“熙宁初邑令王公立祠宫于县之东郊”[①]。而北宋至南宋时期，妈祖信仰亦传播至广东东莞地区，二者信仰在百姓当中或许产生相互影响。至今赤湾天后古庙还流传着一个天后（妈祖）与洪圣爷（南海神）的故事：

相传天后庙所在的风水位置最先是“洪圣”发现的，为了证明地点是他发现的，洪圣便在该地上插了一根针。后来天后也发现了同一地点，但地点已为洪圣所据，于是想出一个办法来夺取该地。她把一个有方孔的铜钱套在针上，来证明该地点是她先发现的。于是天后与洪圣便争论究竟是针还是铜钱先放到该地上，争论并不能把事情真相弄清楚。结果洪圣把该地让给了天后，而他自己则在东莞（按：应是广州）另找盖庙的地方，也是今天南海神庙（俗称“菠萝庙”）的所在位置。而赤湾也建成一个相传有九十九个门口的宏大天后庙。[②]

---

① 陈伯陶：《东莞县志》卷八十九，东莞：养和印书局，1927 年，第 1686 页。
② 廖迪生：《香港天后崇拜》，香港：三联书店有限公司，2000 年，第 38 页。

这一传说围绕妈祖与南海神争夺深圳赤湾这一地盘而展开，在民众看来，或因妈祖的法力更高强，故而南海神不得不离开赤湾另寻他处建庙，而妈祖则得以在赤湾这一风水宝地建庙。

这一传说故事一方面反映了民间对赤湾妈祖的看法，认为赤湾天后古庙的由来与风水有关。另一方面，或侧面反映妈祖信俗传入广东地区的时候，与本土海神信俗发生冲突和融合的事实。这一点，我们可以通过下面广东“大奚山盐民起义”事件得到深刻的体会。

大奚山即今香港大屿山，宋时为东莞县辖地。《舆地纪胜》载：“大奚山，在东莞县海中，有三十六屿，居民以渔盐为生。”[①]渔盐向来是广东财政税赋的重要来源，由官方主持生产和销售，故厉行禁止私盐。由于广东地处偏远，中央王朝的各种禁令在此难以严格贯彻执行，广盐的走私活动特别盛行。而官盐与私盐的矛盾冲突最终引发了大奚山盐民之乱。南宋庆元三年（1197），提举盐茶徐安国派兵进入大奚山以捕私盐贩子，引发民乱。然而，他无法平定此次动乱，大奚山盐民一路攻入广州。当时新任广州知府的钱之望向朝廷请求调拨闽省舟师，来配合广东舟师，才得以平定动乱。钱知府在出兵前，曾到广州南海神庙祭祀，“以文告于南海神”，鼓舞士兵英勇作战。动乱平定后，钱之望奏请朝廷赐南海神封号。庆元四年（1198）五月，尚书省下牒赐“英护庙”额[②]。可见，南海神信仰在平定大奚山盐民之乱中发挥了至关重要的作用。

可是，福建民间认为顺利平定大奚山盐民之乱皆因妈祖“神复效灵”，才“一扫而灭”大奚寇。南宋丁伯桂在《顺济圣妃庙记》载曰：“庆元戊午，瓯闽列郡苦雨，莆三邑有请于神，获开霁，岁事以丰。

① 〔宋〕王象之：《舆地纪胜》卷八十九，清影宋钞本，第17页b。
② 〔宋〕钱之望：《庆元四年五月尚书省牒》，载道光《广东通志》卷二一二，清道光二年刻本，第9页b。

朝家调发闽禺舟师平大奚寇，神著厥灵，雾障四塞，我明彼晦，一扫而灭。”[①]元人程端学也说：“庆元四年，瓯闽诸郡苦雨，惟莆三邑祷之霁，且有年，封‘灵惠助顺妃’。时方发闽禺舟师平大奚寇，神复效灵（起大雾），我明彼暗，贼息扫灭。”[②]明代《天妃显圣录》也记载了这一事件。[③]

简言之，广东官方将顺利平定大奚寇动乱归功于南海神，福建民间却将功劳归于妈祖。有研究认为，庆元四年（1198）天妃封“灵惠助顺妃”是与止雨有关，与平大奚寇并无关联，后世如《东西洋考》《琉球国志》对这一事件的记载归功于妈祖只是一种附会之说。[④]尽管如此，这一附会之说表明妈祖信仰对民间社会的影响愈来愈重要。同一事件被官方和民间加以不同的利用，从而宣扬各地神祇的力量。宋时，广东迎来规模较大的移民南迁潮，移民南迁也将闽地的妈祖信仰带到广东各地，尤其是广东东莞沿海一带。至今，深圳南头半岛的当地居民中，有许多祖籍都是来自福建。

赤湾这一地域发生的妈祖和南海神争夺风水宝地的故事，或许折射出了来自不同地区移民的势力较量。这也隐约透露了赤湾天后古庙的早期历史，可能与民间社会的生产生活有关。

---

① 蒋维锬，郑丽航辑纂：《妈祖文献史料汇编第一辑（碑记卷）》，北京：中国档案出版社，2007年，第3页。

② 〔元〕程端学：《灵济庙事迹记》，载蒋维锬，郑丽航辑纂：《妈祖文献史料汇编第一辑（碑记卷）》，北京：中国档案出版社，2007年，第19页。

③ 《天妃显圣录》“平大奚寇”条载：“戊午秋，大奚寇作乱，调发闽省舟师讨之，舳舻相接，将士枕戈。岛寇巨舰衔尾而至，锐不可当。众惧，各请神香火以行。与贼遇于中流，彼居上风，难以取胜。众祷于神曰：‘愿借神力扫妖氛，上慰天子讨叛之心，下救万民蹂躏之苦。’顷刻间昏雾四塞，返风旋波，神光赫濯显现。遂冲突无前，渠魁就擒，余凶或溺或溃，扫荡无遗。凯奏，具陈神阴佑大勋，奉旨诏：神为国家讨贼，其议加封号，以答神庥。”参见〔明〕林尧俞：《天妃显圣录》，载蒋维锬，郑丽航辑纂：《妈祖文献史料汇编第二辑（著述卷上）》，北京：中国档案出版社，2007年，第94页。

④ 王元林：《国家祭祀与海上丝绸之路遗迹：广州南海神庙研究》，北京：中华书局，2006年，第194页。

第二节　宋少帝与赤湾天后古庙

赤湾天后古庙始建年代至今未有定论。明万历年间（1573—1620），深圳南头人吴国光在《重修赤湾天妃庙记》提到：“永乐八年，钦差中贵张源使暹罗，始立庙。”[①]这里较清晰地说到赤湾天后古庙立庙时间为永乐八年（1410）。但是，明天顺八年黄谏撰写的《新建赤湾天妃庙后殿记》则说道：“永乐初，中贵张公源使暹罗国，先祀天妃得吉兆，然后辞沙。天妃旧有庙，公复建庙宇于旧庙东南，岁久岿然尚存。”[②]文中说明“天妃旧有庙”，是中贵张公源出使暹罗国后，“复建庙宇于旧庙东南”，可见，在张源重建天妃庙之前，赤湾天妃庙就已存在，否则张源也不会在此“先祀天妃得吉兆，然后辞沙”出使暹罗国。再者，从黄谏、吴国光二人记录的时间、经过来看，明朝天顺早于万历一百余年，天顺年间所记录的实情依据理应更为清晰准确；加上黄谏时任翰林院学士广东府事，其所撰写的内容也更具有官方成分的含义，可信度更高。因此，我们认为，赤湾天后古庙的立庙时间是早于永乐八年（1410）。另外，《赵氏族谱》《林氏族谱》及民间书籍也有关于赤湾天妃庙的记录，记录显示赤湾天后古庙早在宋代就已经建立，并与赤湾的宋少帝陵有关。

一、赤湾少帝陵的传说

赤湾天后古庙旁的山脚下，至今有一座规模较大的陵墓，墓碑上刻有“大宋祥庆少帝之陵”。也就是说，墓中所葬的是南宋最后一个皇帝

---

① 张一兵：《深圳旧志三种》，深圳：海天出版社，2006年，第1045页。
② 同上，第1033页。

赵昺，那么，少帝赵昺为何会葬在此处？原因可能与南宋末年君臣在广东沿海逃难的历史有关。

宋德祐二年（1276），元军占领宋都临安，南宋益王赵昰、广王赵昺在宋臣护送下逃奔广东。景炎三年（1278）赵昰受惊吓而卒，诸臣立卫王昺为帝，改元祥兴，移居厓山。祥兴元年（1278）十一月，元将张弘范自扬州南下，俘文天祥于海丰五坡岭；次年（1279）正月，张弘范向厓山发起攻击，二月，丞相陆秀夫见大势已去，背负帝昺投水而亡。

《赵氏族谱》少帝像

《赵氏族谱》陆秀夫像

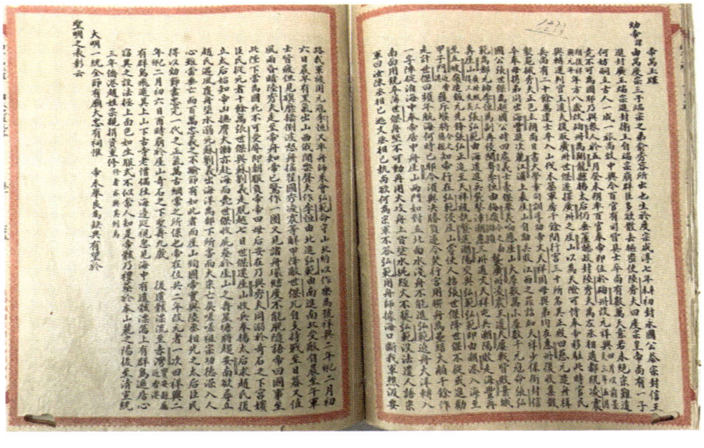

《三江赵氏族谱·帝昺玉牒》

少帝赵昺于新会厓山投海殉国后，传说其遗躯飘浮至赤湾，被天后古庙老僧拯起，埋葬于庙旁山脚下，因恐元军破坏，秘而不宣。据《赵氏族谱·帝昺玉牒》载："后遗骸漂至赤湾，有群鸟飞遮其上。山下古寺老僧偶往海边巡视，忽见海中遗骸漂荡，上有群鸟遮居，设法拯上，面色如生，服式不似常人，知是帝骸，乃礼葬于本山麓之阳。"[①]少帝殉海的地方是远离珠江口的厓山，厓山位于广东的新会，其距珠江口几近两百公里。而赤湾位于珠江口的东岸，少帝遗骸能否经洋流作用漂流至珠江西岸都值得怀疑，更何况还要穿越水流湍急的珠江口。另外，少帝蒙难后，元军曾遣官兵下海搜寻，有元兵自称曾见过少帝尸身。《宋史纪事本末》云："（秀夫）即负帝同溺，后宫诸臣从死者甚众……越七日，浮尸十余万人，元卒有求物尸间者，遇一尸，少而皙，衣黄衣，负诏书之宝，取宝以献弘笵，弘范亟往求之，已不获已，遂以帝崩，年七岁。"[②]之后，元军并未寻获少帝尸首，因此，在很长一段时间里，有关少帝下落的故事便一直在民间流传开来。有传言少帝未死者，如元朝初期，东莞民间托言少帝尚存活，以高举反元旗帜，"（至元）二十二年三月，招捕宋广王及陈宜中。按当时盗贼必托言帝昺尚存，故有是诏。[③]"亦有传言他的尸首漂至赤湾，妈祖娘娘折大殿横梁为其作棺木。民国时期，香港历史学家许地山教授认为，厓山与赤湾相距数百里，"帝昺浮尸"实属无稽之说。相反，宋史明确记载帝昰在港病殁，草葬永福陵，但陵址至今尚未发现。在赤湾陵内所葬者应为帝昰，而帝昺的遗体应沉在厓山。[④]罗香林教授考订相关文献，认为赤湾帝陵与史书所载略有

---

① 赵锡年：《赵氏族谱》，赵扬名阁石印局，1937 年，第 75 页。
② 〔明〕陈邦瞻：《宋史纪事本末》卷二十八，明万历刻本，第 29 页 b。
③ 陈伯陶：《东莞县志》卷三十，东莞：养和印书局，1927 年，第 15 页 b。
④ 陈孝威：《若定庐随笔》第一集，香港天文台半周评论社发行，1939 年，101—105 页。

出入，考虑到兵荒马乱之际，遗臣秘葬先帝，为保周全，皇陵不加封谥。另于沿海设立若干“疑陵”，刻意混淆视听，“勘以当日情势，亦为事之最可能者”[①]。因此，罗教授亦主张赤湾皇坟就是宋帝昰的永福陵，只是后人不知情由，无法辨识真伪，才误认是少帝陵。

至于赤湾埋葬的是昺帝还是昰帝，我们在此不做论述，但是，关于少帝遗骸漂至赤湾的传说，我们认为，这很有可能与隐居在珠江口东岸（东莞县）的宋朝遗民有关。宋少帝殉国后，随帝南迁的汉人在经历了国家覆灭、民族苦难、地位下降的巨变后，大多数汉人都拒不出仕新朝，而是选择到广阔的山林云水间隐逸避世，操守自励。这一时期的东莞县沿海一带，因地处偏僻，适合隐居避世，遂成为南宋遗孤们隐卧不出之地。这一实情，我们可以通过以下信息得以了解。《重修新安县志序》载：“景炎驻跸，忠义之苗裔多流寓焉。”[②]

《东莞县志》也载录了一些遗民的信息，如：

赵必𤩪，字玉渊，号秋晓，栅口人，系出濮安懿王高祖……（宋亡）遂隐于邑中之温塘村，足迹不入城郭。维西走大奚，东走甲子，短衣敝笠，徘徊海岸，不挟一童，每望厓山则伏地大哭。又画天祥像于厅，事上朝夕泣拜。

赵东山，佚其名，邑人，系出濮邸……尝登凤凰台以舒怀抱，其志行汗漫，视世间事无足当其意。数来亭头，游法性寺、海月岩，每凭高瞻望厓山之云，则悲歌慷慨，涕泗潸然。

李秋，字世贞，邑人……宋亡与赵必𤩪卜邻，恒以诗筒往来。

① 罗香林：《宋王台与宋季之海上行朝》，载宋史座谈会编辑：《宋史研究集第九辑》，中华丛书编审委员会，1977 年，第 145—146 页。
② 张一兵：《深圳旧志三种》，深圳：海天出版社，第 1064 页。

张元吉，字仲甫……宋亡与赵必𤩪诸遗老往，还或感愤唏嘘长歌短牍以写其黍离之感。

何文季，字子友，邑城北街人……仕宋季后弃官归。厓山之变恸哭成疾，遂隐卧不出。[①]

以上文献资料不难看出，在东莞县隐居的南宋遗孤不在少数，他们每当思念南宋和先辈时，常常会游走、徘徊先辈所经之路。如宋人赵必𤩪足迹，“维西走大奚，东走甲子，短衣敞笠，徘徊海岸，不挟一童，每望厓山则伏地大哭，又画天祥像于厅，事上朝夕泣拜”。甲子，位于今广东陆丰市的甲子镇；大奚即是大奚山，其位于香港西部水域（现称大屿山），与赤湾隔海相望，这些地方“多宋忠臣义士所葬”之地。屈大均在《广东新语》中也提到大奚山林木蔽天，人迹罕至，许多南宋忠臣葬在此地。“官富山在新安急水门东，佛堂门西。宋景炎中，御舟驻其下，建有行宫。其前为大奚山，林木蔽天，人迹罕至，多宋忠臣义士所葬。又其前有山曰梅蔚，亦有行宫。其西为大虎头门，张太尉奉帝保秀山即此。秀山之东，有山在赤湾之前，为零丁山。其内洋曰小零丁洋，外洋曰大零丁洋。”[②]文中所提的零丁洋即为赤湾面前的一片水域，“零丁洋”对于南宋末年的那段历史具有极其特殊的意义。祥兴元年（1278），文天祥在广东海丰兵败被俘，在押解至厓山途中经过零丁洋，张弘范诱逼文天祥劝降张世杰、陆秀夫等人，文天祥以诗明志，写下千古绝唱《过零丁洋》，激励无数有志之士，为了国家的生死存亡，前赴后继，浴血奋战。可见，零丁洋是南宋臣子遗孤们心中的痛与希望。

---

① 陈伯陶：《东莞县志》，东莞：养和印书局，1927 年，第 986—992 页。

② 〔清〕屈大均：《广东新语》，北京：中华书局，1985 年，第 105 页。

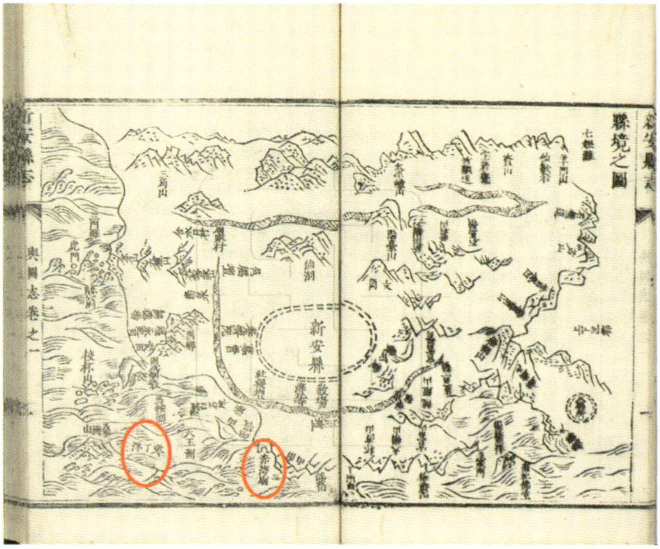

康熙《新安县志》卷一《县境之图》
（从图中可以看到“赤湾庙”“零丁洋”标识）

从上述赵必瑑等人的足迹再到屈大均《广东新语》等记载来看，南宋亡国后，追随前朝的臣子遗孤虽都已四处流离，但是，每遇特殊时节（如清明、重阳等），因思念前朝及先辈，都纷纷踏上缅怀祭祀之旅，或游拜于寺庙“游法性寺、海月岩（天妃庙）”，或“徘徊海岸”“凭高瞻望”。而赤湾是零丁洋重要的港湾，湾内有庙宇和高山等自然风光，是踏青抒怀之去处；特别是登高望远，“凭高瞻望厓山之云”和远眺零丁洋时，极易触及南朝遗孤们的万千思绪，倍感厓山和零丁洋之悲壮，故“每望厓山则伏地大哭”，“每凭高瞻望厓山之云，则悲歌慷慨，涕泗潸然。”正因赤湾有着上述令人触景生情的自然环境，渐渐成为南宋遗孤们徘徊寄托之场所；加上赤湾本就地处偏僻，周围山林遮日避天，利于隐世的特点；因此，我们推测，前朝的臣子遗孤们逐渐产生在天后古庙旁修建陵墓的想法：既可依托偏僻、山林茂密隐藏陵墓，又可假借前往赤湾天后古庙上香祈福的由头，偷偷祭祀先帝和先辈；而且为了能世代相传以及得到民众的广泛接受，制造出少帝遗骸被羽雀毛铺盖漂至赤湾这一传说故事。其实，我们在田野调查中也发现，深圳及周边地区居住的赵氏、文氏后裔族群，他们在天后古庙祭祀完妈祖后，定要前往少帝陵墓祭拜，问其缘由究竟，他们只知道是老辈传承下来的说法。编纂《东莞县志》的陈伯陶也持相同观点："帝尸已葬鱼腹中，不应有陵，岂其后复漂流至赤湾？宋遗民葬是间耶？"[①]这也与现今考古专家所持意见相吻合，据深圳考古工作者介绍，已探明少帝陵乃是少帝的衣冠冢。

二、赤湾天后古庙与当地社会

上文提到《赵氏族谱》记载少帝尸身漂至赤湾被古寺老僧所发现的经过，这一传说，与深圳赤湾天后古庙是否有关联呢？流传在深圳、东莞等地的传说中，少帝是被天后古庙的庙祝所发现。传说的内容大至如下：

南宋末年，宋少帝赵昺等被元军追至江门厓山，在危难之中，陆秀夫背负昺帝跳海殉国。崖山之战后，赤湾海滩上漂来一具身着黄袍龙衣的童尸，身上盖满了五颜六色的羽毛；与此同时，赤湾天后古庙的一根大梁也突然塌下，庙祝与乡绅父老急忙焚香问卜，得知海滩上漂来童尸为少帝遗骸，认为塌下的大梁是天后娘娘送给少帝的棺木。于是，庙祝与乡绅百姓将昺帝葬于天后古庙旁。

也因少帝殉国的厓山之战乃在南宋末期，故民间许多人士以这一传说来说明赤湾天后古庙早在南宋就已建立。然而，年代久远以及史料的缺失，我们难以考究这一传说的真实性，但其实透过这些传说与

① 陈伯陶：《东莞县志》卷三十，东莞：养和印书局，1927 年，第 14 页 b。

故事，我们可以从另一方面了解到当时赤湾社会的现实情况。

早在汉代，广东南头沿海（包括赤湾）地区就以盛产海盐而闻名，王朝就已在此设立行政管理建制。东晋，朝廷在今深圳南头城设立“东官郡”，负责管理盐业。尤其在南宋末年，大量汉民随宋帝南迁入广，形成许多移民聚居群落，例如南园村、陈屋村等。根据南园村《吴氏族谱》记载，这时期，吴洪渊迁入南头半岛，定居南园村。吴洪渊的孙子，也就是三世祖吴广源，死后曾得东莞抗元名贤李春叟撰写墓记，“宋为朝奉大夫，合葬于平山枫木寨，有碑刻。南宋端宗元年甲午（1234）立，南宋景定四年（1263）迪功郎李春叟作记，见县志”[①]。不过，现存的《东莞县志》和《新安县志》却未见有此记。

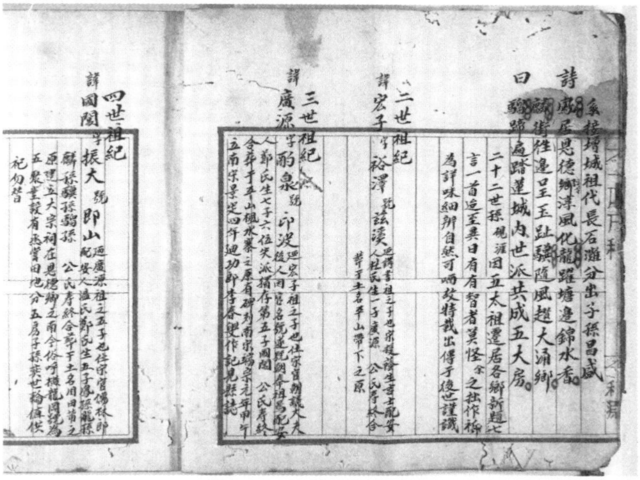
詩曰
系接增城祖代長石灘分出子孫昌盛
二世祖紀
諱宏子 字裕澤 號茲溪
三世祖紀
諱廣源 字酌泉 號印波
四世祖紀
諱國閣 字振大 號即山

《吴氏联甲祖族谱》

结合族谱的记载和遗臣李春叟撰写的墓记来看，三世祖吴广源大致生活在南宋灭亡前后，他或者其子孙很有可能参与了南宋末年的抗

① 〔清〕邓铭球重修：《吴氏联甲祖族谱》，香港屏山乡委员会藏，1848年，第6页。

元战争。根据族谱吴广源有七子，但六位失脉，仅存五子国昌。族谱载："四世祖国昌，字振大，号即山，广源祖之五子也。侍宋，官授儒林郎。"[①]而国昌生有五子，即是后来南头吴氏的五大房。由于元朝盐法的峻刻，盐民生活异常困苦，盐民往往在地方私贩的组织下，私煎私贩海盐，甚至建立起武装组织来抵抗缉捕私盐的官兵。元世祖至元二十年（1283）三月，东莞县盐贩首领陈良臣发动盐民起义，"陈良臣扇东莞、香山、惠州负贩之徒万人为乱。"[②]由此可见，盐场势力之于地方是相当的强大。但此次盐民起事很快被镇压下去。尽管如此，这表明广东各地盐场并非是一个简单的盐业生产机构，而往往有可能发展成为地方武装割据的力量。有研究认为，宋元时期乡豪才是地方上的主导力量。[③]元至正十五年（1355），"是年，邑中土豪各据一方。王成据石冈、福隆、石涌、横沥、龙眼冈、龙湖头、茶山、水南等处，陈仲玉据吴园，李确卿据乌沙海南栅靖康场，文仲举据东浦，吴彦明据南头东莞场"[④]。吴彦明是南园村吴氏宗族七世祖，据香港南丫岛《吴氏族谱》载："吴彦明为龙孙房（二房子孙，今住南园塘边），七世，系仲礼长子，配莫氏，生一子嗣昌公，氏仝葬飞鹅，甫有墓葬碑存焉。"[⑤]"吴彦明据南头东莞场"也说明这时期南园村的吴氏家族在南头势力非常强大，因为东莞盐场历来是广东最重要的盐场之一。随着元代盐政所引发的民众积怨，导致各地盐贩及其他农民起义揭竿而起。其中，元至正二十一年（1361），东莞人何真举兵反元后，吴彦明归附，并遣子随侍

---

① 〔清〕邓铭球重修：《吴氏联甲祖族谱》，香港屏山乡委员会藏，1848年，第7页。
② 陈伯陶：《东莞县志》卷三十，东莞：养和印书局，1927年，第14页b。
③ 参见李晓龙：《宋元时期华南的盐政运作与区域社会——以东莞盐场地区为中心》，《四川理工学院学报》（社会科学版），2013年第1期；段雪玉：《乡豪、盐官与地方政治：〈庐江郡何氏家记〉所见元末明初的广东社会》，《盐业史研究》，2010年4期。
④ 陈伯陶修：《东莞县志》卷三十，东莞：养和印书局，1927年，第18页a。
⑤ 吴礼华翻抄：《延陵世系族谱：吴氏族谱》，香港南丫岛吴氏宗亲会藏，1971年，第6页。

何真[1]。直至明代，吴氏家族仍与东莞盐场有着密切的联系。[2]

综上，从少帝的传说到东莞抗元名贤李春叟的墓记，从东莞陈良臣发动的盐民起义到东莞人何真的举兵反元，都彰显了宋元这段时期民间社会的混乱和对外族统治者的不满。前面我们有提到，民间社会将南宋庆元年间平定大奚山盐民起义的功劳归功于妈祖，这是因为盐场濒临大海，盐民的生产生活都仰赖于海洋的缘故，造就了盐民都十分笃信妈祖。尤其在宋元朝代更替这段时期，福建大量的移民及商人涌入广东，带动了广州、东莞等地妈祖信仰的盛行以及庙宇的发展建设。其中，香港佛堂门天后庙保存的南宋咸淳十年（1274）的摩崖石刻便是佐证，石刻刻有“严益彰”之名，[3]而严益彰正是这时期官富盐场的盐官，足见早期天后庙的建设确实与沿海的制盐行业有着密切的关联。目前虽然没有直接的史料证明宋、元之际赤湾天后古庙就已建立，但可以肯定的是赤湾周边沿海一带都是东莞盐场重要的制盐生产基地，而东莞盐场又是广东最为出名的盐场之一。地方盐业的生产、贩运特别依赖于海洋，因此，地方官员（如盐官）、乡绅家族以及盐民都非常渴望有海神妈祖的庇佑，保佑盐业收成的丰富。况且赤湾历来还是东莞（当时称谓）最为重要的卫所和港口。这些重要因素的相互叠加，让我们有理由想到赤湾天后庙很有可能在宋元年间就已经创建了。

---

① 段雪玉：《乡豪、盐官与地方政治：〈庐江郡何氏家记〉所见元末明初的广东社会》，《盐业史研究》，2010年第4期。

② 明人陈士俊撰写的《东莞场志序》曾提到：“东莞盐场地属东莞县，而其官与课则属广东盐课提举司，故邑旧志不详其事。兹其场之父老甘溪郑志锐氏，谋诸吴祚氏、龙骥氏……”吴祚即为南园村吴氏族人。参见陈伯陶修：《东莞县志》卷八十五，东莞：养和印书局，1927年，第1608页。

③ 《北佛堂摩崖石刻》释文：“古汴严益彰官是场，同三山何天觉来游两山，考南堂石塔，建于大中祥符五年，次三山郑广清堞石刊木，一新两堂……滕了觉继之。北堂古碑，乃泉人辛道朴鼎创于戊申，莫考年号。今三山念法明、土人林道义继之。道义能宏其规，求再立石以纪。咸淳甲戌六月十五日书。”

此外，关于宋少帝与赤湾天后古庙的联系还有一个传说故事——“陷龙窝”，大意如下：

宝安县赤湾，山势豪雄，峰峦起伏，矫若游龙，气象万千。山麓建有天后庙一间，前临大洋海，穷屿岛之萦回，极冈峦之体势。雕梁画栋，庙貌庄严，与香港之青山遥遥相对。每届三月廿三日，诞辰前后数天，省港澳及四乡人士来庙进香，贺诞者数十万众。庙前海面，湾泊大洋船多至五六艘，帆樯似蚁，竹篙如林，庙内人山人海，香烟如雾，爆竹如雷。其热闹有甚于悦城之龙母诞。山上有岩，名曰陷龙窝，方圆丈许，其深无底。遇将雨时，岩内山气上升，如云似絮，腾起空际，白雾弥天，乌云匝地，如张华盖，遮蔽半山。相传此言原为某姓之墓，葬正生龙口，地师断其日当发真命天子，不图福薄。忽一日有孕妇上山采樵，倦憩墓上，适届临盘，在墓上产生一子，晦气触犯其龙，龙乃乘夜遁走。墓滔成岩，幸有天后庙镇压其上，使龙不得远遁，逃至海心为止。翌晨海心突起小山一座，由远处望之，见有龙气一条，由山上直透海中之小山，夭矫活灵，滚滚翻腾，是其明证以云。神话虽不足信，姑妄言之，姑妄听之可也。[①]

宋少帝遗骸漂至赤湾的传说深入人心，对赤湾一带的地方社会产生重要的影响。一方面，无论是宋少帝葬于赤湾，还是此地“名曰陷龙窝”，都表明此地有真龙之气，是上佳的风水宝地，最好的证明便是赤湾港是不可多得的天然良港与门户；但另一方面，零丁洋之叹后的南宋亡国，似乎预示着这片海域的不同寻常。赤湾港作为珠江出海最后的内陆港口，也是海河相互交错之地，船只行经此地容易发生海难事故，民

① 《纪赤湾天后庙与陷龙窝》，《国华报》，1935 年 12 月 9 日第 4 版。

众认为赤湾一地虽有龙气萦绕，但不敬此地也会有血光之灾，“晦气触犯其龙，龙乃乘夜遁走”。那么，如何从这种不详的阴影中摆脱出来，化解真龙逃遁的危机，以福佑民众从事生产生活，成为民众极为关心的问题。在“陷龙窝”传说中，正是由于赤湾天后古庙的镇守，才使得真龙未能远遁，保证了真龙之气的长存。显然，“陷龙窝”传说与《赵氏族谱》和民间传说提及的“少帝遗骸是被赤湾天后古庙的庙祝拯起”的内在逻辑是一致的，旨在强调赤湾天后古庙对于宋少帝和赤湾的重要性，不仅反映了民间社会对于天后娘娘灵验的笃信，还将南宋君臣在珠江三角洲逃难亡国的历史糅合进地方社会的历史记忆之中。

小 结

相比之前的王朝，宋王朝的历史与当时海洋经济的发展密切相关。一方面在国家昌盛时期，朝廷的财政税收仰赖于海洋贸易；另一方面，当国力衰危之际，海洋一度成为朝廷的避难所——皇帝逃难于海上、殉亡于海上，也留下了许多可歌可泣的故事与传说。例如少帝跳海及遗骸漂至赤湾的传说，就反映出避居在珠江口东岸（东莞县）的南宋臣子遗孤们，对于厓山之海战和王朝覆灭这一段沉重历史的哀悼，以及在这种悲观、绝望之中还升起了一丝希望——“人生自古谁无死，留取丹心照汗青”。而这段沉重的历史也影响了之后的赤湾社会。虽然我们无法考证赤湾天后古庙最早建于何时，也无法确定“宋少帝遗骸漂至赤湾”这一传说的起源时间，但可以确定的是传说故事的内容，是关于宋少帝与赤湾天后古庙妈祖信仰者的故事，其至少反映了两种不同文化背景的族群在赤湾的融合：一种是具有强烈民族国家意识的人群，即南宋的臣子遗孤们；另外一种是民间社会从事海洋活动的人群。前者通过该传说将自己放于种种情景之中，忆旧的情怀唤起了往昔南宋王朝在海上漂泊以及灭亡的历史。他们希望借助宋少帝与深圳赤湾天后古庙有着种种神迹的基础上，捕捉甚至创造“宋少帝陵”来融入地方（深圳）社会和族群。而后者希望借助此一传说故事，来证明赤湾天后古庙妈祖的善良、慈悲与灵验。它解释了宋少帝陵墓出现在赤湾天后古庙附近的原因：就是赤湾妈祖显灵，用庙里的一根梁柱为宋少帝做棺木。这一故事解释的背后，存在一个共同的解释机制，即人神共惠。“宋少帝”背后的人群——或者说南宋的臣子遗民们，他们需要世人纪念这一段悲痛的历史，以及传承“人生自古谁无死，留取丹心照汗青”这种不屈不挠的精神气概；而民间从事海洋活动的族群，则利用这一传说来证明赤湾妈祖的神通与灵验，借此表达出他们仍对旧王朝国家的认可与同情。由此，“赤湾妈祖”以“嵌入”的方式被带进历史，赋予了赤湾一带之海疆一种意识形态的“正统性”。这个传说故事在赤湾天后古庙世代相传，以至于每一个祭拜天后古庙的信众都或多或少听过这一故事。清末民国初期，赤湾天后古庙的庙额云：“自宋迄清一千载，由闽入粤五百年”[1]，足见地方民众始终坚信“古庙”“自宋迄清一千载”的真实性。

① 佚名：《谒赤湾天后庙二首》，《潭冈乡杂志》，1936年第6期。

第二章　梯山航海：使臣与国家海洋祭祀

明代，邑人王士龙曾在拜谒赤湾天妃庙之时，题诗感叹万国来朝的盛世景象：

赤湾

〔明〕王士龙

海上群山控海门，古祠钟鼓自晨昏。
诸彝贡篚南溟阔，万国舆图北极尊。
日照琼珠明岛外，风生麟角起云根。
胜游此地心逾壮，试看青萍醉一樽。

《坤舆万国全国》［李之藻（1565—1630）绘制，明万历三十年（1602）］

诗中所提到的“海门”指的正是赤湾海域这一门户，本书导论第二节中已粗略介绍了赤湾是广东海防中路的战略要地，是虎门要塞的前卫，是省会的屏藩，也是外国使节朝贡的必经之地。因此，才有“诸彝贡篚南溟阔，万国舆图北极尊”之盛景。而“古祠钟鼓自晨昏”则指的是赤湾的天后古庙。那么，藩邦使节朝贡经过赤湾为何要登岸拜谒天后呢？这背后是否与中国明代海上丝绸之路的开拓——郑和下西洋的航海活动有关呢？

第一节　明初朝贡制度与赤湾海港的出现

海上丝绸之路始于汉唐时期，是古代中国与外国贸易和文化交往的海上通道。明永乐年间，郑和七下西洋，将海上丝绸之路的发展推向鼎盛，谱写了人类航海史上崭新的篇章。

广州自古一直是中国海上丝绸之路的重要口岸。唐宋时期，广州黄埔就是海上丝绸之路上的重要港口，是通往南海各国贡道的始发地。而位于黄埔扶胥镇的南海神庙，它不仅成为当时中外使节云集、商人贸易的繁华所在，也是朝廷举行海洋祭祀活动的重要场所。隋唐以降，每逢时节历朝皇帝都会遣官前往祭祀。明代以后，随着珠江河道淤积变窄，河水向南移动变缓，导致海湾淤积，港口淤没，远航大船很难直接进入广州黄埔的扶胥镇。明洪武年间，朝廷实施朝贡贸易制度，考虑到贸易勘合的需要和地理位置的便利，朝廷将距离广州不远的赤湾作为勘合进贡船舶的临时港口，以及作为当时朝廷使臣出使南海各国的重要始发港口。

一、勘合朝贡船舶的港口

赤湾位于深圳南头半岛的最南端，背倚南山，面临伶仃洋，是广州

“通海夷道”的必经之地和珠江最南端之口岸，也是广东历史上的天然候风和补给良港。明初之前，赤湾澳口（港口）是东莞县（当时称谓）海防的边关之地，官方文献记载此地也较为模糊，将赤湾一带多称为“南头”或“屯门”，亦有称“伶仃洋”（又称零丁洋）“大星洋”和“九星洋”等。现如今的深圳、香港地区由当时东莞县恩德乡管辖，其中南头半岛为恩德乡第十一都。①明朝初期，朝廷在赤湾所在的南头半岛设立东莞守御千户所和东莞盐场。东莞守御千户所设在今南头古城内，而东莞盐场位于海光寺和修慧院附近，正与南山相对。②这一时期，赤湾一带虽远离东莞县县治和省府中心，人口不多，并且大部分居民为军户和灶户。但这样的地理位置却非常适合作为朝贡贸易过程中查验“勘合”进贡船舶的港口。

明初，朝廷厉行海禁，推行朝贡制度。③所谓朝贡，即藩属国只有承认大明朝廷为宗主国，明政府才能在朝贡的过程中，将朝贡物品与赏赐物品进行不等价互换，并特许朝贡国附带一部分商货，在政府指定的贡道和地点进行交易。所谓贡道，即是指定外国商船进出海岸港口的通道。《大明会典》记载日本“贡道由浙江宁波府”，琉

① 天顺《东莞县志》卷三坊乡载：“恩德乡，第九都、第十都、第十一都、第十二都。”参见张一兵：《深圳旧志三种》，深圳：海天出版社，2006年，第171页。

② 天顺《东莞县志》卷三载：“海光寺，在县南二百五十里东莞场，正与南山相对，乃休咎禅师道场也。有南汉刘[氏所铸铁佛，又有]石鱼。石磬状，长丈许，声极清远（亦刘氏旧物）。”“修慧院，在县东监南山。南汉大宝三年（960），内承宣使刘廷威铸钟二百五十斤置院中，后改慧云寺。绍兴二十三年（1153），邑宰姚孝资移置寺额于东莞，钟归海光寺。绍熙间，邑宰张勋取钟还慧云寺，永乐间为盗窃去。”参见张一兵：《深圳旧志三种》，第175、187页。

③ 有研究指出，海禁、朝贡贸易与郑和下西洋是明初对外关系上的三件大事。海禁，指的是禁止国人擅自驾船到海外贸易，而海外国家要来中国贸易，则需以“朝贡”的形式，也就是派遣使者附载方物入明进行“朝贡”，然后由明朝政府以“赏赐”的方式收购其“贡品”。这种做法，实际是一种变相的贸易形式，在厉行海禁期间，它几乎成了明朝海外贸易的唯一合法形式，故史学界称之为“朝贡贸易”。参见李今明：《论明初的海禁与朝贡贸易》，《福建论坛（人文社会科学版）》，2006年第7期。

球、吕宋国“贡道由福建闽县”，安南“贡道由广西凭祥州”，真腊、暹罗、占城、满剌加“贡道皆由广东”[①]。也就是说，除了安南、吕宋国外，南海诸国要与中国进行贸易，必须经朝廷指定的贡道，即从广东进入中国。

《永乐大典》卷一一九零五《广州府东莞县之图》

然而，东南亚各国贡使进出广东，都需要先到朝廷指定的港口核验身份后方可放行。而选择出入广府的澳口（港口），其前提条件是“皆择海滨地之湾环者为澳”。嘉靖《广东通志》记载：“布政司案：查得递年暹罗国并该国馆下甘蒲拓、六坤州与满剌加、顺塔、占城等各国夷船，或湾泊新宁广海、望垌，或新会奇谭、香山浪白、壕镜、十字门，或东莞鸡栖、屯门、虎头门等处海澳，湾泊不一。”[②]这里所说的屯门，按理指的是赤湾海澳。（本书导论部分“赤湾历史”就提到过

① 〔明〕徐溥等纂修：《大明会典》卷一〇五，明正德六年司礼监刻本，第3007—3033页。
② 〔明〕黄佐：嘉靖《广东通志》卷六十，嘉靖四十年刻本。

“赤湾”称谓出现的时间相对较晚，而赤湾海澳自唐宋时期就是“屯门镇”“屯门砦”海防的重要驻点）

朝廷在指定的“海澳”皆设有守澳官员，凡外国船舶抵达澳口，先经过守澳官核验后，再由负责掌管朝贡贸易的市舶司[①]会同地方行政官员登船勘核文件，辨明真伪[②]。只有核验通过，外国贡使方允许进入广州。随后，各国所贡货物运送至京，其余私货经收购或抽分后，即可交易。明人郑舜功说道：“四夷入贡，必先具咨布政司，乃与比对勘合，查照表文、方物，事理明白，然后遣使驱驿，否即却之。”[③]永乐元年（1403），明王朝在市舶司的基础上设提督市舶管理朝贡贸易，提督市舶由宦官充任，体现朝廷的直接管理和垂直领导。[④]

二、出使东南亚诸国的始发港

赤湾澳口参与和见证了万国来朝的盛世景象，即“海上群山控海门，古祠钟鼓自晨昏。诸彝贡篚南溟阔，万国舆图北极尊”[⑤]。同时，也作为朝廷遣使出洋的重要始发港，在海上丝绸之路历史中发挥着重要的作用。

明朝代表国家形象的使臣肩负着对朝贡国国王进行诏谕、册封和赏赐的任务，地位十分显赫，对明朝内政外交的成败得失有直接的影响，

---

① 《明史・职官志》记载市舶司的职能云：“掌海外诸蕃朝贡市易之事，辨其使人表文勘合之真伪，禁通番，征私货，平交易，闲其出入而慎馆谷之。”〔清〕张廷玉：《明史》卷七十五，北京：中华书局，2019年，第1848页。

② 李银，张增强：《论明朝勘合（朝贡）贸易的性质》，《河北经贸大学学报》，2009年第3期。

③ 郑有国：《中国市舶制度研究》，福州：福建教育出版社，2004年，第237页。

④ 李庆新认为：“市舶宦官以皇帝钦差常驻地方，来历不凡，高高在上，权势煊赫……市舶宦官经常兼任或转迁提督地方军务、海道、盐政、珠池等，插手地方事务，凌驾于地方当局之上，在贸易管理中具有统领全局的权势。”李庆新：《明代海外贸易制度》，北京：社会科学文献出版社，2007年，第128页。

⑤ 张一兵：《深圳旧志三种》，深圳：海天出版社，2006年，第523页。

因此，明朝对使臣的出使要求十分严格。[①]而明代使臣一般由宦官、给事中和行人充当。宦官使臣是明代对外交往的一大特色。特别是永乐年间，明成祖朱棣“锐意通四夷，奉使多用中贵”[②]，宦官与朝臣共同出使时，常以宦官作为正使，朝臣委以副使。给事中本是宫内侍从和监察官员，但由于与皇帝关系密切，他们亦常常奉使出行，“凡册封宗室，及蕃王或告谕夷邦，以各科官充副使或正使”[③]。行人，又作使者的通称，明代设行人司，复有行人之官，掌传旨，册封、抚谕等事。

我们前文中有提到，东南亚贡使进入广州前，会先停留在广州以外的海湾，等待市舶司的勘核检查。同样，贡使从广州出发回国，亦或大明使臣出使东南亚各国，也需要在上述海澳补给、候风。黄佐在《广东通志序》称：“夫屯门放洋，葱岭倭奴之间……”[④]“屯门”所指的是今赤湾一带海域。

为什么会选择“屯门”这地方“放洋”出海呢？我们先了解一下“屯门”这一带海域的特点和优势：

第一，赤湾澳口位于南头半岛的最南端，是广州“通海夷道”的珠江门户，自古便是天然的候风深水港。使臣们从广州出使南海诸国，首先，在深水港内整顿船只、等待季风，方可远航。明代的东莞

---

① 《国朝典汇》曰：“凡为使臣，受命而出，四方之所瞻视，不可不谨。孔子曰：‘行己有耻，使于四方，不辱君命，可为士矣。’尔等当服膺是言。若纵情肆欲，假使命而作威作福，虐害下人，为朝廷之辱矣。自今或捧制书，或奉命出使，或催督庶务，所在官吏淑慝，军民休戚，一一咨询，还日以闻，庶不负尔职也”。参见〔明〕徐学聚：《国朝典汇》卷七十吏部，明天启四年徐与参刻本，第1页a。

② 影响最深远的宦官使臣即是随郑和七次远航的宦官们。这些宦官使臣的人数和姓名，在各史料里都不尽相同，从刘家港《通番事迹记》碑文所记的6人，到《郑和家谱》所记的70多人不等。《明朝传记辞典》（*Dictionary of ming Biography*）记载中，富路德比较明确记录了随航出使的主要宦官：王景弘、侯显、李信、朱良、周满、洪保、杨真、张达、吴忠等。

③ 〔明〕徐溥等纂修：《大明会典》卷二一三，明正德六年司礼监刻本，第6页a。

④ 〔明〕郭棐：万历《广东通志》，明万历三十年刻本，第47页。

县是朝廷官船生产的重要造船场地，其制造的“乌艚船”与新会的“横江船”是“广船”的杰出代表。其次，远洋船队的航线是由广州顺着珠江向下航行，过了东莞县的虎头门之后，有东、西两条水道通往南海。西路是沿珠江西岸经香山直入南海，此水道入海较近但吃水浅，适合小型船只通行；东路则是沿珠江东岸经东莞的赤湾入海，此水道虽远但水深，便于大型船只航行。而明代官船的特点是体积庞大，吃水又深，特别是使臣的宝船更是宽大。据《明史》以及《瀛涯胜览》记载，使臣航海的宝船最大的长约148米，宽60米，吃水深度远远超过6米。或正因如此，处于航道东路的赤湾澳口便成为使臣远航的必经之地。最后，海上航行特别依赖季风与洋流，出使的大型船队必须选择航线上最适合的港口进行停靠候风。所谓“候风”即躲避飓风，等待适合出海远航的季风。明代新安知县周希曜就曾提到新安地界上船只候风的苦楚，“若泛海往来，必须候风，往不得东南，来不得西北，羁椗中流，动则旬日，则往返难也”①。可见新安县是广东“泛海往来”的主要候风之地。另外，据嘉庆《新安县志·舆地图》载：“六、七、八月，有飓风。其作也，断虹先兆，云凝不行，雷隐不动，海气沸腾，矶石响，水禽遁，狂飙乍起乍息，常有过夜北风。其成也，毁屋杀稼、拔木、沉舟；其息也，必转东荡西而南，然后停止，谓之回南。若不回南，则间日复发。谚曰：‘飓母不回南，再来不待三。’”②我们通过这段记载了解到，登陆新安县的飓风，停息下来的特点是“必转东荡西而南，然后停止，谓之回南”。而赤湾海澳处于三面环山，一面出海之环抱状，海澳的出入口为西南面，正是这一特殊的地理朝向，使得赤湾海澳可以凭借东北面山体的遮挡，躲避飓风

① 〔明〕周希曜：《地方诸难》，《深圳旧志三种》，第1020页。

② 同上，第639页。

的"转东荡西而南"。因此，赤湾是广东新安县绝佳的避风良港，也是广东出海远航不可多得的"候风"之地。

第二，赤湾澳口可提供远航的补给与安全保卫。赤湾是珠江口水域与陆地相连接的最南端的半岛，地理位置非常适合出航物资、淡水的储备与运送。而澳口附近又驻守着南海卫和东莞守御千户所，不仅能够快速协助与补充远航物资，还能抽派官兵保护使臣和物资的安全。明代文献显示，使臣出使海外各国，除了从各地卫所抽派官兵随行外，主要还是依靠出使地的卫所官兵来保护使臣及朝贡贸易的安全。南海卫和东莞守御千户所守备的是广东海防的中路，其军事防备力量较强，是使臣选调随行官兵的重要卫所。根据《卫所武职选簿》[①]的记录，随郑和舟师出使的将士中，就有大量来自东莞县的官兵。[②]可见，东莞守御千户所在护使使西洋"奉敕招谕"方面卓有功绩，加之前文多次提到赤湾是广州"通海夷道"的必经之"门户"，两者的叠加更加印证了赤湾在中国明代海上丝绸之路所起到的重要作用。关于赤湾参与到明使出使西洋的活动事件，我们会在后面的章节中详细介绍，在此先按住不表。另外，除选派卫所官兵护使外，亦会征录熟悉海上气候的当地人随舟师护航。[③]

---

① 《卫所武职选簿》是明代卫所武职官员袭替选补的档册，由兵部尚书主持修纂，用来记录卫所官兵的功绩，是明代提拔军官的依据。

② 《卫所武职选簿》载曰："李真，东莞县人，远年该赴暹罗国奉敕招谕，永乐七年除授百户，十年西洋公干，十四年仍往西洋公干，十八年钦升锦衣卫卫镇抚。……陈永华，原籍广东广州府东完（莞）县人，永乐三年差旧港招谕金仲礼等，五年升副千户，六年拨锦衣卫镇抚司带俸。十七年西洋等处有功，十八年四月升正千户，宣德二年故……陈道祯，广州东莞县人。永乐五年升实授百户，拨南京锦衣卫镇抚司带俸。"引自徐恭生：郑和下西洋与《卫所武职选簿》，郑和下西洋600周年纪念活动筹备领导小组编著：《郑和下西洋研究文选1905—2005》，北京：海洋出版社，2005年，第215页。

③ 如嘉庆《新安县志》卷十九《人物志·游侠》载："张政，勇敢有干局。弘治初，占城国乱，厥长来奔。都御史屠镛疏请送归，檄募能谙海岛可使者，政往应，至占城，宣谕本朝威德，争据者咸服。还，给以冠带。"张一兵：《深圳旧志三种》，深圳：海天出版社，2006年，第963页。

具备上述条件后，舟师便可“放洋”。所谓放洋，即是离开内（里）洋到外洋去。[1]除黄佐在《广东通志》提到的“屯门放洋”外，明人慎懋赏在《海国广记》中还记载了多条从广东出发通往东南亚诸国（如占城、暹罗、真腊等国）的海路，且“放洋”的始发地，一般都提到“东莞县”或“南亭门”，而赤湾澳口则是“东莞县”最为重要的出海港口。

《郑和下西洋资料汇编》记载：

正统六年吴惠由广东至占城水程。正统六年给事中舒，行人吴惠于十二月二十三日发东莞县，二十四日过乌猪洋……二十八日至占城外罗洋校杯墅中，至七年五月十五日归东管（按：东管应为东莞）。[2]

广州往爪哇针位。南亭门开洋用坤位未针……取胡椒山，用丙已及单巽针，拾更船，取是爪哇。[3]

广东东莞县至暹逻针路。自广东东莞县之南亭门放洋，南至乌猪洋、独猪洋、七洲洋，星盘坤未针，至外罗坤申针，肆拾伍程，至占城旧港，经大佛灵山，其上烽墩则交趾属也。又未针至昆屯山，又坤未针至玳瑁洲玳瑁额及于龟山，酉针至暹罗，由盈和门台海口入港，水中长洲隐隆如坝，海船出入，如中国车坝然，亦国之一控扼也。少进为一关，守以夷酋，又少进为二关，即国都也。[4]

暹逻回广东针路。离浅用丙已针，平陈翁屿，用丙午针，拾更船，平笔架山远放洋……取乌猪山，用单艮针，伍更船，收南亭门姜

① “里洋”指江河出海口洋面，外洋则是远离陆地的海岛与海域。
② 郑鹤声、郑一钧:《郑和下西洋资料汇编（上册）》,济南：齐鲁书社，1980 年，第 312 页。
③ 同上，第 314 页。
④ 同上，第 321 页。

山为妙也。[①]

上述南亭门也称南停山，即今珠江口最外侧的老万山岛，明初属东莞县管辖，也是广州通往外洋的始发港口之一。“航海针路”所叙述的是从放洋港口至东南亚各国港口的线路。也就是说，广州黄埔港到东莞的赤湾港属于内河段航线，而赤湾至南亭门这一带水路才属于内洋，“航海针路”没有翔实记录进入内洋后的情况。但可以看出，赤湾港处在广州黄埔港与南亭门的中间位置，并且是内洋之中内陆最南端的出海口岸。因此，这种特殊的地理优势使得赤湾港与往来使臣以及朝贡制度紧密地联系在一起。

第二节　国家使臣与赤湾天妃庙的重修

在明朝实行的朝贡贸易中，赤湾因凭借独特的地理优势，是中外使节出入南洋的重要锚地。使臣身负彰显朝廷威德的使命，频繁出使外邦，又因感恩妈祖庇护，故多次重修赤湾天妃庙。

一、明永乐五年（1407）郑和第二次下西洋与赤湾

郑和七下西洋是永乐年间国家外交的重大事件，历时近三十年，涉沧溟十万余里，往还于太平洋、印度洋和阿拉伯海，先后到达三十余个国家和地区。牟复礼在《剑桥中国明代史》一书中，将郑和航海壮举定位为“欧洲地理大发现之前，世界历史上规模最大的海上探险”，他说道：“郑和率领的船队在不到二十年的时间内跨越了半个地球，把明帝

① 郑鹤声、郑一钧：《郑和下西洋资料汇编（上册）》，济南：齐鲁书社，1980 年，第 322 页。

国的声威最大限度地传播到海外，这是15世纪末欧洲地理大发现的航行以前世界历史上规模最大的一系列海上探险。”[①]

但有关郑和下西洋的史料在官方纂修的《明实录》中并不完整[②]，尤其缺失第二次下西洋的记载。不过，万历年间编撰的《广东通志》记载了一则关于郑和第二次从广东出发的史料，通志载到：“（永乐五年）秋九月，命太监郑和使西洋诸国，首从广东往占城国起。”[③]另外，郑和也在《天妃之神灵应记》中自述了这次航行：“永乐五年，统领舟师，往爪哇、古里、柯枝、暹罗国。国王各以珍宝、珍禽、异兽贡献。至七年回还。”[④]可是，自述当中，其并没有说明永乐五年的这次出使是从哪里出发的，在《广东通志》的文献里，也只提到“首从广东往占城国起”，可以确定的就是从广东出使占城国。至于从广东哪个港口出使，至今我们未能找到答案。之前我们也多次提到，赤湾处在广州通往外洋的必经航道上，那么，我们推测一下，郑和舟师是否有可能在赤湾候风、补给、出使呢？

要回答这一问题，首先，我们从郑和等人编著的《郑和航海图》入手分析。第一，航海图明确标注着赤湾一带海域周边的卫所及地域名称，

---

① 〔美〕牟复礼，（英）崔瑞德编；张书生等译：《剑桥中国明代史》，北京：中国社会科学出版社，1992年，第227页。

② 成化年间明宪宗一度有意再下西洋，命中官至兵部取“三保出使西洋水程”资料，兵部侍郎刘大夏抢先将此藏匿，并告与兵部尚书，以“费钱数十万，军民死者万计，纵得珍宝与国家何益”为由，将此销毁。“成化间有中贵迎合上意者举永乐故事，以告诏索郑和出使水程。兵部尚书项忠命吏入库检旧案不得。盖先为车驾郎中刘大夏所匿，忠笞吏复令入检三日终莫能得。大夏秘不言会，台谏论止其事。忠诘吏谓库中案卷宁能失去，大夏在旁对曰：‘三保下西洋费钱粮数十万，军民死且万计，纵得奇宝而回，于国家何益？此特一弊政，大臣所当切谏者也。旧案虽存，亦当毁之，以拔其根，尚何追究其有无哉？’忠竦然听之，降位曰：‘君阴德不细，此位不久当属君矣。’大夏后果至兵部尚书。自后其国亦不常至，间一遣使朝贡云。”参见〔明〕严从简：《殊域周咨录》卷九，明万历刻本，第57—58页。

③ 〔明〕郭棐：万历《广东通志》卷六，明万历三十年刻本，第9页a。

④ 蒋维锬，郑丽航辑：《妈祖文献史料汇编第一辑（碑记卷）》，北京：中国档案出版社，2007年，第46页。

“南海卫”“东莞所”“南停山”“九星”等；第二，《郑和航海图》的航行注释与宋、明、清珠江口海域所记载的航路文献和海图是相吻合的，如：宋人周去非在《岭外代答》载道“欲至广者，入自屯门（按：屯门即赤湾海域）”[1]，嘉庆《新安县志》有载“澳门至省则水浅而不能行，必须由大屿山经南头直入虎门，以抵于珠江，此南头所以为全广之门户也”[2]。通过上述海图和文献记载可以印证郑和舟师需途经赤湾海域的事实。

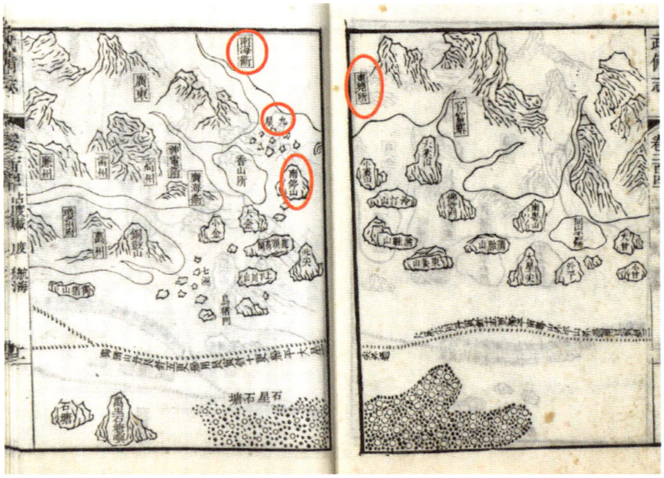

《郑和航海图》（珠江口一带）

其次，除了《广东通志》记载郑和第二次从广东出使外，关于郑和这次下西洋的始发港史料就更加难以寻获。不过，我们通过明代《卫所武职选簿》的记载内容，从中发现了一些痕迹，兴许有助于对此次出洋港口的判断。郑和出使西洋所统领的队伍以水军为主，而水军的招募主要是从各个海防卫所中挑选，随航保驾，护使归国后便遣回原卫所营垒。但亦有少数随行人员是沿途招募补充入列。根据《卫所武职选簿》载：“钟海清，

① 〔宋〕周去非：《岭外代答》，屠友祥校注，上海：上海远东出版社，1996 年，第 70 页。
② 张一兵：《深圳旧志三种》，深圳：海天出版社，2006 年，第 862 页。

原籍广东广州府东莞县人，永乐五年应诏率领本管头目人舡，随园前来朝见，升正千户，拨锦衣卫带俸。十三年西洋二次有功，升指挥佥事，二十一年故。”[①]从《卫所武职选簿》所记载的内容来看，东莞籍贯的钟永清是在永乐五年的时候，率领船员和船只前来加入郑和的舟师队伍，并立下头功升为“千户”，并于永乐十三年（1415）出使西洋的过程中，再次立功晋升为“指挥佥事”。可见，《卫所武职选簿》记录内容再次证明，郑和出使船队不但途径东莞县的赤湾海域，而且还在此停靠招收人马，才有“东莞县人钟永清，应诏率领本管头目人舡，随同前来朝见”的事实。除钟永清外，《卫所武职选簿》中还出现其他来自东莞的将士随队出征的情况记载，更增添这一实情的依据。

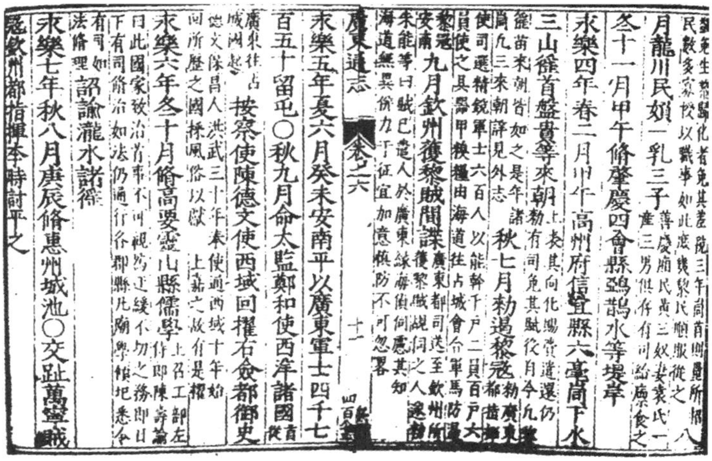
黎免生黎歸化者免其差役三年尚首則覺所㧺民數多寡授以職事如此庶幾黎民順服從之 八
月龍川民婦一乳三子 傳慶廟民黃三奴妻袁氏一產三男俱存有司給廩食之
冬十一月甲午修肇慶四會縣鵶鵲水等堤岸
永樂四年春二月甲午高州府信宜縣六豪岡下水
三山猺首盤貴等來朝 上嘉其向化賜賚遣還仍勅有司免其賦役自今凡猺苗來朝皆如之是年諸猺凡三來朝辭見外志
秋七月勅遏黎寇 勅廣東都指揮使司選精銳軍士六百人以能幹千戶二員百戶六員使之具器甲糗糧由海道往占城會合軍馬防遏
黎寇 九月欽州獲黎賊間諜 廣東都司送至欽州所獲黎賊覘伺之人遂勅安南黎能等曰賊已遣人於廣東緣海偵伺慮其知海道無畏儆力于征宜加意慎防不可忽略
廣東通志 卷之六 十二
永樂五年夏六月癸未安南平以廣東軍士四千七百五十留屯○秋九月命太監鄭和使西洋諸國 貢使從
廣東往占城州起 按察使陳德文使西域回擢右僉都御史 德文保昌人洪武三十年奉使通西域十年始回所歷之國採風俗以獻 上嘉之故有是擢
永樂六年冬十月修高要靈山縣儒學 上召工部左侍郎陳壽諭曰此國家致治首事不可視為迂緩不切之務即日下有司脩治如法仍通行各郡縣凡廟學傾圮悉令有司如法修理
詔諭瀧水諸猺
永樂七年秋八月庚辰修惠州城池○交趾萬寧賊
寇欽州都指揮李時討平之

明万历《广东通志》卷六

再次，我们通过进一步梳理和分析郑和第二次出使西洋的时间、条件等因素，可以对此次下西洋始发港的问题提出一些思考与观点。

① 引自徐恭生：《郑和下西洋与〈卫所武职选簿〉》，载郑和下西洋600周年纪念活动筹备领导小组编著：《郑和下西洋研究文选 1905—2005》，北京：海洋出版社，2005年，第215页。

郑和第一次出使西洋是在永乐三年（1405），永乐五年（1407）九月回到南京。[1]同年，《广东通志》载："秋九月，命太监郑和使西洋诸国。"也就是说，郑和刚刚出使归来便被派遣出使占城国。是什么原因促使郑和第二次匆忙出使？在这么短的时间内又需要具备什么条件才能完成快速集结？

郑和仓促出使应离不开两方面的原因：其一，是"受命而出"的任务非常紧急，必须及时前往；其二，是与这时间段始发地（港口）的季风有关。如果错过远航季风的窗口期，再重要的任务也只能望洋兴叹。因此，在这里我们就不详细论述郑和第二次出使西洋所肩负的使命，而是着重了解一下这时期珠江口季风的特殊性，以便为之后的观点提供佐证。据相关文献记录，珠江口一带的季风在"秋九月"前，多为南风，且常"有飓风"。嘉庆《新安县志》卷二《舆地图之风异》载："六、七、八月，有飓风……毁屋杀稼、拔木、沉舟……舟人即徙舟避之。"[2]意思是九月前的这段时间，海上常常生成飓风，"毁屋杀稼、拔木、沉舟"，海面舟船都必须回港躲避，非常不适合出海远航。因此，要完成朝廷之重任，必须抓住"秋九月"这一年中难得的季风时节。兴许这才是郑和仓促出使西洋的重要原因之一。

那么，短时间内要完成舟师仓促出使，出发的港口又要具备什么样的条件呢？其实，前一节"出使东南亚诸国的始发港"内容中，关于"屯门放洋"已翔实叙述了"放洋"港口须具备的条件，尤其是在短时间内要迅速出使远航的舟师，更加离不开以下三个基本条件：第一、天

① 《明史·郑和传》载："永乐三年六月，命和及其侪王景弘等通使西洋。将士卒二万七千八百余人，多赍金币。造大舶，修四十四丈、广十八丈者六十二。自苏州刘家河泛海至福建，复自福建五虎门扬帆，首达占城，以次遍历诸番国，宣天子诏，因给赐其君长，不服则以武慑之。五年九月，和等还，诸国使者随和朝见。"张廷玉：《明史》卷三百四，北京：中华书局，2019年，第7767页。

② 张一兵：《深圳旧志三种》，深圳：海天出版社，2006年，第639页。

然的避风、候风、补给深水港口，以便让补给好的舟师躲避飓风和等候适宜远航的季风；第二，“放洋”港口必须是海防卫所或营垒所在地，便于保护使臣和舟师物资的安全，还能快速抽调海防卫所的将士随行；第三，港口须具备造船、修船能力。只有在上述条件满足的情况下，才可保出使舟师的快速集结和快速远航。

表1　记载郑和七次远航日期的文献[①]

		《明史》	《明实录》	《通蕃事迹记》	《天妃灵应记》
1	初下命令	1405年7月11日	1405年7月11日	—	—
	出发			1405年	1405年
	返回	1407年10月2日	1407年10月2日	1407年	1407年
2	初下命令	1408年10月7日	1408年10月17日	—	—
	出发			1407年	1407年
	返回	1411年7月6日	1411年7月6日	1409年	1409年
3	初下命令	未记载	未记载	—	—
	出发	—	—	1409年	1409年
	返回	1411年7月6日	1411年7月6日	1411年	1411年
4	初下命令	1412年12月，干支纪年有误	1412年12月18日	—	—
	出发	—	—	1413年	1413年
	返回	1415年8月12日	1415年8月12日	—	—
5	初下命令	1416年12月28日	1416年12月28日	1417年	1417年
	出发	—	—	未提及日期	未提及日期
	返回	1419年8月8日	1419年8月8日	—	—
6	初下命令	1421年3月3日	1421年3月3日	—	—
	出发	—	—	1421年	1421年
	返回	1422年9月3日	1422年9月3日	未提及日期	未提及日期
7	初下命令	未记载确切日期	1430年6月29日	—	—
	出发	—	—	1430年	1430年
	返回	未记载	未记载	未提及日期	未提及日期

综上可见，无论是从《郑和航海图》到《航海外夷》，从《卫所武职选簿》到《广东海防汇览》，还是从《广东通志序》“屯门放洋”到

① 转引自蔡石山：《明代宦官》，杭州：浙江大学出版社，2019年，第175页。

《广东通志》“秋九月使西洋诸国”，以及对珠江口一带海域范围内，满足上述三个基本条件的海澳进行剖析解读，我们有充分的理由说明赤湾澳口（港口）一直与广东海上丝绸之路的活动有着极其密切的关联。再加上赤湾自身得天独厚的位置优势，加上赤湾澳口（港口）原本也是朝廷使臣从广东出使海外的重要锚地，因此，我们推测郑和第二次出使占城国，不但经过了赤湾，而且极有可能是在此出发远航的。

明清时期编修的《天妃显圣录》中有一则天妃在广州救太监郑和的故事：

永乐元年钦差太监郑和等往暹罗国。至广州大星洋遭风，舟将覆，舟工请祷于天妃。和祝曰：“和奉命出使外邦，忽遭风涛危险，身固不足惜，恐无以报天子，且数百人之命悬于呼吸，望神妃救之。”俄闻喧然鼓乐声，一阵香风飒飒飘来，宛见神妃立于桅端，自此风平浪静，往返无虞。[1]

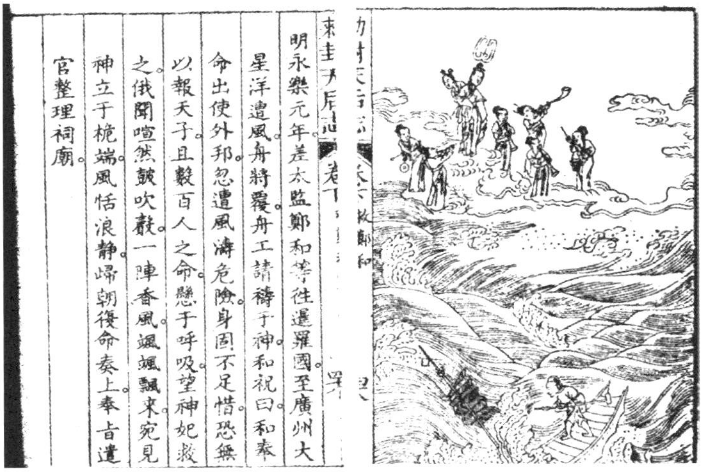
明永樂元年差太監鄭和等往暹羅國至廣州大星洋遭風舟將覆舟工請禱于神和祝曰和奉命出使外邦忽遭風濤危險身固不足惜恐無以報天子且數百人之命懸于呼吸望神妃救之俄聞喧然鼓吹聲一陣香風颯颯飄來宛見神立于桅端風恬浪靜歸朝復命奏上奉旨遣官整理祠廟

《敕封天后志·卷下·救郑和》

① 〔明〕林尧俞：《天妃显圣录》，载蒋维锬，郑丽航辑纂：《妈祖文献史料汇编第二辑（著述卷上）》，北京：中国档案出版社，2009 年，第 97 页。

参照有关文献资料，此一版本的记载有两处问题：其一，“永乐元年”钦差太监郑和等前往暹罗国。而根据《明史》和《明实录》等文献记载，郑和第一次出使西洋是永乐三年，第二次出使西洋是永乐五年。也就是说，“永乐元年”郑和还尚未出使西洋；其二，是郑和在广州“大星洋”遭风的经历。大星洋位于惠州与汕尾交界处的海面，而广州附近水域并无大星洋，但是，在广州通海夷道上，珠江入海口一带海域被称为“九星洋”。“九星洋”与“大星洋”虽一字之差，地域确相差甚远。如此一来，《天妃显圣录》的记载就完全与史实不合。

我们知道，古代书籍在流传过程中，由于旧刻本模糊或重刻、校勘等问题，常常会出现各种错误，尤其是字体相近更容易发生错漏。例如：“九”与“大”、“五”与“元”等。因此，我们怀疑在明清时期的《天妃显圣录》刻本内容中，可能因重刻、校勘等错误将“九”刻成了“大”，将“永乐五年”的“五”刻成了“元”。如此一来，《天妃显圣录》的记载与史实不合便可得到解释。如按上述推断给予更正，即“永乐五年钦差太监郑和等往暹罗国。至广州九星洋遭风”，那么，郑和出使的时间、地点和航线，即与《广东通志》所述“永乐五年，命太监郑和使西洋诸国，首从广东往占城”完全吻合，而广东前往占城国必经“九星洋”。当然这一推论还需要更多的文献资料以作支撑。但是，《天妃显圣录》记录里还隐约暗含了两个重要的信息。首先，郑和曾在广州“九星洋”上遭遇季风，他在危难之时向天妃庙的方向祈求天妃的帮助。而“九星洋”正处在赤湾澳口前的洋面，这在《郑和航海图》里也有明确标记。郑和在“九星洋”上“望神妃救之”的“神妃”，理应指的是赤湾天后古庙的天妃，因为郑和笃信天后信仰，数次向朝廷上奏，陈情远航出使过程中，得到妈祖庇护，化险为夷的经过；为了答谢天妃神恩，郑和还多次奏请朝廷下旨修建天妃宫。《国朝典汇》载："永乐五年九月戊午，建龙江天妃庙成。命太常寺少卿朱焯祭告。太监郑和使古里、满剌加诸番国还，言神多感应，故有是命。"[①]在刘家港和长乐天妃宫的两篇碑文中，相继提到了妈祖如何在海上救护郑和的圣迹。其次，《天妃显圣录》记载郑和出使暹罗，事实上，郑和于永乐五年（1407）从广东出发是首往占城，这在《广东通志》中已有记载。但是，郑和出使占城国后，又急忙赶往暹罗，去处理一件影响朝贡制度体系的重要外交事务，这在《明史》中可找到相关答案。同年，明使宦官张源背负朝廷使命，也急急出使暹罗国，并在暹罗国与郑和汇合，共谋外交事务。（这一点会在下一章节提到）而凑巧的是，张源此次出使的始发港就是赤湾，并且是在赤湾天后古庙祭祀天妃，在卜得吉兆之后，举行"辞沙"祭祀大典，壮行出海。嘉庆《新安县志》有载："中贵张公源使暹罗国，先祀天妃得吉兆，然后辞沙。"[②]张源出使回国后便立即重修赤湾天妃庙，"公复建庙宇于旧庙东南"[③]。综上所述，这一事件给我们带来了两个思考：一是发生地都是在赤湾海域，二是与赤湾天妃庙有着紧密关联。由此我们推测，同为使臣的郑和与张源在异国他乡，感怀出使的艰辛与任重，海上遭风遇险、天妃护佑救助等经过更会提及和感慨，待他们往返无虞后，为了报答赤湾天妃之神贶，奏请重修赤湾天妃庙。因此，才有张源"复建庙宇于旧庙东南"。我们在新近发现的《林氏宗谱》之《天妃灵记》一文中，也可以印证这一推断。

崇祯年间莆田人林齐圣在《天妃灵记》中写道：

---

① 〔明〕徐学聚：《国朝典汇》卷一百十七，明天启四年徐与参刻本，第 48 页 a。

② 张一兵：《深圳旧志三种》，深圳：海天出版社，2006 年，第 1034 页。

③ 同上。

内官甘泉、郑和（一作张源）有暹罗西洋之役，各上灵迹，会修祠宇。己丑加封宏仁普济护国庇民明著天妃，自是遣官致祭，岁以为常。[①]

记载中同时提到了张源、郑和、甘泉等“有暹罗西洋之役”，而且“各上灵迹，会修祠宇”，永乐皇帝才敕封天妃“宏仁普济护国庇民”。可见，天妃的这次敕封正是因为护使有功之缘故。

二、明永乐八年（1410）张源重修赤湾天妃庙

关于明代重修赤湾天妃庙的田野调查中，民间一直传说“赤湾天妃救助太监郑和，而郑和舟师安全归来后，命副帅张源在赤湾新建天妃庙”。那么，张源是否是郑和的副帅？我们新近发现一则史料，或能说明一些问题。

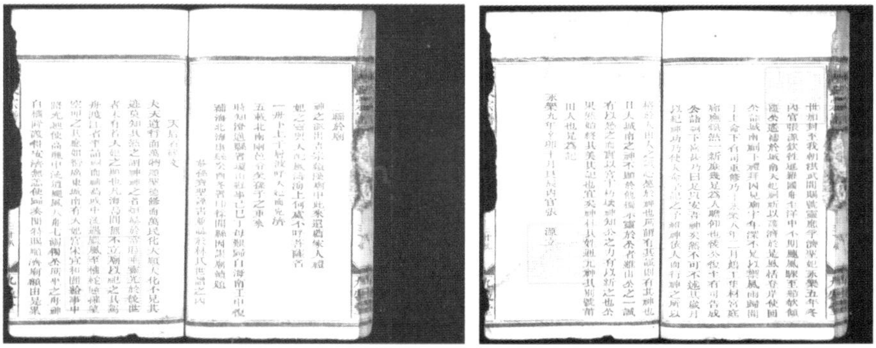

张源《天后石碑文》

《天后石碑文》载：

夫天道行而万物顺，圣德修而万民化，大顺大化，不见其迹，莫知其

① 浙江常山《林氏宗谱》卷一，民国甲子年（1924）定杨崇本祠续修，美国犹他州盐湖城：犹他家谱学会摄影藏微卷，第37页。

然之谓神。神之著烜赫于当时，垂灵光于后世者，未有若天妃之显也。凡海岛间无不立庙以祀之，其驾舟渡江者率诣祠而祷焉，或中流遇飙风至樯桅倾摧，望空叩之，其应如响。广东城南有天妃宫，宋宣和间，给事中路允迪使高丽，中流遭飙风，八舟七溺，独公所坐之舟神自樯降获，得安济无恙。使归奏闻，特赐顺济庙号。由是累世加封，至我朝洪武间，赐号灵应孚济圣妃。永乐五年冬，内官张源钦往暹罗国。舟至洋中，不期飙风骤至，船欲倾覆，公遥祷于城南天妃祠，祈以护济，于是风恬登岸。使回，公诣城南祠下礼拜，因见庙宇年深不足以御风雨，归闻于上，命下有司重修。乃于永乐八年二月鸠工集材，宫廷廊庑焕然一新，庶几足为人瞻仰也。后公复至，有司告成，公诣祠下喜甚，乃曰："足以安吾神矣！"然不可不述其岁月以纪神功，乃使人命予记之。予维神依人而行，神之所以格于人，由人之诚心感于神也，所谓有其诚则有其神也。且夫城南之神不显于他，独示灵于公者，虽有公之一诚有以感之，而实以宫宇朽坏，神知公之力有以新之也。公果然始终其美，其记也宜矣。神，林其姓；通元，神其别号，莆田人也。是为记！[1]

永乐九年辛卯十月良辰 内官张源 立

这篇落款为内官张源所立的《天后石碑文》，出自浙江常山定阳崇本祠的《林氏宗谱》，碑文内容与明朝天顺八年黄谏《新建赤湾天妃庙后殿记》所载内容有诸多相近之处。例如《新建赤湾天妃庙后殿记》所载"永乐初，中贵张公源使暹罗国，先祀天妃得吉兆，然后辞沙。天妃旧有庙，公复建庙宇于旧庙东南，岁久岿然尚存"，与张源所立碑文"永乐五年冬，内官张源，钦往暹罗国，舟至洋中，不期飙风骤至，船

① 浙江常山《林氏宗谱》，民国甲子年（1924）定杨崇本祠续修，美国犹他州盐湖城：犹他家谱学会摄影藏微卷，第38—39页。

清广东新安县、东莞县海防图，
（深圳市南山博物馆藏，纵40.5厘米、横42.0厘米）

欲倾覆，公遥祷于城南天妃祠，祈以护济，于是风恬登岸。使回，公诣城南祠下礼拜，因见庙宇年深不足以御风雨，归闻于上，命下有司重修”几乎完全一致，唯独有悖之处就在于庙宇的称谓上，即《天后石碑文》中称之为“城南天妃宫”，而《新建赤湾天妃庙后殿记》中称之为“赤湾天妃庙”。那么，两者所说的是否为同一庙宇？要回答这一问题，首先，我们要分析“城南”与“赤湾”是不是同一地方。古时对“城南”的定义主要所指的是地理位置，即古城池或城镇的南面。上述两篇史料均指的是永乐初年间，这时期的赤湾一带都归属广东“东莞守御千户所”管辖，而“东莞守御千户所”之“所城”设立在原东官郡旧城之上，即今天的深圳南头古城。而赤湾位于“所城”的最南端；这在当时，民间百姓将赤湾一带称之为“所城”的“城南”是非常合乎情理的。另外，雍正十年（1732）新安知县何梦篆所撰的《赤湾天后庙记》中，也记录了“赤湾”与“城南”二者的关系。“赤湾与零丁山对峙，陆行由城南三里为崇镇沙，又十里绕南山而东。水行由城西门放舟出大海，抵外零丁洋，东转则赤湾之天后庙在焉。庙居中，左右国朝设炮台三，戍兵以守，盖一邑之险隘也。”[①]可见，“赤湾”确实位于“城南”，即“陆行由城南三里为崇镇沙，又十里绕南山而东”。其次，“赤湾”这一地名最早出现在明天顺八年（1464），而永乐九年（1411）所立的《天后石碑文》早于天顺八年近半个世纪，此时“赤湾”地名或许还未出现。通常地名在未有确定的情况下，百姓习惯性冠以当时当地重要的建筑物（城或村）、景观（山或湖）等方位加以名称来命名，如：“城东某某”“城南某某”“村东某某”“山前某某”等；因此，在“赤湾”未出现前，将赤湾一带称为“城南”是非常符合当时百姓习惯的，故此，赤湾的“天妃祠”自然也就称为“城南天妃宫”。

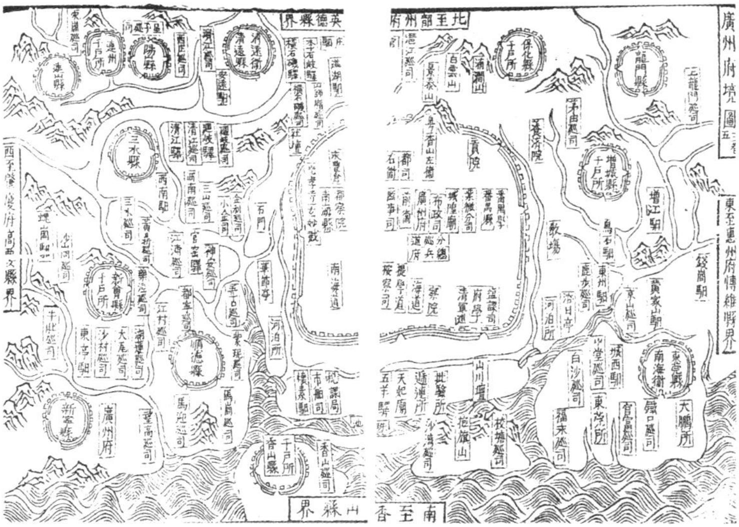

《岭海舆图·广州府舆地图》[②]

① 〔清〕何梦篆：《思无邪斋集》卷十九，清刻本，第11—12页。
② 〔明〕姚虞撰：《岭海舆图》卷一，清守山阁丛书本。

综上分析，我们推断《天后石碑文》之“城南天妃宫”与《新建赤湾天妃庙后殿记》之“赤湾天妃庙”理应为同一庙宇，只是在不同的时间上，有不同的称谓而已。另外，在两则史料中，我们均未发现提及张源随郑和出使的情况，且张源出使的国家与郑和第二次出使的国家并不相同。《明史》《明实录》等文献中，也未有发现张源随郑和出使的有关记载。但是，二人在出使的时间上极为接近，都是永乐五年从广东出使。其次，他们二人又都在赤湾附近海域遭遇风浪，在危急之际向天妃寻求帮助，顺利返航后都上报朝廷，奏请“有司重修”。如此一来，民间传说张源是郑和的副帅就不足为奇了。

按理言之，永乐年间（1403—1424）张源多次出使暹罗，又主持重修赤湾天妃庙宇，《天后石碑文》的碑刻理应有存世和记载。但是，赤湾天后古庙及《新安县志》中并没有发现《天后石碑文》的记录，故而我们对《林氏族谱》所记载的碑文的真实性还需进一步核实佐证。《天后石碑文》中提到的“永乐五年冬，内官张源，钦往暹罗国”这一事件，与明天顺八年（1464）和万历十二年（1414）地方官僚和士绅撰写的《重修赤湾天妃庙》等碑刻相比较，我们清晰地发现，无论是出使经过、出使国家以及归来后如何重修天妃庙，在内容上皆有一致性，只是在记录出使的时间上有少许出入，有“永乐五年”“永乐初”“永乐八年”的区别。这或许因为永乐初张源多次出使暹罗，易于产生混淆，导致时间记载上的不同。因此，基于以上文献和碑刻资料的相互印证，我们对《林氏族谱》所记载的《天后石碑文》内容的真实性是肯定的态度。

关于记载张源出使的文献和碑文，虽然都没有提及郑和，但我们在搜集史料过程中发现了关于张源与郑和之间关系的端倪。联系到郑和第二次下西洋“（永乐五年）秋九月，命太监郑和使西洋诸国，首从广东往占城国起”[①]，试想，郑和与张源都是永乐五年由广东出使前往“西洋诸国”，其二人在出使的时间上几乎同步。那么，二者之间的使命是否存在着某种关联？

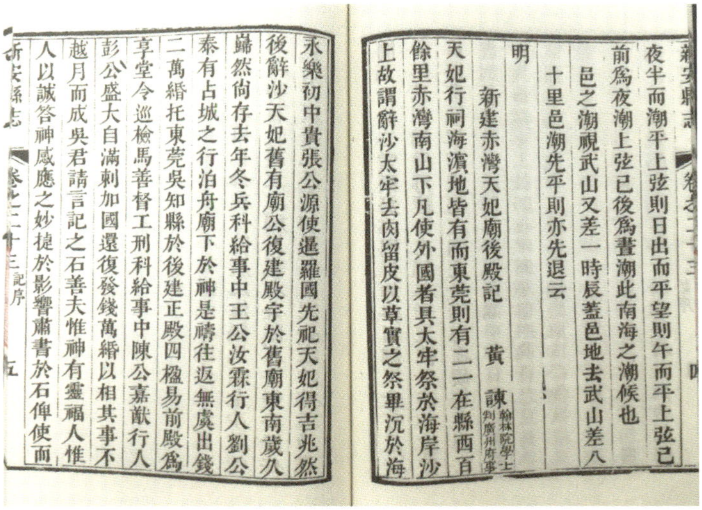
夜半而潮平上弦則日出而平望則午而平上弦已
前爲夜潮上弦已後爲晝潮此南海之潮候也
邑之潮視武山又差一時辰蓋邑地去武山差八
十里邑潮先平則亦先退云

明

新建赤灣天妃廟後殿記　黃　諫翰林院學士判廣州府事
天妃行祠海濱地皆有而東莞則有二一在縣西百
餘里赤灣南山下凡使外國者具太牢祭於海岸沙
上故謂辭沙太牢去肉留皮以草實之祭畢沉於海
永樂初中貴張公源使暹羅國先祀天妃得吉兆然
後辭沙天妃舊有廟公復建殿宇於舊廟東南歲久
巋然尚存去年冬兵科給事中王公汝霖行人劉公
泰有占城之行泊舟廟下於神是禱往返無虞出錢
二萬緡托東莞吳知縣於後建正殿四楹易前殿爲
享堂令巡檢馬善督工刑科給事中陳公嘉猷行人
彭公盛大自滿剌加國還復發錢萬緡以相其事不
越月而成吳君請言記之石善夫惟神有靈禍人惟
人以誠答神感應之妙捷於影響肅書於石俾使而

《新建赤湾天妃庙后殿记》书影

根据黄谏在《新建赤湾天妃庙后殿记》的记载，“天妃行祠，海滨地皆有，而东莞则有二：一在县［东］百余里，赤湾南山下。凡使外国者，具太牢祭于海岸沙上，故谓‘辞沙’。太牢去肉留皮，以草实之，祭毕，沉于海。永乐初，中贵张公源使暹罗国，先祀天妃得吉兆，然后辞沙。天妃旧有庙，公复建庙宇于旧庙东南，岁久岿然尚存。”[②]该碑文内容讲的是永乐初期，宦官张源奉旨出使暹罗国，在赤湾先祭祀天妃，占得吉兆，之后举行“辞沙”祭海仪典。出使顺利归来后，因感恩

---

① 〔明〕郭棐：万历《广东通志》卷六，明万历三十年刻本，第9页a。

② 张一兵：《深圳旧志三种》，深圳：海天出版社，2006年，第1034页。

天妃佑护，张源在赤湾天妃旧庙的东南方新建庙宇的经过。撰写该碑文的是明朝广东翰林学院判广州府事黄谏，而黄谏也曾奉命出使过安南。因此，他对使臣出使的相关事宜较为熟悉，由他所记录的内容可信度也较高[①]。出使暹罗国的官员是“中贵张公源”，但是，查阅永乐初年的《明史》、《明太宗实录》以及《东莞县志》等文献资料，我们发现，虽然《明史》和《明太宗实录》中并无宦官“张源”此人，可这一时期却有“宦官张原出使暹罗”的记载。此外，地方县志的记载上，也出现了另外一个姓名“内官张元”，即《东莞县志》载：“英烈天妃庙……一在海月岩，永乐六年内官张元建”[②]。那么，三位读音相同的宦官是否为同一人呢？我们知道，“中贵”和“内官”都是明代君王所宠信的宦官的称谓，而上述三位宦官（“张源”、“张元”和“张原”）从时间、身份、出使的国家来看，理应是同一人，这极有可能是因为时间跨度加上同音字等缘故，地方撰写记载的人误写了名字。这在许多的文献史料中广泛存在。例如：在黄谏《新建赤湾天妃庙后殿记》一文中，就不止一处与其他文献有出入。他提到“兵科给事中王公汝霖、行人刘公泰”的名字与《明史·外国传·占城》上记载的“黄汝霖、行人刘恕”也有不同。由于黄谏撰写的碑文被后人和地方县志多番引用，故本书也沿用黄谏“张源”之说。

黄谏在记录张源出使暹罗的事件上，只用模糊的“永乐初”一词作为指代，而据其他文献史料记载，张源于永乐初年曾两次出使暹罗国。第一次出使暹罗国，是与永乐五年暹罗国逞威压迫占城、苏门答

---

① 〔明〕郭棐《粤大记》云：“黄谏，兰州人，字廷臣，正统壬戌（1442）进士及第第三人，授编修。天顺初，以尚宝卿出使安南，辩论礼席及谕请正朔，凡为书十一通，悉按经史，风节凛然。因石亨同乡谪广州通判。”郭棐：《粤大记》，黄国声、邓贵忠点校，广州：广东人民出版社，2014 年，第 378 页。

② 陈伯陶：宣统《东莞县志》卷十八，东莞：养和印书局，1927 年，第 253 页。

腊及满剌加贡使的历史事件有关。也是在此次事件中，他与第二次出使东南亚各国的郑和发生了交集。早在大明初期，暹罗国可以说是东南亚各国唯一与明王朝保持友好外交关系的朝贡国，得益于此，暹罗强迫苏门答腊及满剌加为其附属国。由于满剌加控制了马六甲海峡，因此暹罗实际上控制了马来半岛的主权与国际贸易。[①]永乐三年（1405），明成祖通过郑和下西洋事件开创了与东南亚各国新的朝贡贸易，改变了暹罗操控满剌加等附属国的局面。

永乐四年（1406），明成祖因安南长期骚扰侵袭明朝边境，派兵出征安南，永乐五年（1407）五月，安南胡氏王朝覆亡。在征服安南过程中，明朝军队解救了因在海上遭受飓风而漂泊至安南的暹罗贡使止余孛黑，并将他带回中国。《明史》有载："时暹罗所遣贡使，失风飘至安南，尽为黎贼所杀，止余孛黑一人。后官军征安南，获之以归。帝悯之，六年八月命中官张原送还国，赐王币帛，令厚恤被杀者之家。"[②]表面上来看，明成祖十分同情暹罗贡使的遭遇，故而"六年八月命中官张原送还国"。然而，实际情况并没有那么简单。永乐元年至永乐二年间（1403—1404），暹罗认为占城、苏门答腊及满剌加是他的附属国，为增加与明王朝贸易的次数，曾多次勒索抢占占城、苏门答腊及满剌加贡使的来华诰印，这引发了大明王朝的不满。

《明史·外国传》载：

（永乐五年冬十月）先是，占城贡使返，风飘其舟至彭亨，暹罗索取其使，羁留不遣。苏门答剌及满剌加又诉暹罗恃强发兵夺天朝所赐印

① 郑永常：《海禁的转折：明初东亚沿海国际形势与郑和下西洋》，台湾：编译馆，2011 年，第 157 页。

② 《明史》卷三二四，北京：中华书局，2019 年，第 8399 页。

诰。帝降敕责之曰："占城、苏门答剌、满剌加与尔俱受朝命，安得逞威拘其贡使，夺其诰印。天有显道，福善祸淫，安南黎贼可为鉴戒。其即返占城使者，还苏门答剌、满剌加印诰。自今奉法循理，保境睦邻，庶永享太平之福。"①

永乐五年（1407），明成祖颁布敕书严厉呵斥暹罗国。明成祖认为，暹罗与占城、苏门答腊、满剌加等国一样，都是明朝的朝贡贸易国，暹罗国不应逞威拘留占城贡使、抢夺他国诰印，否则被征服的安南便是暹罗国的下场。泰国学者黎道纲指出，占城、苏门答腊、马六甲（满剌加）都是中西交通线上扼守要害之港口，暹罗的非分行动，引起了永乐帝的反应。②郑永常进一步指出，明成祖自登基后，就计划建立以明帝国为中心的南海国际秩序，满剌加是控制马六甲海峡的门户，是出入西洋的必经之地。而暹罗试图控制满剌加的行为，无疑是在挑战明朝的权威。因此表面上张源是送回被滞留的使者，实质上是巡视警告暹罗不可轻举妄动。③

《明实录》载：

（永乐六年八月壬辰）遣中官张原赍勅往谕暹罗国王昭禄群膺哆罗谛剌，赐之锦绮罗。④

（永乐六年九月）癸酉，遣太监郑和等赍勅使……暹罗诸国，赐其王锦绮纱罗。⑤

---

① 《明史》卷三二四，北京：中华书局，2019 年，第 8398 页。
② 〔泰〕黎道纲：《郑和时期中暹关系浅议》，《东南亚研究》，2000 年第 4 期。
③ 郑永常：《海禁的转折：明初东亚沿海国际形势与郑和下西洋》，台湾：编译馆，2011 年，第 149 页。
④ 〔明〕张辅：《明太宗文皇帝实录》卷五八，台湾"中央研究院"校印本，1963 年，第 7 页 b。
⑤ 〔明〕张辅：《明太宗文皇帝实录》卷五九，台湾"中央研究院"校印本，1963 年，第 4 页 b。

从出使时间上看，在短短四十天内，明成祖朱棣急促遣张源、郑和出使暹罗国，“赍敕往谕”，可见他对暹罗国这一做法的不满。而这也引起了暹罗国的惊慌，永乐六年（1408）十二月，暹罗国迅速派遣使臣前来明朝谢罪。《明实录》记载：“（永乐六年十二月庚辰）暹罗国王昭禄群膺哆罗谛剌遣使虎都无霞昧奈义奈霞侍等贡方物，谢赐敕切责之罪。”[1]虽然史料没有明确记载张源返回的时间，但通过《新安县志》《东莞县志》等文献推测，张源应是与暹罗贡使一起返回的。此后，永乐十九年（1421）、永乐二十年（1422）和宣德六年（1431），郑和多次出使暹罗国。郑永常认为，明成祖即位后，有意帮助暹罗的附属国满加剌获得独立，郑和舟师七下西洋的过程中有四次造访暹罗，表面上是友好访问，实质是巡视与施压，使暹罗不得不收敛霸权心态，帮助满加剌成为海峡的贸易中心和掌握新的霸权。[2]

另外，张源第二次出使暹罗国还与朝廷罪民何八观被遣返有关。永乐年初，广东南海人何八观“屯聚岛外”，后“窜入暹罗”[3]。永乐七年（1409）十月，暹罗遣使节坤文琨等来华祭祀仁孝皇后，明成祖告谕暹罗送还何八观等罪民。

《明实录》载：

（永乐七年冬十月己亥朔）暹罗国王昭禄膺哆罗谛剌遣使坤文琨等奉表，贡方物，赐钞币遣归。时中国人何八观等流移海岛，遂入暹罗。至是，因文琨归，上令谕其国王遣八观等还，毋纳逋逃以取罪戾，并赐

① 〔明〕张辅：《明太宗文皇帝实录》卷七三，台湾“中央研究院”校印本，1963年，第7页b。

② 郑永常：《海禁的转折：明初东亚沿海国际形势与郑和下西洋》，台湾：编译馆，2011年，第158页。

③ 〔明〕张燮：《东西洋考》，北京：中华书局，1981年，第33页。

其王金织纻纱罗绒锦。八年遣使贡马及方物并送中国流移人，还赐勅劳之，并赐彩币。[①]

因明成祖“令谕其国王遣八观等还”，暹罗国为维系与明朝的贸易，不敢不归还，并于永乐八年（1410）迅速遣使将何八观等人送回。为此，明成祖再次派遣张源“敕劳”暹罗国王。《明史·外国传》载：“其王即奉命遣使贡马及方物，并送八观等还，命张原赍敕币奖之。”[②]明人吴国光在《重修赤湾天妃庙记》中，也提到了张源的这次出使，“永乐八年，钦差中贵张源使暹罗，始立庙”[③]。

《天妃灵记》

① 〔明〕张辅修:《明太宗文皇帝实录》卷六六，台湾“中央研究院”印本，1963年，第8页a。
② 《明史》卷三二四，北京：中华书局，2019年，第8399页。
③ 嘉庆《新安县志》卷二三《艺文志二》，《深圳旧志三种》，第1045页。

由此看来，张源这两次出使暹罗国都与明王朝复杂的政治外交有关，尤其第一次出使与郑和的第二次出使有着极其密切的联系，二者无论在时间、地点，还是朝廷使命以及海上经历，都有着许多相同之处。这或许就是民间传说“张源是郑和副帅”的原因之一。其实，《天妃灵应记》便清晰地说明了他们二者的关系：“内官甘泉、郑和（一作张源）有暹罗西洋之役，各上灵迹，会修祠宇。”①

综上，明朝永乐初年张源、郑和等使臣分别出使暹罗国，虽然是多人、多次出使，但其共同的目的只有一个，即奉行朝廷“至暹罗问责”“赍敕往谕”之使命。也就是说，张源、郑和等人的出使可以认为是同一政治、外交事件下步骤的分配或分工。

总之，在明成祖朱棣试图构建以大明王朝为中心的南中国海国际秩序的历史情境下，郑和及张源的海上出使具有特殊的政治意义。二人共同参与了永乐年间对暹罗外交事务的干预，调解暹罗与占城、满剌加和苏门答腊儿国的关系，是明朝政府通过军事和政治扩大国家朝贡体系和影响范围计划的一部分，目的是为了建立将东南亚各国纳入明朝宗主国之下的世界秩序，确立和巩固大明王朝在南海的统治地位。在这一历史背景之下，张源重修赤湾天妃庙就更具有特殊的时代意义。原本赤湾天后庙只是东莞县一座偏僻的、不为人知的地方庙宇，张源两次出使暹罗国都在此祭祀天妃，并奏请朝廷有司重修，从而赋予了天后古庙的正统性，成为国家在民间举行“正祀”的重要场所之一。另外，张源在护送暹罗使臣归国之时，在赤湾天妃庙前举行最高规格的“辞沙”祭海仪典，似乎也是为了向东南亚诸国彰显大明王朝之威严。从这一点上来看，明初赤湾天妃庙的重修不仅与海上丝

---

① 浙江常山《林氏宗谱》卷一，民国甲子年（1924）定杨崇本祠续修，美国犹他州盐湖城：犹他家谱学会摄影藏微卷，第37页。

绸之路的发展与繁荣有关，还与明朝廷的经济、军事以及外交有关。这会下面第三节中详细叙述。

三、其他使臣重修赤湾天妃庙

明初之前的赤湾是东莞县恩德乡下辖的一个不知名的海澳。永乐初年，张源在此重修赤湾天妃庙，这也是文献记载下天妃庙的第一次大规模重修。其后，因“凡使外国者”“必停船祭祀”等缘故，朝廷数次“有司重修”，从此，赤湾天妃庙逐渐成为华南沿海规模最大的天妃庙，影响也遍及东南亚各国。尤其是“凡使外国者”均会在此“先祀天妃，然后辞沙”，再去往海外，使臣的这些活动对推动赤湾天后古庙纳入朝廷的统治体系产生了深远的影响。

根据嘉庆《新安县志》记载，张源重修的赤湾天妃庙于永乐八年建成，之后，天妃庙在历经五十余年的风雨后，使臣黄汝霖等再次出资重修。天顺四年（1460），因占城国王摩诃盘罗悦病死，盘罗茶全遣使赴明朝报丧。明英宗遣给事中黄汝霖、行人刘恕前往占城，册封盘罗茶全为王。二位使臣来到赤湾“泊舟庙下，于神是祷”，而后出使“往返无虞”，因“惟人以诚答神，感应之妙”，遂捐俸重修赤湾天妃庙。

《明史》有载：

> 九月，使来，告王丧。命给事中黄汝霖、行人刘恕封王弟盘罗茶全为王。①

黄谏《新建赤湾天妃庙后殿记》也有载：

① 《明史》卷三二四，北京：中华书局，2019年，第8388页。

兵科给事中王公汝霖、行人刘公泰有占城之行，泊舟庙下，于神是祷，往返无虞。出钱两万缗，托东莞吴知县于后建正殿四楹，易前殿为享堂，令巡检马善督工……惟神有灵福人，惟人以诚答神，感应之妙，捷于影响。[①]

以上两处所注名字虽有差异，即给事中王（黄）汝霖和行人刘泰（刘恕）二位使臣。但从他们出发的事由、时间和地点来看，理应是相同两人。天顺七年（1463），二位使臣从占城顺利返回，为报答赤湾天妃"灵迹"，便委托东莞县知县和地方巡检司负责督办重修赤湾天妃庙，"出钱两万缗，托东莞吴知县于后建正殿四楹，易前殿为享堂。令巡检马善督工"[②]。天顺八年（1464），刑科给事中陈嘉猷和行人彭盛大自满剌加国返还，见到赤湾天妃庙正在重修，于是"复发钱万缗，以相其事，不越月而成"[③]。值得一说的是，早在天顺三年（1459）八月，满剌加国王子苏丹芒速沙遣使入贡，明成祖就派遣给事中陈嘉猷等前往敕封。陈嘉猷等人从广州出发，不幸的是，他们一行人在途中遭遇大风，"越二年，礼官言：嘉猷等浮海二日，至乌猪洋，遇飓风，舟坏，飘六日至清澜守御所获救。敕书无失，诸赐物悉沾水。乞重给，令使臣复往"[④]。直至天顺八年，陈嘉猷等人才从满剌加返回广州，说明此次出使任务相当艰难。因此，陈嘉猷等人途经赤湾天妃庙时，感慨神恩庇佑，遂出资修建天妃庙。

上述可见，天顺期间的天妃庙重修，正是国家使臣和地方官员相互努力的结果。简而言之，这一时期赤湾天后古庙的修缮资金来源主要是

① 张一兵：《深圳旧志三种》，深圳：海天出版社，2006年，第1034页。
② 同上，第1034页。
③ 同上，第1034页。
④ 《明史》卷三二四列传，北京：中华书局，2019年，第8418页。

使臣奏请朝廷“会修祠宇”[①]，地方知县和巡检司负责督办。[②]其实，东莞知县以及巡检司之所以积极参与赤湾天妃庙的建设，还因为当地政府需承担朝廷使臣及各国贡使的接待事务，即“驿站”职能。例如：《东莞县志》有载：“洪武十四年，因开设南海卫，使客往来络绎不绝，复于城西添设水驿一，因识其额；城西水驿，在城西迎恩桥右，官一员，吏一名，驿船四只，铺陈什物全。”[③]而此时的赤湾天妃庙已然成为国家“正祀”体系下的重要祭祀场所，是地方官员与钦差使臣沟通交流的绝佳场合，自然而然也成为朝廷“朝贡贸易”活动的场所。因此，“会修祠宇”是地方政府必须参与的重要事务，东莞知县“令巡检马善”负责赤湾天后古庙修缮的“督工”，体现了地方政府对此项修缮任务的高度重视。

除了朝廷使臣带头捐修之外，地方精英分子亦积极参与赤湾天后古庙的建设管理。万历年间（1573—1620）吴国光在《重修赤湾天妃庙》一文中指出，自张源重修庙宇后，“又有行人某使外国还，捐金，令父老吴松山等买田供祀天妃庙”[④]。文中的吴松山，就是前面提到赤

① 浙江常山《林氏宗谱》卷一，民国甲子年（1924）定杨崇本祠续修，美国犹他州盐湖城：犹他家谱学会摄影藏微卷，第37页。

② 黄谏的记载中除了提到使臣给事中和行人等官员外，还提到了“东莞吴知县”和“巡检马善”。“东莞吴知县”乃天顺五年至天顺八年的东莞知县吴中。而“巡检马善”指的应该是巡检司一名叫马善的官员。据《广东通志》之《政事志五》记载，明代的巡检司是设置在地方维持治安的基层机构，主要职责是盘查奸细、逃军、逃囚、犯人、缉私等。黄佐《广东通志》卷三二政事志：“其一曰：凡军民等往来，但出百里者，即验民引；其二曰：巡检司纵容境内隐藏逃军，一岁中被人盘获十名以上者，提问如律；其三曰：凡军民无文引及内官、内使来历不明，有藏匿寺观者，必须擒拿送官。仍许诸人首告，得实者赏，纵容者同罪。”）明朝东莞县下设有福永、缺口、白沙、官富、京山、中堂等巡检司。《苍梧总督军门志》曾提到官富巡检为滨海巡检，福永巡检为近海巡检。从巡检司的职能我们可以推测，当时在赤湾负责盘问检查使臣往来出使的便是巡检司的官员，由于赤湾距离东莞县城颇远，地方知县无法长期在此，因此，便由长期驻扎于此的巡检司官员马善负责督工。

③ 张一兵：《深圳旧志三种》，深圳：海天出版社，2006年，第172页。

④ 同上，第1045页。

湾附近的南园村吴氏家族的九世祖，遗憾的是，目前发现的族谱里并无他的详细事迹。但吴姓一直是南头半岛上的望族，是地方上一股重要的力量。《吴氏族谱》载："九世祖，吴景晧，永乐年间葬。公好义慷慨于斯，自出谷三千石，赈济乡民。东莞县前有碑记流传。"[①]刘志伟推测，由于赤湾天妃庙远离县治，因此，此庙的日常管理应交由地方上的宗族管理。[②]在张源和其他往来使臣的作用下，赤湾的天妃庙便具有了正统性和官方性，吴氏家族也希望通过积极参与、捐建官方认可的庙宇，表达出他们对朝廷的追随。

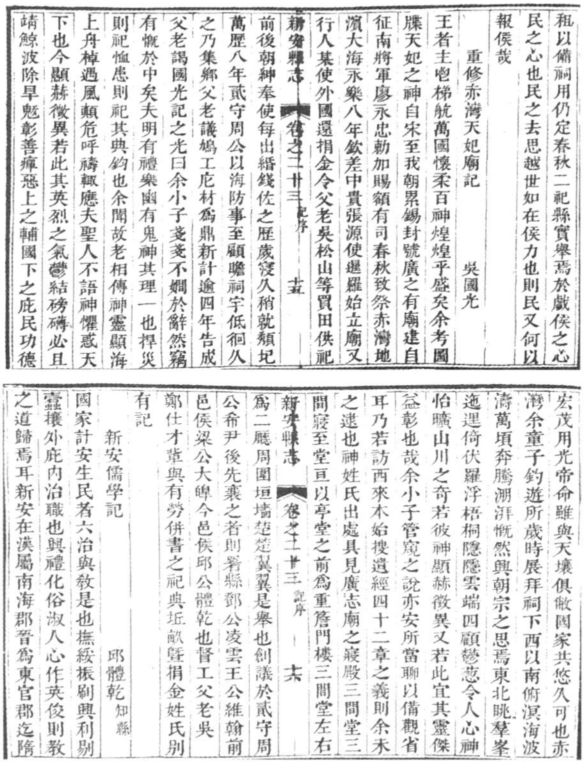
租以備祠用仍定春秋二祀縣實舉焉於戲侯之心
民之心也民之去思越世如在侯力也則民又何以
報侯哉
重修赤灣天妃廟記　吳國光
王者主鬯梯航萬國懷柔百神煌煌乎盛矣余考國
牒天妃之神自宋至我朝累錫封號廣之有廟建自
征南將軍廖永忠勅加賜額有司春秋致祭赤灣地
濵大海永樂八年欽差中貴張源使暹羅始立廟又
行人某使外國還捐金令父老吳松山等買田供祀
新安縣志　卷之二十三　記序
前後朝紳奉使每出緡錢佐之歷歲寖久稍就頹圮
萬歷八年貳守周公以海防事至顧瞻祠宇低徊久
之乃集鄉父老議鳩工庀材爲鼎新計逾四年告成
父老謁國光記之光曰余小子戔戔不嫺於辭然竊
有慨於中矣夫明有禮樂幽有鬼神其理一也捍災
則祀恤患則祀其典鈞也余聞故老相傳神靈顯海
上舟楫遇風顛危呼禱輒應夫聖人不語神懼惑天
下也今顯赫徵異若此其英烈之氣鬱結磅礴必且
靖鯨波除旱魃彰善癉惡上之輔國下之庇民功德

宏茂用光帝命雖與天壤俱儆國家共悠久可也赤
灣余童子釣遊所歲時展拜祠下西以南俯溟海波
濤萬頃奔騰淜湃慨然興朝宗之思焉東北眺羣峯
迤邐倚伏羅浮梧桐隱隱雲端四顧鬱葱令人心神
怡曠山川之奇若彼神顯赫徵異又若此宜其靈傑
益彰也哉余小子管窺之說亦安所當聊以備觀省
耳乃若訪西來木始搜遺經四十二章之義則余未
之逮也神姓氏出處具見廣志廟之寢殿三間堂三
間寢至堂亘以亭堂之前爲重簷門樓三間堂左右
新安縣志　卷之二十三　記序
爲二廳周圍垣墻楚楚翼翼是舉也創議於貳守周
公希尹後先襄之者則署縣鄧公凌雲王公維翰前
邑侯梁公大皐今邑侯邱公體乾也督工父老吳
鄭仕才輩與有勞併書之祀典垣畝暨捐金姓氏別
有記
新安儒學記　邱體乾 知縣
國家計安生民者六治與教是也撫綏振刷興利剔
蠹攘外庇内治職也興禮化俗淑人心作英俊則教
之道歸焉耳新安在漢屬南海郡晉爲東官郡迄隋

《重修赤湾天妃庙》[④]

① 吴礼华翻抄：《延陵世系族谱：吴氏族谱》，香港南丫岛吴氏宗亲会藏，1971 年，第 10 页。

② 刘志伟：《"官方"庙宇意义转变——赤湾天后庙碑铭解析》，载郑振满主编：《碑铭研究第 2 辑》，北京：社会科学文献出版社，2014 年，第 438—456 页。

③ 〔明〕吴国光：嘉庆《新安县志》卷二十三。

然而，弘治以后随着王朝对海洋政策的收缩，贡舶使船越来越少，朝贡贸易随之萧条，“自弘治元年以来，番舶自广东入贡者，惟占城、暹罗各一次”[①]，赤湾天后古庙亦不见有关使臣出使的记载了。清朝建立后，朝廷重新恢复了与东南亚诸国的朝贡贸易，还增加了一些互市通商的西洋国家。与明代一样，赤湾仍然作为广州通往海外的“出入境”门户，这一点亦能从清代赤湾天后古庙的碑文记载中得到印证。然而，与明代不同的是，清代赤湾天后古庙的历次重建未见有使臣的参与。

第三节 使臣出使与“辞沙”祭典的形成

永乐年间，明王朝与东南亚各国关系十分密切，使臣往来频繁。鉴于当时海洋、季风的不可预测性，在保证基本航海技术的条件下，使臣和船员常常会寻求和依附于超自然形式的保护，即通过祭祀海洋、海神的途径，以佑航海途中的顺利。前面曾多次提到，赤湾因地理独特，是江河入海的节点，是广州出洋航道的必经口澳，也是过往船舶的重要锚地。因此，坐落在赤湾港内的天后古庙也自然成为朝廷使臣及官员祭祀海洋的重要场所。永乐初，“凡使外国者，具太牢，祭于海岸沙上”[②]，说明凡是在赤湾出使的使臣都会在天后古庙前的沙滩上举行祭海仪式，这一仪式被称为“辞沙”。那么，何为“辞沙”？它究竟是一种什么性质的祭祀活动？张源以及其他往来于南海的使臣出使前，在天后古庙前举行“辞沙”这一仪式，究竟又有何特殊的意义？

---

① 〔明〕黄佐：《广东通志》卷六十六，嘉靖四十年刻本。
② 张一兵：《深圳旧志三种》，深圳：海天出版社，2006 年，第 1033 页。

一、"辞沙"溯源

赤湾天后古庙的"辞沙"祭海仪式的最早记载，源自于明朝翰林院学士、判广州府事黄谏所撰的《新建赤湾天妃庙后殿记》一文。"天妃行祠，海滨地皆有，而东莞则有二：一在县东百余里，赤湾南山下。凡使外国者，具太牢，祭于海岸沙上，故谓'辞沙'。太牢去肉留皮，以草实之，祭毕，沉于海。永乐初，中贵张公源使暹罗国，先祀天妃，得吉兆，然后辞沙。"①该文献是迄今为止对"辞沙"祭祀仪式最清晰的解读。文中不但指出何人祭祀，何种规格，甚至对举办的特殊场地、特殊祭品的制作，以及"祭毕，沉于海"的过程都做了翔实记载。那么，究竟"辞沙"是什么意思？"辞沙"仪式有什么含义呢？

首先考证"辞"和"沙"的含义。"辞"与"祠"相通，即通假字。清代朱骏声《说文通训定声颐部》有载"辞，假借为祠"，是祭祀之义。作为祭祀之意的"辞"，在文献中也比比皆是。例如：东汉《济阳太守孟郁修尧庙碑》记载："延熹十年，仲春二月，阳气浸阴，始雩来享祀群神，仰瞻云汉。孟府君奉宣诏书，行县到成阳，将辞帝尧，行礼未周，则景云四集，翔风膏雨，即时大降，嘉澍优沾，利茂万物，阴阳和协，百姓赖福。"②该碑文中"将辞帝尧"的"辞"，与"具太牢，祭于海岸沙上，故谓辞沙"③的"辞"乃同意，即祭祀的意思。另外，清人屈大均在《阳江天妃庙碑记》云："天妃所在有祠……舟行必告，是曰辞沙，以祠在零丁洋沙上也。"④清人范瑞昂在《粤中见闻·天妃庙》也载："吾粤水国，多庙祭天妃。新

---

① 张一兵：《深圳旧志三种》，深圳：海天出版社，2006年，1033页。
② 〔明〕梅鼎祚：《东汉文纪》卷二十，清文渊阁四库全书本，第55页b。
③ 张一兵：《深圳旧志三种》，深圳：海天出版社，2006年，第1033页。
④ 〔清〕屈大均《翁山文钞》卷三，清康熙刻本，第33页b。

安赤湾沙上有天妃庙，背南山，面大洋，大小零丁数峰壁立为案，最显灵。凡渡海者必祷，谓之辞沙，盖以庙在沙上也。”[①]以上的“辞”所表达的都是祭祀的意思。

“沙”则通“砂”，指的是海底的暗沙、沙礁。《说文》曰：“沙，水散石也。从水从少。水少沙见。”曾昭璇指出，“沙”在古义上，可能有两种，一是水下的沙石，一是出水的沙洲。沙为水深不一的沙砾沉积，被覆珊瑚礁体，有些低潮可见。今天渔民仍用“沙”来称呼“珊瑚礁”，如南沙双子环礁东北端礁体即称“贡士沙”，闽南及海南话的“沙”和“线”是同音，因此，“贡士沙”又被称为“贡士线”。美济环礁称为“双沙”，禄沙环礁称“禄沙”，六门环礁称“六门沙”等。[②]沙礁一般分布在水口与海洋交汇的浅海处，因此，海船尤怕触碰沙礁。向达指出，古代远洋航行十分重视沙礁，“各地路程远近、方向、海上的风云气候、海流、潮汐涨退、各地的沙洲水道、礁石隐现、停泊处所水的深浅以及海底情况……海船抛舡，怕碰上铁板沙、沉礁，也要知道停泊处所是泥底、石底还是石剑，怕走椗或弄断椗索”[③]。由于海船一旦触碰沙礁便会有倾覆的危险，故船员常常以过沙礁为难。加之缺乏对海洋等自然科学的认识，船员认为“沙”的出现“皆鬼神为之”，即海底鬼神“为祟”。据相关资料有载：

俗传古是七洲，沈而成海，舶过，用牲粥祭海厉，不则为祟。舟过此极险，稍贪东便是万里石塘，即《琼志》所谓万州东之石塘海也。[④]

---

① 〔清〕范端昂：《粤中见闻》卷五，汤志兵校，1988 年，第 49 页。
② 曾昭璇、梁景芬、丘世钧：《中国珊瑚礁地貌研究》，广东人民出版社，1997 年，第 6 页。
③ 向达校注：《两种海道针经》，北京：中华书局，1961 年，第 2 页。
④ 〔明〕张燮：《东西洋考》，北京：中华书局，1981 年，第 172 页。

万州有一港颇宽广，海舶争避风其中。稍不虞，则港口忽生一沙横塞之，需祭禳乃灭。海中沙礁时有时无，皆鬼神为之。[①]

海舟不畏深而畏浅，不患风浪而患沙礁。[②]

上述可见，航海者因担心"海舟""畏浅"而"患沙礁"，因此，在出海前或途中经过沙礁海域的时候，都会约定俗成的举行祭祀，即"舶过，用牲粥祭海厉""需祭禳乃灭"，以此祈求海神和海洋众神灵的保佑，这一祭海仪式在文献上称之为"辞沙""祠沙"或"祀沙"。

"辞沙"与"祠沙"，虽字上有别，但其意相同。经文献查找，至迟于北宋时期，沿海地区就已经出现了"祠沙"这一祭海活动。北宋宣和五年（1123），因高丽国王王俣逝世，宋徽宗派遣使臣给事中路允迪等出使高丽祭奠吊慰。奉义郎徐兢随团出使，并将途中所见所闻记录下来，后刊印成《宣和奉使高丽图经》一书。值得一提的是，此次出使是妈祖信仰传播史上具有里程碑意义的一件大事，路允迪等出使归来后，奏请宋王朝敕封妈祖"顺济"庙额。[③]这也是妈祖首次得到封号。

徐兢所在使团从浙江明州（今宁波）出发，一路上艰险重重，遇事必祭海神。特别是在经过浙江沈家门的时候，因海洋天气骤变，船员连忙"就山张幕，扫地而祭"，"舟人"称之为"祠沙"，而"祠沙"祭祀的

---

① 〔清〕范端昂：《粤中见闻》，汤志岳校注，广州：广东高等教育出版社，1988年，第129页。

② 〔清〕魏源：《古微堂集》外集卷七，清宣统元年国学扶轮社本，第4页a。

③ 〔宋〕廖鹏飞：《圣墩祖庙重建顺济庙记》载："越明年癸卯，给事中路允迪使高丽，道东海，值风浪震荡，舳舻相冲者八，而覆溺者七，独公所乘舟，有女神登樯竿，为旋舞状，俄获安济。因诘于众，时同事者保义郎李振，素奉圣墩之神，具道其详。还奏诸朝，诏以'顺济'为庙额。"廖鹏飞：《圣墩庙重建顺济庙记》，载蒋维锬、郑丽航辑纂：《妈祖文献史料汇编（碑记卷）》，北京：中国档案出版社，2007年，第1页。

对象是“岳渎主治之神”。徐兢在《宣和奉使高丽图经》书中写道：

二十五日丁丑,辰刻，四山雾合西风作，张蓬委地，曲折随风之势，其行甚迟，舟人谓之拒风。巳刻，雾散，出浮稀头、白峰、窄额门、石师颜，而后至沈家门，抛泊其门。山与蛟门相类，而四山环拥，对开两门，其势连亘，尚属昌国县。其上，渔人樵客丛居十数家，就其中以大姓名之。申刻，风雨晦冥，雷电雨雹欻至，移时乃止。是夜，就山张幕，扫地而祭，舟人谓之“祠沙”，实岳渎主治之神，而配食之位甚多。每舟各刻木为小舟，载佛经、粮糗，书所载人名氏，纳于其中，而投诸海，盖禳厌之术一端耳。[1]

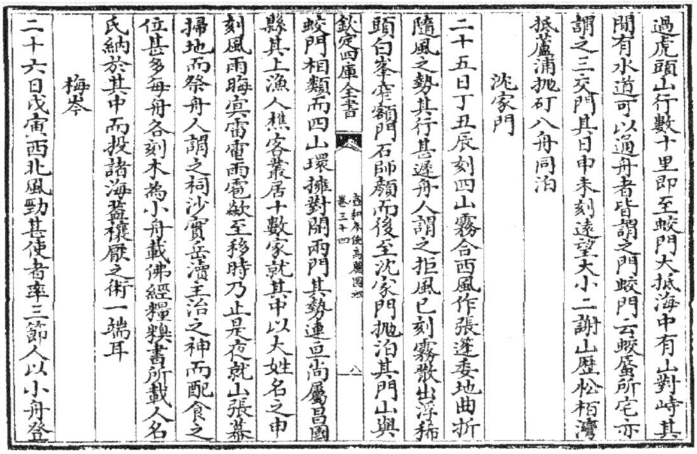
過虎頭山行數十里即至蛟門大抵海中有山對峙其
間有水道可以通舟者皆謂之門蛟門云蛟蜃所宅亦
謂之三交門其日申未刻遠望大小二謝山歷松栢灣
抵蘆浦抛矴八舟同泊
沈家門
二十五日丁丑辰刻四山霧合西風作張蓬委地曲折
隨風之勢其行甚遲舟人謂之拒風巳刻霧散出浮稀
頭白峯窄額門石師顔而後至沈家門抛泊其門山與
欽定四庫全書
宣和奉使高麗圖經 卷三十四
八
蛟門相類而四山環擁對開兩門其勢連亘尚屬昌國
縣其上漁人樵客叢居十數家就其中以大姓名之申
刻風雨晦冥雷電雨雹欻至移時乃止是夜就山張幕
掃地而祭舟人謂之祠沙實岳瀆主治之神而配食之
位甚多每舟各刻木為小舟載佛經糧糗書所載人名
氏納於其中而投諸海蓋禳厭之術一端耳
梅岑
二十六日戊寅西北風勁甚使者率三節人以小舟登

《宣和奉使高丽图经》

文献记载，使团在沈家门抛泊，傍晚申刻时，因“风雨晦冥，雷电雨雹欻至”，船员于是扫地而祭，祭祀过程是“每舟各刻木为小舟，载佛经、粮糗，书所载人名氏，纳于其中，而投诸海”。也就是说，舟人

① 〔宋〕徐兢：《宣和奉使高丽图经》卷三十四，四库全书本，第 8 页 b。

用木材制作成小船，然后，在小船上装入船员的名册、佛经和粮食，经祝祷后放入大海。舟人把这一祭祀仪式，称之为“祠沙”。显然，这一“祠沙”仪式具有显著的民间色彩，其祭祀的对象应是海里的神灵——“海神”。然而，受传统儒家思想影响的徐兢，认为船员所祭祀的是“岳渎之神”，即国家祭祀体系中“岳镇海渎”。可见，对于以上同一祭祀行为，徐兢与船员存在不一样的认识和理解。

另外，当徐兢一行继续行驶到黄水洋的时候，此处又出现了与“祠沙”相似的“祀沙”。《宣和奉使高丽图经》载道：

黄水洋即沙尾也，其水浑浊且浅。舟人云：“其沙自西南而来，横于洋中千余里，即黄河入海之处。”舟行至此，则以鸡黍祀沙。盖前后行舟遇沙多有被害者，故祭其溺死之魂云。[①]

值得指出的是，徐兢这段“黄水洋”的“祀沙”记录，与之前“沈家门”的“祠沙”记载有着较大的区别。虽然词意解读上完全相同，且与海航、海祭有关，但祭祀的对象却是不同。即“沈家门”的“祠沙”活动被释为“岳渎之神”之祀，而此处“舟人”的“祀沙”对象是祭祀“遇沙被害者”和“溺死之魂”。

“黄水洋”位于黄河入海交汇水域，河水浑浊且浅，皆因黄河上游的大量泥沙被冲刷至海口时，与海潮等因素的相互作用，流速大大减缓，导致泥沙落淤，并与海床的沙砾、贝壳等形成沙礁，日积月累形成“横于洋中千余里”的暗沙。“横于洋中千余里”的暗沙在潮汐等海洋自然规律作用下，隐藏在海底的暗沙（沙洲）便会显露出来，非常不利于尖底海船的航行，航海者稍有不慎，便会触礁倾覆，十分危险。

---

① 〔宋〕徐兢：《宣和奉使高丽图经》卷三十四，四库全书本，第 11 页 b。

位于黄水洋中“横于洋中千余里”的暗沙也被称之为“千里长沙”①。舟人每过黄水洋时，必须十分谨慎地避开暗沙，正如徐兢在记录中写道：“自中国适句骊，唯明州道则经此，若自登州板桥以济，则可以避之。比使者回程，至此第一舟几遇浅，第二舟午后三桅并折，赖宗社威灵，得以生还，故舟人每以过沙尾为难。当数用铅硾时其深浅，不可不谨也。”②可见，“故舟人每以过沙尾为难”，“不可不谨也”。“舟人”认为暗沙的形成是海底的鬼神在作祟，因此，经过这一带均以“鸡黍”“祀沙”，“祭其溺死之魂”。

上述“祀沙”与在沈家门时的“祠沙”相对比，其在祭祀仪式上似乎相对简单许多，仅仅是用“鸡黍”祭祀。我们推测，“祠沙”与“祀沙”虽一字之差，但随行出使的徐兢却对此作出了严格的区分，或许徐兢是根据舟工祭祀时的祭品丰厚程度来判断祭祀的对象，进而区分“祀沙”与“祠沙”。又或许是根据舟工祭祀地点的不同来进行区分，因为举行“祠沙”仪式的地点是在岸边，而“祀沙”的时候却处在海上航行的过程中。可是，对于船员水手自身来说，他们很可能认为这两种祭祀活动其实都是同一个意思。船员只是为祈求出海行船的顺利，每过潜藏暗沙的海域便会自然而然地举行“祠沙”或“祀沙”仪式。不过，对于使臣徐兢来说，他虽将民间的祭海活动与官方的祭

① 〔宋〕陈均:《宋九朝编年备要》卷二十一载:“凡海至高丽，即清入登州，经千里长沙即浊，东南望明州，数日水皆绝碧。至洋中则黑海，人谓此无底之谷也。”乾隆《天津县志》卷十曰:“刘家港开船，出扬子江，靠南岸径使。候潮长，浩西岸行使，好风半日到白茆港。在江待之潮平，带蓬橹摇，过撑脚沙尖，转过崇明沙嘴，挑不了水，望正东行使，无碍。南有朱八沙、婆婆沙、三脚沙，可须避之。扬子江内，北有双塔，开有范家港沙滩，东南有张家沙滩，江口有陆家沙脚，可避。口外有暗沙一带，连至崇明洲沙，亦可避之。……北有长滩沙、响沙、半洋沙、阴沙、冥沙，切可避之。”〔清〕魏源:《古微堂集》卷七云:“江南沿海，横亘五大沙，舟行所最畏。元初沿海求屿，逾年始至，旋辟其险，径放大洋，而旬余即达，况今黄河云梯关外，复涨千里长沙，皆舟行必避之险。”

② 〔宋〕徐兢:《宣和奉使高丽图经》卷三十四，四库全书本，第11页b。

海活动加以区分，但仍有意识地将民间祭祀的神明登录进官方的活动中，以便地方百姓祭祀的神灵得到朝廷的接纳、认可或敕封。这种行为正如美国学者韩森所言“中央进入地方的有效途径”[①]，意思是在航海途中更能凝聚力量、笼络人心，又以此证明他们在航海过程中所祭祀海洋神灵的正当性。这一点我们从徐兢描述他在航海途中的心情便可窥探究竟。

徐兢《宣和奉使高丽图经》载：

臣窃惟海道之难甚矣！以一叶之舟，泛重溟之险，惟恃宗社之福，当使波神效顺以济，不然则岂人力所能至哉?方其在洋也，以风帆为适从，若或暴横，转至他国，生死瞬息……若遇危险，则发于至诚，虔祈哀恳，无不感应者。比者使事之行，第二舟至黄水洋中，三舵并折，而臣适在其中，与同舟之人，断发哀恳，祥光示现。然福州演屿神亦前期显异，故是日舟虽危，犹能易他舵。既易，复倾摇如故，又五昼夜方达明州定海。比至登岸，举舟臞顇几无人色，其忧惧可料而知也。若以谓海道非难，则还朝复命，不应受重赏。以为必死，则自祖宗以来累遣使命，未尝有飘溺不还者，惟恃国威灵，凭仗忠信，可以必其无虞耳。[②]

文中记录在海上遇到危难时，徐兢与船员们同舟共济“虔祈哀恳”，“故是日舟虽危，犹能易他舵”，平安渡险。并以此颂扬乃王朝雄威所致，“恃国威灵，凭仗忠信”。

① 〔美〕韩森：《变迁之神：南宋时期的民间信仰》，包伟民译，上海：中西书局，2016年。
② 〔宋〕徐兢：《宣和奉使高丽图经》卷三十四，四库全书本，第3页b。

二、张源与“辞沙”

《宣和奉使高丽图经》一书对之后使臣的海航影响深远。明朝永乐年间，张源在赤湾举行的“辞沙”祭海仪式，或许也受到沈家门“祠沙”的影响。赤湾一带的地理、水文等方面特征与沈家门、黄水洋有着许多相似之处，都处于江河入海交汇处，江河冲刷中所裹挟的泥沙等物质，在入海处遇到含盐量较淡水高得多的海水时，凝絮淤积，形成沙礁和沙洲。因此，赤湾周边海域也是沙礁密布。同时，由赤湾通往南海诸国的航道上也同样分布着大量的沙洲与沙礁，出使船队途经的水域中就有号称“万里长沙”的海域。①

永乐六年（1408），张源从东莞县赤湾出使暹罗国，其针路航线为：

广东东莞县至暹罗针路。自广东东莞县之南亭门放洋，南至乌猪洋、独猪洋、七洲洋，星盘坤未针，至外罗坤申针，肆拾伍程，至占城旧港，经大佛灵山，其上烽墩则交趾属也。又未针至昆吨山，又坤未针至玳瑁洲玳瑁额及于龟山，酉针至暹罗，由盈和门台海口入港，水中长洲隐隆如坝，海舶出入，如中国车坝然，亦国之一控扼也。少进为一关，守以夷酋，又少进为二关，即国都也。②

从航海线路来看，张源出使需要经过南海的乌猪洋和独猪洋，而环绕二洋周边海域的珊瑚礁是被冠以“万里长沙”和“万里石塘”③之称

---

① 明人黄衷在《海语》中称：“万里石塘在乌猪、独猪二洋之东，阴风晦景，不类人世，其产多珅璖，其鸟多鬼车，九首者四，三首者漫散海际，悲号之音，聒聒闻数里，虽愚夫悍卒，靡不惨颜沾襟者。舵师脱小失势，误落石汊数百躯，皆鬼录矣。万里长沙在万里石塘东南，即西南夷之流沙河也。弱水出其南，风沙猎猎，晴日望之如盛雪。舶误冲其际，即胶不可脱，必幸东南风劲，乃免陷溺。”参见〔明〕黄衷：《海语》卷下，民国景明宝颜堂秘籍本，第1页b。

② 郑鹤声、郑一钧：《郑和下西洋资料汇编（上册）》，济南：齐鲁书社，1980年，第314页。

③ 〔明〕黄衷：《海语》卷下，民国景明宝颜堂秘籍本，第1页b。

的沙礁（今日之西沙群岛）。其实，关于“长沙”“石塘”的地形危害早在汉晋时期就有记载，[①]海舟一旦误入千里长沙或万里石塘海域，易“触沙立碎，入塘无出理，人不敢近”[②]，难以脱身。唯有“得大东风以免”[③]，即舟船航行至此必须借助强劲的东南风，方可避免驶入“石塘”，得以脱险返航。明人黄衷在《海语》中也是如此称道：“舶误冲其际，即胶不可脱，必幸东南风劲，乃免陷溺。”[④]因此，无论是使臣还是舟工，在这些需要在海上航行的人看来，途中所遭遇的沙患与洋中鬼神作祟有关。清人范端昂在《粤中见闻》载道：“万州有一港颇宽广，海舶争避风其中，稍不虔，则港口忽生一沙，横塞之，需祭禳乃灭。海中沙礁，时有时无，皆鬼神为之，须祭禳乃灭。”[⑤]航海者认为，之所以“海中沙礁，时有时无”乃鬼神作祟，需要“祭禳乃灭”，若是不然则“忽生一沙，横塞之”。我们再联系到张源永乐六年的出使，前往暹罗国必途经号称“万里长沙”和“万里石塘”的海域，可谓同样是历尽千险。因此，张源在出航前或经过沙礁海域时，也同样会约定俗成地举行“辞沙”（“祠沙”）祭海，以此希望借助海洋神灵的佑护，躲避沿途沙礁之患，

---

① 东汉末年吴国人康泰的《扶南传》称：“涨海中，倒珊瑚洲，洲底有磐石，珊瑚生其上。”涨海即指今南海地区。晋裴渊《广州记》称：“珊瑚洲，在县南五百里，昔有人于海中捕鱼，得珊瑚。”唐代出现了石塘地形名称记录，到了宋代，不仅认识到石塘区是航行危险区，《宋会要辑稿》“番夷四真里富国条”称：“数日至占城，十日过洋，傍东南有石塘，名曰万里，其洋或深或浅，水急礁多，舟覆溺者十七八，绝无山岸，方抵交趾界”；还从石塘地形中区分出“长沙”地形。曾昭璇指出，“石塘”为礁盘地形，即水下石质平坦如床的地形，边缘有浪花带巨浪现象。长沙应指在石塘或石床（即环礁和礁盘）上发育的沙洲、沙岛，现多称为暗沙。参见曾昭璇、梁景芬、丘世钧合著：《中国珊瑚礁地貌研究》，广州：广东人民出版社，1997 年，第 6 页。

② 《万州志》引：“古志云：‘万州有千里长沙，万里石塘，然俱在外海，海舟触沙立碎，入塘无出理，人不敢近’。”胡端书：《道光万州志》卷三，清康熙十八年刻本，第 42 页 b。

③ 《岭外代答》称：“传闻东大洋海有长沙石塘数万里，尾闾所泄，沦入九幽。昔尝有舶舟为大西风所引，至于东大海，尾间之声，震汹无地，俄得大东风以免。”〔宋〕周去非：《岭外代答》，屠友祥校注，上海：上海远东出版社，1996 年，第 19 页。

④ 〔明〕黄衷：《海语》卷下，民国景明宝颜堂秘籍本，第 1 页 b。

⑤ 〔清〕范端昂：《粤中见闻》，汤志兵校注：广州：广东高等教育出版社，1988 年，第 129 页。

出使顺利。

另外，使臣们均肩负朝廷之特殊使命，要时刻牢记“朝廷之威福”，因此，也希望通过“辞沙”这类祭祀仪典来提振航海者的信心和勇气。例如陈侃在出使琉球时写道：“沧溟万里，风波莫测……所恃者，唯朝廷之威福与鬼神之阴隲焉耳。”[①]有研究认为，“‘朝廷之威福’系针对册封船出使海外的正当性、权威性和福荫作用而言，‘鬼神之阴隲’则是所有乘舟之人在巨浪扑来时心底的希望所在，二者都不是简单的说辞，对于航行者均具有巨大的心理安慰作用”[②]。由上可见，使臣举行神明祭祀，一方面，体现了笃信儒家文化的天命鬼神之说，尤其在危难面前，神明乃是他们精神的寄托，是鼓舞航海者勇往直前的信念；另一方面，则是通过祭祀来彰显王朝对海外诸国的宣示与教化。

永乐年间，明成祖朱棣通过朝贡贸易制度以及郑和等下西洋之途径来积极构建以明朝为中心的南海国际秩序。在此历史背景下，永乐六年和永乐八年，张源前后出使暹罗国，《明史》《明实录》等文献都有记载张源的出使任务，即宣谕、敕责及赏赐暹罗国王，可见其肩负的重任和使命。加上海路遥远和艰险，因此，为保出使顺利，张源船队出使前先在赤湾天后古庙拜祭天妃（妈祖），并在占得吉兆后，于庙前沙滩上举行规格极高的“辞沙”祭海仪式，即文献所载的“先祀天妃，得吉兆，然后辞沙”[③]。

通过分析“辞沙”这一活动的祭祀官员、祭品规制以及祭祀场所

---

① 〔明〕陈侃：《使琉球录》，台湾银行经济研究室辑：《使琉球录三种》，台北：台湾大通书局，1977 年，第 32 页。

② 侯甬坚：《由沧水入黑水——明代册封船往返琉球国的海上经历》，《中国边疆史地研究》，2016 年第 1 期。

③ 张一兵：《深圳旧志三种》，深圳：海天出版社，2006 年，第 1033 页。

等内容，我们认为张源在赤湾天后古庙前举行的“辞沙”祭祀应属于国家行为的海洋祭祀活动，其与庙内祭祀妈祖“卜得吉兆”的方式有着明显不同，“辞沙”活动更注重的是国家海洋祭祀礼制，“具太牢于海岸沙上”，“祭毕沉于海”等仪轨，真正目的是希望通过祭祀海洋及海洋神灵，来祈求神灵的庇佑，确保舟船海上平安，这一点与祭祀妈祖的思想是相同的。关于“辞沙”祭祀活动还具有以下几个特点。

第一，宦官使臣主礼“辞沙”祭祀。明朝，宦官特别得到皇上的宠信与重用，他们不仅出任使臣、专征、监军，还占据镇守地方以及掌管特务机关等部门的要职，常常代表皇帝行使钦差职权。“永乐初年，中贵张公源出使暹罗，先祀天妃，得吉兆，而后辞沙”[①]。可见，“辞沙”祭典的祭祀官员乃是“中贵公”（明代宦官的职位）。翰林学院判广州府事黄谏（明代）撰写碑文时，也强调“辞沙”祭祀活动均由使臣所为，“凡使外国者，具太牢，祭于海岸沙上，故谓辞沙”[②]。而宦官出使是明代一种富有特色的外交形式，并且，宦官往往充当正使，独揽外交大权。有学者研究：“宦官乃天子私臣，其出使又成了朝廷之代表。从某种意义上说，皇帝指派宦官出使。其实是表示他更加重视其事，甚至是一种特殊的恩典。”[③]综上，说明“辞沙”这一活动有别于民间的神灵祭祀活动，具有浓厚的官方色彩。

第二，“辞沙”使用“太牢”祭祀规格。所谓“太牢”，即牛、羊、豕（猪）三牲全备。《礼记·王制》有云：“天子社稷皆太牢，诸侯社稷皆少牢。”由此可见，“太牢”是古代帝王在祭祀社稷时，才使用的最高规格等级的祭祀祭品。而赤湾天后古庙的“辞沙”祭祀活动的祭品，恰恰

① 张一兵：《深圳旧志三种》，深圳：海天出版社，2006 年，第 1033 页。
② 同上。
③ 孙卫国：《明代使臣述论》，《广东社会科学》，1992 年第 2 期。

是国家祭祀体系中规格最高的“太牢”。关于“辞沙”所使用的“太牢”祭品的描述，黄谏在撰写的碑文中有较翔实的记录：“具太牢，祭于海岸沙上……太牢去肉留皮，以草实之，祭毕沉于海。”[①]可见，“辞沙”的“太牢”之祭，叠加宦官祭祀，更加印证这一祭祀活动乃朝廷所为。

第三，“辞沙”祭祀的对象。其实，从文献所记载的“辞沙”祭祀场地和祭品的呈献方式来看，“辞沙”所祭祀的应是海洋及海里众神灵，也就是我们通常所说的“祭海”。自古以来，按照中国传统祭祀文化的特点，祭祀活动应在所祭祀的神灵前举行，同时，祭祀的祭品通常以一种特殊的方式送达神灵。例如，祭佛在佛前，祭神在神前，祭祖在祖宗牌位前举行等等。当祭祀完毕后，祭品都会有规范性的呈献及处理方式，如祭天时使用“燔烧”的方式，在仪式上杀牛和杀羊以作牺牲，祭祀完成后将这些祭品架在柴火上烧掉，燔祭时烟气升腾，直达高空，轻易被天神所接受。祭地神时则使用“灌注”，即将用来祭祀地神的血和酒灌注于地，血、酒很快就渗透到地下，人们以为这样就可以直达地神。还有祭山神和地神时使用“埋”的方式，就是挖坑将祭品埋没，除将血、酒灌注于地，其他祭品则要挖坑掩埋，只有将祭品埋于地下，地神才会知道人们正在祭祀它，才会接受祭品。祭川泽则用“沉”，水神居住在水下，将祭品沉入水中，容易被水神接受等等。而“辞沙”祭祀是在庙前的海岸沙滩上，“具太牢，祭于海岸沙上”，即在海岸边而不是在天妃庙里举行。可见，“辞沙”祭祀的对象并非是妈祖。同时，祭祀后的祭品是“祭毕，沉于海”，这种沉祭的方式更能说明“辞沙”祭祀的对象就是海洋，关于沉祭的方式我们会在下一段落进行说明。

明朝以前，国家海洋祭祀的对象指的是“岳镇海渎”体系中的四海（东海、南海、西海和北海）。不过，明初朱元璋对海洋的看法有别于

---

① 张一兵：《深圳旧志三种》，深圳：海天出版社，2006年，第1033页。

前朝，认为海洋并非是人格化的神明，国家不能赐予它封号。[①]因此，我们要注意区分明代国家祭祀体系下的“海洋”和“海神”的祭祀。海神是海洋延伸出来的人格化与神格化具体形象的体现，而海洋则与五岳、四镇、四渎对应，涉及的是方位（东、南、西、北、中），象征“国家”领域范围的完整性，二者是同一祭祀体系中的两个相互区别但又相互联系的祭祀对象。《大明集礼》载：“合祀岳镇海渎山川，各用犊一、羊一、豕一，遣使代祀各庙并同。”[②]也就是说，明代国家祭祀海洋采用的是“太牢”祭祀。除了国家祭海使用“太牢”之制外，皇帝遣派到各地庙宇祭祀的钦差、使臣也可使用“太牢”祭祀海洋。但有意思的是，从目前的文献资料来看，广州南海神庙祭祀海洋及神灵的规格为“少牢”祭祀，未见使臣以“太牢”祭祀的记载。耐人寻味的是，以“太牢”祭祀海洋及神灵的仪式却出现在看似偏远的赤湾。此外，从《明史》及其他妈祖文献资料中可知，祭祀妈祖所使用的最高规格祭品也只是少牢。[③]这就表明，赤湾的“辞沙”祭祀对象与妈祖及南海神祭祀是有较大的区别，因此，我们不能简单地将“辞沙”祭祀活动归类为祭祀妈祖或海神的仪式，而应归类为国家最高规格等级的海洋祭祀活动。

---

① 唐、宋、元三代，南海神不断得到王朝的敕封，封号从“王”“侯”，甚至“帝”。明代初期，洪武帝朱元璋撤销南海神的一切封号，《明洪武三年明太祖诏定岳镇海渎神号碑》云：“考诸祀典，知五岳、五镇、四海、四渎之封起自唐世，崇名美号，历代有加。在朕思之，则有不然。夫岳镇海渎，皆高山广水，自天地开辟，以至于今，英灵之气，萃而为神，必皆受命于上帝，幽微莫测，岂国家封号之所可加？渎礼不经，莫此为甚……四海称东海之神、南海之神、西海之神、北海之神。”

② 〔明〕徐一夔：《大明集礼》卷一四，明嘉靖九年内府刻本，第 24 页 b。

③ 《明史》载：“天妃……诸庙皆少牢。”参见《明史》卷五十志二十六，北京：中华书局，2019 年，第 1304 页。

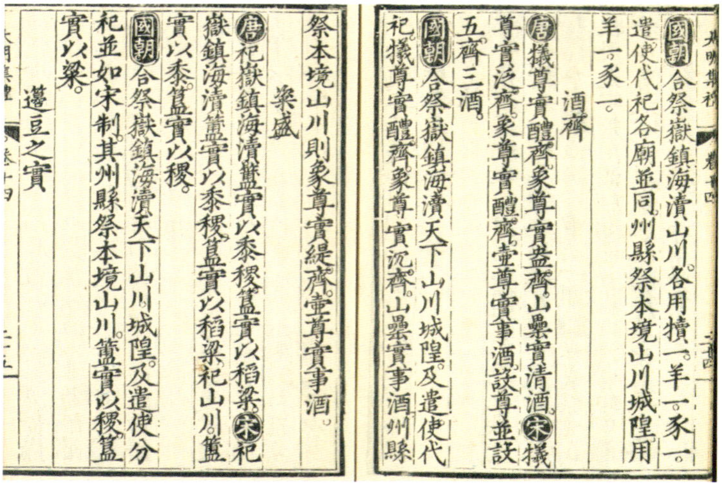
大明集禮 卷十四

國朝合祭嶽鎮海瀆山川。各用犢一。羊一。豕一。遣使代祀各廟並同。州縣祭本境山川城隍用羊一。豕一。

酒齊

唐犧尊實醴齊。象尊實盎齊。山罍實清酒。宋犧尊實泛齊。象尊實醴齊。壺尊實事酒。設尊並設五齊三酒。

國朝合祭嶽鎮海瀆天下山川城隍。及遣使代祀犧尊實醴齊。象尊實沉齊。山罍實事酒。州縣祭本境山川則象尊實緹齊。壺尊實事酒。

粢盛

唐祀嶽鎮海瀆。簠實以黍稷。簋實以稻粱。宋祀嶽鎮海瀆。簠實以黍稷。簋實以稻粱。祀山川。簠實以黍。簋實以稷。

國朝合祭嶽鎮海瀆天下山川城隍。及遣使分祀並如宋制。其州縣祭本境山川。簠實以稷。簋實以粱。

籩豆之實

大明集禮 卷十四

《大明集礼》卷十四《专祀岳镇海渎天下山川城隍》

第四，“辞沙”采用沉祭的方式。沉祭是我国古代祭祀河川江海的重要仪轨之一，《周礼·大宗伯》谓：“以狸沉祭山川林泽。”郑玄注：“祭山林曰埋，川泽曰沉。”①《仪礼·觐礼》也说“祭川，沉”。明代国家祭祀海洋也采用沉祭，《大明集礼》载：“岳镇海渎祭毕，其祝币牲馔，岳镇则瘗之于川，海渎则沉之于水。”②而“辞沙”祭祀活动正是采用上述的沉祭方式，即太牢“祭毕，沉于海。”此外，黄谏还详细介绍了太牢的制作，“太牢去肉留皮，以草实之”，而这种制作处理也与之后实施沉祭有关。试想，“太牢”（牛、羊、猪）如若不进行“去肉留皮”处理，那么，太牢沉海后，太牢体内的微生物通过分解肉质有机物会产生大量的气体，加之，由于海水的密度比淡水密度大，浮力也自然加大，太牢很快便会浮上水面，就无法完成沉祭的目的。另外，“太牢去肉留皮”，即将祭品牛、羊、猪的内脏及肉掏去，剩下一副皮囊，然后实之以“草”，又如何

---

① 〔汉〕郑玄注，〔唐〕贾公彦疏：《周礼疏》，清嘉庆二十年南昌府学重刊宋本十三经注疏本。

② 〔明〕徐一夔：《大明集礼》卷十四，明嘉靖九年内府刻本，第11页b。

能“沉”呢?“草”,我们通常会认为是稻草或贱草，那么,“以草实之”的“太牢”就变成了肚内装满草的皮筏子，这样就更加无法沉入大海。通过近年来对“辞沙”及岭南民俗祭拜的探究和实践，我们发现这里用的“草”并非稻草或其他贱草，而是沿海百姓日常食用的海草，如海带、紫菜等等。究其原因，其实与我们的传统祭祀习俗有关。我们知道，祭祀神灵的祭品必须符合可食用或使用的特征，尤其是太牢这类祭神食用的祭品，更是不能以不可食用的贱草“实之”。而海草是岭南沿海地区民众日常祭祀物品之一，代表“山珍海味”中“海味”的一品。另外，也只有海草“实之”的“太牢”才能顺利沉入海底，因为海草（海带或紫菜）遇到密度较大的海水后，会迅速膨胀骤增重量，且越来越重，最后达到“太牢”沉祭的目的。根据以上分析，我们推断，张源所使用的去肉留皮的“太牢”,其腹中的“草”理应是海草。

赤湾天后博物馆复原的“辞沙”祭典场景

从《大明集礼》的记载来看,“岳镇海渎”中海洋的祭祀是使用“太牢”沉祭的形式，这与“辞沙”的祭祀过程“太牢去肉留皮，以草实之，祭毕，沉于海”几近吻合。据此，再结合“辞沙”的祭祀特点，我们可以确定，永乐六年（1408），张源奉旨出使暹罗国，在赤湾天后古庙前举行的“辞沙”祭祀活动，是代表朝廷举行的国家祭海行为，开创了国家使臣在深圳赤湾天后古庙祭海之先河。

永乐七年（1409），张源出使暹罗西洋之役归来后，奏请灵迹，朝廷同时敕封了天妃（妈祖）和南海神。据《明太宗文皇帝实录》载：

> 己酉元月，封天妃为护国庇民妙灵昭应弘仁普济天妃，岁以正月十五日及三月二十三日遣官致祭为令。①
>
> 时遣使往诸番国，神屡著灵应，故封南海神为宁海伯。②

关于永乐六年（1408）张源与郑和二人同时急急出使暹罗国，他们出使目的前面章节已有交代，目的是警示暹罗不要轻举妄动。这一事件在《明史》和《明实录》中记载的颇为详细，说明此事对明朝政府意义重大。他们顺利的出使，应该与永乐七年的天妃和南海神相继受封，存在紧密的联系。根据王元林的研究，永乐初年朝廷对南海神和妈祖的祭祀具有不同的意义。永乐四年（1406），安南内乱，明成祖欲讨伐安南政权，于是“遣使祭告海渎之神”，因而南海神的祭祀和敕封更多显示在维护南疆安全方面的作用。妈祖天妃则更多显示其在海上交通方面的神威。③因此，张源此次出使前在赤湾天妃庙代表朝廷举行“辞沙”祭海的真实原因，或许与出使暹罗国、并护送暹罗使臣回国的事件有关。

---

① 〔明〕张辅：《明太宗文皇帝实录》卷六十一“永乐七年正月己酉”条，台湾“中央研究院”校印本，1963年，第1页b。

② 同上，第7页a。

③ 王元林：《天妃、南海神与郑和下西洋》，载林晓东，巫秋玉主编：《郑和下西洋与华侨华人文集》，北京：中国华侨出版社，2005年，第598页。

综上，在明初统治者积极开拓中外关系的历史过程中，“辞沙”成为国家使臣出海前必定举行的祭海仪式。一方面，南海海路艰险，尤其容易触碰沙礁，故使臣要通过祭海形式祈求海神、海洋的庇佑，保证航海安全及出使顺利。因此，妈祖和南海神成为使臣南海航行途中必须祭祀的神明。[1]另一方面，高规格的“辞沙”祭海背后蕴含了强烈的政治意义。“辞沙”祭祀的对象是海洋（四海），而海洋是国家领土的重要象征。张源出使是为了警告暹罗不要侵占满剌加，破坏明王朝的朝贡贸易制度，显示明朝对南海的政治、经济和文化的影响力，确立明朝在南海的中心地位。

---

① 这一点在明代使臣严从简所著的《殊域周咨录》也有记载。正统六年，使臣舒某和副使行人吴惠出使占城，归途中遇大风，舟将覆，吴惠求祭“祝融（南海神）与天妃之神”，“正统六年，国王卒，嗣子摩诃贵由请袭爵。上赐敕诏，遣给事中舒某（失其名）为正使，及副使行人吴惠往封之……五月六日还，至七洲洋，大风舟几覆。王使舒某忧泣，不知所为，惠为文以祭祝融与天妃之神。俄而开霁，见广海诸山。十五日遂收广海，复抵东莞。”参见〔明〕严从简：《殊域周咨录》，余思黎点校，北京：中华书局，1993年，第249页。

小 结

明初赤湾天妃庙的重修与使臣、朝贡制度有着密切关联。从碑记来看，朝廷派往东南亚的使臣身份各异，有宦官、兵科给事中、刑科给事中、行人等，他们的官秩不同。从现有的文献中得知，品级最高的应该是宦官张源，官秩最低的是行人。使臣的重任关系到中外的邦交，还极有可能长时间在藩国处理各种繁杂事务。出访使臣不仅要面对遥远路途的艰辛，还要面对风俗人情殊异以及水土不服带来的各种疾病的考验。且出使过程中会常常遭遇不测，因此，他们与出使的官兵们往往依靠国家祭祀体系下的神明信仰，获取精神慰藉。赤湾天妃庙是他们出使南海各国的最后一站，使臣在此举行祀典，祝愿出使顺利。而当他们从东南亚顺利归回时，首抵赤湾天妃庙，出于民间信仰中酬答神恩的义务，他们还愿答谢神贶，“前后朝绅奉使，每出缗钱佐之”，使天妃庙得以不断地得以修建和扩大规模。

第三章　风起赤湾：西人海进、商舶贸易与赤湾天妃庙

正德十六年（1521）因葡萄牙人在赤湾附近的屯门私自开展贸易，不合明朝的贸易制度，朝廷命广东按察使汪鋐率军驱逐占据屯门的葡萄牙人。汪鋐驻扎于南头海道署，最终成功将在粤的葡人驱逐出境，并喜作诗歌一首。其诗云：

驻节南头喜乡耆吴瑗、郑志锐画攻屯门彝之策赋此

〔明〕汪鋐

辚辚车马出城东，揽辔欣逢二老同。
万里奔驰筋力在，一生精洁鬼神通。
灶出拨卤当秋日，渔艇牵篷向晚风。
回首长歌无尽兴，天高海阔月明中。

新安县军民抗击葡萄牙的屯门海战（复原图）

为何这一时期汪鋐会在赤湾附近的海域驱逐葡萄牙人？这一事件或许和明代中后期中国的海洋贸易形势变化有关。16世纪以降，随着郑和下西洋时代的结束，以及西方大航海时代的到来，有两股力量在中国东南部沿海交集在一起。一股是以葡萄牙为代表的由海路而来的西方殖民者，他们控制了东南亚海域，并试图打开中国市场；另一股则是来自沿海的海上武装势力，他们突破朝贡制度，借助暴力和走私的方式在中国沿海开展贸易。东方以海上武装商人为主导的海上贸易活动，与西方资本主义经济的扩张活动，在中国东南沿海相遇，引起了沿海地区强烈的社会反应。深圳赤湾即是其中之一。本章主要讨论明末清初时期中国海洋贸易的变化对赤湾天后古庙的影响。

第一节　明中叶赤湾天妃庙的变迁

正德十二年（1517），葡萄牙人闯入粤海，中国海洋贸易的发展迎来了新的阶段。在这一背景下，赤湾出现了新的贸易通商形式，地方民众成为贸易的主体。这一时期，非重要节庆时间，地处偏远的赤湾天妃庙与大部分普通民众的生活似乎关联不大，民众一般都会就近以本村的民间祠庙为中心进行祭祀活动，这就容易被滋事者鼓动聚啸为盗。接受儒家思想教育的乡绅以及地方官员极其反对这一行为，为扭转局面，地方官绅阶层有意识地塑造赤湾天妃庙的正统地位，以便推行教化。

一、商舶贸易与新安立县

明中期以来，广东海外贸易发生转型，主要表现为朝贡贸易衰落，商舶贸易兴起。[①]海外贸易制度的转型对赤湾造成了强烈的影响，赤湾作为贡道上的海港逐渐转变为民间贸易港口。明初朝贡贸易制度时期的赤湾，作为官方指定朝贡使臣进行勘核的港口，以及使臣出使南海诸国放洋的始发港，一度成为使臣往来的必经之地。商舶贸易出现后，赤湾并不是唯一与外国商舶进行贸易的港口，[②]但赤湾仍然是商舶进入广州必经之地，往来的使臣却迅速减少。大英博物馆所藏古手抄本《中国诸岛简讯》叙述万历十年（1582）海船前往广州的水路航线时说道："到目前为止，仅仅得知一条海舶可以进入广州的水

① 李庆新认为，正统（1436—1449）以后，地方当局与市舶太监这两大利益集团围绕海外贸易竞逐，造成朝贡贸易制度运作不灵，当时前来朝贡的贡使，不验勘合、不按贡道、不拘贡例，海外贸易在地方政府主导下逐渐实现转型和制度重构，出现了商舶贸易的形式，体现在三方面：一是商舶"抽分"的出现以及税收结构的改变；二是葡萄牙人在争议声中最终允获在澳门居留贸易，澳门与广州形成广东贸易管理体系的"二元中心"结构；三是新的贸易组织即"广中事例"的出现。参见李庆新：《明代海外贸易制度》，北京：社会科学文献出版社，2007年，第172、254页。

② 嘉靖《广东通志》称："布政司案：查得递年暹罗国并该司管下甘莆洒、六坤州，与满剌加、顺塔、占城各国夷船，或湾泊新宁广海、望峒；或新会奇潭，香山浪白、蚝镜、十字门；或东莞鸡栖、屯门、虎头等。"〔明〕黄佐：《嘉靖广东通志》卷六十，嘉靖四十年刻本。

路，即走东莞岛的南头岬角。它位于去广州路上的右手，从那里可以抵达顺德岛的东侧，由此可以进入广州港。”[①]所谓“东莞岛的南头岬角”，即指赤湾。如前所述，赤湾为“全广之门户”，欲至广州，均由此经过“以抵珠江”。[②]因此，赤湾一带也自然而然成为民间重要的贸易中心地之一。正德年间（1506—1521），葡萄牙商人皮列士在《东方志》一书中写道：

广州城在一条大河的河口，水深有三到四英寻。从河口起，城市位于一片平原，没有山峦，有石头建筑的一排排房屋，城墙环绕。据说城墙有七英寻宽，同样的高度。据说在城市的范围外有山峦，这是曾经在那里居住的吕宋人说的。在港口有许多大船舰守卫着城池，封锁着入口。上面提到的那些持有许可证的国王有馆宅供他们的使臣在城内交易商品，但没有许可的则在离广州30里格外做买卖，货物从广州运出去。从广州到马六甲30里格处，有一些岛屿，与陆地上的南头，被规定为各国的港口，如普罗屯门（Pulo Toumon）。当上述船舶在这里停泊时，南头的首领就把消息送往广州，商人们立即到来估计商品的价格并付关税……然后他们携带着各自的商品回家。[③]

皮列士指出进出广州的贸易分为两种，一种是“有持许可证的”，在城内交易；另一部分是“没有许可证的”，在“广州到马六甲30里格处，有一些岛屿，与陆地上的南头，被规定为各国的港口，如普罗屯门”交易。也就是说，未获得许可证的商品在距离广州港30海里处的

① 转引自李庆新：《明代海外贸易制度》，北京：社会科学文献出版社，2007年，第194页。
② 张一兵：《深圳旧志三种》，深圳：海天出版社，2006年，第862页。
③ 〔葡〕皮列士：《东方志——从红海到中国》，何高济译，北京：中国人民大学出版社，2012年，第115页。

一些岛屿至南头一带地区交易，这一带的港口也被规定为各国使用，例如“普罗屯门”（赤湾一带）。另外，由于南海诸国的使臣和商人来到中国，其船舶也不能直接进入广州，都要在赤湾一带等候传召和通知。如果没有与明王朝建立朝贡贸易关系的商品，是不允许进入广州的，只能在被规定为各国使用的港口进行贸易。李庆新认为，广东官方在对待朝贡贸易与商舶贸易采取不同的政策，但非法的商舶贸易已经事实上获得默许，南头成为广州的外港，那里的贸易构成广州贸易的重要组成部分。[①]

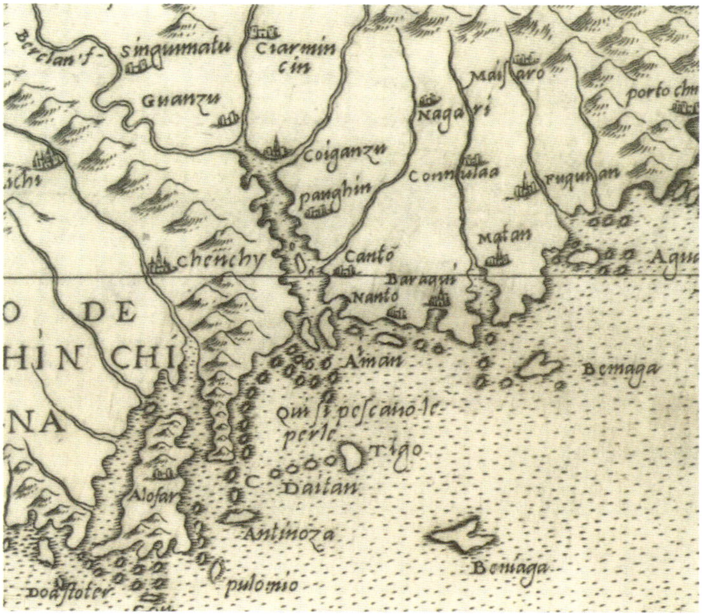

1559—1561年葡萄牙人绘制的亚洲地图（局部），
从图上可以清晰地看到南头（canto）的标识

由于赤湾港贸易地位的转变，本地人的生活也随之发生了变化，

① 李庆新：《明代屯门地区海防与贸易》，《广东社会科学》2007年第6期。

他们积极参与到商舶贸易中去，形成了“夷（彝）—异域奸棍—本地暗通接济者”这一不被王朝认可，但却是民间较为普遍的通商贸易形式。隆庆二年（1568），何维柏在《奉答制府刘公条议》中建议地方当局重视南头海防时，提到了“内地奸民”“外省悍商”与“岛夷”三者的关系，他写道：

禁接济以杜奸宄。黠贼鹜鹜，本自恣肆，亦由内地奸民、外省悍商，多掠民间子女，私载硝黄、谷粟，接济勾通，此辈不除，剧酿祸本。况今番夷窥伺不测，隐忧尤甚于曾、林诸酋，乞行该道悉心区画，于舟商出入处所，设法关栏，严为禁革，务得杜绝。又营屯重兵，镇防要害，以控制岛夷，则外变不生，境内可保无虞。乞加意。①

嘉靖年间尹瑾《敷陈海防要务疏》亦云：

照得海寇所赖者船也，船上所赖，杠具兵器也。彼海边劫掠，不过布帛米而已，掳人取赎而已。至于船上器具，柁碇硝磺之类，皆船中所急用者也，乌得而有之。惟海边奸民潜相通济，利其财物，贱货而倍价。乏兵器，则以兵器通；乏杠具，则以杠具通；故贼船得修理，以为逋逃抗敌。若有司地方严加禁革，不使接济之货下船，各澳各船严加巡缉，毋致接济之船得以出海：则海上无一年不修之船，亦无半年不坏之杠具，桅柁偶折，则船为虚器；风篷既烂，则寸步难移；船以渐弃，贼亦渐散，固其势也。语云：“海边无接济，则海上无奸细。”②

---

① 〔明〕何维柏：《西樵历史文化文献丛书：天山草堂存稿》，桂林：广西师范大学出版社，2014 年，第 207 页。

② 舒国雄：《明清两朝深圳档案文献演绎·第 1 卷》，广州：花城出版社，2000 年，第 409 页。

崇祯十三年知县周希曜进一步说道：

看得新之流患在海，而海之隐忧在彝。彝居澳地，立有商市，可无虞矣。然有窟穴于澳中，往来海上，暗通接济者，则异域奸棍也。异棍多窜身于澳艇以作奸，飘泊半海等山，托名种烟、烧炭，交结土宄，投入厚赀，收买违禁货物，运售彝地。①

所谓夷（彝）者，指的是边境上的少数民族或藩邦国家，既包括了明初与王朝有朝贡关系的南海各国，如占城、暹罗、满剌加等国人。也有正德元年（1506）后来华的佛朗机（葡萄牙）人，后者一般用"彝"称之。②

而所谓"异域奸棍"，则指的是水上流动人群，他们居无定所，未编入户籍或者因赋役过重逃脱了户籍，常年在海上从事贸易活动。"小民迫于贪黠，苦于徭赋，困于饥寒，相率入海从之。凶徒逸囚，罢吏黠僧，及衣冠失职，书生不得志，群不逞者为之奸细，为之向导"③。由于无法确定户籍所在，地方当局一般否认他们是本县人士，称之为"异棍"。凡遇上朝廷海禁政策，不能自由往来海上，他们便由商入盗，

---

① 〔清〕周希曜：《地方诸难》，张一兵：《深圳旧志三种》，深圳：海天出版社，2006年，第1020页。

② 明代葡萄牙人与中国交往的历史过程：正德六年（1511），葡萄牙商人占据满剌加，中断华商与当地的贸易。正德九年（1514），葡萄牙人首航至屯门，与当地民众贸易，获利而去。正德十二年（1517），葡萄牙以进贡为名，抵屯门岛，要求通商，被广东当局拒绝。葡萄牙人退至屯门岛安营扎寨。葡萄牙人贿赂广东宦官，正德十四年（1519）底被允许到北京朝觐，因协商不成，朝廷官方要求驱逐葡萄牙人。嘉靖元年（1522）皇帝下诏不许葡人进贡，广东当局成功将葡人驱逐出屯门赤湾海域。嘉靖三十二年（1553），葡萄牙人通过向明朝官员行贿，以晒货物为由，获得在澳门居住权。澳门成为葡萄牙在中国的第一个落脚点。

③ 〔明〕傅维麟：《明书》卷一六六，北京：中华书局，1985年，第3275页。

“市通则寇转而为商，市禁则商转为寇”[①]，因此，“异域奸棍”是一股兼具经济和武装的私人海上势力。在海商走私的物品中，包含了王朝最为重视的粮食谷米和军事所需的硝黄等。何维柏在建言中也提到“异棍”“私载硝黄、谷粟”。万历二十七年（1599），西班牙预向中国购买为供应马尼拉军营所需要的“铁、硝石、铅、锡及其他非常必需的物品”[②]。但由于这些违禁物品彝人无法直接获得购买，“异域奸棍”因此有利可图，向本地民众收购这类物品，然后兜售给彝人。明朝廷自身对粮食谷米都供不应求，而硝黄、铁、铅等物品更可用于军事，极有可能威胁朝廷的统治，二者都是朝廷禁止出口的物品，故官员屡次奏请禁止海上贸易。一旦官方明令禁止海上贸易，意味着普通民众不能向流动在海上的商人供应粮食等物资，于是，这些海商和彝人转而进行非法的贸易活动，甚至掠劫沿海百姓村落，成为官府口中的“盗贼”。弘治至嘉靖年间（1488—1566），深圳南头海域就多次发生海盗抢掠事件。

明人眼中的佛朗机人[③]

① 〔明〕许孚远：《疏通海禁疏》，《明经世文编》，北京：中华书局，1997 年，第 4334 页。
② 陈台民：《中菲关系与菲律宾华侨》第 2 册，菲律宾以同出版社，1961 年，第 2 页。
③ 出自〔明〕蔡汝贤：《东夷图说》卷一，第 19 页。

嘉庆《新安县志》记载：

弘治六年，番彝入寇东莞所。千户袁光捕剿于岑子澳，死之。正德十一年，番彝佛郎机入寇，占据屯门海澳，海道汪鋐讨之。嘉靖十二年，海寇许折桂、温宗善入寇东莞，千户顾晟追捕于春花洋，战死……三十年，海寇何亚八率彝人入寇东莞所，千户万里守南山烟墩，遇贼战死。后指挥使李茂材率官兵剿之。四十五年，流贼黄西乔等屠劫乡村，总兵俞大猷讨之。隆庆元年，海贼曾一本入寇，官军追剿至雷州港，守备李茂材死之。四年，倭寇流劫乡村，百户吴纶率乡兵战死。后总兵郭讨灭之。五年倭贼攻大鹏所，舍人康寿栢御之。时所城被围四十余日，贼具云梯泊城，栢呼众坚守，有登陴者，手刃之，即碎其梯，围乃解。当道以匾旌之。①

珠江口的南头、赤湾一带海域，向来就是民间商舶贸易往来之地，但同时也是海上武装集团集中活动的地区。正德八年（1506）以后，葡萄牙人闯进粤海，冲击了广东海防。为应对葡萄牙人和海上的流动群体，南头成为广东海防的前哨，“若夫中路之备则在屯门、鸡栖、佛堂门、冷水角、老万山、虎头门等澳。而南头澳在虎头门之东，为省会门户，海寇往往窥伺于此，为阑入之途”②。为抵御海寇，正德至嘉靖年间（1506—1566），朝廷先后在南头设立海道驻扎衙门、备倭总兵署

① 张一兵：《深圳旧志三种》，深圳：海天出版社，2006年，第870页。
② 〔清〕卢坤、邓廷桢：《广东海防汇览》，王宏斌等校点，石家庄：河北人民出版社，2009年，第31页。

（府）、参将署和南头寨。[1]因深港地区远离东莞县县治，且地方动乱不断，因此，日常地方事务管理一般由驻守当地的军事长官负责。军事长官也与地方绅士合作，共同稳定地方社会秩序。

赤湾一带本地民众出于经济利益驱使，常常向游弋沿海的番舶和“异域奸棍”提供和销售各类货物，即“暗通接济者”。这些货物以粮食谷米和军事所需的硝黄、铁为主，这类物品往往被朝廷列入禁止的清单中。明初朝廷推行里甲制度，许多土著被编入里甲户籍之中，成为王朝统治下的编户齐民。就今深港地区来说，当时为东莞县辖地，并在此设立了东莞守御千户所和大鹏千户所，福永和官富等巡检司，以及西乡、碧头等河泊所。大部分土著以及水上人被编入军籍；部分编入灶籍，为东莞盐场、归靖盐场、盐栅等所管辖；疍户归河泊所管理，缴纳鱼课；少数为民籍。明中后期，接受编户齐民的民众以血缘关系为基础联为宗族，购置土地、田产等，借助科举制度，地方宗族

---

① 明初，在南头设有东莞守御千户所，大鹏半岛设立大鹏守御千户所。明中后期，匪盗活跃，外夷嚣张，编入军籍的卫所屯兵不断逃亡，卫所制度名存实亡。（1）正德五年（1510），明王朝在东莞、大鹏千户所之外，设立了一个地位高于千户所之上的备倭总兵署（府），其衙署位于东莞守御千户所所城东南面，“总兵王德化备倭于此”。（嘉庆《新安县志》卷七建置略）（2）但由于“（总督备倭）向于三哨（南海卫、东莞守御千户所、大鹏守御千户所）官兵不相统摄，而事权不重。亦与沿海卫所无维系，海上失事则彼实委其辜，而委任责成，彼实无寸兵在手”。（应槚：《苍梧总督军门志》卷二四奏议二《请设海防参将疏》）嘉靖十四年，裁撤备倭总兵署（府），在南头设立参将署。初期海防参将管辖潮州府、广州府、惠州府沿海海域，到万历四年（1576），海防参将因“惠潮既有总、参等官，今只防守广州”。（应槚：《苍梧总督军门志》卷六兵防一）（3）嘉靖十五年（1566），为进一步追捕海盗，改变此前防守的被动局面，明王朝在广东沿海设立六水寨，分别为南头寨、拓林寨、碣石寨、白沙寨、乌兔寨、白鸽门寨。其中，南头寨规模最大，有水兵三千名。（应槚：《苍梧总督军门志》卷五舆图三）水寨的主要任务是会哨巡缉和抓捕盗贼，原先设置的海防参将直接领导南头寨，其下设有文职官员海道副使（负责稽查奸弊、催督钱粮、分别勤惰、明章功罪等事务）和广州府同知（海防军务的监督等），他们专驻南头。（应槚：《苍梧总督军门志》卷二四奏议二《请设海防参将疏》）

开始形成。[①]

明代繁苛的赋税征派，迫使部分民众走上“逋逃”之路，他们与海上武装走私存在一定的联系，容易聚啸为盗。南头半岛沿海附近的村落如西乡、福永等地，便因卫所制度衰落，这一带部分军户逃亡海上，致使出现民盗难分的现象。何维柏在《奉答制府刘公条议》中提到：“南头中路原有城沱，设立守备，但滨海村落，如福永、西乡、固素（固戍）皆强悍生长之区，其间良善下民十居六七。往年父老士民请立为县，以便输纳，以辨淑慝，使恶者有所慑，善者有所依，此宜俯从民便。”[②]他建议设立县治辨别良善，以区分民与盗，不过这一请求被地方政府驳回。

海上商舶贸易的出现，不仅改变了本地民众的通商方式，还强化了本地民众与民间信仰的联系。明初的资料显示，虽然赤湾天妃庙与国家使节、东莞知县、巡检司官员以及地方绅士关系密切，但因赤湾天妃庙地处偏远，底层百姓日常通常以本村落的神庙（官方所谓“淫祠”）为主相聚，且笃信鬼神之说，“溺于流俗，病鲜服药，唯事祭鬼神，听命

① 例如，（1）据《南园吴家长房伦硕公长子允诜房族谱》记载，正德十四年（1519）举人吴预之祖父吴祖安有实业租谷三百余石，“自祖遗偿业土名东监、南山莽迳、鸡栖、南园湾、下人村、雷公岭、蛇口、黾地湾、山子头、黄鲸凹、白坭山等处山岭、田地、沙湾、海滩、蚝塘、鱼埠，递年收租轮输粮、祭祀，每年正供银米归吴祐的名所纳，有粮册为照”。（2）《郑氏南莆祖五大房族谱》宣称该族为宋代移居东莞，成化十四年（1478）南头郑氏始修家谱，称：“郑氏之族也，始祖居东莞之东鉴，自宋封有庙祠以享，至宣教立蒸尝、田地、铺舍，岁时祭祀不缺，莫敢或怠，诚为巨族。”正统九年（1444）因梅林郑敬中进士而再次重修家谱，此次明确将南头、西乡、梅林一带的郑氏联结成为宗族。（3）《黄维则堂族谱》载：北头村黄氏自元末定居北头村，于宣德八年（1433）买下“南头暗下及各海岛等处鱼埗”，以渔业为生。或许由于未按时缴纳课税，该鱼埗被邻村陈氏侵占，两姓存在对鱼埗产权的纠纷。成化年间（1465—1487），黄庆祥考取贡士，其兄庆联上京查得“奏得使县付给宣德八年东字一百二十四号堪合，公据出纳课米以永厥业”。最终黄氏通过出纳课米的方式取回了对鱼埠的控制。从上面几个家族可以发现，至迟在明代中期，南头半岛已经有部分姓氏通过赋役和里甲制度成为王朝的编户齐民。

② 〔明〕何维柏：《西樵历史文化文献丛书：天山草堂存稿》，桂林：广西师范大学出版社，2014年，第207页。

巫医”[①]，如此一来，民众及易被煽动聚乱。《新安县志》曾记载两次地方民众以神庙聚乱的事件。

第一次是嘉靖四十年（1561）夏，东莞发生大饥荒，贫民为饥饿所迫，纷纷造反，深圳南头城内外人心惶惶。“嘉靖四十年，大饥，贼四起，大肆杀掠，海道副使郑维城讨平之。”饥荒发生后，南头一带大量饥民聚集到城旁一所庙宇中，希望祈求神明庇护渡过难关。[②]

嘉庆《新安县志》载：

陈惆，字见诚，南山乡人。聪颖绝伦，弱冠补东莞庠生。嘉靖辛酉岁大饥，恶少聚庙中，伪托神语，群少哗然从之。惆责其神曰：“汝血食一乡，当为保障，何鼓乱为？”次日，神附人，降于其家，露刃向惆。惆曰：“汝果正神，闻吾言，将补过不暇；若邪神，其如予何！”语未终，所附人爽然自失。乡人咸叹曰：“陈君，真正人哉！”后子果备弟子员时，群少暮夜持百金，馈惆为贺。惆善词色以却之，众益愧服。[③]

饥荒和对神明的笃信让“恶少”有假借神明降身的机会。“恶少”伪托神语，煽动民众聚劫为乱。南山村人陈惆为东莞庠生，他不惧“恶少”胁迫，以“正神”和“邪神”之别怒斥了这一行为。可以看出，接受儒家思想教育的地方绅士与普通民众对待神明的不同态度。另一位地方精英吴祚在此次动乱事件中也发挥了重要作用。

《新安县志》载：

① 〔明〕张二果、曾起莘：《崇祯东莞县志》，杨宝霖点校，东莞市人民政府办公室，1995 年，第 30 页。

② 同上书，第 134 页。

③ 张一兵：《深圳旧志三种》，深圳：海天出版社，2006 年，第 958 页。

时有饥民啸聚略米，瞬息生变，祚挺然以身御之，怒且骂曰："若属倡乱乎？果尔，手刃我，不，则各保妻孥，毋速祸也。"闻者气阻。[1]

陈烟、吴祚是当地望族子弟，家里素有实业租谷。他们作为地方上接受科举教育的学生，显然有一定的影响力。在陈烟、吴祚等乡绅的耐心劝导下，合力开仓赈济，帮助饥民渡过了饥荒，饥民暴动暂告平息。

第二次发生在隆庆六年（1572），海防巡道刘稳巡视平定了此次聚乱。《新安县志》载：

刘稳，号仁山，湖广鄢县人，隆庆六年，任巡道。邑原隶东莞，离治百余里，倭彝海寇，往往为患；恶少啸聚淫祠，公行部至，禁祀撤像，以乡约所额焉，朔望诵读圣训。狗乡民吴祚等之请，以东莞相距辽阔，稽察难周，民易为奸，因转详大宪，设立今治。政暇，集诸生讲明道学，文风翕然丕变。其后，擢南京太仆贰卿。士民拥道遮留者以万计。公慰以诗，复追送小金山，乃还。爰创立生祠，共捐租若干亩，以为祭田。万历四十三年，详允入祀名宦。[2]

隆庆六年，刘稳来到东莞县（深圳）南头巡视的时候，再次出现了"恶少"借托民间神庙欲聚乱的现象，刘稳意识到淫祀不利于维护地方的社会秩序，因此，他撤销村落"淫祠"中的神像，禁止民众至此祭祀。

聚乱被平压后，南头乡绅吴祚面见刘稳，痛陈东莞县（深圳）社会

① 张一兵：《深圳旧志三种》，深圳：海天出版社，2006年，第956页。

② 同上，第878页。

之动荡，请求设立县治。“隆庆六年，海道刘公稳按临经略，祚泣请曰：‘辛酉之变，阖郡皆然，虽有天变，实亦人事。为海滨万年计，久安不如立县便。’”[①]在地方士绅看来，深圳社会之所以动荡不安，与明中后期日益严重的海寇紧密相关，即使在新安设立了严密的海防体系，但是地方仍不能太平，最主要的原因与南头离县治窎远、政府管理鞭长莫及有关。唯有设立权力较大的知县，才能控制当前盗寇盘踞的严峻形势。刘稳回到广州后，与南海人进士何维柏商量设县一事，得到何氏的大力支持。在广东总督殷正茂的帮助下，万历元年（1573），从东莞析“新安县”，取“革故鼎新，转危为安”之意，以加强对新安地区社会的控制。[②]

陈春声指出，明中叶以后，广东因为屡屡发生山贼、盗寇、倭寇等社会动乱事件，每次动乱平定后，在乡绅和官府的倡议下，都会有一些新政区的设立，以乡绅为代表的地方力量在地方政区重新划分过程中扮演着重要角色。[③]从新安县成立的过程来看，地方士绅调解平民暴乱，并积极参与县治的设立过程，体现了他们建立地方社会秩序

---

① 张一兵：《深圳旧志三种》，深圳：海天出版社，2006年，第958页。

② 《新安经始记》载：“隆庆壬申夏，巡海仁山刘公还自海上，过余，述南头父老吴祚等语曰：‘吾侪老且死，独子孙世沦郁陷，何由见天日！’号吁伏地，请建县治，以图保障。予曰：‘公何不力任以绥厥蒸民。’公曰：‘建置事重，惟议添一丞，少对众望。’予曰：‘南头，设海防，郡贰与守备弹压兹土，尚不能为小人依附，何有于丞？若建邑，则职专宰牧，责重扮循，约束强悍，不得肆其恶，比联良弱有所恃以生。东莞为藩篱，会省为门户，揖近控远，安内攘外，一举而众善得矣。昔与制府刘公、吴公创议首此，今在镇殷公亦言之备。公入，以予言探之。’翌日，公以添丞上详，因以予言质殷公。殷公曰：‘彼中父老意若何’公曰：‘万口同词，唯愿立县。’殷公曰：‘何公素不苟于言，父老且宜之，宜以建县请令’。更详入。殷公核下，即疏驰请，奉部覆允，名为新安，因旧城以为固，辑军民以为居。肇创邑堂学宫，诸所经营，次第就绪，公过予，稽首曰：‘新安邑治，不佞承矩。迪乃有今，兹敢冀名，言以记始事。’予拜诺。甲戌秋，公晋贰同卿，行，复申请业挥稿。时新令倥偬未遑。冬，予应召北上。戊寅岁始归，时公已辞世，追夙议，每对新安士友，言属视篆辄代，念不及此，竟落莫负公委。”张一兵：《深圳旧志三种》，深圳：海天出版社，2006年，第958页。

③ 陈春声：《明末东南沿海社会重建与乡绅之角色——以林大春与潮州双忠公信仰的关系为中心》，《中山大学学报（社会科学版）》2002年第4期。

的努力，凸显出士绅在地方社会中开始承担越来越重要的角色。

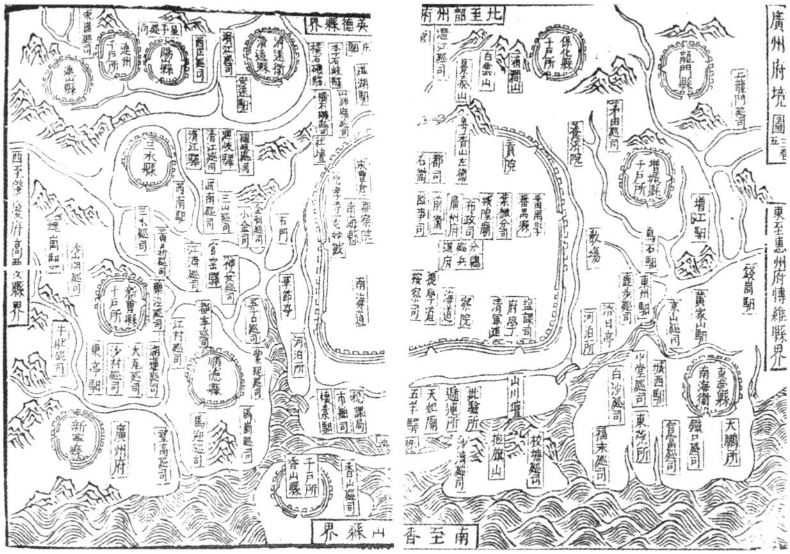

嘉靖《筹海图编》之“东莞所”，未设县前的新安社会

概言之，赤湾天妃庙在明代早期是由使臣和地方官员参与建设，具有浓厚的官方色彩，而非普通百姓日常相聚的祭祀场所。普通百姓日常还是以本村祠庙（即所谓“淫祠”）为祭祀聚集场所，加上“淫祠”远离县治及疏于管理，容易被一些假借神灵上身的“恶少”所利用，从事非法聚会活动，破坏地方的社会秩序。接受儒家思想教育的乡绅以及地方官员极为反对这一做法，因此，新安县立县后，刘稳便以赤湾天妃庙为中心，聚集士人诵读儒家圣训。[1]赤湾天妃庙也成为地方政府用来取代民间“邪神”、宣示教化的重要场所。

---

① 刘稳在万历二年复至南头时，曾率领士人前来赤湾天妃庙，在题诗《祷天妃庙喜诸生会集》中，他这样写道：“祈灵遥谒海神祠，冉冉春光欲暮时。最喜山川堪入眺，何期童冠更相随。使星虚说乘槎远，胜日还于鼓瑟宜。作吏风尘休暇少，咏歌莫惜独归迟。”张一兵：《深圳旧志三种》，深圳：海天出版社，2006 年，第 523 页。

清嘉慶《新安縣志》之縣輿圖
Map of Xinan County from Xinan Gazetteer (1819)

嘉庆《新安县志》县境图

二、明万历年间的赤湾天妃庙

万历八年（1580），赤湾天妃庙重新进行修缮，这次重修应与地方官僚平息老万山贼的事件有关。新安立县后，百废俱兴，前后几任知县一方面与地方乡绅合作，共同建设县署、学宫、养济院、邮铺、土地祠、社稷坛、厉坛、城隍庙、汪刘二公祠等；另一方面在地方落实里甲赋役制度，致力于编户齐民。①在这一背景中，来自州府的海防官、新安知县和地方乡绅，希望通过重修官方认可的赤湾天妃庙，来稳定地方社会的秩序。

---

① 嘉庆《新安县志》载："吴大训，号涧泉，广西马平人，由岁贡，万历元年知县事。宽厚慈祥，百度草创，悉心经理，动合机宜，且寓作法于凉之意；礼耆硕，右人文，为开邑之良令焉；曾孔志，号泗台，福建闽县人，由举人，万历四年知县事。宽恤里甲，严驭吏胥，疏滞狱，剔蠹弊。奉法循理，民甚安之。至礼耆硕，兴学校，尤为惓惓。"嘉庆《新安县志》卷十四《官绩略》，《深圳旧志三种》，第879—880页。

万历八年（1580），广州海防同知周希尹因征讨老万山贼而至新安赤湾。老万山，位于赤湾西南海域。由于此地海浪湍急，民众拥鱼盐之利，不纳赋役，时而抢劫过往渔船为业，官兵难以追捕，故官府称聚在此处的民众为盗贼。“赤安庙（赤湾庙），面前有罗仆屿一个，内外俱可过船……鲁万山（老万山），甚深，好抛舡，西去香澳抛鲁万，须防八撑贼，切记之。”①

《苍梧总督军门志》②

早在嘉靖二十六年（1547），备倭指挥孙敖就曾征讨过老万山贼。“先，嘉靖己巳，贼踞老万山为害，备倭指挥孙敖以海道林懋举命征之。”③但是，此次的出征并未平复贼患。万历九年（1581），老万山贼再次复聚，肆劫往来船只，广州海防同知周希尹受命遣兵来进行讨伐。他带兵驻扎在赤湾天妃庙，为顺利讨贼，他许诺天妃重修庙宇。

① 向达：《两种海道针经》，北京：中华书局，1982 年，第 158—159 页。
② 〔明〕应槚辑：《苍梧总督军门志》卷五《舆图三·南头寨》，长沙：岳麓书社，2015 年，第 81 页。从图中可以看到“老万山”“南头”等标识。
③ 张一兵：《深圳旧志三种》，深圳：海天出版社，2006 年，第 870 页。

明代吴国光《重修赤湾天妃庙记》载：

万历八年，贰守周公以海防事至，顾瞻祀宇，低徊久之，乃集乡父老，议鸠工庀材，为鼎新计。逾四年告成。父老谒国光记之……庙之寝殿三间，堂三间，寝至堂，亘以亭；堂之前，为重檐门楼三间；堂左右，为二厅；周围垣墙，楚楚翼翼。是举也，创议于二守周公希尹，后先襄之者，则署县邓公凌云、王公维翰、前县侯梁公大昊、今邑侯邱公体乾也。督工父老吴□，郑仕才辈与有劳，并书之。祀田丘亩，暨捐金姓氏，别有《记》。①

随着朝贡贸易的衰落，明中后期往来赤湾天妃庙的使节大大减少，天妃庙也因缺乏重修资金，导致“历岁寝久，稍就颓圮”。周希尹先后联通各任地方知县“署县邓公凌云、王公维翰、前县侯梁公大昊、今县侯邱公体乾”，以及地方社会士绅“吴国光”父老“吴□”、“郑仕才辈”等共同参与出资重修赤湾天妃庙事宜，万历十二年（1584）历时四年，天妃庙修缮落成。从参与重修赤湾天妃庙的官员以及地方精英分子来看，这次修庙事件对稳定地方社会秩序意义重大。对周希尹来说，他重修赤湾天妃庙是出于两个原因：

第一，明代天妃（妈祖）作为航海保护神的形象深入人心，周希尹重修赤湾天妃庙，宣扬他们追捕老万山贼的行动符合神意，这样不但可以鼓舞参战官兵的士气，而且以此证明其军事行动的正当性，争取民众的拥护。

第二，平定盗乱是他的首要任务，但盗乱的平定需要地方知县以及士绅的认同和帮助，通过重修庙宇能够建立官方与民间社会的联系。

---

① 张一兵：《深圳旧志三种》，深圳：海天出版社，2006 年，第 1045 页。

《广州府志》载：

周希尹，号同野，广西宜山人，由举人，万历九年任本府海防同知。仁明廉恕，防御尤严。时万贼为梗，讨平之。人怀其德，吏畏其威。催科不促，输纳恐后。常召诸生月课。是年，得邑士为首举，秩满之京，转岳州府同知，寻升南京工部员外郎。万历四十三年，入祀名宦。[①]

从上面的记载来看，周希尹不仅是讨伐老万山盗贼的官员，还承担催科输纳和督促士子月课的职责。经过催科输纳可以区分民盗，督促月课则宣示王朝教化，是官员常用的平定盗乱的方式。前面提到，商舶贸易兴起后，本地人生活发生了变化，他们积极参与到商舶贸易中去，形成了“夷（彝）—异域奸棍—本地暗通接济者”这一不被王朝认可，但却是民间较为普遍的通商形式。如要阻断海盗（商）与本地暗通接济者的联系，关键在于区分民与盗，即民众是否编入里甲，按时缴纳赋税，履行差役。周希尹一方面向地方士子督促月课，宣示王朝教化，有意识通过士子约束乡里社会；另一方面，他倡议重修赤湾天妃庙，将地方社会的绅士团结起来，以便输纳赋役，平定盗乱。而这一方法被证明是富有成效的，使得后来县令纷纷仿效。

地方士绅积极回应周希尹重修赤湾天妃庙的举动，以此表达他们对王朝国家的认可和顺从。从吴国光撰写的碑文中，我们也可以看出地方精英分子是如何将天妃（妈祖）信仰与国家联系起来的：

夫明有礼乐，幽有鬼神，其理一也。捍灾则祀，恤患则祀，其典钧也。余闻故老相传，神灵显海上，舟棹遇风颠危，呼祷辄应。夫圣人

① 张一兵：《深圳旧志三种》，深圳：海天出版社，2006年，第879页。

不语神，惧惑天下也。今显赫征异若此，其英烈之气，郁结磅礴，必且靖鲸波，除旱魃，彰善瘅恶；上之辅国，下之庇民，功德宏茂，用光帝命；虽与天壤俱敝，国家其悠久，可也。[①]

在这里，吴国光对儒学的义理抱着实用的变通精神，强调天妃灵验性的同时，将天妃视作护国庇民、安定海疆的象征，"上之辅国，下之庇民"。之前我们曾叙述，明代早期，赤湾天妃庙的建设是以国家使节出资为主，遣派地方（东莞）知县和巡检司官兵进行督促修缮。虽然也有本地士绅的参与，但因"官庙"属性浓厚，非重大节庆活动，地方士绅和百姓主要还是围绕本村落的神庙进行活动，因此，容易发生伪托神语、试图造乱等现象。在新安立县后，本地乡绅通过带头缴纳赋役，积极协助修建"官方"庙宇，并以赤湾天妃庙为中心，聚集士人诵读儒家圣训等方式，来证明自己"良民"的身份，有意识与盗贼进行区分。与此同时，我们也可以看到，地方政权所推崇的神明得到民众的认可，反映了国家在地方社会的权威在逐渐加强。

赤湾天妃庙作为维护、安定地方社会秩序的象征，得到地方政权的有意维护。万历二十七年（1599）《广东通志》有载："新安县天妃庙，在南山赤湾。"[②]这也意味着赤湾天妃庙已成为新安县官府重要的祭祀庙宇，每年春、秋仲月时，地方官员都要前往天妃庙按仪典规制进行祭祀活动，"每岁春秋二仲月上癸日，有司致祭。祭品未有定例，仪注与文、武帝同"[③]。同时，地方政府也要承担祠庙的祭祀和修缮费用。通过文献可以看到，从万历至崇祯初年，地方知县都积极参与重修

① 张一兵：《深圳旧志三种》，深圳：海天出版社，2006 年，第 1045 页。
② 万历《广东通志》卷十八，明万历二十年刻本，第 20 页 a。
③ 张一兵：《深圳旧志三种》，深圳：海天出版社，2006 年，第 486 页。

赤湾天妃庙。

《新安县志》载：

万历十五年，知县邱体乾重修。万历四十四年，知县王廷［钺］砌大门外月池，跨以石桥，桥前为牌楼，周以砖垣，为石窗十二。崇祯五年，知县乌文明重修牌楼，庀石为之。[1]

在地方政权努力重构社会秩序的过程中，建设礼仪、礼制是一种较好的教化途径。中国近代以前的社会秩序，除了军队、地方行政机构等强制性力量之外，还要凭借礼制这一中国固有的文化制度方能得以维持。在长期的历史发展过程中，礼制与儒家文化融为一体，并且推行到地方乡里社会当中。神明信仰亦与儒家文化相结合，成为国家推行教化的重要手段。《礼记·祭法》云："法施于民则祀之，以死勤事则祀之，以劳定国则祀之，能御大灾、能捍大患则祀之，非此族也，不在祀典。""神道设教"是封建王朝历代统治者利用鬼神之道对人们进行教化，以维护现行统治秩序和传统伦理道德的一种重要的思想控制方式。新安县官府通过多次重修庙宇，且"有司致祭"天妃，成功将赤湾天妃庙塑造成为地方民众共祀天妃神明的圣地。

第二节　晚明清初赤湾天妃庙的变迁

随着全球经济贸易的发展，17世纪20年代以来，东南沿海出现了

① 张一兵：《深圳旧志三种》，深圳：海天出版社，2006年，第328页。

以“郑氏家族”（初为郑芝龙[①]，后为郑成功[②]）为首的较为庞大的海上华商势力。明王朝通过招抚的方式将华商武装收归旗下，并委派他们清剿沿海海盗。郑氏利用海上武装力量和明朝官员的有利地位，趁机坐大，逐渐消灭了沿海的其他海盗，独擅通洋巨利。在17世纪40年代至80年代建立了一个称霸东南海域达40年的海上帝国。清顺治二年（1645），清军攻入江南，不久郑芝龙降清，郑成功率领父亲旧部在中国东南沿海抗清，成为南明后期主要军事力量之一。初期的清军处于下风，为巩固政权，清王朝实施严厉的海禁和迁界政策。本节讲述的是明末清初这一时期，赤湾天妃庙在华南沿海发展的历史进程。

一、明崇祯年间的赤湾天妃庙

嘉靖三十二年（1553），葡萄牙人获得澳门的居留权，并以此为据点，从事海上贸易活动。与此同时，朝廷为防御葡萄牙武装，管辖澳门的香山县海防地位被迅速提升。万历十六年（1588），广东巡视海道副使罗之鼎建议：“香山濠镜澳为粤东第一要害，以一把总统兵六百防守，无裨弹压。可移罗定东西一将，抽兵六百，协守澳门。”[③]天启元年（1621），原本由南头寨管辖的右司迅地划归香山寨管辖，[④]导致南头

---

① 郑芝龙（1604—1661），字飞皇，福建泉州府南安县石井人。《台湾外纪》载：“封平国公，加太师。投诚，封同安侯。其先娶日本翁氏女，生成功；继娶颜氏，生四子：恩、荫、渡、袭。”

② 郑成功（1624—1662），福建泉州南安人。《台湾外纪》载：“郑成功，芝龙长子，原名森，字大木，泉州府南安学生员。芝龙引见隆武，赐姓朱，兼赐名成功，欲令其父顾名思义。初封忠孝伯、宗人府府正，照驸马行事，佩招讨大将军印。后永历封漳国公，继而晋封延平王。妻董氏，雷廉道董容先长女。生十子：长经（乳名锦），聪、明、睿、智、宽、裕、温、柔、发。年三十九，卒于台湾。”

③ 〔明〕张溶：《明神宗显皇帝实录》卷五七六，台湾“中央研究院”校印本，1967年，第10页a。

④ 《新安县志》载：“南头寨官兵旧额：一千四百八十六员，每名汛地各派二百一十余名，中哨一百六十八员名。万历十九年，改设参将，陆续增至水陆官兵并杂流员役二千零八员名。天启元年，又议割去官兵六百八十员名，分属香山寨管辖。旧大船兵，止食五钱三分，兵多脱逃。”张一兵：《深圳旧志三种》，深圳：海天出版社，2006年，第389页。

寨官兵缩减至1360人，加之不少兵士逃脱，大大削弱了南头沿海军事守护力量，南头赤湾一带成为海盗集中攻击的地区，明朝末年赤湾天妃庙的多次重修都与海盗祸患有关。

（一）郑芝龙、李魁奇与刘香

崇祯元年（1628），称雄海上的郑芝龙私人武装集团率部接受明朝招抚，离开他多年经营的海上根据地台湾，坐镇闽海。然而，他的部下头目中有些不肯接受朝廷招抚，与郑芝龙决裂，复而为盗。李魁奇（又称李芝奇）、刘香即是其中两位。

郑芝龙画像

崇祯二年（1629），李魁奇率盗入寇南头、虎门海域。李魁奇，又名李芝奇，惠安东部沿海人。李魁奇与郑芝龙决裂后，在粤闽沿海抢劫商船为生，有船百余艘。崇祯二年，李魁奇的海上武装在佛堂门被南头参将陈拱缴擒船只七艘，他恼羞成怒，率领武装攻入南头海岸。陈拱因为兵少，连忙躲入南头城中。李魁奇等海盗登岸后围困南头城，并多次设云梯攻城。广东参政洪云蒸筑铳台铳城，才得以击败李魁奇。[①]但城外大部分地区都受到海盗的抢劫，“南头地方尽被焚劫”。随之，李魁奇武装又继续南下至粤西电白沿海一带劫掠商船，“贼势益炽”[②]，而后，北上返至厦门沿海，遇到郑芝龙的军队，终被歼灭。[③]

李魁奇伙盗被郑芝龙剿灭后，刘香与荷兰人合作，盘踞在闽粤海面从事贸易活动。关于刘香的籍贯说法不一，有言福建漳州人氏，也有说广东潮州者，他是崇祯年间（1628—1644）活跃于闽、粤广海域的著名海盗。

《廿二史札记》卷三十六“刘香”条载：

> 崇祯初，福建有红夷之患。海盗刘香乘之，连犯闽广沿海邑。总督熊文灿议招抚。遣参政洪云蒸，副使康成祖，参将夏之本、张一节等宣谕。俱被执，乃令降盗郑芝龙，击香于田尾洋。香势蹙，令云蒸止兵。云蒸大呼急击贼，勿顾我，遂遇害。香势穷，自焚溺死。成祖等乃脱归。[④]

---

① 《长沙府志》载：“洪云蒸，字化卿，攸县人。万历进士，累官岭东道。崇祯间，海寇李芝奇犯广东内洋，云蒸筑铳台铳城，败贼于南头寨虎头门。闻都门戒严，乃监军入卫。四年，粤寇围永安。云蒸为三省监军，遣郑芝龙败之于鱼筌、平黄牛等洞，后粤寇凭险四掠，复诱擒之。平九连山，题建连平州，捐资筑城建署。上悦，赐金宴，有差加升按察使。又海寇刘香老，大举围海丰，亲移镇，相持半载，屡挫其众，众惧乞抚。云蒸单骑就垒阳为受抚。阴檄，闽将郑芝龙进剿。郑兵至，犹观望。云蒸在贼船，挥郑曰：‘毋以我为念，灭此以报朝廷可也。’贼党感其忠烈，率释戈，不忍加害。香老怒，乃令红彝国人杀之，沉尸海上。香老亦就歼，越五日，尸浮沙日，有白鹤张翼覆之。其在贼营也，郑兵未至，先书遗令属诸子曰：‘成仁取义，素所自矢。三省害除，夫复何憾尔。曹只以清白传家。’粤人立特祠祀之，府县皆祀乡贤，所著书见后总目。”孙存潘等纂修：《长沙府志》卷二十九，乾隆刻本，第61页b。

② 张一兵：《深圳旧志三种》，深圳：海天出版社，2006年，第443页。

③ 〔清〕汪楫：《崇祯长编》卷三〇载：“李魁奇肆毒无已，由闽至粤，其祸蔓延……（崇祯二年四月）郑芝龙亲督标兵并新抚船只，在中左港（厦门）合攻，（李）魁奇就擒，其党斩溺无算。”《明实录附录9崇祯长编》，台湾史语所影印本，1967年，第1689页。

④ 〔清〕赵翼：《廿二史札记》，北京：中华书局，1987年，第526页。

这里说的“红夷”即指的是荷兰人，崇祯年间，荷兰人侵占台湾岛，刘香武装与之进行通商活动。在荷兰人撰写的《巴达维亚城日志》中，记录了1632年5月21日这天的情况，“中国沿海岸新出现海贼Jang Laew（即刘香），有船六七十只，大部分是小帆船，将海贼Lapzihon逐出南方，兵力骤增，袭击厦门郊外，焚杀劫掠，夺取停泊该港帆船多只而去。”[①]但很快，因明朝政府同意荷兰人在台湾进行商业贸易，荷兰人将刘香驱逐出台湾岛。刘香南下广东，肆虐沿海地区。崇祯六年至崇祯七年间（1633—1634），刘香多次侵犯南头、虎门海面。

康熙《新安县志》载：

> 六年，艚贼刘香入寇，闽抚将郑芝龙败之。刘香乘风突入，是年二月，直泊虎头门，杀死守铳台兵，遂抵省河下。闽抚将郑芝龙帅师出剿，战于赤岗，破之。香与余党遁去。七年刘香复入寇，五月二十日，贼二百余艘泊南头。时总镇邓某督兵御之，生擒数贼，贼遂扬帆，劫新会之江门。七月初三日，复入南头，会飓风大作，我兵乘风邀击之，贼乃引去。[②]

为快速平息广东沿海的盗乱，两广总督熊文灿最初采取招抚策略。崇祯七年（1634），刘香向熊文灿提出投降请求。熊文灿十分高兴，他派遣参政洪云蒸，副使康成祖，参将夏之本、张一节等前往刘香海船招降，然而，刘香却将他们扣押为人质进行要挟，由此，熊文灿不得不放弃绥靖政策。崇祯八年（1635）三月，刘香挟持朝廷官员洪云蒸、康成祖等，停泊南头城，要求索取城中的炭、铁、米、肉，新安知县乌文明

---

① 转引自林仁川：《明末清初私人海上贸易》，上海：华东师范大学出版社，1987年，第122页。
② 张一兵：《深圳旧志三种》，深圳：海天出版社，2006年，第443页。

与士民坚守不出，多次击退刘香的进攻。[①]而这次刘香封锁南头城的抢劫活动持续了两个月。五月，郑芝龙才整军南下，与刘香双方在汕头田尾洋进行了激烈的海战，刘香大败被迫自焚身亡。

（二）副总兵黎延庆重修天妃庙

崇祯六年至八年（1633—1635），南头沿海多次遭受到刘香攻击，官兵和百姓死伤很多。总督熊文灿令新安知县乌文明在南头海滨举行祭祀仪式，追悼死于战争中的官兵百姓，“兵死于战乱者，总督布院熊文灿为文，令乌知县祭于南头海滨”[②]。在“南头海滨”为“兵死于战乱者”举行的祭祀方式，其实就是中国传统的“打醮”活动，这类活动在当时的广东及新安地区甚为流行。而所谓“打醮”，乃道士在开阔地或庙宇前设坛为人求福禳灾的一种法事活动。康熙《新安县志》载：“遇神诞，设醮供祭。”[③]可见，朝廷有意通过“打醮”习俗来慰藉“兵死于战乱者”之亲人。同时，官府和百姓都认为借助寺庙和神灵的庇佑加持，能更好地抚慰民众及守御将士，因此，副总兵黎延庆要重修赤湾天妃庙，以突显朝廷对百姓民生的关心。

《新安县志》载：

崇祯八年，副总兵黎延庆重修前殿，更塑神像，以后殿为寝殿，大门左右各建官厅，及中殿左右官房。[④]

黎延庆，系原浙江杭州卫指挥，崇祯六年（1633）任南头副总

① 张一兵：《深圳旧志三种》，深圳：海天出版社，2006年，第443页。
② 同上。
③ 同上，第328页。
④ 同上。

兵。[1]他的调任理应是与崇祯六年刘香之乱有关。崇祯八年（1635），黎延庆主持重修赤湾天妃庙，他做了两个事情：一是重修前殿，更塑神像。传统认为，神祇的塑像是神祇灵力的重要体现，如果塑像破败不堪，神就无法显灵。因此，平定刘香盗乱后，地方海防官即刻重修庙宇和神像，说明官兵相信赤湾天妃在平定盗乱中发挥了重要的作用。二是以赤湾天妃庙为营垒，加强新安县的海防守卫力量。葡萄牙人占据澳门后，南头寨将部分官兵转隶给香山县的前海寨，加之士兵逃脱，南头寨兵力空虚，遂使刘香轻而易举突破赤湾海防，劫掠虎门、南头沿海村落。黎延庆以赤湾天妃庙为据点，调整海防兵力，重新构建赤湾海防。

《新安县志》载：

> 崇祯八年，副总[兵]黎延庆条议：将停船造修剩饷，并已停船补舵三十四名，补足各大船目兵长粮，每月支八钱。又另议抽饷解部，并添设虎门寨善后崖黎，共减去目兵一百三十三名。崇祯八年，又另议裁兵一百名，移充闽将兵食。又议抽补舵目兵，及原食旷饷、今改食正饷官兵，共四百零二员名，移充镇下总巡、冲锋等料食。尚实存水陆官兵一千六百五十九员名，每月应支饷银一千四百五十八两四钱五分。[2]

上述可见，由于士兵数量的增加，黎延庆在赤湾天妃庙“大门左右各建官厅及中殿左右官房”。也再一次证明，赤湾天妃庙处于广东海防的前哨，积极参与了国家的海防建设。作为扼守广州海路进出口的通道赤湾，她的职责是捍卫国家海疆。朝廷的军政官员希望通过重修赤湾天

---

① 张一兵：《深圳旧志三种》，深圳：海天出版社，2006年，第311页。
② 同上，第390—391页。

妃庙，巧妙利用妈祖的精神信仰在水师官兵队伍中的感召力，以此鼓舞士气，进而取得海上战役的胜利。简而言之，赤湾天妃庙与沿海地区社会秩序的稳定具有极其密切的联系，渐渐成为一间影响华南沿海民众生活的代表性神庙。

（三）“十八约”与赤湾庙

之前章节介绍新安县百姓主要以鱼、盐为生。他们将鱼、盐聚集到固定的商埠进行售卖，商贩从商埠批发鱼、盐产品，再通过水陆交通，长途贩运到各地。崇祯八年（1635），知县乌文明在原固戍埠的基础上，创建白石、南头埠，作为灶民、渔疍贸易的市场。赤湾天妃庙是珠江上、下游区域百姓出入捕鱼的必经之地，又是地方政府认可、推崇的官方庙宇，再加上天妃众多灵验的事迹与传说，更是吸引来自各地的出海者的朝拜，尤其是本地及邻近各县（例如东莞、归善等），民众凡出入经过此地，必定停船祭祀。

另据康熙《新安县志》记载：

岁有田租、湾租、树果，约民轮收；遇神诞，设醮供祭，后多有乾没者矣。[1]

可见，赤湾周边的田地、海域等都是赤湾天妃庙的产业，从“约民轮收”一词我们大致可以知道，政府并不直接控制此处庙产，而是由民间社会进行管理。至迟在明代隆庆年间，南头赤湾附近村落就已组建“十八约”的民间社会组织，并主持“祠中租项及春秋祀事”。

---

① 张一兵：《深圳旧志三种》，深圳：海天出版社，2006年，第328页。

据嘉庆《新安县志》载：

汪刘二公祠，在南门外崇镇里山川坛之侧，祀明兵部尚书前巡道汪鋐、巡道刘稳。万历元年，知县吴大训、耆民吴祚等建。康熙二十九年，知县靳文谟重修。祠中租项及春秋祀事，俱归十八约绅士支办。[①]

刘稳，号仁山，湖广鄢县人。隆庆六年，任巡道。邑原隶东莞，离治百余里，倭彝海冠往往为患。恶少啸聚淫祠，公行部至，禁祀撤像，以乡约所额焉。[②]

上述文献记载，分别提到了新安县的“祀事”活动都由“十八约”“乡约”进行支办。我们也在田野调查中发现，本地老辈村民也常说民国时期仍存有“南头十八乡”这一组织。结合目前掌握的史料来看，“十八约”这一民间社会组织的成员应是南头区域内的各个乡村族群，他们通过共同遵守订立的规约，负责管理地方祠庙的祀田、祀典等事宜。无论是赤湾天妃庙、汪刘二公祠或是村头“淫祠”，都由这一“乡约”组织参与管理。就赤湾天妃庙的情况而言，为答神贶，前后朝绅奉使不断捐金买田供祀，祀田庙产包括农田、海岸、山林等。明万历年间吴国光在《重修赤湾天妃庙记》中有提到：“又行人某，使外国还，捐金，令父老吴松山等买田供祀……祀田丘亩，暨捐金姓氏，别有《记》。”赤湾天妃庙鼎盛时祀田庙产占地几近千亩。庞大的祀田、庙产需要地方政权许可的民间组织进行统一管理。换言之，赤湾天妃庙的庙产很可能就是交由“十八约”进行打理，且轮流种收，故有“约民轮收”之说。

---

① 张一兵：《深圳旧志三种》，深圳：海天出版社，2006 年，第 788 页。
② 同上，第 878 页。

另外，每逢天后圣诞，“十八约”便会组织乡民前往赤湾天妃庙，甚至举行传统的打醮活动，“设醮供祭，后多有乾没者矣”。而从“多有乾没者”的描述中得知，道士借助天后圣诞的打醮活动从事迷信、骗人之举，间接也证实了明末的赤湾天妃庙已演变成民间色彩极其浓厚的庙宇。正如刘志伟教授所认为，明末赤湾天妃庙已经转变为一座“地方神庙”。[①]

二、清顺治年间的赤湾天妃庙

（一）新安县的抗清斗争

顺治十三年，赤湾天后庙的重修与清政府平定新安县抗清斗争事件有关。崇祯八年（1635），郑芝龙击溃刘香海商武装后，势力日益壮大，垄断了南海的贸易，来往的海舶必须向郑氏缴纳一定的例金。“海舶不得郑氏令旗，不能往来，每一舶例入三千金，岁入千万计。”[②]好景不长，崇祯十七年（1644），李自成农民起义军攻入北京，崇祯皇帝自杀身亡。同年，清军入关，定鼎中原。随之而来的是，中国南部地区高举反清大旗，建立了多个南明政权，如南京的弘光政权、福建的隆武政权、广西的永历政权和广州的绍武政权。而郑芝龙所支持的弘光政权和隆武政权，先后被清军攻灭，顺治三年（1646），他率部归降清朝。不过，其子郑成功率领部分官兵出走台湾，继续高举反清旗帜。

---

① 刘志伟：《“官方”庙宇意义转变——赤湾天后庙碑铭解析》，载郑振满主编：《碑铭研究第 2 辑》，北京：社会科学文献出版社，2014 年，第 438—456 页。

② 〔明〕王世贞：《明朝通纪会纂》卷七，清初刻本，第 2 页 a—b。

〔清〕黄梓绘《郑成功画像轴》
（中国国家博物馆藏）

同年，广西巡抚瞿式耜等在肇庆拥立朱由榔称帝，年号永历。东莞县苏观生等在广州拥立朱聿鐭称帝，年号绍武，并提拔崇祯末年进士王应华为东阁大学士。绍武政权招抚海上郑、石、马、徐四姓海盗，借其势力抗清。[1]然而，同年十二月，绍武政权即被攻入广州的清军所覆灭。顺治三年至七年间（1646—1650），新安县成为清军和南明势力反复争夺的战场之一。新安县南头人陈文豹会同东莞人张家玉在东莞、新安两地进行保明反清的抗争运动。顺治四年（1647），两广总督佟养甲入粤，新安知县杨昌归顺离任后，知县张文煌就任。陈文豹带兵攻打占据南头城的清军。

① 郑广南：《中国海盗史》，上海：华东理工大学出版社，1998 年，第 290 页。

嘉庆《新安县志》载：

陈文豹，字御赤，南山乡人，分居西乡。顺治丙戌三年，总督佟养甲入粤，文豹募兵保境。丁亥四年三月，毁家佐张家玉军，取新安，袭东莞。六月，大兵至，战于赤冈山下，死之。[①]

《明史》载：

西乡大豪陈文豹，奉家玉取新安，袭东莞，战赤冈。未几，大兵大至，攻数日，家玉败走铁冈，文豹等皆死。[②]

光绪三十一年（1905）

《国粹学报》载张家玉坐像

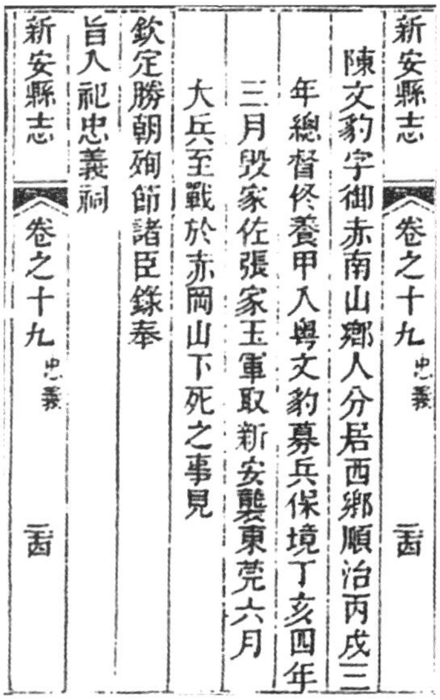

新安縣志 卷之十九 忠義

陳文豹字御赤南山鄉人分居西鄉順治丙戌三年總督佟養甲入粵文豹募兵保境丁亥四年三月毀家佐張家玉軍取新安襲東莞六月大兵至戰於赤岡山下死之事見

欽定勝朝殉節諸臣錄奉

旨入祀忠義祠

新安縣志 卷之十九 忠義

《新安县志·陈文豹传》

① 张一兵：《深圳旧志三种》，深圳：海天出版社，2006年，第961页。

② 《明史》卷二百七十八列传第一百六十六，北京：中华书局，第7133页。

在此次战役中，陈文豹因熟悉南头地形，并得到乡民支持，即便受到清廷海上水师的夹击，仍能攻城三月不退。后清廷增派援军，陈文豹战死于赤冈山下。

康熙《新安县志》记：

四年三月，陈御赤等率众入城，邑人萧一奇、黎民服，会原参将子董天爵，集兵逐出赤，迎知县张文煌守城。赤急攻三月，监军道戚元弼、武毅伯施福、五镇施郎，水陆援守，不退。煜密令蒋朝凤缒城，报督师李成栋。六月，追至山下王元喜楼，遂平之。[①]

这里提到的“施郎”即为施琅，他与施福都是郑芝龙的旧部，顺治三年（1646）归顺清朝，后“从征广东、勘定顺德、东莞、三水、新宁诸县”[②]，其后再平定郑成功势力，收复台湾。施琅参与平定陈文豹之役在南头社会产生了深远的影响，地方社会以他为原型编造了一个传说，这一点下文会提到。

顺治四年，陈文豹战死后，他的余部继续在新安大鹏地区展开抗清斗争。顺治六年，清廷派尚可喜、耿仲明等南征广东，第二年，永历政权覆灭。至此，新安县只有大鹏地区为张家玉部下的李万荣所据。顺治十三年（1656），李万荣接受清廷招抚[③]，新安县全境归顺清朝。

---

① 张一兵：《深圳旧志三种》，深圳：海天出版社，2006 年，第 239 页。

② 赵尔巽：《清史稿》卷二百六十，1928 年清史馆铅印本。

③ 康熙《新安县志》载：“顺治四年山寇陈耀破大鹏所城，劫掳而去。贼首李万荣据所城，罗钦赞盘踞梅沙、葵涌等处，四出流劫数载。通县乡村房屋，焚毁过半，杀掳男妇数万。十一年总镇吴□讨之，以水师不利回兵，不能成功。其后，两贼不睦，李杀罗钦赞。顺治十三年，总兵黄应杰率王师，以刘烘为乡导，围李万荣于大鹏山。三阅月，粮尽，李万荣投抚，地方始平。”张一兵：《深圳旧志三种》，深圳：海天出版社，2006 年，第 444 页。

施琅

（二）赤湾天妃庙重修

长达十余年的抗清斗争，历逢自然灾害，导致新安县地方社会民不聊生、死伤惨重。《新安县志》载："顺治四年，鸦鸣十日夜，是年寇乱。顺治五年戊子，岁大饥，每米一斗，价银一两二钱；人多食荔核、萌股、薯莨、海苔、野菜等物，间有割尸充腹，鬻男、女、妻、妾者，斗米易一人。又值大疫，盗贼同时而发，民之死亡过半，有一乡而无人存者。"[①]在此背景下，统治政权有意识通过重修赤湾天妃庙来安抚教化当地百姓，宣示清朝政府对新安县的统治。

顺治十三年（1656）二月，永历皇帝从广西迁至昆明，清廷派兵从粤西沿海征讨永历政权大将李定国，守备张应科奉平南王尚可喜之命，押运粮食前往海南。《东莞县志》称："张应科，山东人，东莞虎门协副将。"[②]他在转饷琼海时途经赤湾，"俯谒祠下"，并举行"辞

---

① 张一兵：《深圳旧志三种》，深圳：海天出版社，2006 年，第 439 页。
② 宣统《东莞县志》卷四十三职官表三养印书局，1927 年，第 7 页 b。

沙”祭海。祷告如押运行程“往返无虞”，将为赤湾天妃庙“恭新其面貌，以禽神贶”。王应华在《重修赤湾天妃庙记》中记载了这一事情的经过，他写道：

世俗：南北之济者，必祷于海岸，得吉，而后敢济，谓之“辞沙”。神之显赫，真如度量衡石，必不吾欺者。顺治十三年春，守备张君应科，奉平南王令，转饷琼海，舟过赤湾，俯谒祠下，告有事焉；且见庙之来已久，【粗】朴、下窄，上不足以致虔妥灵；而又栌桷失丹艧，垣堂失黝垩，祝以往返无虞，恭新其面貌，以禽神贶。已而，果得顺风。[1]

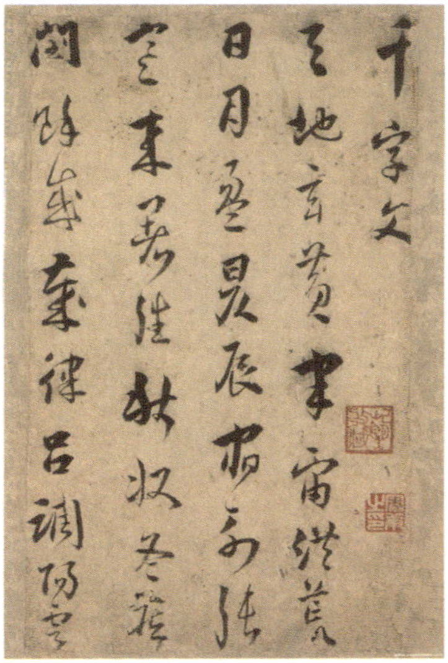

王应华草书，广东艺术博物馆院藏

前面第二章提到，赤湾是广州通往南海的放洋之地，沿途沙礁密布，尤其是广东台山乌猪洋至海南独猪洋之间的海域。张应科遵循世俗

① 张一兵：《深圳旧志三种》，深圳：海天出版社，2006年，第502页。

所谓“南北之济者，必祷于海岸，得吉，而后敢济”之说法，先祀天妃（妈祖），而后祭海，“果得顺风”，顺利完成“转饷琼海”。之后，张应科回禀平南王重修赤湾天妃庙，他本人更是努力召集各方力量捐资修缮，并且请东莞人王应华撰写庙记，“张君乃出橐中五百金，复请于都督张公，得百金；暨张公之侄，得五十金；其余劝募，诸公及货舶所喜助有差”[①]，庙记中所提到的几个人物，值得我们在此着笔介绍。

首先是平南王尚可喜。顺治十三年（1656），赤湾天妃庙的修缮得到平南王的认可。州府武官张都督、张都督之侄、守备张应科、地方士绅王应华以及诸多商人踊跃捐资重修。事实上，顺治年间（1644—1661）平南王多次在广东重修庙宇。有学者认为，于前军事驻地或战场上修建庙宇的传统自古有之，尤其在易代之际更为普遍。兴建庙宇往往成为新政权安抚战争中死亡将士，并笼络当地民众的策略。[②]部分学者将尚可喜在原驻军之地建庙的动机亦归结为他在残暴屠城之后，希望兴修庙宇以抚慰民心。[③]而亦有研究认为，平南王通过重修广州当地的寺庙，将自己政权“合法化”，强化政治对宗教领域的控制，同时一方面向中央政权致效忠之意，另一方面彰显出异族将领模拟皇族风格的野心。[④]上述研究表明，平南王同意重修赤湾天妃庙绝对不仅是出于天后（妈祖）的灵验，背后蕴含了更深层次的政治目的。

---

① 张一兵：《深圳旧志三种》，深圳：海天出版社，2006年，第502页。

② 如 Mark Halperin 在其著作中指出，宋代建于战场上的庙宇主要用于安抚战争中死去的亡灵。参见 Mark Halperin: *Out of the Cloister: Literati Perspectives on Buddhism in Sung China*, 960–1279.

③ 邢照华：《平南王铁钟及铭文考释》，《中国历史文物》，2005年第3期。

④ 王萌筱：《权力的场域：清初平南王尚可喜在广东的寺庙建设及其权力运作》，《励耘学刊（文学卷）》，2014年第1期。

尚可喜

其次是张总镇。康熙《新安县志》载："顺治十八年，平南王□张总镇会同各官，捐俸重修，刻碑于庙。"[①]张总镇在赤湾天妃庙的历史中是一个重要的人物，他曾在迁界运动中扮演重要角色，"顺治十八年，因海氛未靖，将议迁民与避害。总镇张沿海看界"[②]。而在赤湾天妃庙的传说中，这位张总镇扮演着并不讨喜的角色。

撰写庙记的王应华，东莞人氏，崇祯元年（1628）进士，先后历任明朝礼部侍郎、海道并宁绍粮道、福建按察使等职，明亡曾仕绍武、永历政权，顺治十三年（1656）永历西奔后降清。他受业于新安县南头人拔贡郑文炳[③]，与南头地方社会有一定的联系。综合来看，顺治十三年二月清廷征讨广西的永历政权，张应科奉命"舟过赤湾""转饷琼海"

---

① 张一兵：《深圳旧志三种》，深圳：海天出版社，2006年，第328页。

② 同上，第873页。

③ 据《郑氏南莆祖五大房族谱》载："郑文炳，字在中，号旰云，生于嘉靖丙午（1546）年十二月，于万历乙卯拔贡，授福建延平将乐县训道，升肇庆高明教谕，又升广西柳州府宾阳县儒学，署怀远县印务。"崇祯十三年（1640），王应华为师郑文炳之妻钟氏撰写《钟夫人寿屏文》。

时，王应华已归顺清廷。这一年，清廷同时招抚了占据大鹏所城的抗清将领李万荣等。八月，赤湾天妃庙重修工程竣工，增设厢房十二间，大门内增钟、鼓楼各一。张应科请归顺清朝的王应华撰写庙记。显然，这背后具有特殊的政治意义，正如王应华《重修赤湾天妃庙记》所说：

余尝读《诗》，至《时迈》之二章，曰："怀柔百神，及河乔岳。"诚以圣天子在上，幽明皆尽职也。王宣上威德，以底定全粤；都督公复从而镇抚海上之军民。则维我有祠，固默相之久矣。岂其转饷所至，为国家大命，加以守备张君，拜祷如礼，岁时修祀，不懈益虔；而神尚有不效灵者乎！宜夫海不扬波，而一切享海国澄清之福者，歆神之灵显以赫，而知朝廷之德久以遐，并知奉朝廷之命者，其所治明而所事诚也。故不敢以不文辞，而书此以畀之为《记》。[1]

王应华的《庙记》标榜了清朝统治的合理性，"底定全粤"，宣示平南王尚可喜平定华南的文治武功；"镇抚海上"，肯定都督张公的靖海之功；"不懈益虔"，称赞守备张应科因转饷而重修赤湾天妃庙的虔诚之举。显然，重修天妃庙并非是一件简单的修庙事件，在这里，赤湾天妃庙成为清朝安定海疆的象征，重修庙宇有"海国澄清"之寓意。明末清初，以南头人陈文豹为代表的新安县的抗清斗争异常激烈，王应华是明末新安县地方名士郑文炳的学生，曾在明朝及晚明政权任官，他的归降对清朝政府和广东当局的影响意义重大，有利于清朝笼络地方民众，稳定地方社会秩序。明清交替时期政局变幻无常，政治认同上的"正统性"失去客观依凭，平南王希望通过重修被新安县百姓认为是正统象征的赤湾天妃庙，来确认清朝的正统性，宣示清朝的合法统治，也表现出

① 张一兵：《深圳旧志三种》，深圳：海天出版社，2006年，第503页。

统治者与地方百姓有着共同的文化信仰。

除了政治目的外，我们也不能忽略赤湾天妃庙对海上贸易的庇护作用。顺治十三年（1656）重修天妃庙，除了州府武官外，还有经营“货舶”的藩商参与。清初，由于各地抗清斗争不断，朝廷厉行海禁。平南王割据广东期间，为了扩充实力，利用强大的武装力量，扩大合法的贡舶贸易，进行官商官办性质的海外贸易活动，[①]其中与澳门的走私贸易最为频繁，“阴与为市，利尽归之，小民无分毫滋润”[②]。藩商的海外贸易活动更需要借助赤湾这一通商门户，而王应华在庙记里提到，“世俗：南北之济者，必祷于海岸，得吉，而后敢济”，说明“南北之济”的藩商亦同样参与天妃庙的各类祭祀与修缮，包括赤湾天妃庙的“辞沙”祭海等活动。或正因如此，赤湾天妃庙独特的“辞沙”祭海活动传入澳门地区。[③]刘志伟教授认为，平南王尚可喜割据广东，通过重修赤湾天后庙，在强调对朝廷忠诚的背后，也是为其违背朝廷政策而进行的海上商业活动寻求合理性和神明的荫护。[④]

三、清初（1662—1685）迁界运动与大庙传说

（一）清初新安县的迁界运动

康熙元年（1662）四月，永历政权的君主朱由榔在昆明被吴三桂杀害。同年，为遏制郑成功等沿海反清势力，清廷颁行了一系列严厉的迁海政策，强迫福建、广东的大部分沿海居民内迁五十里，摧毁所有的房屋和财产，坚壁清野，断绝沿海的物资支援，以绝接济台湾之患。地濒

---

① 叶显恩：《广东航运史（古代部分）》，北京：人民交通出版社，1989 年，第 142 页。

② 〔清〕屈大均：《广东新语》，北京：中华书局，1985 年，第 38 页。

③ 屈大均的诗歌《澳门》《艭船》提到了澳门的“辞沙”。参见〔清〕屈大均：《翁山诗外》卷八五言律，清康熙刻凌凤翔补修本。

④ 刘志伟：《“官方”庙宇意义转变——赤湾天后庙碑铭解析》，载郑振满主编：《碑铭研究第 2 辑》，北京：社会科学文献出版社，2014 年，第 438—456 页。

大海的新安县，自然也在迁界之列。

康熙《新安县志》载：

康熙元年二月,大宪巡边立界,邑地迁三之二。三月,差总镇曹□、总统马□,督同营兵析界，驱民迁入五十里内地。民初不知边界之事，虽先示先谕，而民不知徙。及兵至，多弃其资，携妻挈子以行，野栖露处，有死丧者，有遁入东莞、归善及流远方，不计道里者。[①]

可以看到，由总镇负责“驱民迁入内地”，民众被迫离开故土，“而弃其资，携妻挈子以行，野栖露处，有死丧者”。但沿海的治安、海防形势并没有好转，明郑集团趁沿海空虚之机重新占领了厦门、金门等岛屿。清廷以为此乃迁海力度不足之故，于康熙二年（1663）八月，下令向内地再迁三十里。时任两广总督卢崇峻认为初迁已令民众困苦，再迁三十里新安县城不保，故上疏请求保留县城一带，只迁东、西两路二十四乡。

嘉庆《新安县志》载：

以邑地初迁，人民困苦，会疏乞免尽迁，止迁东西二路，共二十四乡。三年三月，城守蒋宏闰、知县张璞，逐东、西二路二十四乡入界。以后每年，大宪四季巡界。先是，初迁民多望归，尚不忍离妻子，及流离日久，养生无计，爰有夫弃其妻，父别其子，兄别其弟，而不顾者辗转流亡，不可殚述。上台及县长官，俱日谋安插，但迁民多，而界内地少，卒莫能救。[②]

---

① 张一兵：《深圳旧志三种》，深圳：海天出版社，2006 年，第 873 页。
② 同上，第 874 页。

第二次迁界加剧了民众的苦难，乡民妻离子散、无家可归。又因“迁民多而界内地少，卒莫能救”，造成“养生无计，爰有夫弃其妻，父别其子，兄别其弟，而不顾者辗转流亡不可殚述”，此段惨痛的历史成为新安县乡民长久的记忆。康熙六年，因新安县人口缩减严重，清廷裁新安县归并东莞。康熙《新安县志》也记录了迁界后新安县民众惨淡情况：“邑之为乡者三，为都者七，为图者五十有七，为村将五百所。虽烟户之多寡不同，大都近山者晨星，而滨海者毂击。川兵燹寇疫之后，继以迁界；虽幸而展复，毕竟毂击者，亦转而晨星矣。乃七都一带，大半逃编他邑。”[①]

康熙八年（1669），广东巡抚王来任、两广总督周有德多次上疏展界，新安县才得以恢复县治。复县初期，因土多民寡，外地人大量迁入新安。但此时仍禁止乡民出海，直至康熙二十二年（1683）施琅击破明郑集团统一台湾后，清政府才重新开放广东广州、福建漳州、浙江宁波、江苏云台山四个港口作为对外通商的口岸。

（二）九十九道门大庙

历经永乐、天顺、万历、崇祯、顺治年间的屡屡重修，赤湾天妃庙已拥有寝殿三间、殿堂三间、门楼三间、厅二间；日月池、石桥、牌楼、钟楼、鼓楼各一；大门与和中殿的左右官厅和官房数间，厢房数间；还附有祀田数百亩，包括庙前港湾、农田、山林等。民间相传的赤湾天后古庙“九十九道门”的故事是很可能在这时出现。然而，这一传说故事的背后，却饱含了地方百姓在迁界运动中的血与泪。传说说道：

张镇，新安县（深圳）南头城外北头村人，家境十分贫困。台湾被郑氏集团霸占，康熙皇帝决心收复台湾。他南巡来到新安县，在南头城

① 张一兵：《深圳旧志三种》，深圳：海天出版社，2006年，第267页。

门外下诏张榜招贤良猛将领兵攻打台湾。这一日，张镇在城外的山上砍柴后，入城为老母亲买猪肉庆祝生日。走出城门的时候，猪肉掉在了地上，他不认识字，看到城墙上贴着一张纸，便撕下来包猪肉。这一撕，他便被军兵押送到了皇帝面前。就这样，张镇误打误撞成为攻打台湾的将军。在赤湾临出发前，他十分紧张，因为他大字不识，也没有任何军事才能，内心惴惴不安。当所有船只均已出发，只有他所在的船只无法起碇（拔起船锚）。为探究竟，他潜入水中，发现船底坐着一位仙女。张镇将自己领兵攻打台湾之事禀报仙女，并许诺如攻台成功，便在此为她建一座一百道门的大庙，否则就断子绝孙。这位仙女就是妈祖林默。在张镇船只进入台湾之后，妈祖便降大雨淹没台湾的99个港湾，台湾守卫武装只能投降。结果，张镇不费一兵一卒便完胜归来。归来之后，张镇十分骄傲，下令在北头村外建了一座大屋，并规定百姓不能从他门前经过。同时，他按照承诺，在赤湾建100道门的大庙，但是每当第100道门刚建好的时候，门就倒塌了，重建，又倒塌。就这样，张镇只是建了99道门的大庙。最后，张镇一生只能无后收场。

这个故事还有另一个版本，只不过由攻打台湾换成了攻打海上盗贼盘踞的岛屿罢了。考虑到明郑政权在清廷统治下也被称为“盗贼”，我们认为这两个传说实质是一样的，故不再赘述。这一传说与《天妃显圣录》中的《祷神起椗》[1]故事情节十分相似，《祷神起椗》大意是某

[1] 据《天妃显圣录》载：“季春，有商三宝者，满载异货，要通外国，舟泊洲前。临发，椗胶弗起。舟人入水，见一怪坐椗不动。急报，客大惊，登岸询洲人：‘此方何神最灵？’或曰：‘本山灵女极称显应。’遂诣祠拜祷。恍见神女优游椗上，鬼怪辟易，其椗立起。乃插香一瓣于祠前石间，祝曰：‘神有灵，此香为证，愿显示征应，俾水道安康，大获赀利，归即大立规模，以答神功。’迨泛舟海上，或遇风涛危急，拈香仰祝，咸昭然护庇。越三载，回航全安，复造祠，见前所插瓣香，悉盘根萌芽，化成三树。正值三月二十三日神诞，枝叶丛茂，香气郁郁缤纷，商人奇其感应，捐金创建庙宇，焕乎改观。”

人的船只在出发前不能拉起锚椗，船人入水底发现有一鬼怪女坐在碇上，经船人许诺为妈祖重修庙宇，船只才顺利启航。也就是说，赤湾"九十九道门"大庙由来的传说其实有一个标准的叙事化版本，但不同之处在于"九十九道门"大庙的故事里隐藏着本地百姓众多的历史记忆。这一历史记忆蕴含了三方面的信息。

第一，传说的核心人物"张镇"。故事与传说的编造常常无法脱离现实。顺治十三年，王应华写的《重修赤湾天妃庙记》中，记载了天妃庙的倡修人和资助人，分别为守备张应科和都督张公，之后的《新安县志》称都督张公为"张总镇"。顺治十八年，新安县因海盗肆虐开始迁界，"张总镇"负责沿海巡界及迁民，即"顺治十八年，因海氛未靖，将议迁民与避害。总镇张沿海看界"[①]。历史事件中的"张总镇"或许与传说中的张镇有一定的联系。

第二，传说故事里讲的是康熙皇帝钦点张镇攻打台湾，但事实上，领兵攻打台湾的却是降清的原郑成功的部下施琅。清康熙二十二年（1683）施琅成功收复台湾，鉴年，施琅上奏朝廷述说天妃在清军东征台湾时，有"涌泉济师"之神功，康熙皇帝为此特封天妃之"天后"称号。清版《天后志》一书亦载有施琅受天妃（妈祖）护佑的事迹。另外，施琅本人也曾应朝廷之命出征新安，镇压南头人陈文豹为代表的抗清武装。

第三，虽然传说中张镇攻打台湾有功，但南头民众似乎并不喜欢张镇这一人物。他承诺为天妃（妈祖）建造一百道门的大庙并未建成，只能建到九十九道门。因此，结局正如他所承诺一样，绝子绝孙。

通过考察传说故事的建构以及流播，我们可以深入了解当时社会人们对历史事件的看法。有研究指出，乡村的故事之所以能被接受并

① 张一兵：《深圳旧志三种》，深圳：海天出版社，2006年，第873页。

流传至今，在很大程度上，是因为它们恰好包含了与故事形成时期特定的历史环境相契合的社会文化内涵。[①]这一传说，很有可能是地方民众嫁接了顺治十八年“张总镇”重修赤湾天妃庙这一事件，与施琅攻台湾、清初迁界事件融合起来，构建了一个赤湾天后（妈祖）灵验的传说故事。

明清交替之际，地方百姓的抗清活动以及清初的迁界运动，是新安县民众最为苦难的记忆。在这场苦难中，如何处理好对清朝文化的认同以及自我身份的认同，是地方民众的精神困惑所在。康熙二十二年（1683）施琅成功收复台湾后，新安地方社会才得以重归平静，乡民百姓把之前灾难的苦痛记忆也随之转化成对神明天妃的崇拜。清政府也有意识地将成功收复台湾归根于天妃之佑助，有彰显“顺从天意”“护国庇民”之意。此外，天妃信仰的背后也表达着更直接的寓意，即乡民百姓能重返家园归根于赤湾天妃的保佑。“九十九道门”大庙的传说故事，一方面彰显了神明的灵验性，另一方面蕴含了对清朝统治者“清剿战乱”“迁界”的怨恨和不满。这一点，从传说故事的主人公张镇最后的悲剧便可以得到解释。张镇承诺为赤湾天妃庙修建一百道门的大庙，但却在修建九十九门大庙后无法再增加一个门，而他最终的结局是断子绝孙。在中国传统文化的道德伦理中，这可以说是对一个人最大的惩罚。

然而，与百姓借助赤湾天妃庙传说表达对清朝统治不满情绪不同的是，朝廷极力通过赤湾天妃庙的重修来宣传展现正统盛世的景象。当台湾收复后，清政府也通过即刻修撰地方志的方式稳定局势，有意识地在县志中体现地方社会趋于和平稳定，经济活动迅速恢复，呈现欣欣向荣

---

① 陈春声:《乡村的故事与国家的历史——以樟林为例兼论传统乡村社会研究的方法问题》，载刘永华主编《中国社会文化史读本》，北京：北京大学出版社，2011 年，第 349—376 页。

发展之势。在这样的背景下，清政府通过渲染大好河山、重塑天后信仰来化解时局变化所产生的社会矛盾，提高统治者的亲和力。康熙二十四年（1685）编修的《广东舆图》提到赤湾为新安八景之一：

南山在城南七里，高七十丈，周五里，秀拱如屏。南曰赤湾，气郁葱，为新邑八景之一，旧志未载，今查出。[①]

康熙二十七年（1688），新安知县靳文谟、邑人进士邓文蔚主持修撰了《新安县志》，将赤湾天妃庙称之为“赤湾胜概”。《新安县志》载：

赤湾胜概，在南山之南，势耸丽，开展两翼，盘护葱郁，天妃宫殿在焉；前临海，洪涛万顷，一望无际，零仃数峰，壁立海中，为之屏案，海外奇观矣。天妃神甚灵应，船经此，必祷祠之。[②]

康熙《新安县志》诗歌篇目：

赤湾胜概

〔清〕佚名

一望苍茫万顷波，海门神寺奠山阿。
圣朝雨露恩流普，远国梯航贡使多。
澎湃潮声飞白雪，郁葱树色绕青萝。
无边诗思来佳胜，□□河东意若□。

① 〔清〕蒋伊、韩作栋：《康熙广东舆图》，清康熙二十四年刻本，第114页。
② 张一兵：《深圳旧志三种》，深圳：海天出版社，2006年，第284页。

“赤湾胜概”（载自嘉庆《新安县志》）

康熙初期的两次迁界运动，反映了该时期朝廷与当地社会两种不同的态度，透过赤湾天妃庙的故事传说和文献记载，我们更加了解到在此特定的历史环境下的社会场景与文化内涵。

四、澳门海洋贸易与“辞沙”的传播

嘉靖四十四年（1565），澳门已发展成为外国商船聚集的港口，吸引来自闽粤沿海的民众争相奔赴。《明实录》载：“闽之奸徒，聚食于澳，教诱生事者不下二三万人；粤之盗贼亡命投倚为患者，不可数计。”[①]屈大均在《广东新语》亦载：“广州望县，人多务贾与时逐，以香、糖、果、箱、铁器、藤条、番椒、苏木诸货，北走豫章、吴、浙，西北走长沙、汉口其黯者，南走澳门，至于红毛、日本、琉球、遥罗解、吕宋。帆掉二洋，倏忽数千万里，以中国珍丽之物相贸易，

① 《明实录》附录《崇祯长编》卷三十四，“崇祯三年五月条”，上海：上海书店，1982 年，第 2054 页。

获大赢利。”[①]同治年间（1862—1874），新安知县黄光周为澳门天后庙撰写庙记，亦提到“予自宦游东粤，被任郡之新安，去澳门只争一水，同里商人往来较密，所得诸称述者，亦较详而确”[②]。伴随着广东沿海民众为生存发展迁徙澳门，赤湾天妃庙的“辞沙”祭海习俗也传播至澳门地区。

明代中后期以来，由于朝贡贸易的衰落，往来赤湾天妃庙的使节大大减少，官方“辞沙”祭典也逐渐发生演变，成为沿海民众出海前的祭祀活动，即“辞沙”从“凡使外国者，具太牢于海岸沙上，祭毕，沉于海”，转变为“世俗：南北之济者，必祷于海岸，得吉，而后敢济”，最后发展到“五月飘洋候，辞沙肉米沉”这一沿海百姓出海的民俗活动。屈大均在《澳门》《艭船》[③]两首诗歌中有曰：

澳门

广州诸舶口，最是澳门雄。外国频挑衅，西洋久伏戎。
兵愁蛮器巧，食望鬼方空。肘腋教无事，前山一将功。
南北双环内，诸蕃尽住楼。蔷薇蛮妇手，茉莉汉人头。
香火归天主，钱刀在女流。筑城形势固，全粤有余忧。
路自香山下，莲茎一道长。水高将出舶，风顺欲开洋。
鱼眼双轮日，鳍身十里墙。蛮王孤岛里，交易首诸香。
礼拜三巴寺，蕃官是法王。花裲红鬼子，宝鬘白蛮娘。
鹦鹉含春思，鲸鲵吐夜光。银钱么凤买，十字备圆方。
山头铜铳大，海畔铁墙高。一日蕃商据，千年汉将劳。

① 〔清〕屈大均：《广东新语》卷十四，北京：中华书局，1985年，第371页。
② 〔清〕黄光周：《香山濠镜妈祖阁温陵泉敬堂碑》，蒋维锬，郑丽航辑纂：《妈祖文献史料汇编第一辑 碑记卷》，北京：中国档案出版社，2007年，第370页。
③ 〔清〕屈大均撰：《翁山诗外》卷八五言律，清康熙刻凌凤翔补修本，第46页b、第29页b。

人惟真白氎，国是大红毛，来往风帆便，如山踔海涛。
五月飘洋候，辞沙肉米沉。窥船千里镜，定路一盘针。
鬼哭三沙惨，鱼飞十里阴。夜来咸火满，朵朵上衣襟。

艭船

八字竞乘风，斜张扇子篷。飞扬纷水客，出没一梢公。
海自三门入，洋教百货通。横江诸大艭，最是粤船雄。
左右双帆起，垂天似大云。势争飞鸟疾，声与沓潮分。
伐鼓辞沙庙，抛香为水君。待流时下碇，隐映在斜曛。

这两首诗歌是清初广东诗人屈大均游历澳门期间，目睹澳门海洋贸易盛况的写照。他特别提到了“辞沙”这一祭祀活动。从两首诗记录的内容来看，澳门的商业贸易活动中，粤商是贸易的主体。“横江诸大艭，最是粤船雄”。粤商以澳门为枢纽，积极拓展广州与海外国家的远洋贸易活动。粤商在澳门等候季风、开启远洋航行之前，也会举行“辞沙”祭海活动，祈求出行顺利。但与明初国家使节在赤湾天妃庙举行的“辞沙”祭典有着本质的不同。首先可以看到的是祭品由“太牢”演变为“肉米”；其次是祭祀人员则由“使臣”变成了“商人”；再次是祭祀对象更加具体化，由“海洋”转变为“水君”。由此可见，澳门的“辞沙”更趋于岭南百姓民间的民俗活动。

小 结

总之，明中期以后，朝贡贸易衰落，随着葡萄牙人东来，海上武装走私活动的兴起，商舶贸易繁荣发展。远离东莞县和省府中心的珠江口地区，海盗肆虐，地方动荡不安。地方社会经历了复杂的分化和整合，官兵、士绅、走私武装（盗贼）与地方百姓之间的关系不断变化。为有效平定盗乱，统治民众，朝廷在现深港地区设立新安县，将赤湾天妃庙列为地方祀典场所，天妃庙成为地方士大夫与州、府、县等官员联结的纽带。我们可以看到，隆庆年间刘稳巡视海疆，万历年间周希尹历时数年镇压老万山贼，崇祯年间郑芝龙平定李魁奇、刘香等，以及清廷降顺新安县，而后实施迁界和复界，几乎每一次朝廷澄清海宇的事件都与赤湾天妃庙有关。朝廷官僚通过重修赤湾天妃庙，向地方士绅和民众展示其统治的“正统”和“合法性”，并划定了区分民、盗的界限，鼓舞了士兵与百姓积极抵御海盗。士绅也主动通过乡约组织参与赤湾天妃庙祀田、供祀等事务管理，借此在地方上掌握越来越多的主动权，积极融入朝廷政权，并以此得到统治者的认同。笃信天后的平民百姓，则将天后信仰完全植入自身的生产生活中，并形成一种具有鲜明地域色彩的民间信仰。

第四章　南海鲸波：贸易、战争与天后古庙

光绪年间，广西人潘乃光（1844—1901）在游览赤湾天后古庙时曾作诗歌一首，其诗曰：

赤湾圣母庙

〔清〕潘乃光

形胜窥全粤，威灵遍大洋。
群峰如合抱，一苇岂能杭。
终古尊天后，余波镇谷王。
伤时休感愤，世事半沧桑。

同治四年（1865）赤湾天后古庙全图

他在诗歌中一方面指出了赤湾天后古庙的形胜可以“窥全粤”，其威灵更是“遍大洋”。另一方面却忧感时事，慨叹世事沧桑。为何潘乃光会在赤湾天后古庙前展现出如此复杂的情绪？原因可能与近代风云幻变的形势有关。康乾之治以来，清政府以天朝上国自居，拒绝与西方文明学习交流。然而鸦片战争击碎了清政府的上国美梦，也拉开了近代中国风云变革的历史序幕。在这过程中，香港成为英国的殖民地。而赤湾天后古庙因毗邻香港，深深卷入到中西政治、经济、文化交流的历史进程之中，在近代史上留下了浓墨重彩的一笔。本章主要探讨清中期至近代中国形势的变化对赤湾天后古庙的影响。

第一节　清中叶赤湾天后古庙的变迁

自复界以后，新安县经过一段时间的休养生息，逐渐恢复元气。在地方人士的修建下，赤湾天后古庙也随之焕然一新，成为商、渔艘舶往来的祈福之所。一方面，作为广州与潮闽海上贸易活动航线上的必经之地，“南北之济者”自然纷纷驻足于此，祀祷天后；另一方面，从事海洋捕捞、种养的渔民，以及盐埠商人，也因生产生活的需要，常年出入赤湾，亦常常祈祝于此。

一、清雍正九年（1731）闽潮商人重修

清雍正九年，赤湾天后古庙的重修与当时华南沿海的贸易有着直接关系。康乾年间，清廷在广东广州设立粤海关负责管理海外贸易事宜，广州成为全国最繁荣的海港。粤海关在广东省内设立6个总口和55个关口，各口负责对沿海贸易船只的征收，不过，这一时期赤湾并不是粤海

关关口所在地。[1]清政府以虎门为界，划定清政府与外国商人贸易活动范围。在虎门以外，老万山群岛和澳门成为外国船只暂时停泊海港。各国船只到达老万山后，粤海关派出引水人员至外船看验，通过后允许该船到澳门同知处挂号，然后由引水人员引入虎门报验，才能进入黄埔湾泊，等待粤海关官员开舱贸易。[2]因而，这一时期赤湾洋面的贸易，主要以国内南北贸易为主。

我们新近发现一篇《赤湾天后庙记》，作者是雍正、乾隆年间新安县知县何梦篆。他在庙记中较为详细地记录了这时期闽潮商贾船舶频繁往来于赤湾，且“拜神阶下”的经过。

《赤湾天后庙记》曰：

赤湾与零丁山对峙，陆行由城南三里为崇镇沙，又十里绕南山而东。水行由城西门放舟出大海，抵外零丁洋，东转则赤湾之天后庙在焉。庙居中，左右国朝设炮台三，戍兵以守，盖一邑之险隘也。往时海氛多梗，闽潮贾舶率由佛堂门入新安内洋，拜神阶下，宰牲沥血而去。故庙之建，自明中使始。辛亥，副府莆人林君以神族支，故请予修后庙而许之助。明年，林君缘事左迁不果，予自怅其力之绵，而重念庙日圮不修，无以妥神之灵。邑民之祈祝，与商渔艘舶之往来，将何以赖用？是慨然自任，鸠诸匠作，庀群材，去栋宇之废坏者，尽举而更修之，侐然以深，闷然以静。阅两月，工讫，庙貌用新。庙前萦水为池，中构小桥，门以内夹植椰树、柯青如铁。中平敞。岁时邑人架台演剧以侑神。升阶为前殿，又进为正殿，神威俨然，祭者莫敢仰视。殿侧具神艇一，

---

① 广州总口下辖：东炮台口、西炮台口、佛山口、虎门口、黄埔口、紫泥口、市桥口、镇口口、江门口等九个关口。

② 叶显恩：《广东航运史（古代部分）》，北京：人民交通出版社，1989 年，第 148 页。

土人卜神之出，升艇海中，任其游而休焉。及还，艇自至，仍升之复于其所。其灵异如此。夫零丁洋，宋文丞相之所椎心也，今其子孙多家焉，而庙之赫，实当之于以享祀丰洁，风雨节而寒暑。时新邑之民，其敢须臾忘神哉？是为记。[1]

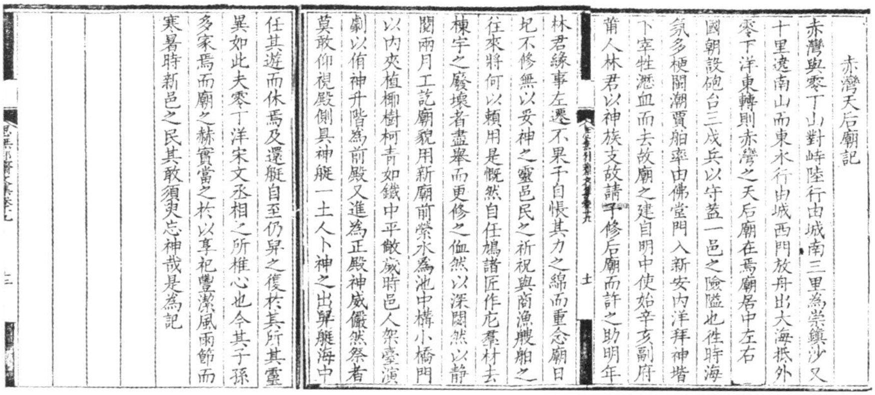

赤灣天后廟記

赤灣與零丁山對峙陸行由城南三里為崇鎮沙又十里逶南山而東水行由城西門放舟出大海抵外零丁洋東轉則赤灣之天后廟在焉廟居中左右國朝設砲台三戍兵以守蓋一邑之險隘也往時海氛多梗閩潮賈舶率由佛堂門入新安內洋拜神階下宰牲瀝血而去故廟之建自明中使始辛亥副府莆人林君以神族支故請予修后廟而許之助明年林君緣事左遷不果予自悵其力之綿而重念廟日圮不修無以妥神之靈邑民之祈祝與商漁艘舶之往來將何以賴用是慨然自任鳩諸匠作庀羣材去棟宇之廢壞者盡舉而更修之恤然以深閎然以靜閱兩月工訖廟貌用新廟前縈水為池中構小橋門以內夾植椰樹柯青如鐵中平敞歲時邑人架臺演劇以侑神升階為前殿又進為正殿神威儼然祭者莫敢仰視殿側具神艇一土人卜神之出舁艇海中任其遊而休焉及還艇自至仍舁之復於其所其靈異如此夫零丁洋宋文丞相之所椎心也今其子孫多家焉而廟之赫實當之於以享祀豐潔風雨節而寒暑時新邑之民其敢須臾忘神哉是為記

〔清〕何梦篆撰《赤湾天后庙记》

据嘉庆《新安县志》载："何梦篆，江南江宁人，进士，雍正八年任，至乾隆六年告致，历任十二载。"[2]雍正九年（1731），副府莆人林君将调任新安，他委托新安知县何梦篆重修赤湾天后庙。然而，林君左迁不果，何梦篆考虑到赤湾天后庙对地方社会的重要性，"邑民之祈祝，与商渔艘舶之往来"，于是做了一番简单修缮，"以妥神之灵"。不过庙记记录的此次重修，似乎并没有提到地方士绅的参与，而是重点记载了赤湾天后古庙的祭祀与重修：

（一）闽潮商人与"辞沙"祭祀活动

《赤湾天后庙记》记载"赤湾之天后庙"在"左右国朝设炮台三"

① 〔清〕何梦篆：《思无邪斋集》卷十九，清刻本，第11—12页。
② 张一兵：《深圳旧志三种》，深圳：海天出版社，2006年，第722页。

之中间，“盖一邑之险隘也”。清朝在此设置的三座炮台分别是赤湾左炮台、赤湾右炮台和南头炮台。嘉庆《新安县志》载：

自复界后，海宇敉宁，而设险更为周密。虽今之汛地及设兵，皆与旧制不同，而大屿山、鸡翼角炮台、南头炮台、赤湾左右炮台，最为险要。①

《清代广东沿海海防图·新安县》（从图中可以清晰看到大屿山鸡翼角炮台、南头炮台和赤湾左、右炮台的位置）

历史上，赤湾港就是“南北之济者”出入广州的必经之地。清代，“海多梗”，赤湾坐拥“左右国朝设炮台三，戍兵以守”的优势，成为闽、潮等贾舶进入新安内洋的绝佳停泊港，也是广州商船沿海北上东路运输的重要海港。据《广东航运史（古代部分）》记录，由广州出发的商船沿海运输路线有三条，即东、西、南三条海运路线。其中，东路经

① 张一兵：《深圳旧志三种》，深圳：海天出版社，2006 年，第 863 页。

新安、汕尾、甲子、神泉、海门、汕头澄海、南澳、柘林到福建厦门、泉州北上。[1]广州北上的货物主要是糖包、谷米等物品，而外省南下的货物以棉花色布为多。[2]又由于广州各个港口货源不平衡，广、佛、江门等地货物山积，一次满载率高。其他地方货物相对较少，需要多次多点装货才能满载，因此沿海贸易船只必须沿海岸长途采购，多次装货。[3]这种沿海岸长途采购的方式促进了沿海地区贸易的兴起。赤湾作为广州"通海夷道"的重要口岸，利于南北商船货物的往来交易。且广、浙、闽沿海民众大都虔诚信奉天后，因此，赤湾的天后古庙自然也成为"闽潮贾舶"祭祀祈福的重要场所，每每闽潮船队进入新安内洋后，都要登岸前往赤湾天后庙朝拜，"拜神阶下，宰牲沥血而去"。

本书第二章提到，"辞沙"祭典系明朝国家使节出使南海诸国前，在赤湾天后古庙前的沙滩上举行的官方祭祀海洋仪典，其祭祀特点突出体现在使臣、太牢、沉水等方面。到了清初，平南王尚可喜割据广东期间，"辞沙"则慢慢演变成商人的祭海活动，"南北之济者，必祷于海岸，得吉，而后敢济"[4]。随着商人、百姓活动的扩大和迁徙，"辞沙"这一活动也传播至珠江对岸的澳门地区，并发生了较大变异和衍化。

康熙年间，屈大均在《广东新语》书中提及赤湾的"辞沙"：

其祠在新安赤湾，背南山，面大洋，大小零丁数峰，壁立为案，海

---

① 南路由澳门，或由江门出崖门、经上下川岛、博贺、赤坎、海安，南渡琼州海峡到海南。西路由海安继续沿海岸西北行，到廉州、合浦、钦州、防城，乃至安南、暹罗。南路和西路商船主要运载槟榔、皮料、楠木、椰子、苎麻和烟草等土产，水产品在粤西与广州的沿海贸易中并不重要。参见：叶显恩：《广东航运史（古代部分）》，北京：人民交通出版社，1989年，第187页。

② 叶显恩：《广东航运史（古代部分）》，北京：人民交通出版社，1989年，第190页。

③ 同上，第191页。

④ 张一兵：《深圳旧志三种》，深圳：海天出版社，2006年，第503页。

上一大观也。凡济者必祷，谓之辞沙，以祠在沙上故云。[①]

成书于雍正年间（1723—1735）的《粤中见闻》也有记录：

新安赤湾沙上有天妃庙，背南山，面大洋，大小伶仃数峰壁立为岸，最显灵。凡渡海者必祷，谓之辞沙，盖以庙在沙上也。[②]

显然，此时的“辞沙”活动成为过往新安县赤湾之“济者”“渡海者”“必祷”的一项祭祀活动，是一项约定俗成的民间祭祀活动。“辞沙”的概念也被简单地解读成“以祠在沙上故云”“盖以庙在沙上”“谓之辞沙”。尽管这里没有提及此时“辞沙”具体的祭祀方式，但可以肯定的是，文中描述的“辞沙”祭祀活动已不具有明代官方举行“辞沙”祭祀活动应具有的条件。新安知县何梦篆所撰的庙记或多或少可以弥补和分析这一时期“辞沙”活动的情况。我们知道，由广州沿海北上的东路运输线是以闽、潮商人为主，在他们的影响下，“辞沙”祭祀活动也会相应融入许多闽、潮地域习俗，如祭品当中有各式福佬粿品、糕点、海草（海带、紫菜等）、芹菜、生菜等等。再从何氏记载的祭祀过程来看，福建和潮汕商人会“拜神”于“阶下”，且“宰牲沥血”祭拜海神天后（妈祖），然后才离开赤湾。何梦篆在另外两首诗歌中也提到了类似的祭祀，“市舶虔牲卜，居人包饭歆”“歃血稽天后，扬舲过佛堂”[③]。由此来看，清中期以后，“辞沙”祭祀活动确实已演变成南北之“济者”“渡海者”祭祀妈祖的民俗活动。

---

① 〔清〕屈大均：《广东新语》，北京：中华书局，1985 年，第 205 页。
② 〔清〕范端昂：《粤中见闻》，汤志岳校注，广州：广东高等教育出版社，1988 年，第 49 页。
③ 〔清〕何梦篆：《思无邪斋集》卷五，清刻本，第 12a、14a 页。

赤湾天后古庙残碑石刻记载："沐恩弟子重建首总理，福建泉州洪舜义，同缘顾氏、陈氏、杨氏、袁氏，偕男永起、永扶、永平、永吉，媳妇胡氏、谢氏、孙丕烈敬送。"[1]这块残碑是修庙石刻，系重修天后庙的总理、福建泉州船商洪舜义及其家人所捐献。侧面也足以印证清代的赤湾天后庙与福建商人有着极其密切的联系。

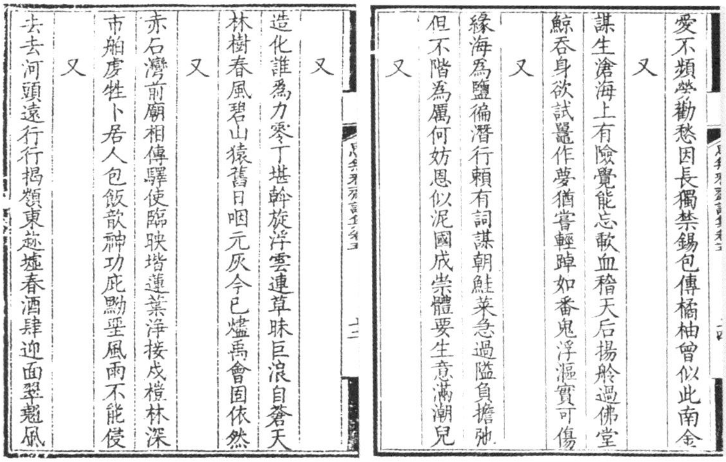
愛不頻縈勸愁因長獨禁錫包傳橘柚曾似此南金
又
謀生滄海上有險覺能忘歃血稽天后揚舲過佛堂
鯨吞身欲試鼉作夢猶嘗輕趠如番鬼浮漚實可傷
又
緣海爲鹽徧潛行賴有詞謀朝鮭菜急過隘負擔弛
但不階爲厲何妨恩似泥國戍崇體要生意滿潮兒
又
又
造化誰爲力零丁堪斡旋浮雲連草昧巨浪自蒼天
林樹春風碧山猿舊日咽元灰今已爐禹會固依然
又
赤石灣前廟相傳驛使臨映堦蓮葉淨接戍檳林深
市舶虔牲卜居人包飯歆神功庇黝堊風雨不能侵
又
去去河頭遠行行揭類東菸墟春酒肆迎面翠飆風

〔清〕何梦篆撰《思无邪斋集》

（二）地方民众与赤湾天后古庙

何梦篆还提到一个重要的事实，即除了上述所提的商贾外，还有邑民、渔艘往来"必祷"，"邑民之祈祝，与商渔艘舶之往来"。前文提过赤湾一带海域处于珠江淡水和南海咸水的交汇处，水产品十分丰富，本地民众大多以海为田，以捕鱼养殖为生。因此，百姓出海捕鱼采集同样会经过赤湾天后古庙。百姓求食于海上，无论是航行安全，抑或丰收与否，

① 彭全民：《深圳赤湾天后庙的过去与未来》，深圳博物馆编：《深圳考古发现与研究》，北京：文物出版社，1994 年，第 289 页。

他们是十分祈盼天后（妈祖）庇佑的。何梦篆在为南头城另一座天后庙撰写庙记的时候，也曾指出地方民众对天后（妈祖）的依赖。庙记曰：

邑之有天后宫，赤湾为制最巨，其次则城阴之更衣庙与南山下等庙，有堂有寝，前临大海，后枕山，环堵为圜。附城之民，日驾艇乘桴，溯洄于波涛之汹涌，以采鱼虾而供鲜食。乃于神出必告，反必面，有痛则呼，若人子之事父母，无顷刻能离者。[①]

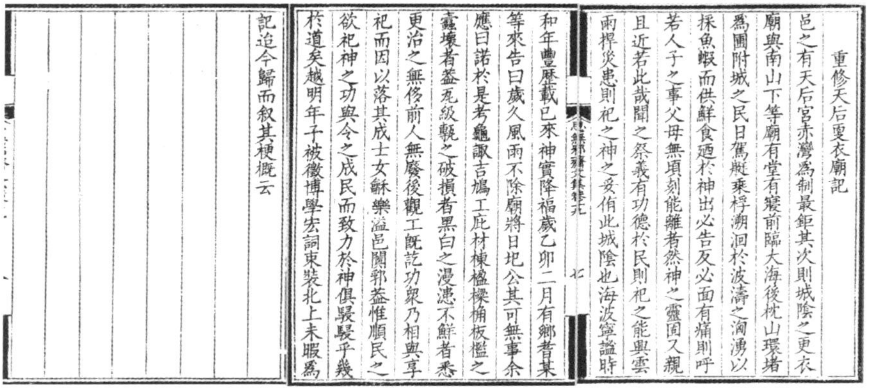
重修天后更衣廟記

邑之有天后宮赤灣爲制最鉅其次則城陰之更衣廟與南山下等廟有堂有寢前臨大海後枕山環堵爲圍附城之民日駕艇乘桴溯洄於波濤之洶湧以採魚蝦而供鮮食迺於神出必告反必面有痛則呼若人子之事父母無頃刻能離者然神之靈固又親且近若此哉聞之祭義有功德於民則祀之能興雲雨捍災患則祀之神之爰侑此城陰也海波寧謐時

思無邪齋文集卷十九　七

和年豐歷載已來神實降福歲乙卯二月有鄉耆某等來告曰歲久風雨不除廟將日圮公其可無事余應曰諾於是考龜諏吉鳩工庀材棟楹榱桷板檻之蠹壞者葢瓦級甓之破損者黑白之漫漶不鮮者悉更治之無侈前人無廢後觀工既訖功衆乃相與享祀而因以落其成士女龢樂溢邑闐郛葢惟順民之欲祀神之功與令之成民而致力於神俱髣髴乎幾於道矣越明年予被徵博學宏詞東裝北上未暇爲記迨今歸而叙其梗概云

何梦篆《重修天后更衣庙记》

何氏在《赤湾天后庙记》中特别提到了天后娘娘“灵异”的故事——“神艇救人”，即“殿侧具神艇一，土人卜神之出，升艇海中，任其游而休焉，及还，艇自至，仍升之复于其所。其灵异如此”。大意为：赤湾天后古庙大殿内侧供奉了一艘神艇，本地百姓在出入海口时，就此拜祭天后娘娘，驾艇出海必定一帆风顺。即使在海中遭遇风浪，天后娘娘也会驾着神艇前来救助渔民。待渔民得救后，神艇便会飞升回到庙中，特别灵异。因此，地方百姓十分崇拜和笃信赤湾天后（妈祖），

---

① 〔清〕何梦篆：《重修天后更衣庙记》，《思无邪斋集》卷十九，清刻本，第7—8页。

将天后视为他们出海的保护神。

值得注意的是，赤湾洋面不仅有新安邑民进行捕捞和养殖活动，来自珠三角的广州、东莞、新会、南海等地的渔民亦在此捕捞鱼虾。他们与新安邑民一样，凡经过赤湾海域，或遇节庆，都必行船至天后庙祭拜祈福。嘉庆二十五年（1820），南海县人梁怀文在他家乡的《天后庙碑记》中称："粤为海国，多祀天后者，省垣而外新安赤湾沙庙为最。"①《东莞县志》也记载："三月二十三日天妃诞，饰童男女为故事，衣文衣，跨宝马，结彩棚，陈设焕丽，鼓吹阗咽，岁费不赀。按今莞人于是日多往赤湾庙奉香。"②由此可见赤湾天后古庙在珠江三角洲地区所具有的影响力之大。

二、清乾隆年间（1736—1795）盐埠商人重修

新安县渔、盐行业历来十分发达，从事鱼盐贸易活动的人数众多。丰富的渔业资源自然吸引广东沿海其他地方和福建等地的渔民前来捕捞，"盖明季，海上采捕鱼虾，船只甚众。异棍假借明色，承引开埠，载运盐斤往海上，以网其利也。"③为管理渔业贸易，早在明代，朝廷就设有南头埠和白石埠，作为"灶民、渔、蛋贸易之区。"④其实，盐商与渔民一样，常在海上"载运盐斤"，同样笃信妈祖，自然也与赤湾天后古庙有着极其密切的联系。盐埠商人也会积极参与天后古庙的重修。因此，乾隆年间赤湾天后庙的重修或与新安县的盐业发展有关。嘉庆《新安县志》载：

① 宣统《南海县志》卷十三，清宣统二年刊本，第46页a。
② 宣统《东莞县志》卷九，民国十年铅印本，第8页a。
③ 张一兵：《深圳旧志三种》，深圳：海天出版社，2006年，第375页。
④ 同上，第1016页。

乾隆初年，埠商倪重修。[1]

这里所说的埠商，指的是在盐埠销售“盐斤”的商人。自汉代以来，新安地区就是广东著名的盐业生产地，拥有东莞、归靖等盐场。然而，经过千百年发展，官方控制的盐业却呈现凋零之势。到了清代，朝廷实行食盐专卖制度，粤盐的产销过程呈如下特征：场商负责盐场生产和收购，水客负责运输，埠商从水客手中买盐，运至盐埠销卖。[2]康熙末年，官方裁撤水客，盐场生产的全部食盐由官府出帑金收购，雇海运船户运回广州，再由埠商分销至盐埠。[3]这期间，新安县设有南头、白石、固戍、西乡四埠，康熙年间商埠的商人由本地商人承包，给票前往惠州淡水场，购买生盐运回商埠，转销给渔民腌鱼，[4]至康熙末年，埠商需前往省城东汇关（今广州二沙头附近）购盐，然后经海路运输回新安县销售。记载中的埠商倪某出入必会途经赤湾天后古庙，况且埠商“载运盐斤于海上”，是“食乃于神”的海上活动，亦需妈祖的庇佑。因此，埠商倪某重修庙宇之举就不难判断了。

---

① 张一兵：《深圳旧志三种》，深圳：海天出版社，2006 年，第 788 页。

② 叶显恩：《广东航运史（古代部分）》，北京：人民交通出版社，1989 年，第 175 页。

③ 段雪玉：《从幕客到盐商——李念德：清代两广地区盐商翘楚》，《中国社会科学报》2017 年 11 月 10 日第 5 版。

④ 康熙《新安县志》卷六田赋志载：“国朝鼎兴，照依原日南头、白石、固戍、西乡，四处原埠，额引六十九道；着令四处土著民商，赴道承饷，给票前往淡水场，买运生盐回埠，资给鱼户腌鱼。”张一兵：《深圳旧志三种》，深圳：海天出版社，2006 年，第 374 页。

乾隆年间（1736—1795）中华沿海形势全图（局部）

另外，雍正八年至乾隆六年（1730—1741），新安县周边的海氛较为平静，非常利于海上的各类贸易。因此，海商等纷纷到赤湾天后古庙“歃血稽天后”，“扬舲过佛堂”。

新安知县何梦篆有诗[①]：

（一）

赤石湾前庙，相传驿使临。
映阶莲叶净，接戍桤林深。
市舶虔牲卜，居人包饭歆。
神功庇黝垩，风雨不能侵。

（二）

谋生沧海上，有险觉能忘。
歃血稽天后，扬舲过佛堂。
鲸吞身欲试，鼍作梦犹尝。
轻蹱如番鬼，浮沤实可伤。

清乾隆三十年（1765）邑人黄成元有诗一首[②]：

① 〔清〕何梦篆：《思无邪斋集》卷五，清刻本，第 12 页 a，15 页 a。
② 张一兵：《深圳旧志三种》，深圳：海天出版社，2006 年，第 1091 页。

赤湾晚眺

偶来闲步夕阳斜，拂袂新凉兴自奢。
宿树鸟窥潭底影，骑牛人隔陇头霞。
云归烟管遮山色，风拥湖桥走浪花。
静听扣舷渔唱歇，满滩明月晒银沙。

乾隆五十五年（1790），新安知县陈寅《向日堂诗集》[①]中有诗：

九日宝安同人游赤湾

策马崎岖石径长，碧云红叶暮苍凉。
山中禽鸟依仙客，海底鱼龙静佛堂。
千载高贤谁胜会，百年晴日几重阳。
临风怀古添佳兴，却爱黄花晚节香。

九日登新安炮台

城外高台控百蛮，海天空碧荡尘寰。
鱼龙气静三秋日，烟火村连十里山。
红炮雷轰岩谷应，绿营风静戍楼闲。
同舟佳节乘余兴，又趁斜阳过赤湾。

乾隆六十年（1795）新安知县袁嘉言有诗一首[②]：

① 〔清〕陈寅：《向日堂诗集》卷九，清道光二年海宁陈氏刻本，第19页。
② 张一兵：《深圳旧志三种》，深圳：海天出版社，2006年，第1091页。

谒赤湾天后庙

庙貌光同日月昭，伶仃横锁海门潮。
云随仙佩归金阙，雾卷灵旗下碧霄。
岛外鲸鲵沉浊浪，空中鸾鹤舞回飚。
即今万国柔怀日，重译都来奠酒椒。

三、清嘉庆二十一年（1816）官绅的重修与祭祀

嘉庆年间赤湾天后古庙的重修与广东当局平定“旗帮”海盗这一事件有关。康乾盛世，中国海外贸易繁荣发展，吸引了四方兴贩逐利的商人，粤洋海面出现了商贾云集的盛况。伴随商业经济的发展，海上私人贩运武装集团重新抬头。[①]至嘉庆初年，粤海洋面的海盗势力日益盛炽。嘉庆五年（1800），西山政权覆灭后，其旗下的海盗组织经过多番兼并，逐渐在华南沿海形成七大海盗集团，即著名的“旗帮”海盗。[②]

---

① 郑广南认为，一方面繁重的赋役迫使沿海贫民流亡海上；另一方面，18世纪70年代，越南（时称安南）黎朝衰微，以阮文惠兄弟为首的西山农民起义爆发并建立了西山政权。国用匮乏的西山政权为支援这场农民起义运动，积极招揽华南海域私人武装集团，并结成利益共同体，不仅为其提供港口、武器、船只和官衔等，而且成为中国海盗接济和销赃的基地。在越南西山政权的庇护下，促发了乾嘉之交广东海盗的崛起。参见郑广南：《中国海盗史》，上海：华东理工大学出版社，1998年，第297—300页。

② 嘉庆七年（1802），七大海盗首领签订了一份《海上武装公立约单》，联合组成一个大的海盗联盟。主要有郑一（郑一死后，其继承人为张保仔）红旗、郭婆带（郭学显）黑旗、梁保（总兵保）白旗、麦有金（邬石二）蓝旗；吴智清（东海伯）黄旗、李相清（金拓养）绿旗、郑老同（郑流唐）。广东海盗在实现联合之后，势力得到快速的发展，达到5万—7万人的规模，在华南沿海开展大范围的劫掠活动。安乐博将这一时期海盗的特征归纳为：“不但有数支组织完备、被清政府称为夷匪（或艇匪）或洋盗（匪）的庞大海上非法活动集团，更有穿插其中、小股地方性的海上非法活动组织。他们抢劫来往船只，无论是本国的抑或外国的船只，都一视同仁绝不放过。他们也经常扰掠沿海村庄、港口、城镇和市集。中国东南沿海一带再度脱离清廷掌控，沦入海上非法活动集团中。”参见刘平：《清中叶广东海盗问题探索》，《清史研究》，1998年第1期；曾小全：《清代嘉庆时期的海盗与广东沿海社会》，《史林》，2004年第2期；（美）穆黛安：《广东的水上世界：它的生态和经济》，《中国海洋发展史论文集》第7辑，中研院中山人文社会科学研究所，1999年；黄秀蓉《简评〈漂浮在海上的泡沫——中华帝国晚期南部的水手和海盗世界〉》，《南洋问题研究》，2007年第1期；（美）安乐博：《南中国海：海盗风云》，张兰馨译，香港：三联书店有限公司，2014年，第50页。

其中，新安地区是海盗掠劫的重灾区，据嘉庆《新安县志》记载：

嘉庆九年，郭婆带、邬石二、郑一等，流劫海洋，掳掠居民，有财者勒赎，无财者迫之为贼，声势日炽，大小匪船，不下千余艘，不特海面纵横，即陆地亦遭焚劫。凡滨海村落，皆设立丁壮防守。邑屏山、固戍、榕树角、湾下等处，俱被贼围攻，以守御严，乃退。十三年闰五月廿一日，贼船数十，在城西海面肆劫。左翼镇林国良率师船十九只，与贼力战而死。十四年十月内，郭婆带等贼船数百号，泊县属大屿山赤沥角等处……十五年，制府百龄招抚海贼郭婆带等投诚，沿海居民遂无烽烟之警，而安耕凿之常矣。[①]

七年间，海盗集团多次劫掠新安县，对地方社会造成了严重的破坏影响。为打击海盗，嘉庆十年（1805），两广总督那彦成重修南海县和新安县的炮台和营房，包括乌石、大湾、南头以及赤湾左右炮台。[②]在新安县众多炮台中，唯独修筑了赤湾沿岸的三处炮台，可见赤湾海防之于广东的重要。

《靖海全图》（局部）中绘画的旗帮海盗船

① 嘉庆《新安县志》卷十三防省志，《深圳旧志三种》，第 872—873 页。

② 〔清〕那彦成：《为题请核销广东南海新安二县修竣乌石大湾南头赤湾左右炮台等台汛营房敌楼各项用功料银两事》，中国第一历史档案馆，档号 [02-01-008-002638-0003]。

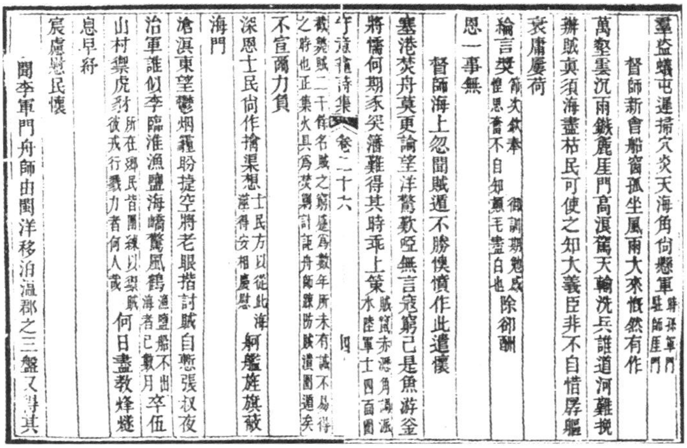

羣盗蟻屯運掃穴炎天海角尚懸軍 時孫軍門駐師厓門
督師新會船窗孤坐風雨大來慨然有作
萬壑雲沉雨鐵麗厓門高浪駕天輸洗兵誰道河難挽
辦賊真須海盡枯民可使之知大義臣非不自惜孱軀
衰庸屢荷
綸言奬 篇文欽奉 徵訓期勉戍 惶恩奮不自知顛毛盡白也 除卻酬
恩一事無
督師海上忽聞賊遁不勝懊憤作此遣懷
塞港焚舟莫更論望洋驚歎啞無言寇窮已是魚游釜
將懦何期豕突藩難得其時乖上策 賊竄赤瀝角渴派水陸軍士四面圍
守意龕詩集 卷二十六 四
截勦賊二千餘名賊之窮蹙爲數年所未有誠不易得
之時也正集火具爲焚剿計詎舟師疎防賊潰圍遁矣
不宜爾力負
深恩士民尚作擒渠想 士民方以從此海甯得安相慶慰 舸艦旌旗蔽
海門
滄溟東望鬱烟蘿盼捷空將老眼揩討賊自慙張叔夜
治軍誰似李臨淮漁鹽海嶠驚風鶴 漁鹽船不出海者已數月 卒伍
山村驟虎豺 所在鄉民皆團練以禦賊彼戎行戮力者何人哉 何日盡教烽燧
息早紓
宸慮慰民懷
聞李軍門舟師由閩洋移泊溫郡之三盤又得其

百龄《督师海上忽闻贼遁不胜懊愤作此遣怀》（作于嘉庆十四年，时郭婆带等围泊新安县大屿山赤沥角等处，百龄率师捕贼不得，故作此诗）

嘉庆十四年（1809），两广总督百龄[①]上任，他实行双管齐下的剿抚兼施政策。一方面，大力剿贼，组织团练防拒海盗。同时，为防止陆上百姓接济海盗，采用“要之海战，惟恃船坚炮利，与断接济而已，循之则胜，违之则败”[②]策略；并下令封港，禁止商船出海，改盐船为陆运，断绝海上交通。另一方面，利用海盗帮派之间的矛盾，招抚海盗首领，逐一攻破。在百龄的剿抚政策下，嘉庆十五年（1810），华南沿海以郭婆带为首的几股海盗旗帮一一投降，归顺朝廷。《新安县志》记载道：“十五年，制府百龄招抚海贼郭婆带等投诚，沿海居民遂无烽烟之警，而安耕凿之常矣。”[③]这对于广东来说，确实是件幸事，“粤东海盗

---

① 百龄（1748—1815）：字菊溪，汉军正黄旗人。乾隆进士，选庶吉士，授编修。督学山西，改御史，历奉天、顺天府丞。嘉庆五年（1800），出任湖南按察使，调浙江，历任贵州、云南布政使。八年（1803 年），擢广西巡抚。嘉庆十年（1805），迁任广东。又擢湖广总督。后缘事复起，任湖南、山东按察使、山东巡抚。十四年（1809），擢两广总督。镇压张保领导的海上起义军。十六年任刑部尚书，改左都御史，兼都统。未几，出任两江总督。十八年（1813），拜协办大学士。二十年（1815），病殁江宁（今江苏南京）。

② 赵尔巽：《清史稿》列传一百三十八，1928 年清史馆本，第 6 页 b。

③ 张一兵：《深圳旧志三种》，深圳：海天出版社，2006 年，第 872—873 页。

尽灭，实为海上第一功”[①]。

《靖海全图·屯市熙恬》

在百龄等军官看来，能顺利清剿海盗，与地方神灵的庇佑分不开[②]。为报答神明之祝贶，他分别在东莞县修建靖海神庙[③]，在新安县重修赤湾天后庙。新安县赤湾是百龄“秉钺南来”“驻辖”的重要锚地。为“剿捕”披猖之盗贼，百龄帅师在赤湾“守御三年”。而赤湾的天后古庙自明初以来，一直是朝廷和地方官僚重要的祭祀场所，也是地方社会商议和组织活动的场地，百龄在平定旗帮海盗的关键时期，这座天后古庙就见证了这一历史时刻，“官弁稽首，祷祀于后。将事之日，乘风克

① 上海书店编：《百制府期抚海盗》，载《清人逸事》卷六，上海：上海书店出版社，第123页。

② 有研究认为，百龄剿灭海盗的一个重要手段便是组织地方团练。在组织团练过程中，地方社会依靠士绅和乡约制度，把寺庙、祠堂或学校用作团练的总部。一些乡村聚落之间的地域分界由祭祀地方神的不同来决定，它们就按照这种地方神的范围结成同盟。〔美〕安东尼·罗伯特：《国家、社区与广东镇压海盗的行动》，收入于沛主编：《清史译丛 第10辑》，济南：齐鲁书社，2011年，第159页。

③ 嘉庆十五年（1810），百龄上奏朝廷，在东莞镇口虎门山下兴建靖海神庙。《东莞县志》载：“靖海神庙，在镇口虎门山畔。嘉庆十五年，总督百龄奏建。敕封为佑民溥惠海神，颁给福佑环瀛匾额。”《虎门览胜》云：“张保聚众肆劫，舟至九龙山，于绝壁下得神像一尊，奉置舟中，有祷必应，盗众崇信之，加以彩饰。嘉庆十四年冬，保被围于大屿山，几就获炷香祷于神，忽燎，神须火光起数尺。保惊，仆乃决意投首。十五年，总督百龄以洋匪投诚，奏建祠于镇口，以答神贶。档册载：敕封佑民溥惠靖海神，配享左三，敕封辅宁侯、敕封济应侯、敕封助利侯；右三：敕封赞宁侯、敕封顺应侯、敕封助威侯。春秋崇祀，县官主之。”宣统《东莞县志》卷十八建置略三，民国十年铅印本，第8页b。

敌，转舵登障”。嘉靖年间知县孙海观在《重修赤湾天后庙引》写道：

往岁盗贼披猖，蔓延滨海郡邑。制府百、都督童，秉钺南来，命师剿捕。维时驻辖赤湾，舟船成市，车骑如流。官弁稽首，祷祀于后。将事之日，乘风克敌，转舵登障；士无伤残，民无瘴【疠】，守御三年，皆各安堵如故。[1]

邑人蔡学元在《重修赤湾天后庙记》也记载道：

制府百、都督童、命师剿捕，驻辖赤湾，守御三年，士民安堵。惟神助顺，乘风克敌，丑类扫除。[2]

《广东通志·广东内外洋海防图》（新安县部分）

① 张一兵：《深圳旧志三种》，深圳：海天出版社，2006年，第1068页。
② 同上，第1069页。

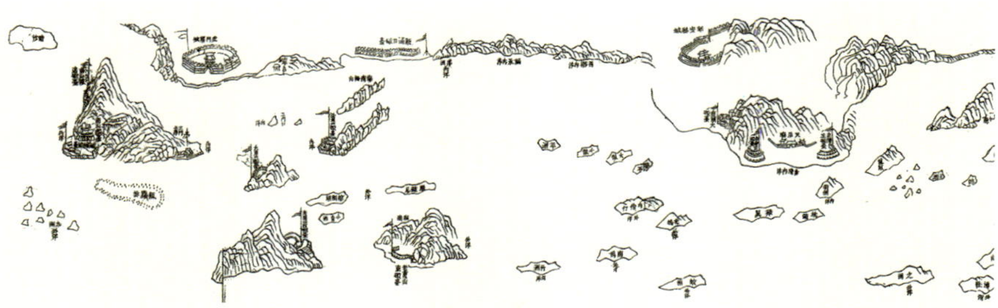

《广东通志·广东内外洋海防图》（新安县部分）

以上文献记录的“制府百”指的是两广总督百龄，“都督童”即指广东水师提督童镇升。我们从孙海观和蔡学元的记载来看，正因舟师剿盗“将事之日”，“官弁稽首，祷祀于后”，所以，舟师能够“乘风克敌”。百龄在成功招抚和剿灭粤洋海面的七大旗帮后，奏请朝廷开恩，允许海盗归乡“耕桑”。同时，朝廷又恐其聚复为盗[①]，故仍未放松粤洋的海防建设，在赤湾驻扎守辖，一方面是为了继续剿捕流亡的海盗，另一方面是为了防止民众潜出为盗。嘉庆十八年（1813），在赤湾“守御三年”的舟师，因赤湾海氛平静，撤离驻扎赤湾。而水师提督童镇升因感天后（妈祖）“惟神助顺”[②]，故嘱咐新上任的新安知县孙海观重修赤湾天后庙。根据新安松岗人蔡学元所记，此次重修，“董其事者，武德骑尉蔡乾就，武举黄大鲲，解元吴懋修，贡生黄大坚，职员陈雄邦，监生郑埙、杜辉宇，生员黄大斌、吴霄、陈治平、陈大见，寿员郑琼枝，均与有劳，例得备书”[③]。负责重修的士绅几乎都是新安县人，嘉庆《新安

① 仲振履在《虎门览胜》中提到：“近虽投首，饬令归农，官为管束，而若辈不谙耕桑，性又凶恶，饮酒食肉，习与性成，田家之苦，非所能受。村中生耆，恃其凶恶，择食四邻，往往交结羽党，潜出为盗，上下两路，滨海地方，民多贫瘠，盗风犹不甚炽。六县沙坦之富甲于通省，而商船之趋省会贸易者，莫不满载货物，交易往来，故抢割劫掠之患，惟中大路为尤剧。”宣统《东莞县志》卷三十三前事略，第 28 页 b。

② 张一兵：《深圳旧志三种》，深圳：海天出版社，2006 年，第 1068 页。

③ 同上，第 1069 页。

县志》卷十六选举表载：

黄大鲲，乾隆五十七年壬子科城外第一甲人，历任提标中、左营千总。嘉庆二十四年己卯，赞修邑《志》。

吴懋修，嘉庆九年甲子科，城外南头人，解元。嘉庆二十四年己卯，赞修邑《志》。

陈雄邦，武生，捐千总，南山乡人。

黄大坚南头人，成元子。

可以看到，参与重修赤湾天后古庙的基本上是武科官员，间接说明赤湾天后古庙在维护海防方面对地方社会起着非常重要的作用。

根据新安知县和士绅的合议规划，重修赤湾天后庙需要花费数万金，仅靠地方官僚、乡民和士绅捐资远远不够，又考虑到往来赤湾的洋舶受到妈祖之庇护，为募得更多的修缮资金，嘉庆十九年（1814），知县孙海观为此撰文《重修赤湾天后庙引》，呼吁经此祭拜的商人出资捐助重修天后古庙：

官分余俸，力不能支，因思赤湾为洋船往来之所必经，富商巨贾，既邀神贶，而享其利，必报神德，而输其诚。乃偕同官，捐赀倡首，卜吉兴工，更望四方善信，发施金布地之心，祈履险如夷之福。伫见万感灵旗，招摇立应；九天龙象，降格来临；允惟庙貌重新，庶得瞻依，共遂云尔。[1]

① 张一兵：《深圳旧志三种》，深圳：海天出版社，2006年，第1068页。

田野追踪

1983年，深圳市博物馆考古人员在赤湾天后庙遗址附近，捡到刻有“洋舶往来”等字的碑石残块。

出处：彭全民:《深圳赤湾天后庙的过去与未来》，深圳博物馆编:《深圳考古发现与研究》。

赤湾天后古庙现幸存的一对石狮子正是这一时期经此商人所捐，石狮底部刻有“嘉庆丙子年（嘉庆二十一年）仲春，南海谢天佑敬送”[1]。

赤湾天后古庙石狮

嘉庆二十一年（1816），赤湾天后古庙重修完成，而第二年，两广总督蒋攸铦和提督林又特意捐俸，交由知县孙海观重修赤湾天后庙。嘉庆《新安县志》载：

① 彭全民:《深圳赤湾天后庙的过去与未来》，深圳博物馆编:《深圳考古发现与研究》，北京：文物出版社，1994年，第290页。

嘉庆二十二年，总督蒋、提督林、知县孙海观重修。[1]

赤湾天后古庙重修后，地方政府按照朝廷仪注每年春秋两季举行祭祀。嘉庆二十四年编纂的《新安县志》载：

天后。每岁春秋二仲月上癸日，有司致祭。祭品未有定例，仪注与文、武帝同。《祝文》：维后配天立极，护国征祥，河清海晏，物阜民康。保安斯土，福庇无疆。千秋巩固，万载灵长。神恩莫报，圣泽难忘。虔修祀事，恭荐馨香。士民一德，俎豆同堂。仰惟昭格，鉴此熏尝。尚飨！[2]

从保存的祭祀祝文中可以发现，祝文特意强调了天后（妈祖）护国庇民的重要作用。

第二节 近代赤湾天后古庙的变迁

自嘉庆十五年(1810)百龄剿灭旗帮海盗后，华南海洋虽然表面上恢复了平静，但实际上却暗含汹涌，鸦片走私泛滥成灾。1840年，林则徐入粤禁烟，中英鸦片战争爆发，清廷战败，被迫割让新安县的香港和新界地区。1913年，新成立的民国政府重新调整全国行政区划，新安县改称宝安县。在这一百余年的时间中，香港逐渐成为华南地区

① 张一兵：《深圳旧志三种》，深圳：海天出版社，2006年，第788页。
② 同上，第850—851页。

的海洋贸易中心。而赤湾天后庙与香港隔海相望，是粤港澳海洋贸易的必经之地，在海洋贸易的带动下，赤湾天后庙的发展一度迎来了鼎盛时期。但福祸相依，近代战争的频发也使赤湾天后庙成为兵家必争之地，使它从繁荣走向了衰败。本节主要讲述清末民国时期赤湾天后庙的历史变迁情况。

一、赤湾的海洋贸易与天后信仰

为管理粤洋贸易和缉私需要，光绪十三年（1887），清朝廷在香港设立九龙海关及分卡[①]，而赤湾则是九龙海关最西的分卡。[②]因毗邻香港，大部分珠江口民众赴港从事贸易，主要在港经营渔产品贸易、果蔬贸易和船业运输等。

1.渔产品贸易

赤湾地处珠江和伶仃洋这一河海交汇处，渔业资源丰富。每年农历正月十五至四月十五、九月至十月，受海水温度以及海流的影响，珠江口赤湾一带海域有大量的鱼群洄游至此，是鱼获的旺季。珠江沿岸渔民沿着鱼群的踪迹，聚集在赤湾洋面捕捞生产。深圳南山区的南头一带就有俗语称“初三、十八，水流尽刮”，意思是每逢每月的初三、十八，由于洋流及潮汐，鱼群会被冲到浅滩处，待潮水退去后，在赤湾海滩处容易鱼获各类鱼群。

---

① 《海关通志》载：“九龙系英人租地，与香港对岸又有广九铁路，以便交通，故商业颇盛。然往来偷税亦易，故分关、分卡林立，便于巡缉故也。查从赤湾分卡至南澳分卡，其间各分关分卡，均附近中英边界。赤湾为该边界最西之分卡，南澳为最东之分卡。”黄序鹓著：《海关通志》，民国共和印书局，1917 年，第 183—184 页。

② 赤湾分卡出口货物有地席、旧麻包、鲜蛋、花生油、瓷器、木材、包席、酒、各种干果、饯果、鲜果、糖为大宗；进口货物有米、煤、煤油、海味、棉纱、药材、布品、杂货为大宗。参见经济调查局编：《经济丛编》第 8 册，1921 年，第 341 页；中国海关税务司威妥玛（Thomas Wade）：《文件自迩集》卷一，1867 年。

清末停泊在赤湾的渔船

渔民将赤湾洋面捕捞所得，就近运至赤湾及周边港湾进行估价，兜售给渔家或渔栏。渔家或渔栏大多把鲜鱼制成咸鱼，再销往省城和香港，甚至再转销至内地或者东南亚等地。据载：“赤湾一地，每日出海渔船，数量不定，最多时有百余艘。捕得鱼后，即运交来此估价而去。渔家或渔栏多把鲜鱼制成咸鱼，远销省港各地。本造以‘曹白’为最多，腌制成鱼干者，每斤约需港币一元二三角，今后政府若能尽力保护与协导，即渔业前途当可乐观。”①1934年，因广东省政府对港商品征税过高，香港咸鱼行的商人为避免重税，又因赤湾港地理位置便利，如“水面交通甚为利便，虽大艘洋船，亦可寄泊”，“盖该湾之水流不甚湍急，如遇风时，左有栗树湾，右有宴下湾，均可容多数之渔艇，绝无危险，诚一天然之海湾也。至该湾交通，水上方面，则连接珠江口岸，且为两粤出入必经之路”②，因而有意将香港咸鱼行迁到

① 徐思琼：《赤湾行》，《广东日报》，1948 年 5 月 30 日第 3 版。

② 据报道：“离本港不远之赤湾地方，原为宝安县属，该处水面交通甚为利便，虽大艘洋船，亦可寄泊。盖此间□贴伶仃洋，海水颇深。昨港中某大商家，以宝安县自岩口路行车后，实深宝太两路，亦积极进行。不久对于省港交通，均形利便。除购买田地外，今拟向港中大建筑家即殷商集资，在赤湾开辟小港口，以利寄泊。据某君称，对于中国之织造厂、咸鱼栏、茶果行，举凡欲避免税饷者，对此无不表同情云。”“本港咸鱼行商，以所办之咸鱼，纯为土产，因营业上关系，先到港然后运赴内地推销。现因内地海关对由港入口货税重为征收，前经具呈宁粤两地政府请求，酌予减征，嗣以所请未达目的。刻为避免重税之苦，乃拟在赤湾投资开辟渔业区……该处水陆交通堪称利便。盖该湾之水流不甚湍急，如遇风时，左有栗树湾，右有宴下湾，均可容多数之渔艇，绝无危险，诚一天然

赤湾。然而，由于当时国民政府对内地的食盐征税严苛，且治安问题严峻[①]。更为重要的是，前期需要投资百万港币方能开发赤湾港，仅凭行业商人难以做成，因此咸鱼行迁到赤湾的计划不得不被搁浅。[②]不过，由于赤湾渔业的繁荣，1946年广东省参议会第一届第一次大会通过决议，打算在赤湾建设渔港，“在沿海各地海产最富之区，如汕头、汕尾、龙门港、合浦之北海、电白之水东博贺港、琼山之海口、阳江之闸坡、台山之广海、陆丰之甲子、碣石、宝安之赤湾……处，组织渔业公司，用科学方法捕捉，并设厂制造成品，以利运销”[③]。之后，又因其他缘故未能建设。

鹹魚行之避稅運動

定明日赴赤灣調查

在華界設欄避入口稅

▲鹹魚行擬遷赤灣

▲可在內埔設分廠

日本不能與港競爭

因英抽日入口稅百份之四拾

在倫敦膠鞋市場

香港《工商日报》(1934年3月12日)

之海湾也。至该湾交通，水上方面，则连接珠江口岸，且为两粤出入必之路。由该处赴省、与由港赴省时间相比，可少两小时；陆路则有岩口公路，可通太平、深圳、石龙而广州也。”参见《港商议集资开辟赤湾为港口》，香港《工商日报》，1933 年 12 月 28 日第 9 版；《咸鱼行商赞成在赤湾开辟渔区》，香港《工商晚报》，1934 年 3 月 16 日第 4 版。

① 报道声称：“查该行商迟未实现者、因感内地之盐税奇重，关于所需盐料，未审与承商购用抑或政府能否特许免饷，故此议亟待先决，方能□定行止云。”参见《咸鱼栏迁赤湾之顾虑》，香港《工商日报》，1934 年 3 月 27 日第 9 版。

② 据咸鱼行商人道：“因赤湾需费一二百万元筑堤筑栈，在此不景气之时节，未易筹措。故各人主张暂将此议搁置，同时着力于减税运动。若果减税有相当结果，则行业既可苏其困，自无迁址之必要，刻下同人唯一希望，在求减税之实现，对于迁址问题咸表冷淡云。”《咸鱼行迁赤湾已作罢论，无非经济问题》，香港《工商日报》，1934 年 6 月 20 日第 9 版。

③ 林翼中：《广东省参议会第一届第一次大会汇编》，广东省档案馆馆藏，1946 年，第 158 页。

……覽、昨晚日領事設宴款待、港督亦於今日宴之於督轅、聞日王子定今日下午離港赴[illegible]、

鹹魚行商贊成
在赤灣開闢漁區
……昨晚會議之結果……

本港鹹魚行商、以所辦之鹹魚、純爲土產、因營業上關係、先到港然後運赴內地推銷、現因內地海關對出港入口皆徵重爲征收、前經具呈寧粵兩地政府請求酌予減征、嗣以所請未達目的、對爲避免重稅之苦、乃擬在赤灣投資開闢漁業區、且曾一度派員[illegible]勘、各情已誌前報、查罩泰亨蔡汝求盧維亞三人、爲報告踏勘赤灣經過、於昨晚六時半在鹹魚行當進會內召開會議、到者有各欄號之代表多人、先由罩等將此次踏勘經過報告、略謂、本行爲避免重稅起見、擬在赤灣投資、開發漁區、遂有此次視察之舉、至[illegible]勘該灣經過、該處水陸交通極稱利便、蓋該灣之水流不甚湍急、如遇風時、左有粟樹嶺、右有寒下灣、均可容多數之漁艇、絕無危險、誠一天然之避風港也、至該灣交通、水上方面、則建……

……絕對不會死的、人類因爲執着肉體、把「動物我」誤認作「真我」的緣故、所以要使「動物我」服從理性、把他歸入于宇宙根本生命的「普遍我」、那裏就是不滅的世界就是永劫的生活、吾人須努力到達於這個世界、即是遵從神的意志云云、

林楚楚黎鏗昨晨抵港

聯華明星林楚楚、童星黎鏗、及聯華一廠主任黎民偉等、昨晨已由滬抵港、親朋及該公司人員往九龍倉碼頭歡迎者甚衆、彼等登岸時即爲歡迎者及群衆包圍、黎林等均笑容可掬、一一與歡迎者招呼、旋即乘汽車至六國飯店休息、聞彼等此次來港除辦理私事外、并帶有「人道」一片拷貝同來、以供華南各戲院及觀衆之需求、彼等將或留港、在香港製片廠拍攝新片云、

學書畫者所宜知

書畫二字本同源、古之善畫者必善書、故有書畫雙絕之譽、迄時至今日、善畫者尠、善書者尤尠、書畫並佳者則更少、往往有大名鼎鼎之畫師、而不解題款者、則雖有佳畫、亦不足珍矣、灣仔軒……

香港《工商日报》（1934年3月16日）

养蚝业也是南头半岛百姓赖以生存的重要产业，为本地政府和百姓带来丰厚的财富。民国时期，宝安县的前海、后海、沙井、上沙、下沙等地均以养蚝为主业，南头大新市场和白石洲市场则是鱼类和蚝产品的集散地，渔民和蚝民会将收集到的水产品运往此地贩卖。1840年鸦片战争以后，香港被英国占领，南头埠和白石埠的水产品大多运往香港的上环市场。[1]来自沙井的蚝民陈太允说道：“蚝民是靠天吃饭，出海人时时

---

① 据1929年《宝安县农业调查报告》载：“蚝之输出品，约值银一百五十万元。其他鱼虾之属，输出数量，虽然无确实统计，然亦在一百四十万元以上焉。特产除上述产品外，当推水产。水产尤以为蚝为最。蚝之出产，以一区之陈屋、向南、大涌、湾下、吴屋、白石洲、后海，二区之固戍，三区之沙头、赤尾、沙尾，四区之沙井、福永，盛产之，而尤以四区之沙井为最多。兹将各区产出价值分列如下：第一区：二十万元；第二区，二万元；第三区，十五万元；第四区，百万元……冬前货，色红多生晒，干则运售于香港，价值昂贵；冬后货色红而肥，多为制蚝油之原料，取油后多销售于广州。蚝油就一区而论，每年不下六万元，而以陈屋蚝油为最佳，每斤值银一百六十元。”陈干济、黄铸时：《宝安县农业调查报告》，林纯煦等著：《广东农业概况调查报告书续编·上卷》，国立中山大学农科学院刊行，1929年，第211页。

有危险，所以，蚝民敬奉妈祖。那个时候，赤湾的妈祖庙香火旺盛。我每次去后海经过赤湾，尤其是每个流水的第一次经过必要去拜。拜时，要先洗净手，拿出准备好的红枣、水果等摆在船面，然后对着庙的方向，烧香纸，祈求保佑一流水的顺利安全。每次驶过此海面，常会看见漂浮在海面上的纸船之类的拜神物品。”[①]

无论是从事渔业捕捞加工，抑或蚝业的养殖生产与销售，生活在珠江口的渔民或蚝民群体，他们的渔船需时常经过赤湾天后庙，且登岸拜祭，他们深信只要诚心祈求天后娘娘的保佑，自然能够获得好收成。我们可以通过这一带口口相传的咸水歌得到较多的了解。咸水歌又称“白话渔歌”，珠江口一带的渔民因长期同大海的咸水打交道，在生产劳作过程中，渔民操广东方言演唱民歌，因此得名“咸水歌”。咸水歌词有“唔怕前门风，只怕后海浪，驶前几步娘赤湾。三月廿三娘妈诞，诚心男女把神还。许落鸡卵还鸭蛋，明年生仔树旗幡”，“九别情娘到赤湾，今共妹分离难上难。你保佑哥我钱好赚，给你做件绸衫打对耳环”等等。[②]

2.果蔬贸易

宝安县农业是传统式自给半自给农业，以种养业为主，其果蔬销售市场主要是销往香港。我们可以通过当时的报刊得以了解情况：

帝国主义的经济压迫……是实宝安的农产果实蔬菜非不丰饶也，朝收成而夕登于香港市场矣。[③]

宝安县农业是传统式自给半自给农业。向来以种养业为主，素有

① 陈太允口述；唐冬眉，申晨撰写：《守望合澜海：沙井蚝民口述史》，广州：花城出版社，2012年，第173页。

② 东莞沙田镇文化广播电视服务中心主编：《沙田咸水歌》，广州：羊城晚报出版社，2009年，第64页。

③ 梁叔文：《宝安县教育现况（附表）》，《教育研究（广州）》，1936年，第72期。

鱼、米、果之乡之称。主要土特产品有沙井蚝、基围虾，大鹏鲍鱼，龙岗鸡，南头荔枝、龙华方柿、坪山金龟橘，历来在港九市场享有盛誉。[①]

宝安县物产丰富，输出品颇多，其中尤以蔬菜果品、水产、木炭为著，如一区之蔬菜类，每年输出品在百万元以上，三区、六区之果实，输出品值银在百万元左右。松木之输出品，亦值八九十万元。[②]

（宝安）蔬菜一项，输出香港者，为数约有数万元。[③]

从上述报刊报道中可知，宝安县的果蔬行业大多以同乡或者同村结成联盟进行运销，因得近港之便利，他们几乎垄断香港的果菜行业。[④]由于大量通港的果蔬贸易途径走的是水路，特别仰赖于海上的气候与水文，因此，香港果蔬行业的商人也特别崇信赤湾天后（妈

---

① 傅庚常：《宝安县农业沿革概述》，中国人民政治协商会议广东省宝安县委员会文史资料研究委员会编：《宝安文史》第三辑，1990年，第78页。

② 陈干济、黄铸时：《宝安县农业调查报告》，林纯煦等著：《广东农业概况调查报告书续编上卷》，国立中山大学农科学院刊行，1929年，第196页。

③ 陈允恭：《调查报告·宝安》，《统计月刊》，1936年第10期。

④ 据载："一些华人小商贩与从对九龙及广东沿海其他地方，如东莞、新安（今深圳）等前往香港谋生，并很快在今日金钟道英军旧仓库附近形成一个'广州市场'，华洋居民每日所需的鲜肉、蔬菜等全依赖这个市场供应。不久，一场大火把广州市场烧掉，华人小商贩便转移到今日中央市场南面的坡地阁麟街一带营业，并逐渐发展成为中央市场。"邓开颂、陆晓敏：《粤港关系史（1840—1984年）》，香港：麒麟书业有限公司，1997年，第38页；据南园村村民回忆："南园村所种蔬菜收成后多数运出香港，因为当时有三艘轮船来往香港。蛇口一艘，载人、乌石岩运来的沙梨柿子以及生果；后海两艘，专载南头各村农民的蔬菜运销香港。农民用竹笏织成的大箩，可载一百多斤蔬菜，上面用草席盖着，四周用绳缝号。草席上用黑油漆写香港某某菜栏（店）收，又写某某村、某某人付。农民把这载上蔬菜的竹箩运到后海海滩，船工用小艇（驳艇）运上轮船，然后运到香港统一码头。码头搬运工抬上岸后，西环各果菜栏（店）早已派出买手在此等候，见箩面写自己店名的就拉到一处集中，请车运回店里批发给菜贩。有的农民随轮船出港到果菜栏，果菜栏提供饭食但不供住宿，几天后就可以去取货款。寄货的果菜栏（店）派人把竹箩随船送回后海海边，农民自行取回以备下次之用。代售货款及账单（账单内写明某村某人货款金额扣除运费佣金的余款），交到指定某茶楼转交农民。"吴创基：《南园吴氏历史与村中往事》，2017年，自印，第40页。

祖），每逢天后圣诞日，都会从香港乘船赶往赤湾祭拜天后（妈祖）。

1995年赤湾天后古庙重建之际，由香港西区鲜果批发商进香团和港九果菜行集思堂发起，各个蔬果栏商人纷纷集资捐献重修庙宇。根据《赤湾天后宫捐款碑林（1993—2004）》显示，重修时大批位于香港西区、九龙、油麻地的鲜果批发商行、果栏商行为赤湾天后古庙捐款数万港元，如"香港西区鲜果批发商进香团，港九果菜行集思堂进香团，三万三千元""为修复南山赤湾天后庙，港九果菜行工商总会集思堂花炮会仝人捐款一万元""陈华记果栏、陈标记果栏、广隆号果栏、黄志记果栏，捐款一万元港币"等等。[①]甚至多次提请香港政府的渔农署与深圳市相关部门沟通，恢复由香港九龙、油麻地等地直航赤湾码头，以便大批果蔬及其他从业团体前往赤湾进香礼拜。

赤湾天后庙的香炉，可以清楚看到"香港西区鲜果批发商进香团""港九果菜行集思堂"以及各个果栏和商人的名字

3.船业运输

近代，随着香港商品贸易的繁荣，催生了香港与珠江三角洲民船贸易运输的发展。香港从内陆进口的各类农副产品一部分供应本地市民消费，但大多数继续转口外销。《虎门条约》规定内地民众欲带货往香

① 深圳南山天后博物馆:《赤湾天后宫捐款碑林（1993—2004）》，自印，2009年，第95—97页。

港销售，或从香港置货回运者，都必须在通商五口完纳税银，“华民既经置货，必须用华船运载带回”[1]。《虎门条约》的完税政策也为珠江三角洲与香港的船务运输贸易发生了较大的调整与变化。由于轮船运输的费用较高，农副产品很少会用轮船载运，货主常将这类货物交由本地木船、帆船进行运输，以便减少运输成本。“随着香港经济的发展，珠江三角洲的新安、佛山、顺德、番禺、东莞、新会、香山、南海等地对香港的木船贸易也勃然兴起”。[2]赤湾则是这类贸易运输的主要港口之一。有报道载：“载满了干松针的笨重‘大眼船’三艘一列地、三艘一列地、十二支有规则地停泊在赤湾庙外的海面上。这些松针是运去东莞县一家烧砖公司做烧砖的燃料。现在十二艘都落号了松针，他们准备明天的早晨就启程了。”[3]

木船运输

① 褚德新、梁德：《中外约章汇要 1689—1949》，哈尔滨：黑龙江人民出版社，1991 年，第 78 页。

② 邓开颂、陆晓敏：《粤港关系史（1840—1984 年）》，香港：麒麟书业有限公司，1997 年，第 42 页。

③ 陈中佐：《时代动向半月刊》，1938 年第 4 期。

木船贸易兴起的原因也与沿海地区耕地较少、商业不盛有关。由于新安县民通晓水性，他们往往谋生于船上。宝安人蔡明斋称："商业不盛，居民亦少，多务农为生，近海亦有以捕鱼为业者，然以耕地少，出外谋生者乃甚众，香港各行工商业及海员，均为吾邑人谋生之出路，因而侨居海外者亦甚众。"①以南头南园村为例，据南园村吴氏宗祠中公布的《南园吴氏海外华侨及港澳历史》记载：

香港被英国侵占后，南园吴氏就从事各国船务工作。早在第二次世界大战之前，南园吴氏在欧美、新加坡、香港的船务工作发展很快，但是二战爆发之后就被迫中止。二战结束后，在香港的吴氏宗族成员重新开展船务工作，为在家乡谋生困难的吴氏宗族成员创造了有利条件，大批吴氏成员出国工作、定居。在美国纽约、英国利物浦、荷兰、新加坡等地相继成立吴氏俱乐部，互通家乡信息，共诉乡情。②

吴创基在《南园吴氏历史与村中往事》一书中亦指出，清末南园吴氏在香港开办船馆，如"粤安""合安""全安""泰安"等，代外国轮船招募船员。南园村青年或上船当水手，远航欧美各国。或侨居外国，经营餐馆或杂货行业。③通过南园村这一案例，可见无论是开办船馆抑或是谋生的船员和水手，他们都需长期在海上漂泊与营生，而赤湾则是香港与珠江三角洲民船贸易运输的重要口岸和必经之地，因此，赤湾天后古庙自然而然就成为他们祈愿的重要精神所在。这可以从1995年赤湾天后古庙重建的善款中得到验证，来自南园村的捐款十分丰厚。

---

① 蔡明斋：《宝安县志遗略》，广东省宝安县委员会文史资料研编：《宝安文史》第 2 辑，1988 年，第 9—10 页。

② 资料来源：深圳南山区南园吴氏宗祠。

③ 吴创基：《南园吴氏历史与村中往事》，自印，2017 年，第 10—11 页。

二、清末至民国时期的赤湾天后古庙（1840—1936）

晚清民国初期，随着清政府对地方控制的不断削弱，新安县政府不再直接管辖天后庙，也不再举行官方祭祀典礼。而赤湾天后古庙的打理，则改由南头“十八乡”的乡长主持。据介绍，历代“十八乡”的乡长一般是由地方上有功名的人担任，主要职责是抵御外来势力的侵扰、解决纠纷等，相应的机构设立在南头城九街内的明伦堂。由于资料缺乏，我们暂时尚不能确切知道这一时期“十八乡”管辖的地域范围以及具体事务。不过，十八乡乡长围绕赤湾天后古庙的管理和重修却与地方宗族、士绅有着密切关联。到了民国时期，宝安县政府在赤湾天后古庙设立了“宝安县文化建设委员会”[①]，将其庙产祀田以及香火钱等委托南头十八乡的乡长进行管理。该乡长来自南山村的陈氏宗族，据说是清代最后一位地方的秀才（举人）。[②]从目前可查阅到的文献资料以及田野调查的情况来看，晚清民国初期，赤湾天后庙的具体情形如下：

（一）光绪年间赤湾天后庙的重修

光绪年间赤湾天后庙的重修或与地方士绅的支持有关。我们在田野调查中有信众提到，南头“十八乡”的乡长曾两次组织重修赤湾天后庙。第一次是光绪二十年（1898）新安县的缙绅发起重修赤湾天后庙。彭全民于20世纪90年代在赤湾天后庙考察时曾了解到，1951年赤湾天后庙前殿门额上刻有“天后古庙”四个大字，旁边还有“光绪二十年

---

① 《往赤湾参神，需领通过证，据谓系为筹款为文化建设之用》，《天光报》，1934 年 5 月 1 日第 3 版。

② 我们在田野调查时曾遇到一位定居香港的陈婆婆（1937 年生），她自称是民国末年南头十八乡乡长陈某的女儿。据她介绍，她的父亲系南山村人陈某某、南头该地最后一位秀才，被乡民推举为十八乡的乡长。出任乡长以后，他接管了赤湾庙，选派本宗族的人担任庙祝，组织乡人在赤湾庙前面的沙滩上采集植物制作纸张，并且在赤湾收集珠三角沿海的渔产品贩运至东南亚。同时，他还曾三次召集地方名士重修赤湾天后庙。1945 年前后病逝。

重修”字样。[①]我们在田野调查时也了解到，这次重修系由南头“十八乡”的乡长发起，参与重修的理事大多是退休在乡的晚清洋行买办。

清末，新安县大批民众前往香港经营小本生意，他们中有人因缘便利，成为洋行买办，财力雄厚。晚年退休回乡，捐官买爵，热心地方公共事务。其中，西乡人林彦阶（1851—1906）便是其中一位，他参与了光绪十五年（1889）西乡北帝庙以及光绪二十四年（1898）赤湾天后古庙的重修事务。据《光绪十五年重修北帝庙善长人翁笔录》写道：

《光绪十五年重修北帝庙善长人翁笔录》（摄于深圳西乡北帝庙）

林彦阶，字焕章，号文乡。西乡四约大巷坊坊人也……翁活跃十九世纪，于晚清任洋行大买办，发迹衣锦还乡，捐官买爵，赐监生衔。公乐善好施，赤湾天后庙重修任大值理、西乡侯庙重修任理事。光绪廿四年、戊戌年岁次公元一八九八年之事也。往事有凄凉之岁月路有无名氏之遗骨，公出资广收两大坵安于林家山之原，每年春秋义祭。

---

① 彭全民写道：“1990年11月，作者往赤湾村考察赤湾天后庙。据赤湾村的黄细庆先生介绍，1951年，赤湾庙驻了不少解放军，曾拆过一次庙，将拆下来的好木材，运往广州黄埔港用作造船的材料。被拆卸下来的前殿门额上刻有‘天后古庙’四个大字，旁边还有‘光绪二十年重修’字样。可见，自嘉庆十九年重修后，于光绪二十年（1894）又进行过一次重修。时在前殿的墙壁上排列着不少石碑。这些应是历代重修之碑记。至1983年，深圳市博物馆考古人员，还在赤湾庙遗址附近捡到刻有‘洋舶往来’等字的碑石残块。”彭全民：《深圳掌故漫谈》，深圳报业集团出版社，2015年，第86页。

清末赤湾天后庙的正殿

但遗憾的是，由于缺乏相应的文献资料，我们对光绪年间及之后的重修了解得不多，只知道这一时期仍大体保留着清代以来五间大殿的规模。而从当时的报纸报道和游记的描述来看，重修后的赤湾天后古庙应是三进式庭院，其中第二进中间为正殿，供奉天后娘娘。正殿之左偏殿为“梳妆阁”，摆放着龙床。除此之外，还设有数张板床，供信众“打地气”之用。左殿前方为斋堂。正殿之右偏殿一边是宝安县文化建设委员会的办事处，[①]另一边则销售香烛神符等。[②]

（二）民国时期天后古庙的日常管理

天后古庙的日常管理事务交由南头“十八乡”（民国年间改称宝安县文化建设委员会）负责。具体的工作主要有：

① 《往赤湾参神，需领通过证，据谓系为筹款为文化建设之用》，《天光报》，1934 年 5 月 1 日第 3 版。

② 《海南‘圣地’：赤湾进香巡礼》，香港《工商日报》，1935 年 4 月 22 日第 9 版；《“天后”的崇拜者：万人冒雨到赤湾去》，香港《华字日报》，1936 年 4 月 12 日第 7 版。

蔡植福及其夫人（摄于1990年）

第一，选取委派庙祝，管理天后古庙。庙祝一般由陈氏宗族的宗亲担任，[①]且居住在正殿旁的厢房守护庙宇，负责天后庙所有的相关祭祀，以及防盗贼偷窃、日常的维护清洁等工作。

第二，庙产及事务性管理。天后古庙的收入来源主要有几部分：（1）祀田和租金。赤湾天后古庙的祀田包括有海湾、农田、山林等，

---

① 1990 年，据赤湾天后庙的老庙祝蔡植福（1905—1992，深圳固戍沙边村人）回忆："民国时期，赤湾的地盘是属于南头陈屋村人的，赤湾天后庙也一贯由陈屋村人主持。自 1929 年至 1935 年，赤湾天后庙的主持是陈屋村陈鉴波的族弟陈南。蔡植福也是由陈南的亲戚介绍才到赤湾天后庙做管理工的。还有一个管理工是陈屋村人，叫陈锡（现已去世）。陈南年老引退后，由陈亨（陈屋村人）接任，他任主持至日军侵占南头时止。自抗战爆发后，日军侵占南头。在海上的日军军舰，曾炮击赤湾天后庙，将前殿轰塌。为了躲避战祸，蔡植福等又回到南头关口村居住。赤湾天后庙也停止了祭祀活动。至 1945 年日本投降，战争结束，蔡植福才全家搬至赤湾村定居，继续管理赤湾天后庙。"彭全民：《深圳掌故漫谈》，深圳报业集团出版社，2015 年，第 87 页。

庙产收入十分可观，“故庙产收入之多，亦为全粤冠”[①]。（2）征收登记、通行证费，类似于“门票”。由于大部分香客系从香港坐轮船而来，因此，宝安县文化建设委员会专门在香港开设驻港办事处，天后神诞期间，到赤湾参神之善男信女必须缴纳一定费用，也可由轮船代缴。而宝安县政府乘此神诞之便，将所征得的款项用于支持宝安县文化建设，例如开筑修路、开办学校等。据当时香港报纸报道：

旧历三月廿三为赤湾天后神诞之期。每年该日，本港华侨为习俗所囿，多联袂往赤湾参神。故港中各省港及港江轮船，是日多特别行走赤湾航线。来往之善男信女，亦殊热闹。惟昨者忽闻有一消息，凡往赤湾参神奉香之大小轮船，须先向驻港宝安县文化建设委员会办事处报告登记、并领取通行证，方得入口。此事颇为一般人所注意。昨下午□于县内之文化建设等落□，思有以□展之，惟苦无款项，后以赤湾神诞，参神之善男信女甚多，遂议决凡入口之轮船须登记；而各客亦须领通过证，缴费一毫，而将其所得为宝安县文化建设之用。当张县长在任之年，所入共千余元。去年所得二千余元，均用为建筑赤湾马路等等之用。本年仍旧办理，但所以迟迟其布告者，实因张县长去任，而新县长接任之期，故略为阻延而已。现在宝安县公路，已先后开筑，本年拟将收入用为开办学校之用也云云。[②]

该庙司祝每年一度开投，租价极贵。业司祝者，一年生意之盈亏，决于此数日间之收入。则港人消费之浩大，于此可见。宝安县政府乘此神诞之便，抽收入口证费，每客出入口抽取二毫，由轮船代缴。[③]

---

① 浩：《许地山赏识赤湾天后庙的鼓掌》，《天文台》，1937 年第 56 期。

② 《往赤湾参神，需领通过证，据谓系为筹款为文化建设之用》，《天光报》，1934 年 5 月 1 日第 3 版。

③ 《赤湾天后诞之热闹》，香港《工商日报》，1934 年 5 月 4 日第 10 版。

赤湾天后庙附近的农田（摄于1898年，香港博物馆藏）

第三，香火钱的管理。赤湾天后神诞之期（旧历三月廿三），受习俗所囿，广东各地信众联袂前往赤湾参神。因此，庙里的香火营收十分丰厚，捐赠者在此期间更是踊跃。所得款项主要用于地方公共事务，例如用于军事、教育建设等。1929年《宝安县地方收入调查表》记载了宝安县各庙的庙捐收入和支出：

庙捐，全年770000元，每月64167元，由各庙司祝分四季匀缴。批办方法：五年开投一次。用途：游击费。附录：赤湾每年六百五十元。附城海光寺一百二十元。现拟将赤湾庙开投或可增加多少。[①]

① 佚名：《宝安县地方收入调查表》，载深圳市史志办编：《民国深圳历史资料选编》，深圳：深圳报业集团，2014年，第120页。

表2　宝安县地方收入调查表（1929年3月8日）

类别	收入数目		征收方法	批办方法	用途	附记
	全年	每月				
鱼虾捐	一五八四.〇〇〇	一三二.〇〇〇	由承商按月缴纳	十六年六月由陆任批准续班三年	游击费	
驳艇捐	一四〇四.〇〇〇	二七.〇〇〇	由艇商按月缴纳	由艇商呈准认缴	附城警费	后海三十九元，大路苏三十九元，栗树二十二元，湾下四元，元朗三元，白石洲六元，石围二元，蛇口二元。
太平渡捐	四八〇.〇〇〇	四〇.〇〇〇	由渡商按月缴纳	由渡商呈准认缴	同上	
附城铺租捐	三一二.〇〇〇	二六.〇〇〇	按月派警征收		同上	原额每月四十元，现因生意冷淡歇业日多，收入故少。
宝烛捐	二八〇.〇〇〇	二四〇.〇〇〇	由一二三四区商人各缴八十元	系由各区商人承□摊派止足额为止	县党部经费	现由财政厅批商承办。
庙捐	七七〇.〇〇〇	六四.一六七	由各庙司祝分四季匀缴	五年开投一次	游击费	赤湾每年六百五十元，附城海光寺一百二十元。现拟将赤湾庙开投或可增加多少。
花捐	五六二.八〇〇	四六.九〇〇	由承商按月缴纳	每年开投一次	同上	云霖二十元四毫，现经停办。南头二十六元四毫，现拟将其禁止。

其次，1932年《广东全省教育概况》一书中，记载了赤湾天后古庙利用庙里善款积极捐助宝安县建立第一初级中学的经过，“赤湾庙捐，五百一十六元”①。

另外，在抗日战争期间，赤湾天后古庙还将“神诞”所获款项全数捐助第五路军将士奋勇杀敌。据1938年4月24日香港《申报》所报道：

长沙湾联胜堂，系由当地人士联合组织之赤湾神诞会，该会鉴于第五路军将士奋勇杀敌，由全体会员决定将全数神诞费用，捐助五路军购买药物之用。其名如下：长沙湾联胜堂三十六元三毛；照记、胜记、成兴、秦福、国利，以上各捐九元；水利、广安、妙珍、景兴，以上各捐五元。②

第四，保障安防。通过组织民团，确保庙会期间香客的各方安全。因赤湾天后古庙神诞期间的庙会十分热闹，往来各色人等，故经常有摸

① 谢瀛洲：《广东全省教育概况》，1932 年，第 191 页。

② 《捐款汇志》，《申报》（香港版），1938 年 4 月 24 日第 3 版。

匪出没。天后古庙的管理者为保证香客各方安全，特派民团驻扎在此维系治安，“该处治安，全由民团维持”①，“然幸该处有巡防管驻，故物甫被夺去，当即人贼两获”②。

（三）天后诞庙会

每年的农历三月廿三日是天后的圣诞，从农历三月十五日一直延续到三月廿三日，来自宝安、东莞、惠州、广州、香港、澳门等地的民众，③以及东南亚和美国等地的华侨，都会前来赤湾天后古庙参神进香，逐渐形成规模庞大的庙会活动。每逢庙会，大庙附近，竹棚林立，遍布茶楼、食店、百货铺等，同时搭大戏台，请广州最著名戏班连日唱戏，彻夜通明，锣鼓声响达十数里，热闹非凡。庙会期间的官民人数甚至多达数十万，是当时珠江口一带最为盛大的民俗文化活动。④据报道称：

宝安县赤湾，山势豪雄，峰峦起伏，矫若游龙，气象万千。山麓

---

① 《内河轮船开往赤湾》，香港《工商日报》，1934年5月3日第11版。

② 《游赤湾之盛》，香港《华字日报》，1911年4月18日第3版。

③ 据报道：“在此数日中，省港士女因该处交通便利、而前往烧香拜佛者，人如山海，诚极一时之盛。虽远路如南海、番禺、东莞、宝安各属之迷信乡愚，亦多联群结队自备船艇前往烧香。一时赤湾海岸亦为之拥塞。”《赤湾神诞，善男信女走私，缉私处拘获渔艇甚多》，香港《工商日报》，1934年3月26日第9版。

④ 民国时期记者报道：“（香港）侨胞们不特在家里虔诚拜祷神祇，不特在本地庙宇踊跃参加诞会，而且对于内地的著名寺观庙宇，也时往参拜的。若遇有菩萨佛爷宝诞盛典，更不远千里，遇早斋戒，隆重进香，好像广西方面德庆县的悦城龙母，就是侨胞们每年必集队前往一个所在，而最为热闹，最为隆重的，尤莫如赤湾的天后庙。”静观：《到赤湾去》，《人言周刊》，1932年第2期；赤湾天后庙祝蔡植福老先生（1905—1992）回忆说：“当年每逢庙会，热闹非常。庙会始于每年农历三月十五日，至三月二十三日结束。做生意的人，事先在庙前至沙湾这段路的两过搭满商店，销售各种产品，每天8时庙会开始至下午6时收档。庙会期间，还有舞狮、唱戏等娱乐。庙会时，在赤湾港停留的客船常达数十艘之多，彩旗招展，盛况空前。主持人将各绅士的捐赠登记、造册、入库。另有负责写签者20人，管理香油者8人，负责打扫卫生者6人，一天到晚都忙个不停。另外还有打醮活动，不定时，一般要驻扎3天。打醮的人来自福田、沙头、湖贝、向西、蔡屋围。”

建有天后庙一间，前临大洋海，穷屿岛之萦回，极冈峦之体势。雕梁画栋，苗貌庄严，与香港之青山遥遥相对。每届三月廿三日，诞辰前后数天，省港澳及四乡人士来庙进香，贺诞者数十万众。庙前海面，湾泊大洋船多至五六艘，帆樯似蚁，竹蒿如林，庙内人山人海，香烟如雾，爆竹如雷。其热闹有甚于悦城之龙母诞。[1]

早在光绪八年（1882），香港《循环日报》就已经报道了赤湾天后古庙热闹非凡的庙会活动："二十三日乃天后神诞，赤湾天后庙远近之前往礼神。男女杂沓，船艘辐辏者，甚形热闹。"[2]就此，我们兹将"神诞"期间庙会的部分情形做些还原：

船员

善男信女

① 《纪赤湾天后庙与陷龙窝》，香港《国华报》，1935年12月9日第4版。
② 《礼神滋事》，《循环日报》，1882年5月16日第2版。

赤湾船只林立

1.赤湾船只林立

每逢天后诞前夕，经营粤、港、澳的轮船公司会安排专门航线，搭载乘客从香港驶至赤湾。凡是开往赤湾的轮船，都会在船舷上悬挂着齐整的花灯花篮，而船头或船尾写着“进香”等字样的大灯笼。轮渡一般上午八点左右出发，十点即可到达。下午二三时就原船返回。由于轮渡的船只较大，能容纳相当多的乘客。船主一般会在船上安排娱乐活动，如鼓乐、醒狮、赌博等，娱悦乘客。赌博的种类较多，向番摊马将，骰子等，任君所好，随意玩耍。由于聚赌人数较多，成为船上一个显著的现象，时人戏称“拜神不忘赌博，赌博不忘拜神”。[1]据报道称：

① 静观：《到赤湾去》，《人言周刊》，1932 年第 2 期。

不论大轮船、小轮船，凡是开往赤湾的，都别有着特殊的标志，是船舷上悬挂着齐整的花灯花篮，船头或船尾写着“进香”等字样的大灯笼。船桅上也悬挂着万国旗帜。其次这些点缀得像花一般的船□，还有特聘的乐队，在船上开行之前，就吹奏着喧天乐声。①

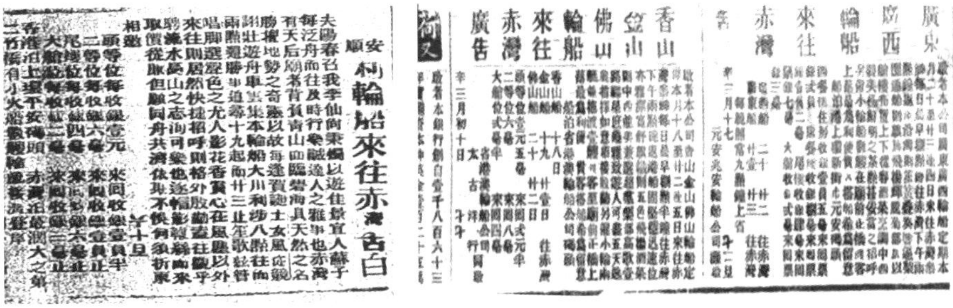

香港《华字日报》（1911年4月17日）

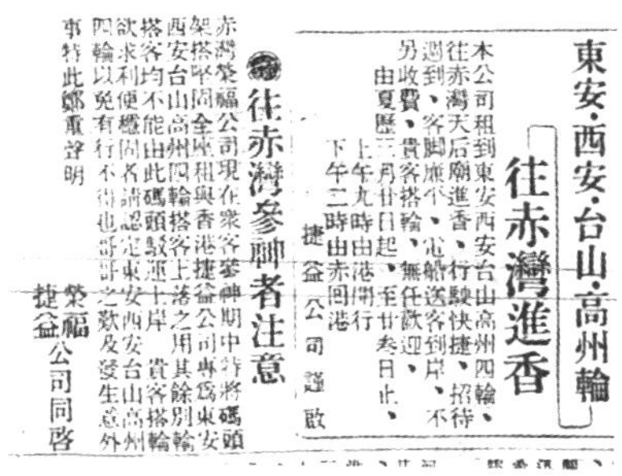

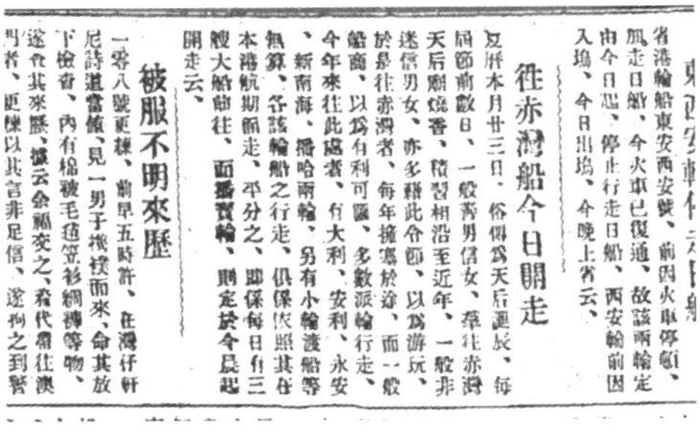

香港《华字日报》（1930年4月19日）　香港《工商日报》（1931年5月6日）

“进香”轮渡密密麻麻停泊在赤湾港内，蔚为大观。香港鲁言先生在《赤湾天后古庙》一文中说：“由于赤湾天后古庙宏伟，每年农历三月二十三日天后诞，港九水陆居民都前往赤湾天后庙去贺诞。因此，九龙油麻地、香港干诺道中的海旁，都有数以万计、挂满彩旗的船只到赤湾去。同时，上述两处地点也有很多临时营业的渡船，载客到赤湾天后

① 《“天后”的崇拜者：万人冒雨到赤湾去》，香港《华字日报》，1936年4月12日第7版。

庙去参拜。”[①]由于赤湾天后古庙庙前乃是较浅的滩涂，大轮无法直接驶入靠岸，故香客只能转乘小船进入。民国年间，宝安县文化建设委员会出资修建了轮渡临时停靠廊桥，以便香客出入。初搭桥的两年，有赳赳武人，把守桥口，抽取过桥税，每人二角，[②]后废止桥税，香客得自由行动。

清末赤湾天后诞盛况

2.贩档如市

香客离船登岸后，便迎来了用竹葵搭建的临时店铺。店铺的种类繁多，有开设饭店的，有销售香烛和各类食品的，有占卜解签的，也有开设烟馆和赌馆的。“计庙之前后，这类档口，凡百数十档，鳞次栉比，也不患没有人来关顾的”[③]。总之，五花八门，应有尽有，但大多

① 转引徐尚黎《深圳南山赤湾天后宫浅说》,《寻根》, 1996 年第 1 期。

② 《赤湾天后诞之热闹：进香者沿途赌博……抢劫匪拐子赌棍多混迹其间……良家女子以不去为宜》, 香港《工商日报》, 1934 年 5 月 4 日第 10 版。

③ 静观:《到赤湾去》,《人言周刊》, 1932 年第 2 期。

数店铺以吃喝为主，售卖本地特色饮食，例如果饼、肉饼、生蚝、粉面等等。当中，最受欢迎的莫过于产自本地的生蚝了。赤湾周边海域以生蚝肥美、肉鲜著名，所以生蚝自然成为香客的热门食品。据报道：“凡往赤湾参神的，几乎没有一个不买生蚝回家大嚼的。我们不暇统计生蚝的多少，只看看载生蚝的器具——瓦煲，坐地起价，就可见生蚝的畅销了。通常每个瓦煲之值，不及一角，而这几天竟贵至三四角，游客们还不以为贵；因为既购生蚝，就不能不需要此君啊！在干诸道所见的香客，除揣了燃着的宝香之外，还有一抽瓦煲在揣着，这就生蚝了。”[①]“但除了这一切之外，还有一点东西，是值得买的。这便是蚝。因为蚝也是宝安县的特产，所以生蚝、干蚝都很平，很大的新鲜生蚝，只要三毫一角五分便可买得一斤。干蚝每扎（十环）仅值一元左右。而蚝油则一元三瓶。因此之故，过途的进香者，每人都有这三样东西之一”。[②]

3.香客云集，游人如织

妈祖信仰自明以来就盛行于珠江口一带，无论是出海打鱼的渔民，抑或海上贩运和贸易的商人，他们的生产生活长期与赤湾海域和赤湾天后古庙有关，因此，每年三月廿三的天后诞，他们都会从各地奔赴赤湾庆贺天后诞辰，“绝对不敢怠慢”。据当时香港《工商日报》报道：

从前由广州或内地去琼崖或南路各庙的“大眼鸡”帆船，出珠江口的海口后，经过宝安县赤湾必定要停船进香，祈求保佑。如果不如此，沿途必多惊险，虽不至沉船，也不免有多少损失。所以船家对这番手

① 静观：《到赤湾去》，《人言周刊》，1932 年第 2 期。

② 《赤湾天后诞之热闹》，香港《工商日报》，1934 年 5 月 4 日第 3 版。

续，绝对不敢怠慢。①

神诞期间，除了船家、渔民趋之若鹜外，往来及途径赤湾的各路商人也纷纷踏至赤湾天后古庙，以大礼进香，“北至天津，南至新加坡，东至旧金山”，即使不能亲自前来祷告，也会联络、委托同乡之会馆，集资打金镯、绣龙袍，寄回供奉。民国报刊写道：

赤湾天后庙香火之盛，甲于华南，每年北至天津，南至新加坡，东至旧金山之粤闽商人多集资打金镯，绣龙袍，寄回供奉，故庙产收入之多，亦为全粤冠。旧历三月二十三日为圣母诞，各处之善男信女前来进香朝拜者不计其数。②

可见，农历三月二十三日天后诞，不计其数的各地善男信女都会前往赤湾天后古庙进香朝圣，故赤湾天后庙香火之盛甲于华南，故“庙产收入之多，亦为全粤冠”。为便于筹集朝圣所需资和结伴同行，进香朝拜者多以“香会”的形式聚合组团。香会根据不同的阶层、地区、族群等特点来组成。例如深圳和广州地区民众（信众）组织的香会通常是以宗祠、家族为单位，东莞民众（信众）组织的香会是部分以村落为单位。也有部分以“灵媒”发起组织的香会，而香港地区信众组织的“会”则大多以行业形式结成团体。③

---

① 《赤湾天后诞之热闹》，香港《工商日报》，1934 年 5 月 4 日第 3 版。

② 浩：《许地山赏识赤湾天后庙的鼓掌》，《天文台》，1937 年第 56 期。

③ 南园村吴婆婆介绍道：“过去赤湾天后庙有许多‘会’。为什么要做‘会’呢？一般是过去的穷人，所以大家几个熟悉的人便组成一个‘会’，从赤湾诞的前半年就开始准备，大家每人每日捐一毛钱，等到 3 月份的时候自然就有一大笔钱了。那这个‘会’就用这一笔钱去买烧猪。一只烧猪很贵的，所以就要团结起来。祭拜完赤湾娘娘之后，大家就会在赤湾庙分猪肉。”采访时间：2018 年 4 月 15 日；采访地点：赤湾天后古庙。

另外，因香港日用品、食物等物资价格较内陆便宜，因此，许多香客趁着天后诞来赤湾进香的机会，偷偷夹带走私，换购来自香港的商品回程。据称走私的货物一般以糖、盐、啤酒、香烟等为主，“因该处属于香港境界，糖、盐、洋货各物价甚相宜，故无不罄其囊中所有，以购取各物乘原船而返。”[①]此外，天后诞辰的庆贺，不仅仅只有地方社会的村落、族群参与，一些政府单位也会积极响应组织，例如广州粤海关的缉私处，因缉私之需，他们经常往来于赤湾。故广州粤海关每逢天后诞期都会组织关员前往赤湾拜祭妈祖。[②]

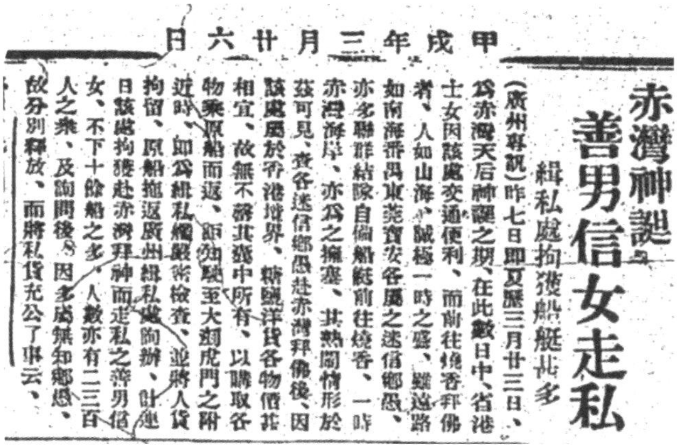
甲戌年三月廿六日

赤灣神誕　善男信女走私

緝私處拘獲船艇甚多

(廣州專訊)昨七日即夏歷三月廿三日、爲赤灣天后神誕之期、在此數日中、省港士女因該處交通便利、而前往燒香拜佛者、人如山海、誠極一時之盛、雖遠路如南海番禺東莞寶安各屬之迷信鄉愚、亦多聯群結隊自備船艇前往燒香、一時赤灣海岸、亦爲之擁塞、其熱鬧情形於玆可見、查各迷信鄉愚赴赤灣拜佛後、因該處屬於香港境界、糖鹽洋貨各物價甚相宜、故無不罄其囊中所有、以購取各物乘原船而返、詎[illegible]駛至大[illegible]虎門之附近時、即爲緝私艦嚴密檢查、並將人貨拘留、原船拖返廣州緝私處詢辦、計連日該處拘獲赴赤灣拜神而走私之善男信女、不下十餘船之多、人數亦有二三百人之衆、及詢問後、因多屬無知鄉愚、故分別釋放、而將私貨充公了事云、

香港工商日报（1930年3月26日）

① 《赤湾神诞，善男信女走私，缉私处拘获船艇甚多》，香港《工商日报》，1934 年 3 月 26 日第 9 版。

② 祖籍广州的周琼芳婆婆（1923 年生）回忆道：“我系广州西关人，祖籍广州番禺，1923 年出生，今年 94 岁了。解放前广州很多人坐船来的，茶楼、行铺那些做生意的老板，包括粤海关的官员都来的。我爸爸和爷爷以前就是粤海关办公的。我上下四代人，我太爷、爷爷奶奶、爸爸妈妈、我、我的儿子、侄子侄女、孙子、玄孙都拜赤湾天后娘娘。我很小的时候就知道赤湾有间九十九道门的大庙了，每逢天后诞，我的妈妈和我家的亲戚，像伯母、婶婶她们，都会从广州坐船来赤湾拜天后娘娘。”采访时间：2015 年 7 月 15 日；采访地点：南园村。

除了上述参神进香的官员、百姓之外，还有大量的文人骚客、欧美人士慕名前来参观游玩。当时香港《华字日报》报道：“除了进香的人们，还有欧美人士、洋行职员，趁着耶稣复活节假期之便利，前往遣兴的也为数不少。”[①]香港《工商日报》报道：“昨日适为公众假期，各机关洋行一连旅假数天，故本年游人确比往年为众。”[②]1937年香港大学许地山教授结伴徐悲鸿同游赤湾，当时《天文台》的报道如下：

港报总编辑陈彬龢，为欢迎徐悲鸿画家，设宴于坚尼地道私邸。被邀陪坐者，有港大教授许地山伉俪，及马季明教授，林□民伉俪，黎猛与记者数人。惟马教授因小极未到，不无减色。席间许教授谈论风生，尽系史地典故，尤以九龙古迹，最感兴趣。今且专纪帝湾少帝陵一段之考据，以实吾台，当亦关心民族者之所乐闻欤？地山教授，于悲鸿初到香港之际，携游赤湾，他人来此，大都为参拜圣母而来。大学问家见解，自与凡人不同，所摄照片，以宋少帝帝昺陵，最为珍贵。[③]

文人骚客也通过诗词等方式抒发了当时赤湾天后古庙香火鼎盛的场景，例如：

谒赤湾天后庙二首[④]

佚名

（一）

山环钟秀灵毓光，圣庙森严从碧墙。玉砌闲移云渺渺，画檐平挹海茫茫。

---

① 《“天后”的崇拜者：万人冒雨到赤湾去》，香港《华字日报》，1936 年 4 月 12 日第 7 版。

② 《游赤湾目睹之怪状》，香港《工商日报》，1930 年 4 月 19 日第 10 版。

③ 孝廉：《许地山教授之赤湾少帝陵考》，《天文台》，1937 年第 55 期。

④ 佚名：《谒赤湾天后苗二首》，《潭冈乡杂志》，1936 年第 6 期。

一千北溯祥风远。五百南来泽雨长。合计回头波浪静，拈花一笑上慈航。

（二）

曲径通幽渴藓封，兰房明净想雍容。锦衾绮褥纡文凰，绣榻罗帷绕彩龙。
宝盖分笼金芍药，香奁开出玉芙蓉。诸天三月灵烟里，士女云参岁岁逢。

游赤湾天后庙[1]

黄棣华

赤湾自昔无名胜，却借神灵地亦传。东望屯门山郁郁，西瞻大铲水涟涟。
色如玉润青虾美，形若珠圆牡蛎鲜。景象不殊龙母庙，嵩帆出没过门前。

《人言周刊》（1932年第2期）

天文台半週評論

許地山教授之赤湾少帝陵考

桂當局收羅石達開墨蹟

《天文台》（1937年第6期）

4.多元、多彩的祭祀活动

（1）建醮拜神

建醮亦称打醮，即道士设坛做法事、求福禳灾的祭祀仪式，是旧时民间百姓希望依托各路神灵的帮助和庇佑，以此来消灾免难、安抚亡灵

① 黄棣华：《游赤湾天后庙》，《负暄山馆游诗草》卷一，1927年永发印务有限公司印，第30页。

的民间祭祀活动。赤湾天后古庙的打醮活动早在明末就已经盛行，到了民国年间，赤湾天后庙更是宝安、东莞、惠州等地百姓组织打醮活动的不二场所，且年年规模都甚为庞大、隆重，“民俗勤朴，而迷信尚盛，寺庙最多。而赤湾等处，笃于建醮拜神。”①特别是来自东莞各村落和宝安本县的福田、沙头等地方的村民，他们常常会不定时前来举办打醮活动。据民国年间的庙祝蔡植福老先生（1905—1992）回忆：“打醮活动，不定时，一般要驻扎3天。打醮的人来自福田、沙头、湖贝、向西、蔡屋围。”

（2）打地气

“打地气”是旧时广东地区的一种民俗活动，意思是去拜神或求签时，人们相信躺在庙里的地面上能够更加接近神灵，容易沾上“神灵之气”，可以庇佑健康，助其达愿。而且，躺得越久身上的“神灵之气”就越多，更是容易灵验。因此，为了祈求天后娘娘赐福，远近的香客们均会选择在天后庙的大殿或者厢房的地上过夜，人多时，甚至过道、走廊都睡满了祈福的香客。“打地气”的香客多以妇女为主，民国的香港《人言周刊》就有较翔实的记录：

参加的人多属妇女：大家闺秀，贵族姑娘！也不以此为嫌，留宿于神庙中。庙的两旁，有客舍百数间，密如蜂房，专为打地气的人居住之所。房中没有睡榻，通常都是席地而卧的。间有贵族些的，也只以毡盖席上，以作褥垫罢了。庙中备有饭膳，以招待地气客，饭膳的厚薄，看他们所捐香油的多少而定，多的享以罗汉斋，否则腐竹豆干而已。她们

① 深圳市史志办编：《宝安县地方纪要》，《民国深圳历史资料选编》，深圳：深圳报业集团，2014年，第152页。

为拜神而来，饭膳虽劣，都“甘之若饴”哩！[①]

妇女前往天后庙“打地气”拜神求签，其目的多以求嗣为主。“女人为求嗣来者，则席地宿此至，其何所闻而来耶？”[②]除此之外，也有通过“打地气”来占卜吉凶，认为能沾上“神灵之气”，以求博彩的盈利。“（香港）侨胞的拜神，有些以为即日来回，远未足以表示诚意的，于是有‘打地气’之举。所谓‘打地气’，是和‘朱立仙睡梦’相似，凭梦来占卜吉凶，或用来拆字买票（山票、铺票、白鸽票等）的。”[③]

（3）摸龙床

天后古庙的龙床指的是天后娘娘下榻之床，每逢时节都是善信争相必到的地方，相传摸过龙床能够成功求得子嗣，亦会求得好运及消灾解难。据香港《华字日报》报道：

摸龙床的人，要先缴摸龙床费两角，然后进去摸床。有些女人摸得了红鸡蛋，有些摸了铺票字，有些摸了签语。摸着了票字的，说买铺票会发横财；摸着了红鸡蛋的，说是会添丁；据说这一切都是好意的事。所以摸龙床的人也就源源而来。[④]

参与摸龙床这一习俗活动的更多是妇女，尤其是新婚的小媳妇更是趋之若鹜，据传只要在龙床上坐坐或躺躺，妈祖便会助其生儿育女，心想事成，因而在神诞期间，天后庙里摸龙床占喜的地方常常被挤得水泄

① 静观：《到赤湾去》，《人言周刊》，1932年第2期。
② 《游赤湾记》，香港《工商日报》，1930年4月22日第5版。
③ 静观：《到赤湾去》，《人言周刊》，1932年第2期。
④ 《“天后”的崇拜者：万人冒雨到赤湾去》，香港《华字日报》，1936年4月12日第7版。

不通。

（4）波罗鸡

波罗鸡并非真鸡，而是广州番禺南海神庙（又称波罗庙）的独特纸制的工艺品。民间相传波罗鸡是一种“神鸡”，运气好的，买到的波罗鸡就会啼叫，可以带来享受不尽的财富。据民国香港《工商日报》报道：

> 当每年神诞，番禺属之波罗土人，必制一种纸质鸡公，运往赤湾售卖，名曰波罗鸡。①
>
> 手艺之着莫如波罗鸡。鸡为纸制，不见美观，而人多买之。传每年所出之鸡，中有其一能啼。得之者则佳运立至。为此言者，亦惑人之尤者矣②。

另外，广东人一向将鸡赋予了特别的意义，因为“鸡”与“吉”谐音，象征“吉祥”。在广东游庙会，人们通常都会买只“波罗鸡”作为吉祥物。赤湾天后古庙神诞期间的庙会，其盛时停靠船只就近万艘，可见，香客云集的庙会给民间制作波罗鸡的艺人带来了巨大的商机。

（5）庙会击鼓

鼓以动众，催人振奋，赤湾天后诞的击鼓活动是庙会活动的一大特色。旧时赤湾天后古庙内有一大鼓，径长一丈，每早晚击鼓两次。据介绍：“击鼓时鼓手变化百出，渊渊之声，曲尽八音之妙，有时则可歌可泣，如怨如诉；有时则风起云涌，庄严肃穆。总之：击鼓之能事，已应

---

① 《游赤湾目睹之怪状》，香港《工商日报》，1930 年 4 月 19 日第 10 版。

② 《游赤湾记》，香港《工商日报》，1930 年 4 月 22 日第 5 版。

有尽有。”[①]

（6）灵符赐福

符咒文化在中国已有数千年之历史，根植于平常百姓的日常生活，他们认为由庙里祈福获得的灵符更显灵验，能得到神灵的庇护，祛病消灾，斩邪除恶。因此，赤湾天后庙的灵符也便成为各地香客追捧的对象。“这种符是用红纸印成、符上印有‘赤湾加封护国庇民英烈圣母天后元君坐镇’字样，符的后面则盖有‘三台’，即所谓治台、案台、府台，据说是从宋朝留存到现在玉印。参了神的进香人，大多数走出了正殿，还要跑到右殿去买这种灵符的。”[②]

（7）圣水祈福

赤湾天后古庙山门内有一口明代古井，井水清澈甘甜，香客称之为“圣井”或“龙井”。传说有一年东莞东坑镇瘟疫肆虐，乡民求医问药也无济于事，有人提议到赤湾天后庙祈求天后娘娘祛病消灾。他们祭拜天后娘娘后，既打取圣井水饮用，又用竹筒和陶罐将井水携带回家中与患者共享，果真灵验，瘟疫得到了消除。之后，各地香客每每来到庙里祈福，均会打取圣水喝上一口，然后洗面洗手，消灾祛病。1930年的香港《工商日报》就有记录：“旁有圣水，以钱求而盥面手，谓得福。”[③]

（8）引福归堂

各地善男信女在天后古庙祈福之后，都会将点燃的部分宝香倒插于香炉灰中，待其熄灭后，将宝香装好带回家中，待家中祭祀时，再重燃宝香作为接引庙内神灵的赐福，其意为“引福归堂”。香港的《人言周

① 浩：《许地山赏识赤湾天后庙的鼓掌》，《天文台》，1937 年第 56 期。
② 《“天后”的崇拜者：万人冒雨到赤湾去》，香港华字日报，1936 年 4 月 12 日第 7 版。
③ 《游赤湾记》，香港《工商日报》，1930 年 4 月 22 日第 5 版。

刊》写道："所以这几天，当天下午四时左右，在海边干诺道一带，就看见一班善男信女们揣着燃了的宝香'引福归堂'了！"[①]

5.祭拜宋少帝

宋少帝陵墓地处荒野，平时很少人前往凭吊。但因地近赤湾天后古庙，"所以拜神的男女，顺道前往凭吊"[②]。天后神诞期间，善男信女参神后，兴致所至，会顺道游历"赤湾胜概"及名胜古迹，庙旁的少帝陵墓便成为众人的首选，前往瞻仰祭拜者众多。少帝陵始建年代目前不详，但据《三江赵氏族谱》记录，最早一次修缮是在清代道光十九年（1839），宣统三年（1911）旅港的赵氏宗亲重修。[③]初时并无墓碑，1911年，赵氏族人加以重修并立墓碑，碑刻"大宋祥庆少帝之陵，本山坐子兼癸役卦四爻，辛亥岁赵氏之裔孙重修"。

民国香港《人言周刊》记载：

天后庙侧有一坟墓，相传是宋帝昺的陵寝。考历史，帝昺殉国，原不是在赤湾，而在崖门（属新会县）。但乡人传说：当陆秀夫负帝投海的时候，御尸流至赤湾，遂卜葬于天后庙侧，坟墓占地不甚广，且荒草满地，绝不类帝王葬骨之所，所以人们多不注意他。惟以地近天后宝庙，所以拜神的男女，所顺道前往凭吊。有考古兴趣的，更徘徊不忍去。间有国家思想，民族意识较为旺盛的，更唏嘘叹息，愤激之情，现于面色哩。帝昺亡国的热烈，平时不足以动人凭吊，乃因天后而招致游客也。可以说是不幸中之幸了！[④]

---

① 静观：《到赤湾去》，《人言周刊》，1932 年第 2 期。
② 同上。
③ 赵锡年：《三江赵氏族谱》，赵阳名阁石印局，1937 年。
④ 静观：《到赤湾去》，《人言周刊》，1932 年第 2 期。

清末赤湾天后庙出巡活动

三、抗日战争时期的赤湾天后古庙（1931—1945）

自中日甲午海战后，日本对中国一直是虎视眈眈。1931年，侵华日军发动“九一八”事变，完全侵占中国的东北。1937年7月7日，日本全面发动侵华战争。8月开始，日军接连不断地对广州及其附近之虎门、黄埔等地实行疯狂轰炸，并派军舰出没于崖山、赤湾等处海面，企图摧毁中国的抗战意志。据1937年10月15日《大公报》报道：

广州为华南抗战中心力量之所聚，故敌人海空两军大量南侵后，一月以来，以军舰炮轰广东沿海，以空军狂炸广州及其附近之军事、交通、经济等。因我沿海陆防坚固，军舰炮轰掩护陆战舰登陆，未能收到效果，近乃改变其政策，在粤海之多辆军舰，只采游弋牵制骚扰性质，而由空军大肆凶炸，广州及其附近之虎门、黄埔、佛山、江门、陈村、粤汉、广三各铁路沿线等处，乃遭受空前之摧残，迄今敌母舰两艘，仍出没于新会之崖山、台山、赤溪之大襟岛、中山之唐家湾、宝安之赤湾等处海面，继续其暴行不已。[①]

《日本侵略我国大事漫画年表》
（广东全省保安处政训科编：《保安周刊》，1936年第一卷第十八期）

粤省门户的赤湾，是华南抗战的最前线地区。宝安县南头城，西北经宝太公路进入东莞，北通阳台山抗日根据地，东经宝深公路到深圳达广九铁路，南濒珠江口控扼港澳到广州海上通道，因战略地位重要而被日军重点驻防与长期占领（中间有短暂时间被迫撤出）。[②]赤湾作为南头半岛最南端的海港，能够有效控制与封锁珠江口，自抗战爆发后，日本军舰多次游弋在赤湾海面，窥伺这一重要海道，炮轰南山，抢掠渔船，迫害民众，给地方民众造成了巨大的生命财产损失。由于日军骚扰赤湾洋面，损伤了英国殖民者在香港的利益，英国曾出动军舰停泊在赤湾护航。[③]尽管如此，也无济于事。当时，宝安第五保安大队即设在赤湾一带。“保安第五大队驻扎宝安沿海一带，固守吾粤国防之最前线，队长及各级官兵人人皆具有与阵地共存亡之决心，日夜监视海面敌舰，未尝松懈；且杀敌热情，远于极度，时常准备杀彼倭奴，而尝夙愿！昨某师长与副师长等一行十余人，亲临赤湾山阵地视察，睹保安队抗敌之

① 《暴敌机舰轰炸下之广州》，《大公报》，1937 年 10 月 15 日第 2 版。
② 深圳市南山区志编纂委员会办公室：《中国共产党南山历史（1924—1950）》，北京：中共党史出版社，2017 年，第 57 页。
③ 《粤海英舰护航，香港交通恢复》，《大公报》，1937 年 11 月 6 日第 5 版。

精神，颇为嘉许。”[①]据1937年10月7日《工商日报》一篇名为《在敌舰窥伺下宝安县巡礼》的报道指出：

宝安在国防地位重要性。宝安是属于广东省的一个县份，它的位置在广东的南部，也是珠江入口的孔道。沿海的地方，占了大部分。县城南头在县的中部，其他还有西乡、谷海、蛇口、赤湾等军镇。地势是一个“佛手”形，突出的部分，有荷包岛、大铲、小铲等小岛。地方小得很，所有没有民居。宝安县城因为它在华南的边陲，所以在国防地位上，和虎门要塞同等重要，因为由这里可以深入华南各地方。自从敌人入侵华南，敌舰已认定宝安县是他们进侵的目标。敌人认为倘若在这里登陆后，便可以借着这根据地，不特可以做空军活动的地方，而且战舰水兵可以在这里以截断广九路的交通。有上述种种原因，可见敌人的心目中，认定进侵宝安，就是侵略华南的一个最初步骤。[②]

可以看到，日军妄图从赤湾登陆，攻占宝安，截断广九铁路，进而达到侵略华南的目的。因而赤湾就成为他们首先要攻略的目标。1938年10月，日本出动陆军第十八师团、第一〇四师团和及川先遣支队、大小舰艇100余艘，飞机60多架，合共7万多人的兵力从澎湖南下，直抵广东大亚湾洋面。[③]同月，日军在赤湾登陆，攻陷宝安县南头，并在桂庙、南光、后海、陈屋、吴屋、赤湾庙等村落驻扎，烧杀抢掠，无恶不作，罪行罄竹难书。

---

① 广东全省保安处政训科编：《保安周刊》，1936年第一卷第18期，第11页。

② 《在敌舰窥伺下宝安县巡礼》，香港《工商日报》，1937年10月7日第3版。

③ 转引深圳市史志办公室编：《中国共产党深圳历史第一卷（1924—1950）》，北京：中共党史出版社，2012年，第71页。

1937年11月《大公报》报道：

1937年10月31日，赤湾附近出现敌舰一艘，驶向大铲与赤湾间之大南山，发炮响。[①]

《中国共产党深圳历史第一卷（1924—1950）》写到：

1938年3月13日上午，一艘日本武装渔船在铜鼓山西南角抢走货船及舢艇各艘，还开枪扫射跳水逃生的中国平民。同日下午，一艘日本武装渔船开枪打伤固戍乡安字十六号渔船船主妻子，抢走渔船。3月16日中午，日舰向马鞍山发射20余枚炮弹。5月9日下午，日舰开炮轰击西乡，炸毁店铺4间，炸死1名妇女，炸伤4名平民。[②]

赤灣海面××××

漁船十餘遭焚燬

漁民百餘葬身火中

先以機關槍大掃射後復擲燃燒彈

百餘漁民僅一人逃生損失十餘萬

《申报》（1939年4月19日）

傳日軍五百

在赤灣登陸

南頭縣城再度淪陷

粵全省勞軍團

停止出發

《大公报》（1939年3月23日）

① 《赤湾附近敌舰开炮》，《大公报》，1937年11月1日第2版。

② 深圳市史志办公室：《中国共产党深圳历史第一卷（1924—1950）》，北京：中共党史出版社，2012年，第71页。

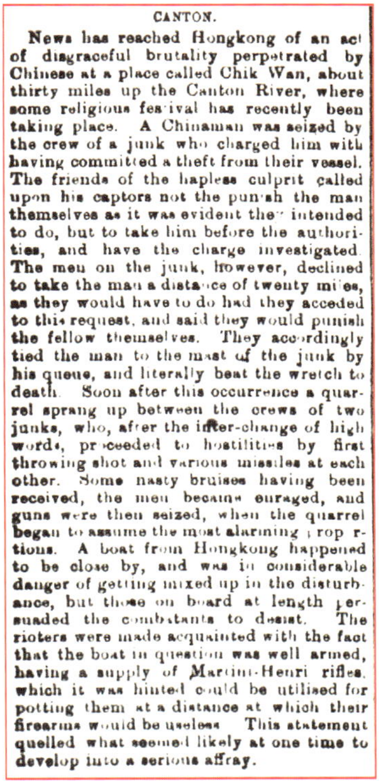

CANTON.

News has reached Hongkong of an act of disgraceful brutality perpetrated by Chinese at a place called Chik Wan, about thirty miles up the Canton River, where some religious festival has recently been taking place. A Chinaman was seized by the crew of a junk who charged him with having committed a theft from their vessel. The friends of the hapless culprit called upon his captors not the punish the man themselves as it was evident they intended to do, but to take him before the authorities, and have the charge investigated. The men on the junk, however, declined to take the man a distance of twenty miles, as they would have to do had they acceded to this request, and said they would punish the fellow themselves. They accordingly tied the man to the mast of the junk by his queue, and literally beat the wretch to death. Soon after this occurrence a quarrel sprang up between the crews of two junks, who, after the inter-change of high words, proceeded to hostilities by first throwing shot and various missiles at each other. Some nasty bruises having been received, the men became enraged, and guns were then seized, when the quarrel began to assume the most alarming proportions. A boat from Hongkong happened to be close by, and was in considerable danger of getting mixed up in the disturbance, but those on board at length persuaded the combatants to desist. The rioters were made acquainted with the fact that the boat in question was well armed, having a supply of Martini-Henri rifles, which it was hinted could be utilised for potting them at a distance at which their firearms would be useless. This statement quelled what seemed likely at one time to develop into a serious affray.

《日军扣押殖民地附近的海关船只：两名英国军官搭乘舢板上岸：赤湾（CHEKWAN）被轰炸》（《*The North-China Daily News*》，1937年9月7日第3版）

1937年，游击队在宝安县城与日军激战

日军在未占据赤湾之前，就多次炮轰赤湾天后古庙。据当时的本地百姓回忆，赤湾天后古庙原有5间大殿，日军海上进攻赤湾时，炸毁了3间大殿。

关于日军破坏庙宇的罪行，香港《工商日报》多次有报道：

【宝安专讯】宝安县属赤湾天后庙附近，月来迭有日军滋扰。……日军知我有备，仅达天后庙后便之旷地作足球之戏。其余日军十余人，即步入天后庙内尽将天后龙床捣毁，所有床上衣物金饰均被掠去。至天后神像鬆敷金身亦被日军削去，其庙中之圣迹遗物尽为日军劫掠一空。昔日名胜之赤湾天后庙，今已被日军摧毁殆尽，直至是日上午十时，始乘回电艇遁去。[1]

亦有一部份撤退云、
一抗戰、實由×××××××××

赤灣海面×軍竟入天后廟搗毀

【寶安專訊】寶安縣屬赤灣天后廟附近、月來迭有×軍滋擾、該處附近之新圍、陳屋各鄉民衆已具呈該縣政府暨游擊指揮部派兵防守、在案、縣府據是後、則即請由第四路軍東路守備軍指揮部設法派軍守備中、詎昨（十一）日上午七時許、突又有×軍排餘人由太平分乘電艇兩艘駛至赤灣海口、從海邊登陸、直向天后廟偵察、我方游擊隊自衛團等事前據報、經在大南山據險戒備、×軍知我有備、僅達天后廟後便之曠地作足球之戲、其餘×軍十餘人、即步入天后廟內盡將天后一「龍床」搗毀、所有床上衣物金飾均被掠去、至天后神像鬆敷金身亦被×軍削去、其餘廟中之聖跡遺物盡爲×劫掠一空、昔日名勝之赤灣天后廟、至今已被×軍摧毀殆盡、直至是日上午十時始乘回電艇遁去、查廣州虎門相繼失陷後、寶安縣城、於去年十一月間亦一度淪陷至今、我爲避免×艦砲火威脅起見、已將赤灣防禦工事完全破壞、另於天后廟後之大南山一帶、佈有堅强工事扼守、南赤公路×弗以重大代價不能越過我大南山天險、對於天后廟前海灘空地、絕不派兵防守、查該地前面三面臨海、爲寶安盡頭去處、後面山地崎嶇、運輸接濟困難、×軍迭從海面到該處遊擾天后廟情形、實爲無聊所致、我防守大南山之團隊、以×軍無聊之舉動、亦不加之理會、按赤灣距離縣城二十餘里、距太平則百餘海里、×若來犯寶安、必無在此登陸之理、我寶安全縣鄉民、已熟稔×軍此種無聊舉動、咸皆照常安居樂業云、

香港《华字日报》（1939年1月13日）

1939年下半年，日军占领了赤湾，并派驻一个连队驻扎在天后古庙内，以此为据点展开一系列的侵略行动：

第一，将赤湾开辟为军港，作为军事驻点，构筑军事防线。

随着日军占领赤湾后，为修筑防御工事，日军强征本地青壮年人在大南山脚下修筑战壕，同时将原赤湾左炮台拆除，改建炮垒。据1939年

① 《赤湾海面日军，竟入天后庙捣毁》，香港《工商日报》，1939 年 1 月 3 日第 3 版。

的《申报（香港版）》报道：

汕头通信：侵犯粤省之日军，近从台湾上海秘密调兵南下，闻意在巩固广州、汕头沦陷区外线各据点，以支持伪政权之存在。闻十月中旬起，新到广州之日伪军，人数逾万，将宝安县之赤湾辟为军港。深圳、太平则筑军用飞机场。新到之日伪军，皆在宝安、东莞、虎门、黄埔，黑夜起岸，即转往从化、花县、佛山、三水、江门、新会、各处。①

1939年9月的香港《申报》报道：

香港通信。中英边界日军，连日移动频繁……日军更进一步将香港边界封锁线展长，东起大亚湾，西迄赤湾之天后庙，沿中英水陆交界地点驻兵，使九龙全陷于孤立。……日军此决将封锁线扩展至大亚湾，其目的在阻止货艇由此路驶入英领海内，香港与宝安海上交通，两日来已恢复。但因日方宣布禁运粮食来港，故行驶此线之宝安号小轮，八月三十日起复停航。据云日军不止禁止货物运出，且禁止南头人来港，故该输纵复航，货客运均无也。②

（本报东区特派员专讯）（廿三日）忽将赤湾大南山上原有之左右炮台拆去，改建二合土炮台一座，似系控制中英界之海面之设云云。③

1939年就有10人到笔架山挖战壕；3人到赤湾庙挖战壕。④

---

① 《日军数千增扰潮汕，并以伪军防守澄汕后方，日军计划全力进攻揭阳》，《申报（香港版）》，1939 年 11 月 5 日第 7 版。

② 《中英边境形势，日军伸展封锁线，香港只能与澳门联络，与粤省内地完全隔断》，《申报（香港版）》，1939 年 9 月 11 日第 6 版。

③ 《东江我军极占优势，围攻石龙甚急。日军在深圳赶筑机场，在赤湾大南山建炮垒》，香港《工商日报》，1939 年 10 月 24 日第 7 版。

④ 深圳市福田史志办公室：《深圳福田革命斗争史》，深圳：海天出版社，2011 年，第 34 页。

根据不完全统计，日军多次以赤湾为基地进行登陆和撤离：

1938年12月1日，日军为集中兵力进攻广州以西以北国民党军，分路（由赤湾和广九铁路）撤离宝安县城等地。

1939年8月，日军第18师团以步兵第114联队（竹下几太郎大佐）、步兵第124联队1个大队及地兵、工兵各一部，从黄埔港乘船至虎门集结，于8月15日夜，趁大风雨从赤湾登陆，迅即向全县推进。8月28日、29日，日军数千人在赤湾乘船撤离。

1939年9月14日起，日军从大铲湾附近登陆增援南头和深圳共1000余人。9月30日，国民党军独20旅进攻罗湖一带日军，日军第18师团急派第114联队增援。这部日军于10月1日半夜从广州黄埔港出发，10月2日在蛇口登陆，绕道观澜企图包抄国民党军。11月下旬，因广东日军准备集中兵力进攻粤北国民党军余汉谋部，日军再度经蛇口撤离。

1940年2月，日军大本营为使两广地区成为向中国内地进攻和进窥东南亚的基地，决定成立华南方面军。6月22日凌晨，日军第18师团一部及伪军一部，在赤湾登陆，旋即占领南头。6月29日，从大亚湾方向撤离的日军，转赴蛇口登陆并与罗湖日军汇合，总数计六七千人。①

日军经常在赤湾海面活动，他们还将战死的日军官兵焚化后埋葬在天后庙附近。1939年10月4日的《大公报》如是报："敌舰尸首焚化葬于赤湾天后庙右侧之山坳焚尸场。"②

第二，控制赤湾海域，禁止内地粮食运销，并以此走私粮食和军事燃料。

① 深圳市南山区志编纂委员会办公室：《中国共产党南山历史（1924—1950）》，北京：中共党史出版社，2017年，第57页。

② 《我包围宝安，将二次进攻》，《大公报》，1939年10月4日第2版。

赤湾扼守着珠江口，是进出广州船只的必经之地，因而日军控制赤湾后，不仅可遏制中国在华南地区战场的粮食运输，也利于日军的粮食、货物等输送进入广州。据当时的报纸报道：

【本报宝安专讯】日军近图扫荡珠江三角洲沿岸我军队，其诡谋已被我军击破。旬来乃不断派出日舰艇，三五成群，结集于赤湾等面，来去飘忽。南头沿海各乡民众每日数惊。本报记者连日亲往南头，扮作渔民与陈屋海面渔民乘艇驶出赤湾海面日舰附近视察。得悉每日集结于赤湾海面之日舰，于暮色苍茫之际，即又四出活动。窥其目的所在，则赤湾海面。每夜必有大批帆船，从海外驶入赤湾。悬挂号灯，通知日方舰艇，泊于一日商船或日舰之旁，起卸各种货物，闻以钨矿桐油为多，兼有粮食各种。又由日舰将各种日货，搬回各帆船驶出海外而去。至翌晨，该日舰船艇，则将运来货物载返虎门而去。如是者，已非一日矣。我方游击团队据报，刻已设法各帆船截缉。而昨（六）日下午，南头海面仍有日舰艇各一艘停泊，大约亦等接载货物也。[①]

本港海外赤湾、担杆山、万山尾、大澳岛、遮浪灯塔、麒麟痡台、庙湾、白沥岛、蚊洲尾、丫洲海、三门关、急洛、铜鼓滩、碣石湾、伶仃、果洲等海面，沿海渔船、屡遭日舰荼毒。抗战以还，人口之死亡、渔船之被焚劫、财产之损失，不可胜数。自日舰在沿海恣意肆虐后，渔船均裹足不敢远出，只在海内谋生，但以坐食山崩，终非是计，遂迫得再度出海捕鱼。每日所获，仅足自给。最近一两月间，获鱼特多，同业多惟赤湾是趋。本月十三日午，彼等联群结队由宝安县出海捕鱼，讵启未几，突有驱逐舰一艘，衔尾而来。彼等即分散逃生，日舰亦未加穷

① 《日舰不断泊于赤湾等处，其目的乃在接载私货。宝安购运免税洋米之决议》，香港《华字日报》，1940年4月7日第10版。

追。至下午六时集合于赤湾，张网打鱼，是日各船收获颇丰。是夜各船遂均停泊于大赤湾海面，讵料夜深十二时许，……遂猛以机关枪向渔船扫射，一连数十发，密如连珠，复浪掷燃烧弹。时在深夜，远近可闻，所到之处，无不中弹起火。十余艘渔船走避不及，遂均中弹着火，渠之船亦中数弹。一时火光烛天，海上通红，呼救之悲厉声音，令人不忍耳听目睹。十数艘渔船遂遭日弹所毁，百余名渔民惨葬于火炕，造成空前惨剧。渠之船未几亦全船起火，乃跳水逃生。[1]

東江我軍極佔優勢
圍攻石龍甚急
日軍在深圳趕築機場
在赤灣大南山建砲壘

香港《工商日报》（1939年10月24日）

日艦艇不斷泊於赤灣等處
其目的乃在接儎私貨
●寶安購運免稅洋米之議決●
每夜必有大批帆船
普遍救濟各地米荒

香港《华字日报》（1940年4月7日）

在日军的侵略和荼毒下，原本热闹繁盛的赤湾天后古庙骤然衰落，地方民众转而向香港佛堂门、铜锣湾和市桥等天后庙拜神。据香港《天光报》报道：

农历三月廿三日为天后神诞，往年在此时间，本港各地及新界九龙等居民，多已筹备往赤湾参神事宜。此日，省港澳轮船，如金山、佛山、东安、西安、广东、广西等号，均应游客需求，开走此线。万头攒动，热闹非常。但本年因敌舰骚扰之故，且赤湾天后庙一部分被毁于敌

① 《赤湾海面，突遭横祸》,《申报》（香港版）, 1939 年 4 月 19 日第 5 版。

炮之下，迄今农历十九日，各行走此线之轮船亦未有此种准备。而各居民之参神团会等组织，更为寂寞。各人多以在此国难严重时期，应将有用金钱，尽力节省，捐助政府云。[1]

另据香港《工商日报》报道：

阴历三月廿三日为天后神诞之期，忆以往数十年所有省港轮船均特别载客往赤湾参神。此种习惯，一方面为迷信神权，一方面借此作旅行。自日南侵后，赤湾之天后已成倒运之神，往赤湾参神之男女多裹足不前。结果，造成港外之“大庙”获取大利。大庙在鲤鱼门外碇齿湾，属西贡警治下，因往年地方平靖，港方善男信女多往赤湾，故大庙如置冷宫。今因时局关系，反造成空前热闹，司祝者以特别人情，向华民政务司以高价投得专利，所有入庙者，每人收费二毫，另其他租签筒加香油者，不计其数。以前日情形观察，筲箕湾、中环、油麻地均派小轮船往来其间，每收水脚八毫，一般歹徒，亦改道活跃其间，以此为第二赤湾之大机会。昨日正诞之旺，比之前日加倍。而铜锣湾之天后庙亦热闹非常。[2]

《粤江日报》也报道：

惟今年赤湾天后虽不振，但热闹之场面却转归于市桥。盖市桥亦有天后庙，向不及赤湾香火之十一。惟今年诞期，市桥人已准备出会庆

---

① 《今年赤湾天后诞，居民多不敢前往参拜……因赤湾海途为敌舰骚扰》，《天光报》，1938年4月20日第4版。

② 《大庙香火甚盛，赤湾则冷落不堪》，香港《工商日报》，1939年5月13日第6版。

祝，取赤湾当年之盛况而张大之，行见三月廿三天后诞期，市桥之天后当赤湾之天后而上之矣。[①]

今年赤灣天后誕
居民多不敢前往參拜
……因赤灣海途為敵騷擾……
農曆三月廿三日、為天后神誕、往年在此時間、本港各地及新界九龍等居民、多已籌備往赤灣參神事宜、此日、省港澳輪船、如金山、佛山、東安、西安、廣東、廣西等號、均應遊客需求、開走此線、萬頭攢動、熱鬧非常、但本年因敵艦騷擾之故、且赤灣天后廟一部份被毀于敵炮之下、迄今距離十九日、各行走此線之輪船亦未有此種準備、而各居民之參神團會等組織、更為寂寞、聞各人多以在此國難嚴重時期、應將有用金錢、盡力節省、捐助政府云、

安樂園衛生飲料

天氣預測
今年十時十分、天文台報告、預測本港今日吹東風、及東南風、微動和暖、

《工商晚报》（1938年4月19日）

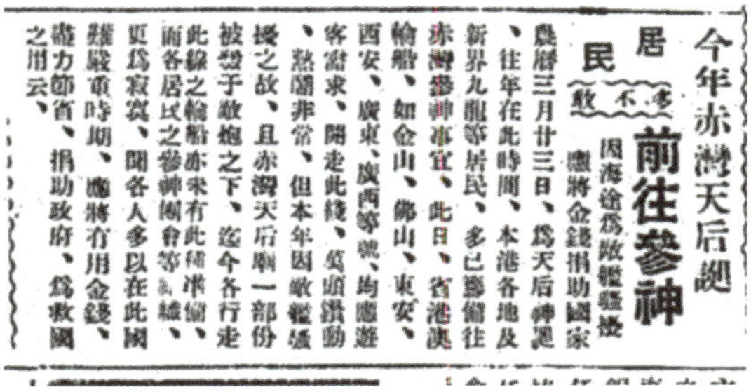
今年赤灣天后誕
居民多不敢前往參神
因海途為敵艦騷擾 應將金錢捐助國家
農曆三月廿三日、為天后神誕、往年在此時間、本港各地及新界九龍等居民、多已籌備往赤灣參神事宜、此日、省港澳輪船、如金山、佛山、東安、西安、廣東、廣西等號、均應遊客需求、開走此線、萬頭攢動、熱鬧非常、但本年因敵艦騷擾之故、且赤灣天后廟一部份被毀于敵炮之下、迄今各行走此線之輪船亦未有此種準備、而各居民之參神團會等組織、更為寂寞、聞各人多以在此國難嚴重時期、應將有用金錢、盡力節省、捐助政府、為救國之用云、

《天光报》（1938年4月20日）

天后誕辰
港輪停走赤灣
因時遭×艦砲轟
農曆三月廿三日（即本星期五）、俗傳為天后誕辰、習俗相沿、本港各區天后廟、每年均有賀誕之舉、雖曰迷信、然港中婦女、大多數均前往各廟膜拜、尤以寶安縣屬之赤灣大廟為盛、港僑士女、不少藉此機會、前往赤灣參拜及遊覽名勝、港中輪船、在賀誕期內、多加開臨時特別班行走赤灣、約有十餘艘之多、而港中男女前往參神漫遊赤灣達數萬之衆、故赤灣天后廟之香火、盛極一時、惟今歲則勢易時移、以該地屬華界、常遭×艦炮轟、情形極為危險、故本港各輪公司、均停止派輪前往云、噫、在侵略者淫威下、神亦不能倖免、迷信的人們醒來吧、

香港《工商日报》（1939年5月10日）

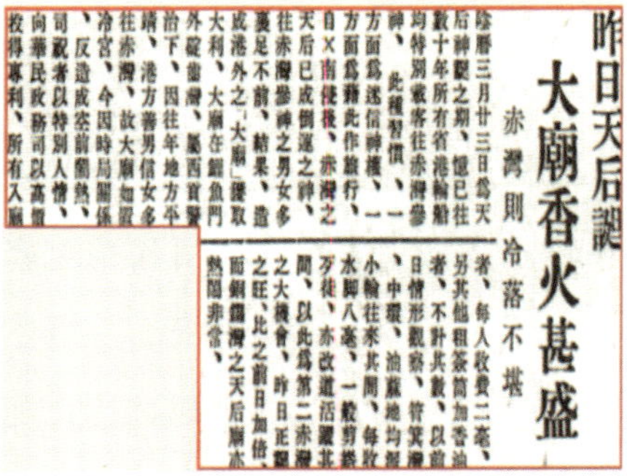
昨日天后誕
大廟香火甚盛
赤灣則冷落不堪
陰曆三月廿三日為天后神誕之期、懷已往數十年所有省港輪船均特別載客往赤灣參神、此種習慣、一方面為迷信神權、一方面為藉此作旅行、自×南侵後、赤灣之天后已成倒運之神、裹足不前、結果、造成港外之「大廟」獲取大利、大廟在鯉魚門外碇當灣、屬西貢警治下、因往年地方平靖、港方善男信女多往赤灣、故大廟如置冷宮、今因時局關係、反造成空前鬧熱、司載者以特別人情、向華民政務司以高價投得專利、所有入廟者、每人收費二毫、另其他租茶筒加香油者、不計其數、以前日情形觀察、管笑灣、中環、油麻地均開小輪往來其間、每放水腳八毫、一般剪綹牙徒、亦改道活躍其間、以此為第二赤灣之大機會、昨日正誕之旺、比之前日加倍、而倒霉灣之天后廟亦熱鬧非常、

香港《工商日报》（1939年5月13日）

日军对赤湾的骚扰和破坏，严重伤害了赤湾附近及出入珠江的百姓，这一时期也涌现出一批以赤湾为题材的抗战文学作品，如戏剧作品《渔民血》、散文《赤湾之夜》《赤湾的夜袭》。

① 红客茶：《赤湾天后庙》，《粤江日报》，1943年4月25日第3版。

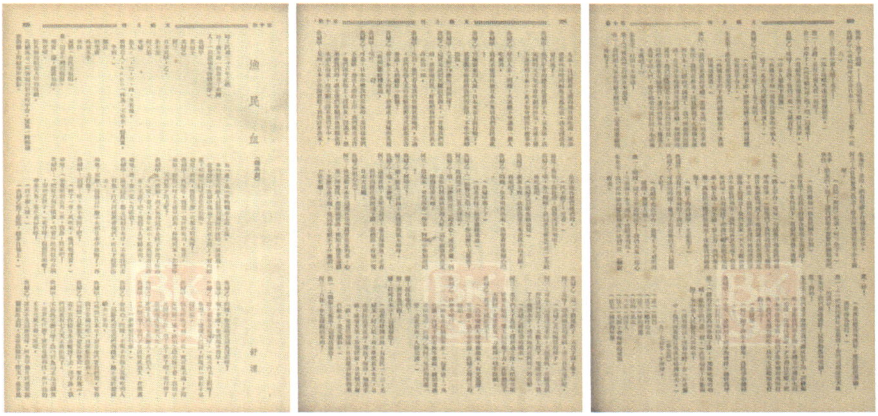

舒湮《渔民血》[1]

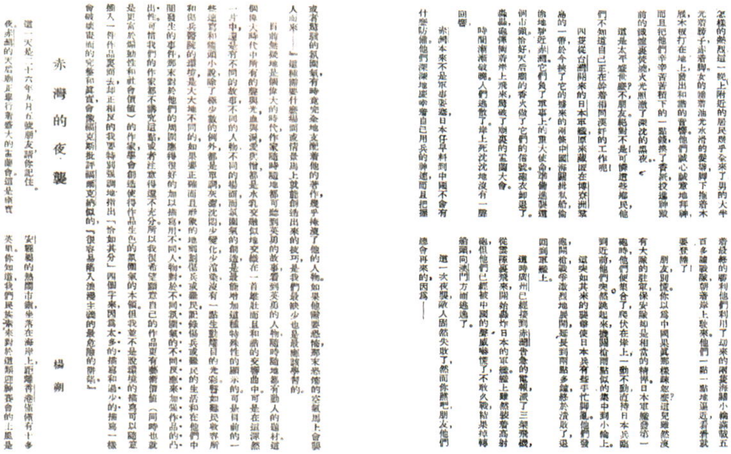

杨朔《赤湾的夜袭》[2]

① 郭青如编：《抗战独幕剧甲选》，战时编译社，1937年，第24—40页。
② 《光明》，1937年，第6—7页。

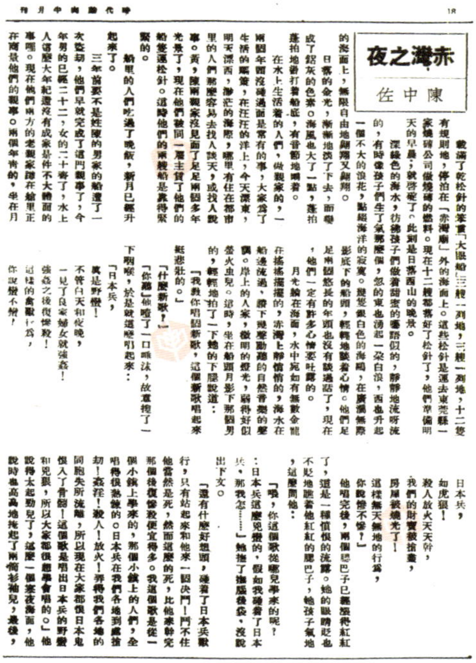

時代動向半月刊　18

赤灣之夜

陳中佐

載滿了乾松針的笨重「大眼船」三艘一列地，三艘一列地，十二隻有規則地，停泊在「赤灣廟」外的海面上。這些松針是運去東莞縣一家燒磚公司做燒磚的燃料。現在十二隻都弄好了松針了，他們準備明天的早晨，就啓碇了。此刻是日落西山的晚景。

深綠色的海水，彷彿孩子們做着甜蜜的夢囈似的，靜靜地流呀流的，有時像孩子們生了氣那麼個，忽的東也湧起一朵白浪，西也升起一個不大的浪花，點綴海洋的寂寞。幾隻銀白色的海鷗，在廣濶無際的海面上，無限自由地翻翔又翻翔。

日落的金光，漸漸地淡了下去，而變成了鋁灰的色素。海風也大了一點，蓬拍蓬拍地敲打着船底，有音節地鳴着。

在水上生活着的人們，做親家的，一兩個年頭沒碰過面是常有的事，大家爲了生活的驅策，在汪汪的洋上，今天漂東，明天漂西，渺茫的海際，哪裏有住在都市裏的人們那麼容易去找人談天，或找人說事。黃，陳兩親家沒見面了足足兩個多年光景了，現在他們被同一層主僱了他們的船隻運松針。這時他們的兩隻船是靠得緊緊的。

船裏的人們吃過了晚飯，新月已經升起來了。

三年前要不是姓陳的男家的船遭了一次盜劫，他們早就完成了這門親事了，今年男的已經二十二，女的二十寄了，水上人這麼大年紀還沒有成家是件不大體面的事哩。現在他們兩方的老親家蹲在船裏正在商量他們的親事。兩個年靑的，坐在月影底下的船頭，輕輕地談着心情。他們是足兩個悠長的年頭也沒有談過話了，現在，他們一定有許多心情要吐露的。

月光躺在海面，水中宛如有無數金龍在搖搖擺擺的，赤灣上靜悄悄的，海水在船邊流過，撥下幾聲動聽的自然音樂的響調。岸上的人家，微明的燈光，弱得好似螢火虫兒。這時，坐在船頭月影下那個男的，輕輕地拍了一下她的下腿說道：

「我教你唱個新歌，這個新歌唱起來挺悲壯的。」

「什麼新歌？」

「你聽」他嚥了一口唾沫，故意提了一下咽喉，於是就這麼唱起來：

「日本兵，
眞是野蠻！
不管白天和夜晚，
一見了良家婦女就強姦！
強姦之後復慘殺！
這樣的禽獸行爲，
你說慘不慘！
日本兵，
如虎狼！
殺人放火天天幹，
我們的財寶被搶盡，
房屋被燒光了！
這樣無天無地的行爲，
你說慘不慘？」

他唱完後，兩個腮巴子已經漲得紅紅了，這是一種憤恨的流露。她的眼睛眨也不眨地聽着他紅紅的腮巴子，她孩子氣地，這麼問他：

「喂，你這個歌從哪兒學來的呢？：日本兵這麼兇蠻的，假如我碰着了日本兵，那我怎……」她撫了撫腦袋袋，沒說出下文。

「還有什麼好想頭，碰着了日本兵獸行，只有站起來和他來一個決鬥！鬥不住他當然是死，然而這麼的死，比他來幹完那個後復慘殺便宜得多。我這個歌是從一個小鎮上學來的，那個小鎮上的人們，全唱得很熟練的。日本兵在我們各地到處搶劫！姦淫！殺人！放火！弄得我們各地的同胞失所流離，所以現在大家都恨日本鬼恨入了骨髓！這個歌是唱出日本兵的野蠻和兇狠，所以大家都很想學會唱的。」他說得太起勁兒了，這麼一個寥夜海面，他說時高高地捲起了兩筒衫袖兒，最後，

陈中佐《赤湾之夜》[①]

为抗击日军，东江纵队常年都在赤湾一带开展抗日活动。这时期，曾生等人受党组织委派，回到家乡宝安县坪山，成立县一级领导机构“中共惠宝工作委员会”，组织了惠宝人民抗日游击总队，还建立了各种抗日救亡团体。1943年，随着世界反法西斯形势发生变化，惠宝人民武装发展成为威震华南的广东人民抗日游击东江纵队，当时宝安县包括赤湾在内的广大地区均是东江纵队的活动地区，其中，还留有东江纵队在赤湾天后庙内端掉了日军据点的故事。据《中国共产党南山历史（1924—1950）》记载：

1944年6月初，东江纵队游击队联络员，从一个在赤湾天后庙日军

① 《时代动向》，1938 年，第 18—19 页。

据点给日军做饭的妇女那里得知，日军外出扫荡，庙中只剩一名日军留守。宝安大队趁机派吴梓良带领吴金、藤公（南山陈屋人）、更彩（南山陈屋人）、李就（客家人）、刘培森（蛇口人）等10名游击队员，化装成村民，由沙井出发，经过南头，沿南山脚下，来到赤湾天后庙。在庙门前，几个人假装踢球，故意将球踢到庙里，刘培森和藤公两人又假装进庙拾球。恰好留守的那名日军正在刮胡子，两名游击队员靠近日本兵，藤公迅速用手枪顶住日本兵的背部，日本兵一惊剃刀掉到地上，刘培森则顺势夺下日本兵腰间的手枪。紧接着，大家把日军的武器统统集中一起，押上俘虏的日本兵，一起从水路撤回石岩根据地。这次共缴获日军盖子钩长枪9支、机枪（也叫油机枪）1挺、响曲手枪1支、日本东洋剑1把以及一批子弹和毛樱弹。[1]

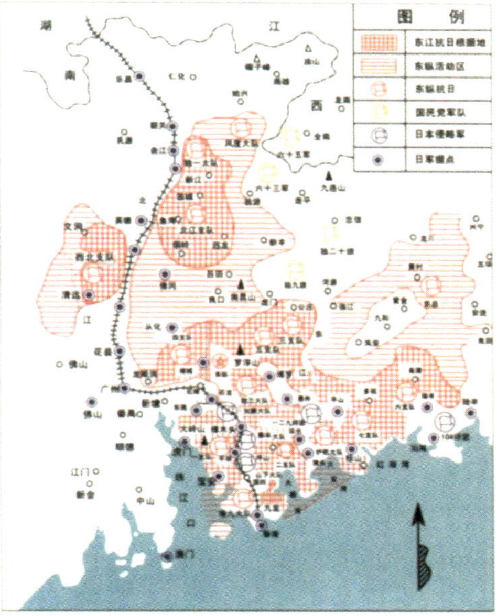

抗战胜利时华南地区形势图[2]

① 深圳市南山区志编纂委员会办公室：《中国共产党南山历史（1924—1950）》，北京：中共党史出版社，2017 年，第 57 页。

② 摘自深圳史志办公室编：《中国共产党深圳历史第一卷（1924—1950）》，北京：中共党史出版社，2012 年，第 8 页。

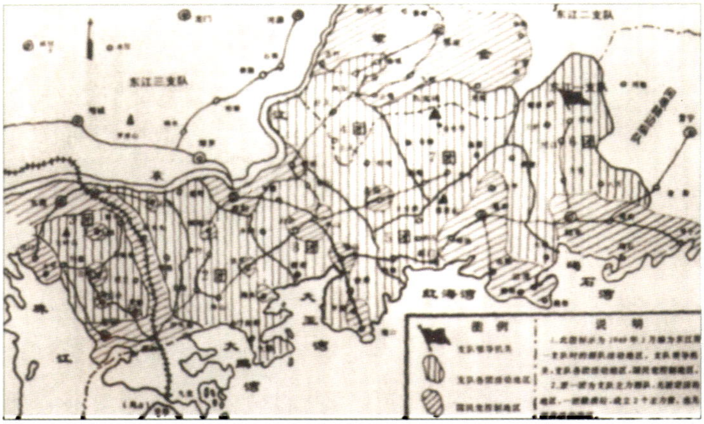

粤赣湘边纵队东江第一支队活动图[1]

田野追踪

信众蔡群英，东莞长安人。抗日战争期间，她的母亲和当地许多妇女被日本人抓去做苦丁。1945年驻扎在东莞的日军撤离，他们命令这些妇女为他们挑担行李，一路从长安步行至蛇口，并驱赶她们登船一起前往日本。蔡群英的母亲一直苦苦向负责押送她的日本士兵求饶，哭诉家中子女年幼无人照顾。虽然言语不通，但最终感动了押送她的士兵。该士兵趁大部队不注意，一脚将她踢下旁边的深坑。就这样，她逃脱了日军，从蛇口步行回长安的路途中，因迷路走到了赤湾，见到了赤湾天后庙。她深信正是天后娘娘听到了她的呼声显灵，才使她免受俘虏之苦。

经过漫长的抗战，1945年日本投降。同年，日军撤出宝安。然而，

① 摘自深圳市史志办公室编：《中国共产党深圳历史第一卷（1924—1950）》，中共党史出版社，2012年，第9页。

赤湾这个地方仍未获得宁静，很快，赤湾海域又掀起了波涛海浪。

四、解放战争时期的赤湾天后古庙（1946—1949）

1945年抗日战争胜利后，日军逐渐退出华南地区，国民党广东当局调集重兵围攻人民武装。为维护和平，1946年6月，东江纵队撤离广东。宝安县重新落入国民党政府的手中。由于东江纵队仍有少部分党员干部在宝安县及赤湾一带开展活动，国民党政府在赤湾驻扎了宝安县警察水巡队，大肆搜捕中共党员干部，对东江纵队进行残酷的清剿，美其名曰“维护治安”。赤湾的水巡队有由香港租过来的武装‘电扒’两艘，船内设备有机枪及其他犀利武器。其巡视范围大致由黄松岗左右至南之蛇口附近。[①]

经过长达数年的抗日战争，赤湾天后古庙早就残破不堪。据当时的《广东日报》记者记录：“天后庙是赤湾唯一的砖瓦建筑物，依山而筑，占地甚广。横通三过，深凡三进，青墙岩瓦，甚为壮观。惜乎前座及正门上，已给敌人炮火击毁，横额已无存在；中座，及奉祀‘天后元君’之后座，大部完整。然其墙虽及□□上雕刻，多凋零剥落。”[②]随着宝安县的政治局势暂趋稳定，1948年，南头地方人士重新举办天后诞的进香活动，虽然没有抗战之前的热闹、盛大，但前来的船艘“亦达数十艘”之多。当时香港《华侨日报》和《工商日报》均有报道：

【特讯】赤湾，宝安县城南赤湾，向有天后庙，最近经各方善信募助修理，已告竣工。本月（农历）廿三日，为天后诞期。战前遇天后诞期，往朝参天后者，颇为热闹。诞期中，不少轮艘航赴该地，载运旅客前往参

---

① 徐思琼：《赤湾行》，《广东日报》，1948 年 5 月 30 日第 4 版。

② 同上。

神。惟战后，因内河轮艘沉毁至众，船艘缺乏，故未有客轮前往，此种渔船，亦达数十艘。目前天后庙主事，为适应游客，连日已布置码头，搭棚准备演戏。岩口车路公司，并于明日起，特派客车，行走该地云。①

宝安县属赤湾，自宋以来，即建有天后庙，该庙建设千门万户，上栋卜宇，又为东方美术之典型，每年三月廿三日，许多烧香客与游人，前往赤湾参神者甚众。本月廿三日为该庙天后诞，该庙董事长联络东宝各县民众，特举行盛大庆祝，并演戏三天，通请附近及省港人士前往参观，当有一番热闹。又闻该处有赵王坟等古迹，届时介绍游客观览，并有军警保卫云。②

广东各地及港澳民众前往赤湾参神的热闹景象一直持续到1949年的天后诞。据当时香港《国华报》报道：

（宝安南头通讯）昨农历廿三日为天后诞，宝安、东莞、中山、香港等地善男信女前往赤湾拜天后者，极为拥挤，一股进香男女络绎于途，沿南头至赤湾天后庙路上，手持玉香波萝鸡之妇女极众，赤湾海面布满船艇，不下数百艘，架搭牌楼，悬挂旗帜，随风飘荡，路上加演粤剧，燃放烟花，各地前来舞狮者，川流其间，锣鼓喧天，不绝于耳，庙内香烟足不见人，耗费港币约有数万元之巨云。③

上述可见，赤湾天后古庙圣诞期间热闹非凡，香客、游人络绎不绝。大量的进香男女也给不法之徒带来可乘之机，歹徒与军警公然私下

① 《廿三天后诞，轮渡增加大庙赴赤湾，利便各善信贺诞进香》，《华侨日报》，1948 年 4 月 28 日第 4 版。

② 《天后诞：赤湾重戏盛大庆祝》，香港《工商日报》，1948 年 4 月 29 日第 5 版。

③ 《赤湾天后诞，善男信女，参神热闹》，香港《国华报》，1949 年 4 月 25 日第 8 版。

合谋，开设烟馆赌馆，荼毒民众。1948年，宝安县县长张志光在工作报告中提到："本年四月间，据报有歹徒在赤湾趁天后庙诞期开设烟赌情事，当经饬据本县警察局查复，略以赤湾烟赌为虎门要塞守备第三大队驻军所庇获、本局无权过问等情，本府当即据情电请虎门要塞司令部查办，并分报第二区专保公署有案。"[1]

1946年，国民党全面发动内战后，广东区党委做出了恢复武装的决定。深圳地区党组织立即发动群众，举起反"三征"反迫害的旗帜。1949年1月，中国人民解放军粤赣湘边纵队成立；8月，中共宝安县委员会和县人民政府成立。深圳地区党组织领导地方武装，配合南下大军，迅速扫清残敌，于10月16日解放宝安县城南头。而驻守在宝安的国民党军分别逃往赤湾周边海域的大铲岛、伶仃岛等岛屿。且仗着隔海及军舰的力量，盘踞岛上，滋扰、抢掠过往的船舶，包括出海捕鱼的渔民，使珠江两岸人民的生活不得安宁。针对此情况，两广纵队司令部指示组织炮团等力量，尽快铲除敌人，保障人民生命财产的安全。

宝安县解放

① 深圳市史志办：《民国深圳历史资料选编》，深圳：深圳报业集团，2014年，第317页。

解放海岛，就需要渡海作战，大炮、船只和兵力的筹备必不可少。为攻打伶仃岛和大铲岛上的国民党余部，解放军驻扎在赤湾天后庙内做准备，并在赤湾沿岸加筑炮垒，以大炮与大铲海面之国民党舰艇互相轰击。1949年11月16日，中国人民解放军两广纵队炮兵部队向大铲岛国民党残部发起进攻。当日凌晨，在炮团团长袁庚的指挥下，参谋长傅志刚和组织股长徐育率突击部队进入蛇口赤湾隐蔽。在炮火的掩护下，突击部队分乘三艘机帆船渡海登岛。国民党军队仓皇登船逃窜，离岸不远又被解放军猛烈的炮火逼靠岸边，包括中将军官徐达在内的80余人举手投降，我军缴获大批物资。[①]但国民党部队仍有100多人、6艘军舰盘踞在伶仃岛。[②]1950年4月18日，深圳地区地方党和乡政府动员渔民400多人，出动渔船200只，配合中国人民解放军四十四军一三〇师三九〇团进攻内伶仃岛。在伶仃洋大败敌舰27艘，消灭岛上千余敌。[③]至此，宝安县全境解放。

据《南头解放内伶仃烈士纪念碑》载："五〇年四月十八日并肩于海南登陆战，我部奉命进攻伶仃岛。参战健儿，英勇船工奋不顾身，从赤湾起渡，我重炮轰鸣，跨海南征，四十分钟而登陆尖峰山脚，登陆之速，迫敌未敢顽抗而登船奔命，未及登船者皆被俘，参战健儿复乘商船五艘两度与敌军舰炮艇二十七只大战于伶仃洋，士气旺盛，炮火炽烈，弹无虚发、打烂匪所谓海上部署，击沉匪舰艇两艘，毙溺敌百余，迫拥有舰艇之海盗狼狈鼠窜万山。自此珠江大门已确实掌握在人民手中，航行捕鱼出入自如，而残匪吹嘘的'反攻大陆'已化幻梦。"

---

① 中共深圳市委党史办公室编：《深圳党史资料汇编》第4辑，中共深圳市委党史办公室，1989年，第256页。

② 周肇仁：《宝安边境斗争纪事》，深圳市宝安区史志办公室，2006年，第58页。

③ 深圳市史志办公室：《中国共产党深圳历史 第一卷（1924—1950）》，北京：中共党史出版社，2012年，第295页。

南头解放内伶仃烈士纪念碑

1950年之后，尽管宝安县全境解放，但赤湾海面的斗争形势仍然严峻，流窜在海上的敌特武装仍不死心，1950年至1953年期间，多次在珠江口外袭击解放军舰队，并假装“渔船”进港避风为理由，试图在赤湾登岸破坏。为应对匪特的袭扰，解放军加调炮兵增强赤湾的海防力量，并增加巡防珠江口的舰艇。同时，在赤湾天后古庙原址上兴建军营，保卫沿海安全。

小　结

从盛清到民国，在长达一百八十余年的时间里，赤湾洋面经历了河清海晏到鲸波惊起的剧烈转变。就贸易的情形而言，康乾之际赤湾处于南北贸易的必经之地，吸引了大量外地商人驻足于此。本地渔业及盐业也相当发达，地方民众能够自给自足，安居乐业。为抵御海盗，赤湾天后古庙成为清军的驻辖之所。而香港开埠，赤湾民间海洋贸易兴起，带来了赤湾天后古庙香火的鼎盛。之后，随着日本入侵中国，作为粤省门户的赤湾多次受到日军轰炸和掠夺，赤湾天后古庙呈现颓败之势。

第五章 海上春风：新时期的赤湾天后博物馆

1992年12月19日，当代著名学者、文物鉴定家史树青在修复赤湾天后古庙方案评审会上题写道：“喜见南山庙貌新，珠江瀛海仰慈云。梯航风便人欢乐，令德昭垂万代春。”此诗抒发出了新时代背景下人民群众对于修复赤湾天后古庙的喜悦之情。改革开放的春风为深圳发展提供机遇的同时，也给赤湾天后古庙带来了新的生机。

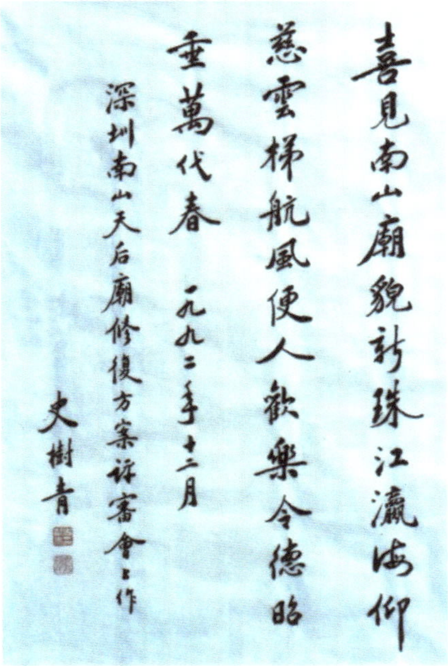

史树青题字

第一节　当代赤湾天后古庙的变迁

一、改革开放、文物保护与天后古庙重建（1978—1999）

（一）改革开放前的天后庙旧址

自1953年以来，在长达30年的时间里，边防部队一直驻扎在赤湾天后古庙内，而营房就建在天后古庙的遗址上，营房四周还种上了整齐的防风林。这期间，部队营房也经历过数次的兴建与改造。到了二十世纪七八十年代，天后古庙原有的建筑已基本不复存在，除了古井与古榕树不能搬动，留下的就只剩宫殿遗址的基础、条石、石狮子以及大量残缺的石构建。天后古庙原有的祀田部分收归国有，部分祀田被划分给赤湾等村落居民使用。由于当时生活条件比较艰苦，这些残留的建筑遗迹成为官兵忙碌训练之余的憩息空间。尤其是那一口水井，据退伍的老兵回忆：

部队里的农副业生产、种植蔬菜，官兵们的生活用水，做饭、冲凉（广东话称洗澡为冲凉）全靠它。村民们生产浇地也靠它，不论什么时候，水井边都是很热闹的地方。特别是我们当兵的对它有格外的亲切感，因为一整天艰苦的军训，全身汗水下来，傍晚在井里提上一小桶水，在冲凉房里全身上下洗个澡不知有多惬意。在井里提上来的水做的饭不知有多香。饭后、澡后坐在我们水井边种的葡萄架下，聊天心情又不知有多舒畅。①

---

① 左中卫:《天后宫里水井的变迁》,《特区企业文化》,1996 年第 2 期。

天后庙遗址建筑之石壁

天后庙遗址建筑之基础柱石

天后庙遗址建筑之门枕和水井

（二）1995—1998年修复纪实

1995年赤湾天后庙的重建与深圳市政府落实保护文物和文化的政策有关。1978年12月，中共中央召开十一届三中全会后，深圳经济特区挂牌成立。考虑到赤湾地理条件优越，既是古代天然的深水良港，又是粤港澳地区的重要枢纽，其条件非常适合建设深水海港。1982年3月，经国务院批准成立中外合资股份制企业——中国南山开发公司，负责赤湾深水港建设和海洋石油后勤服务基地，从此，赤湾港的建设拉开了崭新的篇章。开发建设之初，即发现许多被淹没已久的历史古迹。

1981年的赤湾

第一，1982年8月24日，赤湾港发现清代沉船，受到了当时深圳市市长梁湘的重视。梁湘亲自批示："请文物普查办提出保护文物古迹的措施，报市政府讨论决定，公布实施。"

第二，1983年初，赤湾发现了宋帝昺陵墓。该帝陵曾在清末得到重修，民国时期，旅港的赵氏宗亲会率乡族前来扫墓，地方文人也时来瞻仰。抗日战争爆发后，旅港赵氏宗亲鲜少前来祭祀游览。1950—1970年，由于边防政策的原因，赵氏宗亲一般在香港遥祭帝昺陵墓。帝昺陵墓发现后，南山开发集团公司和海内外赵氏宗亲出资重修。1985年，重修工程竣工后，旅港赵氏宗亲总会率人前来祭祀帝陵，这是自1937年以来帝陵首次有族人集体祭拜。

第三，赤湾左、右炮台的发现。明初为防御海盗，朝廷始在赤湾南山上设赤湾墩台。清康熙年间，随着南海往来外国商船增多，清政府在赤湾修建左、右炮台，相距约1500米，扼险而守。赤湾炮台归属广东水师提标左营，由南头炮台总指挥，炮台上各有驻兵20名。鸦片战争期间，赤湾左、右炮台曾发挥过重要作用。不过炮台因年久失修，早已荒置不用。1982年赤湾港口的开发为左炮台的发掘带来了机遇。由于划入了公司用地范围，1988年，南海油脂工业（赤湾）有限公司把右炮台周围的山岗推平为工业用地，仅在右炮台遗址坐落的岬角上保存了675平方米的独立小山岗。[①]

受损严重的右炮台遗址

随着多项历史文物古迹的发现，特区政府十分重视左右炮台的发掘工作，特此划出保护范围，并纳入深圳市重点文物保护单位之列加以保护。

1983年，深圳市文化局发出《关于蛇口工业区文物保护的通知》，由深圳市规划局、市博物馆、市政府南头区办事处、南山开发公司、特区报社副刊部等单位，对赤湾左炮台、宋少帝墓划出保护范围，据《赤湾港名胜古迹保护管理坐谈纪要》载：

1983年12月17日上午，深圳市规划局、市博物馆、市政府南头区办事处、南山开发公司、特区报社副刊部等单位，在赤湾港就当地名胜古迹的保护和管理问题，举行一座谈会，建议规划局为赤湾左炮台、少帝墓划出保护范围，指出“赤湾天后庙旧址，也应划为‘建设控制地带’”[②]。

1988年7月27日，赤湾天后古庙被列入深圳市第三批重要文物保护

① 刘均雄：《广东深圳发掘赤湾右炮台遗址》，《中国文物报》，2005年11月11日。
② 深圳市政府：《赤湾港名胜古迹保护管理座谈纪要》，1983年12月17日。

单位，[①]这也给赤湾天后古庙的重建带来了机遇。改革开放以来，经济的快速发展，同时带来了人们对优秀传统文化的重视，非物质文化遗产的民俗信仰出现了复苏的趋势。珠三角及港澳民众闻讯也陆续前来赤湾拜祭妈祖。但由于庙宇已不复存在，民众只能选择在军营四周遥祭朝拜。《赤湾天后宫年鉴》记载："庙虽拆毁，百姓的信奉却仍然存在，每年仍有不少老人到旧址参拜。实行开放政策以后，港澳同胞、华侨和东莞、宝安渔民到赤湾大庙旧址来得渐多，1986年、1987年的天后诞前后几天，均有上万人到天后庙旧址参拜。最多的一天达5000余人。"[②]据信众卢秀娥回忆，20世纪80年代初，东莞某条村的几个信众试探着过来拜妈祖，回去之后便到处宣传：赤湾天后庙可以拜阿嫲了。一传十、十传百，于是虔诚的东莞阿婆们蜂拥而至。大家拥到部队营房外，即赤湾天后古庙原妈祖大殿的旧址前，摆上自带的神像和香炉，伏地而拜。驻守部队官兵为了百姓安全，还主动组织民众来到庙前的广场上（当时为驻守部队的篮球场）进行祭祀，并将此项活动列入部队爱民工作，深受广大老百姓的夸奖。

随着每年前来祭祀的民众越来越多，民众呼吁重建赤湾天后古庙的呼声也越来越强烈。1992年，随着全国文物保护政策的落实[③]，同时结

---

① 深圳市人民政府办公厅文件，深府办〔1988〕1048号《关于公布深圳市第三批重点文物保护单位的通知》，1988年7月27日。

② 赤湾天后博物馆编：《赤湾天后宫年鉴（2006年）》，赤湾天后博物馆藏，第30页。

③ 1992年，国务委员李铁映在全国文物工作会议宣布："'八五'期间将开展建国以来规模最大的文物保护工作……各级领导都亲自抓一个文物保护项目或文物维修工程，务必一抓到底务必完成，这是我们各级党政负责同志为子孙造福的德政。"同年5月，李瑞环同志在西安《全国文物工作会议上的讲话》："丰富的历史文物有利于促进文化繁荣和经济发展。随着人们物质生活水平的提高，欣赏历史文物，参观名胜古迹，已日益成为人们生活水平的一部分。利用文物资源，吸引海内外游客，是发展我国旅游业的一大特色和优势。也是开展国际文化交流的重要方面。……历史文物是联结中华民族的强大精神纽带……历史文物的挖掘、保护和开展，必将进一步激发海内外中华儿女的爱国热情，增强民族凝聚力，鼓舞人们在中华民族伟大复兴的旗帜下，为实现祖国统一和四化大业，做出自己应有的贡献。"

合南山区经济、社会发展和人民群众的实际需要，深圳市南山区按照中央指示，决定修复深圳市文物保护单位——赤湾天后古庙。“修复赤湾天后庙，并以此为龙头，尽快恢复深圳历史上的‘赤湾胜概’景观，带动全区文物古迹的保护、开发和利用，使南山区的文物利用成为深圳市的文化热点。”[①]

20世纪90年代初老百姓在赤湾庙遗址前虔诚拜祭的场景

1992年5月，中央召开全国文物工作会议，宣布开展文物抢救保护工作。同年8月8日，南山区人民政府同意修复深圳赤湾天后古庙。同年12月17—19日，由全国古建保护专家组组长罗哲文、副组长郑孝燮、全国文物鉴定委员会副主任史树青等13位著名专家组成专家委员会，在蛇口明华中心举行评审会，对修复方案进行了科学的论证和评审。专家们

---

① 龙辉：《赤湾妈祖文化概论》，上海：上海古籍出版社，2007年，第80页。

一致同意重修赤湾天后古庙方案中的各项设计要求，同时，呼吁上级部门解决天后庙的用地和绿化问题。

1992年12月赤湾天后庙修复方案评审会

同年12月19日，在南山赤湾天后古庙旧址上举行隆重的修复奠基仪式，全国人大常委会副委员长王光英、程思远，武警部队司令员李连秀中将，以及罗哲文、史树青等专家出席并奠基培土。全国人大常委会副委员长王光英在深圳南山天后古庙修复工程奠基典礼说道："天后是海神，航海女神，世界上许多国家都有天后庙，据统计全世界有一亿多人信仰天后，特别在台湾和港澳地区，天后的影响很大。修复好深圳南山天后庙，意义十分重大。一方面，落实了国家的文物政策；另一方面，增强了民族凝聚力；同时，搞好了旅游，给深圳会带来很大的经济效益。"

附：

深圳南山赤湾天后庙修复方案评审会专家呼吁书

1992年12月17日至19日，我们应深圳市南山区人民政府的邀请，在深圳蛇口明华中心出席深圳南山天后庙修复方案评审会，除详细审议修复天后庙的必要性及其规划方案之外，还参加了修复南山天后庙的奠基典礼。

为使此项修复方案及早付诸实施，我们特呼吁请上级主管部门为该项工程排忧解难并尽快解决以下两个具体问题：

1. 南山天后庙原址目前为武警部队某支队的营房，建议国家武警部队领导机关为该支部队另觅营地，并建议深圳市人民政府为该支队妥善解决新营地的用地问题。

2. 南山天后庙是一处面海背山的纪念性文物建筑，它所依靠的南山历来有“三月庙会”“九九重阳登高”的活动，今后必将发展成深圳市的著名旅游风景区。加强南山的山体保护与绿化是当务之急，请深圳市国土规划局、城建局和文管会等有关单位尽早划定环境保护范围，防止南山自然景观和人文景观继续遭到破坏。

深圳南山天后庙修复方案评审会专家委员会

一九九二年十二月

深圳南山赤湾天后庙修复方案评审会会议纪要

深圳南山赤湾天后庙修复方案专家评审会，于一九九二年十二月十七日至十九日在蛇口明华中心召开，会议邀请全国著名的文物、古建筑专家，高级建筑师及有关方面的学者、教授：罗哲文、郑孝燮、史树青、沈廷杲、张晓雨、杨森、邓其生、李椿龄、汤池、沈茫、黄崇岳、吴曾德、夏玫云等对南山天后庙修复方案暨南山文化旅游区总体规划进行了评审，会议由南山区副区长、区文管会主任黄水桂同志主持。会议期间，全国人大常委会副委员长王光英、程思远、全国武警总队中将李连秀、中共南山区委书记虞德海、区长廖军文等同志到会看望了各位专家，并听取了汇报。专家们参观了天后庙遗址，听取了规划项目组负责人张一平同志介绍修复方案，进行了认真的评审，发表了许多宝贵意见。

十九日上午，王光英、程思远、李连秀、虞德海、廖军文等与专家们一起给天后庙修复工程奠基。专家们一致认为，修复南山天后庙是一件大事，是一件好事。对于文物保护，发展旅游，促进经济发展暨精神文明建设具有重要意义。大家踊跃发言，会议开得圆满成功。综合专家评审意见，纪要如下：

一、天后圣母是航海之神，她根植于广大人民群众之中，护国护民、舍身救航、舍己救人的美德受到广大人民的敬仰。天后文化，源远流长，影响很大。仅就海上交通，可与丝绸之路相比，展示了我国历史上与世界各国人民经济文化的交往。南山天后庙是广东省历史上建筑规模最大的一座天后庙。早年乘船出国的华侨，特别敬仰天后，对天后的祭祀非常隆重，对天后庙的修复有迫切的要求。南山区领导审时度势、高瞻远瞩，把天后庙的修复工作当作一件大事来抓，符合小平同志最近指出的在改革开放中，一定要把文物保护好的精神，也符合中央领导同志提出的对文物“保护为主，抢救第一”的要求。南山区要充分利用文物古迹的优势，在南头古城和天后庙上做文章。尽快修复天后庙，对开发南山文化旅游，使之成为深圳市第三个旅游热点，将起到龙头作用。

二、专家们一致认为设计方案是成功的，给予了充分的肯定。规划项目组的同志在时间短、人手少、要求高的情况下，克服困难，作了大量的扎实工作，资料的收集充分、完整。规划进行了多方案比较、论证，最后形成的天后庙修复方案是可行的，是有科学根据的。因南山天后庙地面建筑面目全非，但基址及部分建筑构件犹存，重修成一个什么样的天后庙，是专家们共同关心的问题。大家一致同意修复方案提出的：天后庙的主要建筑要恢复到明代鼎盛时期的风貌，争取达到天后庙有99门的规模，建筑造型按照明代式样，体现闽、粤地方风格。

三、修复天后庙要做到统一规划，分期实施。天后庙的修复工程要纳入深圳市的总体规划，与深圳市南山文物保护、利用规划相结合。要注意解决交通问题和海域环境关系问题。对于天后庙修复的本身，规划方案提出先搞“一门四殿、两期施工”是可行的。在分期实施中，要注意近远期相结合，成熟一处，修一处。

四、进一步对天后庙遗址进行科学考察，寻求修复天后庙的科学依据，尽量保持原址、原构件。天后庙的修复要成为高层次的文物古迹修复的样板，要得到社会广泛的认可。天后庙原址以外的建筑和附属配套工程的修建，可以适当放宽，按使用要求进行，建筑的风格和形式要与重修的天后庙相协调。

五、专家们要求，修复天后庙，要做到精心设计，精心施工，要挑选合格的施工队伍，要有懂行、善管理的班子，千万不能粗制滥造。庙内的陈设内容要求丰富，要有天后像，有天后事迹的壁画，有世界各地和中国沿海各地天后庙展览陈列，但不能烦冗。要进行专题研究，并同时设关于“天后文化”研究课题，专家们一致认为应筹建一个天后文化博物馆，以适应文博事业发展形势的需要。

六、要绿化、美化环境。深圳市是一个美丽的新建城市，有条件做到这一点。南山是深圳市珠江口不可多得的名山，专家呼吁要保护南山的自然风貌。重修的天后庙将成为一个高层次文化旅游点。与会专家预祝天后庙修复成功，以重睹芳华。

深圳南山天后庙修复方案评审会专家委员会

一九九二年十二月

1992年12月赤湾天后古庙修复工程奠基典礼

1993年3月7日，经南山区政府批准，南山天后庙修复委员会决定发动公众、机关团体、社会各界人士和侨居海外的同胞自愿捐助资金。

深圳特區報

Shenzhen Special Zone Daily

1992年12月21日 星期一

（第1版）

恢复当年鼎盛时期风貌

南山天后庙开始全面修复

南山報

NAN SHAN NEWS

修复天后庙

海内外人士踊跃捐资

本报讯（记者 杨书呻）：最近南山赤湾天后庙修复工程奠基典礼在蛇口赤湾举行。全国政协副主席王光英、程思远，中国人民武警总部司令员、李连秀中将等及有关海内外人士闻讯纷纷前来祝贺并踊跃捐资。

此庙座落在南头半岛西端赤湾北的海边，是广东省内最大的天后庙宇，在台湾、港、澳及东南亚地区久享盛誉。天后，是沿海百姓祭祀的海神天妃，民间俗称妈祖，传说这位天妃姓林，名默，生于宋初，一生热心于行医和海上救助，因此被航海者奉为海神天后，称她为中国航海的保护神。为保护和抢救历史文物遗产，我区成立了修复此庙的工程筹备组，经过半年的艰辛努力，现已设计出接近此庙历史原貌的修复方案。

全国政协副主席王光英在此庙奠基仪式上说，全世界信仰妈祖的有1亿人，南山区决心重修赤湾天后庙的举动很出色，必然会在世界上产生很大影响。南山区如此重视古迹文物的保护和开发利用，深得人心，令人高兴。区委书记虞德海在仪式上表示，区委区、政府决心善始善终完成修复天后庙这项工作，通过对历史文物的修复，进一步发挥文物对现代化建设的作用，促进海内外人士的沟通合作，推动深圳经济繁荣发展。

此庙修复工程共需投资8000万元，主要靠海内外热心人士捐资。

奠基仪式结束后，香港高世国际有限公司、现综电子有限公司董事长徐伟峰当场捐款1万元，深大反光材料厂厂长、深圳同鑫企业有限公司董事长叶敏德代表两个公司当场捐款2万元，还有许多海内外人士闻讯后，纷纷电汇捐款，希望该修复工程早日竣工。

香港商報

南山天后廟舉行奠基

深圳特區報

Shenzhen Special Zone Daily

深圳特区报社出版 第3433期

本报代号：45－20号 统一刊号：CN44－0027

1993年2月8日 星期一

深圳市今日天气预报

南山天后庙修复在运筹中

【本报讯】深圳南山天后庙（原称赤湾天后庙）是广东省历史上建筑规模最大的一座天后庙，始建于宋朝，鼎盛于明朝。最近，南山区政府决定重修这座天后庙。区委书记虞德海日前在香港接受记者采访谈及南山天后庙的修复工作时表示：“抢救文物是千秋大业，修复天后庙是为了进一步发挥文物对现代化建设的作用，加强海内外的沟通与合作，促进南山区的旅游事业发展。为了完成这一有意义的工作，期望海内外人士热心支持。”

虞德海透露，南山天后庙完成全部修复工程约需三千余万人民币，该笔款项均由社会捐赠或集资。目前已筹到相当一笔资金，但尚未足够。他说，社会各界人士对修复南山天后庙十分关心和支持，捐款来自国内机构和个人及港澳海外、台湾等地朋友。他期望各方人士今后继续支持南山天后庙的修复建设工作。

虞德海说，全国政协副主席王光英、程思远及中国人民武警总部李连秀中将都曾亲临南山，就修复南山天后庙工作作指导。同时，南山区也于去年年底召集了全国著名文物、古建筑专家对天后庙修复方案进行了科学的论证和评审，专家们一致认为，南山天后庙修复工作存在相当困难，但有修复的可行性。

（谢钻）

（第2版）

南山報

NAN SHAN NEWS

修复天后庙

海内外人士踊跃捐资

深圳特區報 1993年4月19日 （第2版）

南山区举办“天后文化展”

深圳商報 1993年4月17日

《天后文化展》在南山开幕

南山報 1993年4月26日

我区举办天后文化展

报纸剪影

1992—1993年，深港两地的报纸分别刊登了赤湾天后古庙重建的消息。四方善信获得这个消息之后激动万分，纷纷慷慨解囊。来自香港、深圳、东莞、广州、澳门，以及国外如东南亚、欧美等地的华人华侨都踊跃支持，出钱捐物。热心的信众中多以中老年妇女为主，她们人生经历中或多或少与赤湾天后庙有着千丝万缕的情缘，因此，她们的夙愿也特别的强烈，不但亲自参与捐资，而且还发动组织各村各族参与捐款。据天后庙的工作人员回忆：“当时各大媒体报道，很多人过来捐钱，渔一村、渔二村、南山村、南园村的村民，还有福建莆田、东莞大朗镇、东坑、常平这些地方，他们很多都是了解到哪个地方收钱的，就拎着钱一起送过来。”除了传统信众外，深圳作为移民城市，来自五湖四海的民众亦为妈祖庙的重建添砖加瓦、出钱出力。

四方善信捐款的形式大致分为两种：一种是个人行为，一种是有组织的。个人行为的捐款方式是：自捐、代捐、阖家捐（以家庭为单位）以及个人代表公司企业的名义捐资等。有组织的捐款则形式多样：有以商行、协会组织募捐的，有以城镇或村落为单位筹集的（类似份子钱），还有以宗祠族群及家庭共同集资的等等。

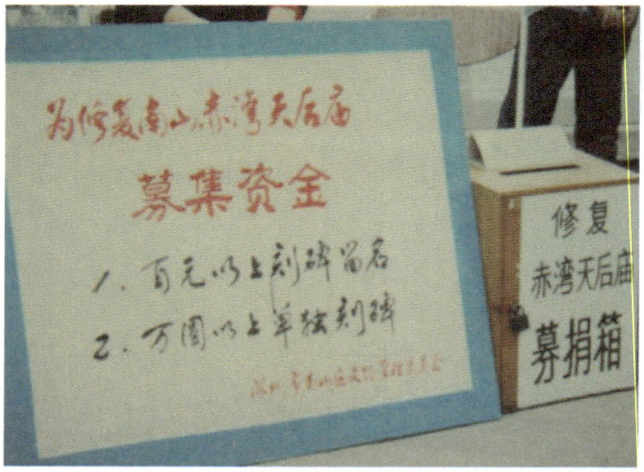

募捐现场

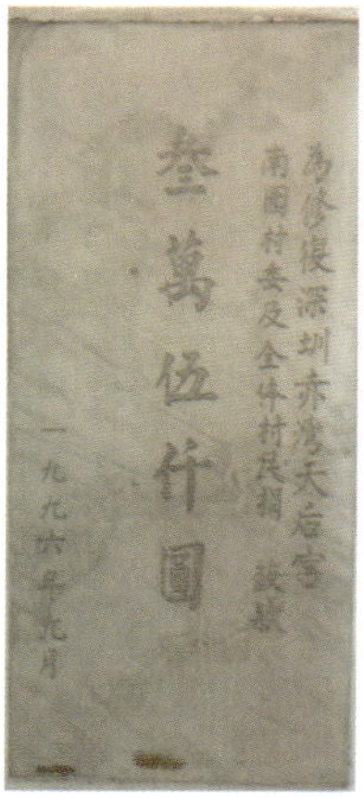

赤湾天后庙鼓楼的碑铭

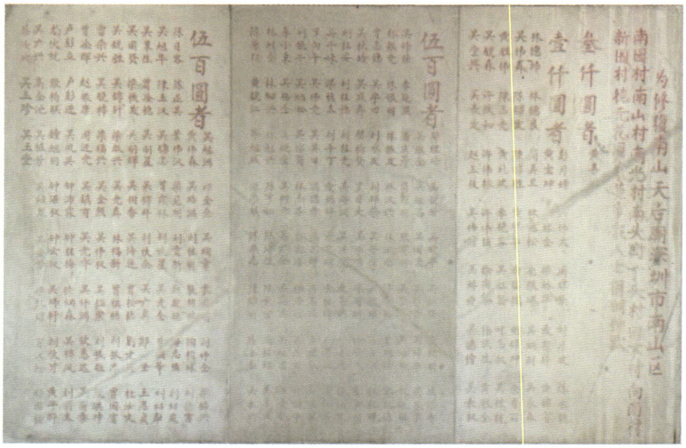

赤湾天后庙钟楼的碑铭

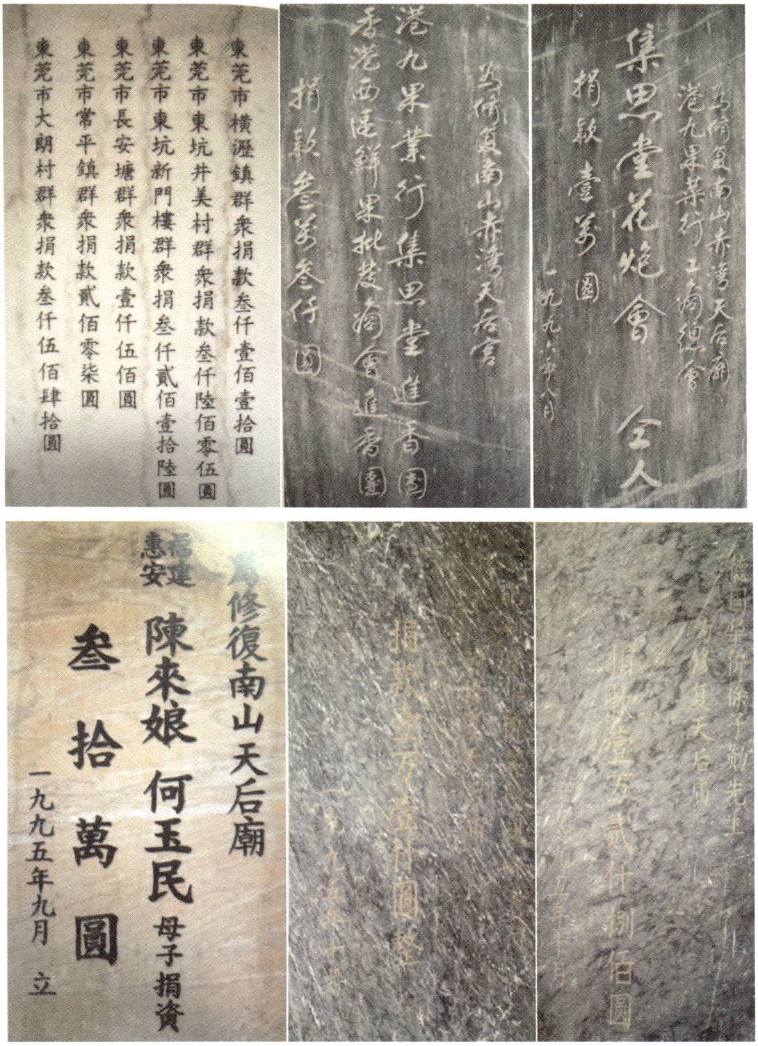

捐款碑刻（部分）

部分热心信众事迹介绍

何玉民先生，福建泉州人，他与妈祖信俗文化渊源深厚，热心、积极参与赤湾天后古庙的重建筹备工作。1992年上半年，何先生为了尽快促成天后古庙的开工建设，以母亲陈某某女士的名义捐资善款30万元，成为赤湾天后庙首位大额捐款的善信，有力地推动了赤湾天后庙的重建启动。1992年下半年，时任全国人大常委会副委员长王光英亲自为赤湾天后庙题写匾额“天后古庙”。何先生与时任筹备工作组人员一起前往北京，接回题字。1993年初，他回到福建惠安崇武，又为赤湾天后古庙采购了价值110万元的石制品，制品包括龙柱、麒麟、石栏杆以及其他的石料构件，并且负责运输到赤湾庙。1993年，为了让驻扎在赤湾天后庙内的武警中队顺利搬迁，在他的帮助下，请时任广东边防局林杰员局长给予支持和协调，使得天后古庙的重建工作得以顺利展开。1995年，为庆贺天后古庙重光，他再次捐款15万元，邀请北京“三国演义”戏剧团前来南山进行演出。

徐子勋先生，祖籍南山的德籍华人，偶闻修庙盛事，马上倾其所有，把随身带的12800元全数献出。他说：“先不要刻碑，我以后每年都要捐钱。不仅自己捐，还要发动在外的海外华人一起。”

周琼芳女士，本广州番禺人，嫁到深圳南园村。她积极联系南园村村民捐款。每年天后诞，都会前来赤湾天后庙做义工。

卢丽娥女士，本东莞人，嫁到福田沙埔头村。听闻赤湾天后庙要重建的消息后，她连忙打电话通知东莞娘家这个消息。当时深圳、东莞两地交通还不是特别方便，卢女士多次开车回东莞，将村民的捐款带到赤湾天后宫。同时积极打电话联系福田在香港、国外的村民，呼吁捐款。

由于历史的原因，原赤湾天后古庙内保存的许多历史文物、资料遭到破坏或遗失，这使得重建工作的展开非常困难。幸运的是，1993年，旅美华人殷亮先生在美国华盛顿一家拍卖行发现了一副同治四年（1865）赤湾天后庙全图的石刻拓片。在一位老华侨的协助下，殷亮先生多番与华盛顿拍卖行老板磋商，最终以要价的十分之一买下这张赤湾天后庙全图的石刻拓片。据报道称：

美国易达有限公司副总裁殷亮先生，近日专程将他在华盛顿、休斯顿、纽约、费城等地收集的天后庙资料送到我区。有关人士认为，这些资料对修复赤湾天后庙工程颇有参考价值，尤以其中一张“天后庙全图”更具现实意义。日前，殷亮先生在下榻的荔园招待所接受了记者采访，并热情介绍了他在海外不辞劳苦多番查询天后庙资料的情况。殷亮先生今年57岁，曾在中央电视台和珠江电影制片公司做导演工作，1990年移居美国。次年，他作为发起人之一，在纽约组织成立了“中国艺术家协会”。最近与又与家人一起创办了易达有限公司，旨在弘扬中华民族源远流长的灿烂文化……去年，《人民日报社》与香港华夏文化艺术中心等单位在广州举行“中国书画艺术季装裱艺术研讨会”。期间，殷亮先生文闻悉我区正着手筹办赤湾天后庙的修复工程，即表示愿意献上自己一份力量。此后，他开始自费在华盛顿、休斯顿、纽约、费城等几个城市博物馆和唐人街中广泛查询有关天后庙的历史资料。据殷亮先生介绍，天后文化的影响十分深远，美国各大博物馆中均存有相当数量的天后（妈祖）资料，几乎所有唐人街内都有祭祀天后的场所和设施，供当地华裔朝拜。殷亮先生的查询活动得到了诸多爱国侨胞的大力帮助，他介绍说，旅美华侨们对我区修复赤湾天后庙之举十分赞赏，不少人当场表示愿意给予经济支持，并要在竣工之日归来朝拜。也正是在一位老华侨的协助下，殷亮先生取得了华盛顿一家拍卖行老板的理解，几经磋商后，最终以要价的十分之一买下这张“天后庙全图”。[①]

---

① 鞠天相：《飞越大洋的圆梦人——访热心支持修复天后庙的旅美华人殷亮先生》，《南山报》，1993年3月16日第2版。

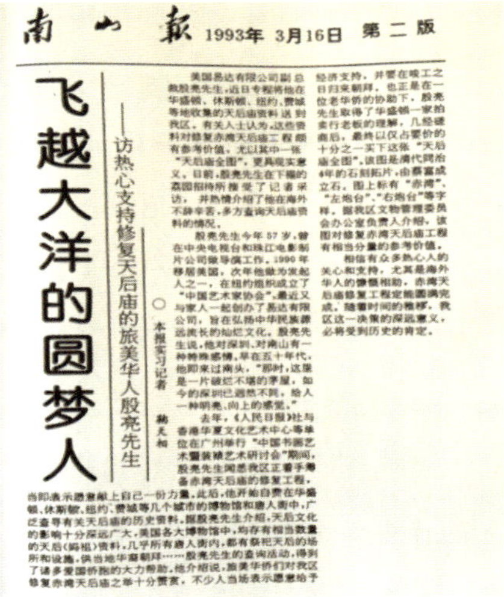

南山報 1993年 3月16日 第二版

飞越大洋的圆梦人

——访热心支持修复天后庙的旅美华人殷亮先生

○ 本报实习记者 [illegible]

美国易达有限公司副总裁殷亮先生，近日专程将他在华盛顿、休斯顿、纽约、费城等地收集的天后庙资料送到我区。有关人士认为，这些资料对修复赤湾天后庙工程颇有参考价值，尤以其中一张“天后庙全图”，更具现实意义。日前，殷亮先生在下榻的荔园招待所接受了记者采访，并热情介绍了他在海外不辞辛苦，多方查询天后庙资料的情况。

殷亮先生今年57岁，曾在中央电视台和珠江电影制片公司做导演工作，1990年移居美国，次年他做为发起人之一，在纽约组织成立了“中国艺术家协会”，最近又与家人一起创办了易达有限公司，旨在弘扬中华民族源远流长的灿烂文化。殷亮先生说，他对深圳、对南山有一种特殊感情，早在五十年代，他即来过南头，“那时，这里是一片破烂不堪的茅屋，如今的深圳已迥然不同，给人一种明亮、向上的感觉。”

去年，《人民日报》社与香港华夏文化艺术中心等单位在广州举行“中国书画艺术暨装裱艺术研讨会”期间，殷亮先生闻悉我区正着手筹备赤湾天后庙的修复工程，当即表示愿意献上自己一份力量。此后，他开始自费在华盛顿、休斯敦、纽约、费城等几个城市的博物馆和唐人街中，广泛查寻有关天后庙的历史资料。据殷亮先生介绍，天后文化的影响十分深远广大，美国各大博物馆中，均存有相当数量的天后（妈祖）资料，几乎所有唐人街内，都有祭祀天后的场所和设施，供当地华裔朝拜……殷亮先生的查询活动，得到了诸多爱国侨胞的大力帮助。他介绍说，旅美华侨们对我区修复赤湾天后庙之举十分赞赏，不少人当场表示愿意给予经济支持，并要在竣工之日归来朝拜。也正是在一位老华侨的协助下，殷亮先生取得了华盛顿一家拍卖行老板的理解，几经磋商后，最终以仅占要价的十分之一买下这张“天后庙全图”。该图是清代同治4年的石刻拓片，由蔡富成立石。图上标有“赤湾”、“左炮台”、“右炮台”等字样。据我区文物管理委员会办公室负责人介绍，该图对修复赤湾天后庙工程有相当分量的参考价值。

相信有众多热心人的关心和支持，尤其是海外华人的慷慨相助，赤湾天后庙修复工程定能圆满完成。随着时间的推移，我区这一决策的深远意义，必将受到历史的肯定。

《南山报》（1993年3月16日）

《天后庙全图》的最左侧有“大清同治四年孟春，蔡富成立石”字样。从图中可以清晰看到“新安县城”“南头大炮台”“南山烽堠”“左炮台”“右炮台”“内伶仃”“赤湾”等标志，与明清时期广东新安县海防图中“赤湾”部分完全一致，表明该图是在海防图的基础上描绘制成。该图呈现了清代中后期赤湾天后古庙“三进院落”的全貌：赤湾天后古庙背倚南山，南临伶仃洋，左右两侧有炮台护翼。由赤湾沙滩登陆，映入眼帘的即是牌楼。跨过日池和月池，穿过山门，便可看到左右两侧的钟楼和鼓楼。紧接着，便是前殿、正殿和后殿，两侧有偏殿四间及厢房和游廊，外侧再萦绕客堂数间和庭院四所，形成四合院环抱之势。

《天后庙全图》拓片原图

根据拓片复原的《天后庙全图》

历史追踪

1993年10月17日，时任国家主席江泽民在中国历史博物馆参观国际书画博览会时，王光英副委员长向江泽民主席介绍赤湾天后庙筹建人员时说：“他们正在深圳修复广东省历史最大的天后庙，这对团结海内外一亿多华人和促进海峡两岸统一，都具有很大意义。”江泽民说：“天后是妈祖吗？”王光英回答：“正是。”江泽民马上指示：“这件事很重要，一定要把它办好！”

摘自：张若雪：《“赤湾胜概”，重现南山》，《寻根》，1996年第1期。

1993年12月27日，天后庙修复委员会就征地问题再次进行讨论。会议决定，赤湾天后古庙在旧址的基础上兴建，武警边防六支队驻军用地，迁至天后庙原址以东原南山开发建设公司所划出的一块安置用地上，面积为1万平方米。新基地建设提交用地红线后开始，期限为半年时间，六支队在新基地移交验收后，一个星期后迁出天后庙原址驻地。[①]至1995年农历三月二十三日，修复天后庙工程全面开工。

1995年农历3月23日天后庙修复工程全面开工

1995年11月1日（农历九月初九）赤湾天后古庙正殿落成，天后开光面世，为此，举行隆重的庆典。原中顾委常委、炎黄研究会会长萧克，国家文物局副局长彭卿云、张柏，中国文物学会副会长王定国等有关领导，著名专家学者以及来自3大洲21个国家和地区的海外嘉宾与当地群众济济一堂，共瞻盛举。12月中旬，全国人大常委会副委员长王光英专程莅临视察赤湾天后古庙，感到非常高兴。他说：“1997年香港回归之日快到了，希望二期工程早些搞起来。”1998年11月24日，天后宫修复工程全部完成。

---

① 赤湾天后古庙：《天后庙征地问题现场办公会议纪要》，1993年12月27日。

重光现场照片

1995年赤湾天后庙重光后，深圳蛇口工业区创始人袁庚前来参观留影。袁庚（1917—2016），深圳大鹏人。1949年，他担任东江纵队炮团团长，曾指挥突击部队在赤湾登陆解放大铲岛。

（三）重建后的建筑

从历代碑刻以及口述历史的调查来看，到了晚清，赤湾天后古庙仍拥有主殿三间、堂三间、门楼三间、厅二间。日池、月池、石桥、牌楼、钟楼、鼓楼各一。大门和中殿左右官厅和官房数间，厢房数间。附有祭田数百亩，包括庙前海湾、农田、山林等。由于此庙背山面水，布局对称齐整，主次分明，阴阳平衡，符合儒家传统文化的特点，是上佳的风水宝地。

1995年重建的赤湾天后古庙，其土地规划面积为11442.8平方米。殿宇在原旧址的基础上兴建，但因庙宇周边土地均已纳入港口开发建设规划之中，导致天后古庙的重建规划无法按照明清时期的庙宇规模进行恢复，只能根据现有土地情况，规划出正殿、偏殿、山门以及钟鼓楼等仿古建筑。赤湾天后古庙自立庙以来，其庙门朝向就为正南朝西60度角左右，面向伶仃洋和南中国海。但是，庙前沙滩已被规划为港口和海洋石油服务基地，无法规划和建设庙宇的出入牌楼，因此，进出的牌楼被迫改在大殿后侧方向。

重建后的赤湾天后古庙，有正殿一间，偏殿两间，山门一座，山门与正殿之间为阅台，内有古井、古树各一。山门前设有钟楼鼓楼，钟鼓楼前是日池与月池。周围立有四栋仿古建筑。

前面章节中我们梳理过赤湾天后古庙的历史变迁，知道天后古庙始建年代不详，但可追溯至宋，后由明使张源奉明成祖朱棣之命出使归来后敕建重立。再后，明清两代的不断修缮和扩建，规模日隆。因此，早年赤湾天后古庙的建筑风格理应以明代官式风格为主，同时考虑到岭南地域的建筑风格和建筑特性。1995年，筹备筹建小组经过多次的研究后决定：赤湾天后古庙的建筑设计风格将以“官式做法、闽粤风格、海神特点”为原则，主要建筑造型以明代南方官式为主，参考闽粤建筑的地方特色。筹建者认为：“赤湾天后宫的建筑艺术有三大特色。其一，因赤湾天后宫为‘敕建’，故其建筑造型、构架系官式，气势恢宏，颇具王者风范，不同于一般民间天后庙宇。其二，天后祖籍福建，赤湾天后宫又为岭南最负盛名的天后宫，其石雕大部分由福建传统艺人雕好运来，其木作大部分由广东本地传统艺人刻制，故其建筑极具闽粤特色。其三，天后为中华海神，故赤湾天后宫之装饰纹样大部分和海、天后有关，其屋面、脊瓦、斗拱、门窗、柱廊及室内外设施，均为蓝色基调，远眺赤湾天后宫，似一片蓝色海洋。”[①]

在妈祖神像造型方面，据老一辈信众介绍，解放前天后庙的妈祖神像端坐在龙椅上，安然慈祥，面相柔和，通体金黄，如同一位慈祥的母

① 深圳市赤湾天后博物馆编：《赤湾天后宫》，香港：海峰出版社，1998年，第37页。

亲，信众皆亲切称她为“赤湾嫲”。1995年新塑的妈祖神像也为坐像，高6米，眉目清秀，英姿飒爽，面容微笑，手抱如意，看上去像是一位二十多岁的女子。

1997年8月6日，考虑到文物单位的职能作用，为了更好地满足文物保护、藏品保管、宣传陈列、学术研究等工作需要，[①]深圳市南山区文物管理委员会办公室向南山区人事局递交《关于成立‘天后博物馆’的申请报告》。同年11月28日，深圳市南山区机构编制委员会办公室下发深南编〔1997〕067号《关于成立“天后博物馆”的通知》（简称《通知》），《通知》同意撤销“原有各种机构”，正式成立“天后博物馆”。《通知》规定：博物馆不定编制，与区文物景点管理站合署办公。2001年7月，划归南山区文管办管理。2002年4月，改为区文化局直属事业单位。

正殿和左右偏殿

妈祖

① 深圳市南山天后博物馆编：《赤湾天后宫志》，2009年，自印，第5页。

入门牌楼（内外景象）

大门

钟楼

鼓楼

日月池

塔香棚

二、博物馆时期赤湾天后古庙的修缮（2000—2010）

（一）2000年

2000年前后，应广大信众的要求，赤湾天后古庙在大殿内增设财神和观音神像，并在殿内墙上绘制《十八罗汉图》。同时，入口牌坊的名称由“天后宫汲古街”改为“天后博物馆”。

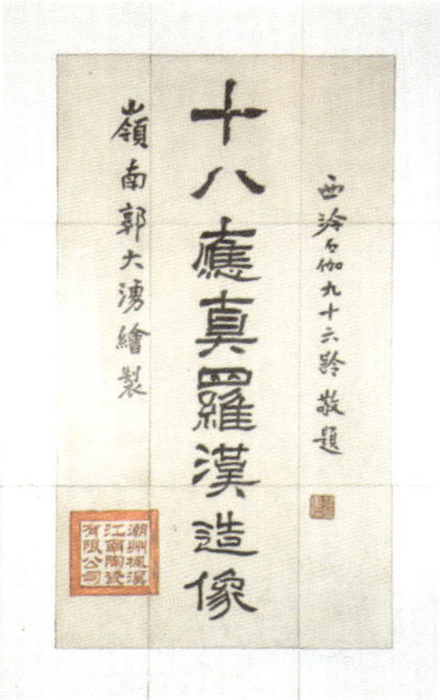

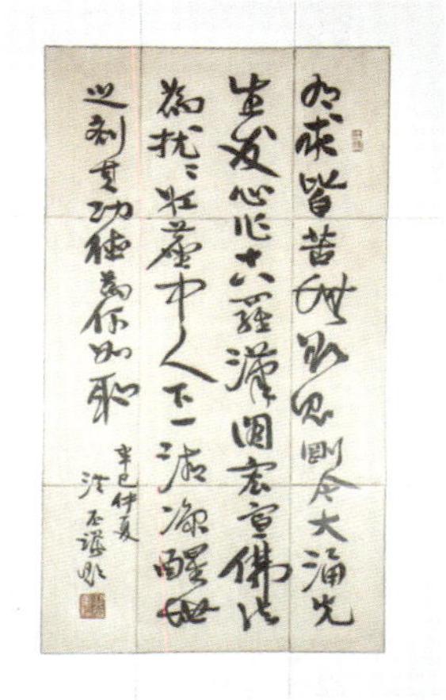

《十八罗汉图》瓷画，高2米，宽1米。
绘制者：著名潮汕籍画家郭大勇先生。[①]

正殿

修缮后的大殿

---

① 赤湾天后古庙大殿内《十八罗汉图》的来历与上海庆云寺有段间接的渊源。1998年，上海浦东庆云寺方丈慧觉大师为打造大殿前广场，邀请著名潮汕籍书画家郭大勇先生绘制了《十八罗汉图》画像，并取样联系潮州枫溪江南陶瓷有限公司烧制成瓷板画。考虑到瓷板画烧制过程中可能出现损裂的情况，潮州枫溪江南陶瓷公司特意烧制了两福。幸运的是，两福《十八罗汉图》都顺利烧制成功。2001年8月，其中一福送往上海浦东庆云寺并举行了隆重的佛教开光法会。而另外一幅则由潮州制瓷公司捐赠给赤湾天后古庙，一直传承至今。

香云棚

大门

（二）2003—2004年

由于天后古庙临海潮湿的特性，2002年，大殿的木制构件受到白蚁“侵袭”，门窗、横梁、立柱被不同程度蛀空，产生较大隐患，南山区政府迅速调拨资金对赤湾天后古庙组织修缮。2003年2月开始修缮，同年7月竣工。此次修缮更换了大殿立柱等木质构件，并将大殿、山门、钟鼓楼等建筑蓝色油漆的门窗改油红色。2004年，善信黄楚龙先生个人捐资重塑大殿内的财神和观音铜制神像，并给铜像装以金身。同时，黄先生还另外捐资铸造一尊妈祖铜制立像，供奉于日月池的中央。另一善信徐根弟先生阖家捐资重塑土地爷、土地奶奶以及山门外的井神铜像和神龛。土地爷和土地奶奶供奉于许愿树下。这期间，大殿内也增设千里眼、顺风耳两神像。

许愿树

日月池

更塑后的观音像

更塑后的财神像

（三）2006年

2006年，天后博物馆山门外的仿古裙楼（1—4号楼）因外墙年久失修，钢筋等结构件腐蚀导致外墙装饰构件、油漆、灰面等大量从二三楼屋檐脱落。右偏殿前的铁皮塔香棚，占地200多平方米，乃1995年重修时兴建的临时搭建，历经多年香火熏染恐有坍圮危险。为安全和美观起见，经南山区人大常委会批准，由南山区财政拨款进行专项整治，针对上述危险、破损及不足给予修缮，同时，将原海蓝色装饰漆面改为朱红色。另外，拆除临建塔香棚后，在原址上新建一座满足信众上香需求的建筑，并命名为“香云阁”。上述工程于2006年3月2日动工，同年8月1日竣工。工程竣工后，博物馆办公室也由左偏殿迁至四号楼。

修缮后的1—4号楼

2006年赤湾天后古庙全图

香云阁

修缮后的钟鼓楼

三、“一带一路”倡议与赤湾天后古庙的扩建（2010年至今）

南山区委、区政府对文物的保护十分重视，2009年至今，赤湾天后古庙共有两次较大的修缮工程，分别是2009年至2010年、2016年至2019年，两次修缮项目的基本内容如下：

（一）2009—2010年修缮工程

2009年修缮的工程主要围绕以下五个方面展开：

第一，消除隐患和注重格式。因赤湾天后古庙正殿梁柱受到白蚁侵蚀损坏严重和部分瓦面自然风化等缘故，产生较严重的安全隐患，需及时对大殿进行掀顶换柱换瓦的相关修缮。同时，又由于西晒、季风、温差大等自然因素影响，大殿、山门的门扇、柱梁、斗拱等木结构的油漆脱落严重，因此，在对大殿换柱修缮的同时，也展开上述木结构的重新上漆工作，并以明代官式建筑格式（旋子彩绘）特点为风格。重漆内容包括大殿、偏殿、山门、钟鼓楼等。

修缮后的大殿

修缮后的建筑一景

第二，重塑妈祖神像、新增四大护法神像（千里眼、顺风耳、嘉善、嘉恶）和两名侍女像。1995年重建天后古庙时，由于当时资金和时间所限，塑造的妈祖神像采用玻璃钢化纤材质。而赤湾天后古庙濒近海湾，气候潮湿，盐碱腐蚀严重，导致神像底部化纤快速粉化，无法修复。且神像较高，更容易因底部的粉化产生倾斜和倒塌，在此情况下，为安全考虑，南山区政府文化部门确定重塑妈祖圣像。在广泛吸收信众建议的基础上，由广州美术学院教授负责泥坯塑像的设计制作。为避免之前造像的各种缺点，且考虑到材质要轻便、坚固，不惧海风侵蚀，即能起到防潮、防蛀、防腐、防裂，又要经久耐用，因此，决定选用传统的脱胎造像工艺重塑妈祖圣像及四大护法等。脱胎造像，古称夹苎造像或干漆造像、脱胎漆器造像等，是随佛教发展而兴起的我国特有的造像方法，是中国古代漆器制作的重要工艺。其始于汉魏，成熟于晋代，盛行于唐时。脱胎漆器造像的主要材料是“生漆”（天然大漆）与苎麻，即用苎麻布和“生漆”在塑好的泥坯表面上层层上漆（一层苎麻布一层“生漆”）。之后，再对脱掉泥坯的漆器造像细致打磨抛光上彩。除了赤湾天后古庙的妈祖神像外，四大护法神像和两位侍女像也均采用脱胎漆器造像。

修缮前的妈祖神像和千里眼、顺风耳

修缮后的妈祖神像和侍女

千里眼

顺风耳

嘉善、嘉恶

第三，重建牌坊及整理院落。我们知道，天后古庙在重建之时，时间、资金非常紧张，同时，筹建队伍无论是人数还是专业技术人员也同样是十分短缺，从而造成许多建筑物留下硬伤和诸多遗憾。其中包括建设之初规划设计的牌楼、照壁、院墙和广场路面等。因此，博物馆希望借助此次政府的修缮提升工程，调整部分制式。例如：重建牌坊，牌坊名称也由“天后博物馆”恢复成“天后古庙”。调整山门院墙，过去庙中山门院墙的建筑风格与岭南官式建筑风格不符，借助这次修缮调整制式，且以旧清砖进行修缮；整理院落、重建照壁，原有院内地面为水泥和大理石碎片铺设而成，过于现代化，整修后为花岗岩的路面铺设，更显淳朴、大气。另外，还有更换山门的龙柱，增设莲花池等工程。

山门

莲花池

修缮后的大门

第四，保护“许愿树”。赤湾天后古庙的“许愿树”乃是一颗古榕树，该树树龄经广东省农科所专家鉴定已近四百年的历史。由于冠幅较大等各种原因，树干已无法支撑起榕树，导致榕树树干常常被折断倒在地面上，对古树的保护和生长带来很大的隐患。为了更好地保护、利用许愿树，需展开相关减负保护工作。我们通过加装钢管稳定树干，并将榕树须根引入地表形成支撑的干支，并以此分担整棵榕树的承托力和养分供给。经过十来年的保护，目前古榕树已焕发出新的生机。

扶植前趴倒在地的许愿树

扶植后的许愿树

第五，增设多媒体演示厅。随着多媒体展示技术的发展，以平面展示和静态展示为主的传统展厅逐渐演变成数字化展厅，并且已成为市场的主流。天后博物馆也希望借助全新的理念，将赤湾天后古庙、妈祖信俗等文化展示给人们。新建展厅采用沉浸式+环绕荧幕展示，以郑和宝船为概念，通过声、光、电多媒体技术，实现动态展示形式，营造出传统展厅很难做到的沉浸感，有着强大的表现力和感染力，效果极佳。

（二）2016—2019年修缮工程

近年来，随着“一带一路”倡议和“粤港澳大湾区”发展规划的提出，深圳迎来自我改革、创新先行机遇。赤湾天后古庙作为深圳海洋文化的重要组成部分，也得到了新的发展。从2015年起，政协委员向深圳市人大会议提出整合赤湾天后古庙、赤湾烟墩、文天祥公园及左、右炮台等资源，建设赤湾海上丝绸之路文博圈的提案。如《关于加强赤湾天后宫历史文化保护，发挥在国家“一带一路”倡议中作用的建议》（第20150442号）《挖掘赤湾人文资源，打造南山文化名片》（第20190003号）。并从文物保护角度下达重点调研课题“如何保护深港文化源头——南头古城、赤湾天后宫”，同时将建设赤湾文博圈写入南山区政府工作报告。

2017年2月，深圳“南头·赤湾丝路历史文化古迹”获评“2017广东十大海上丝绸之路文化地理坐标”之一。为保护赤湾优秀的历史遗产，南山强化市、区联动保护，通过调动全市的文物管理、海洋研究等专家学者资源，不断挖掘赤湾历史文化，力争将赤湾天后古庙打造成“一带一路”的文化新地标。

深圳南头·赤湾丝路历史文化古迹

赤湾早在2000多年前的海上丝绸之路中就占据了重要位置。在唐代和宋代设有军队建制，明朝设有抗倭报警作用的赤湾烟墩，还是郑和下西洋的重要驿站。康熙年间，为防范外敌入侵，新安县军民陆续奉旨建设赤湾左、右炮台等二十一座，所设炮台均属设于南头新安营管辖。1982年，宋少帝陵在赤湾被发现，这也是广东地区目前被发现的唯一一处皇帝的陵寝。

南山天后庙、宋少帝陵、赤湾烟墩都是深圳市文物保护单位。其中，赤湾天后宫创建远溯宋代，明永乐初年，郑和下西洋开创海上“丝绸之路”，赤湾天后宫为其重要一站，以天后宫为中心的“赤湾胜概”是明清时期“新安八景”中的第一景。南山拟以此为特色，打造赤湾海上丝绸之路文博圈。

目前，南山正全力建设滨海中心城区，蛇口设立为自贸片区，正建设大型邮轮母港，赤湾海上丝绸之路文博圈的建设不仅是一条独具文化特色的旅游休闲带，也是一本了解深圳历史、增强爱国主义教育的教科书，还是从古海上丝绸之路迈向新海上丝绸之路的一个新起点。

（资料来源：《南头赤湾获评广东十大海上丝绸之路文化地理坐标之一》，时间：2017-02-27，南山区政务信息公开目录，http://www.szns.gov.cn/xxgk/qzfxxgkml/bmdt/201702/t20170227_9354153.htm）

赤湾天后古庙作为赤湾文博圈的核心，为保护相关人文历史资源，2016—2019年，南山区委区政府继续加大文化保护投入，启动“赤湾天后宫环境提升及修缮”工程项目，进行相关建设和修缮。

第一，赤湾天后古庙的土地更新建设。为了恢复赤湾天后古庙历史上的牌楼和通海路径，2017年，南山区政府通过土地更新的方式，将天后古庙西南方向的南山开发集团已确权的土地（1.69万平方米）进行更新，更新后的土地作为广场牌楼建设、公共绿地和停车场等建设使用，以便提供恢复和发展天后古庙的建设空间。天后古庙的占地面积也由原来的1.14万平方米增加至2.83万平方米。

修缮后的赤湾天后古庙

第二，恢复历史上天后古庙进出牌楼和出海通道。赤湾天后古庙的牌楼至迟于万历年间就已创立，据康熙《新安县志·胜迹略》载：“赤湾神，自永乐年建，万历十五年，知县丘体乾重修；万历四十四年，知县王廷钺砌大门外月池，跨以石桥，桥前为牌楼，周以砖垣，为石窗十二；崇祯五年，知县乌文明重修牌楼，庀石为之。”可见，万历四十四年（1616），赤湾天后古庙牌楼就立于庙门外的石桥前，“大门外月池，跨以石桥，桥前为牌楼”。但是，由于20世纪90年代重建赤湾天后古庙时，或许受到土地、交通、资金等诸多不利因素所限，天后古庙的牌楼建造在大殿的右后侧，虽然之后有过改制提升，但与历史记载并不相符。因此，这次土地更新的主要目的就是要遵循历史，恢复天后古庙的牌楼和出海通道。

新建牌楼的制式是在广东古建专家的建议下设计建设的，其主体结构采用明代北方官式牌楼中三间四柱五楼的制式（因目前广东已无法找到明代南方官式的建筑物可供参考），装饰彩绘和砖雕则采用岭南文化元素。牌楼总长度设计为23米，乃取妈祖圣诞日二十三日之吉数，高15米，建成后的牌楼造型古朴端庄，雅典大气。牌楼正面匾额为时任副委员长王光英于1995年特意为赤湾天后古庙重建题写的“天后古庙”四字，背面匾额由文化部书画院院长管峻所题的篆书款“海门神寺”。背面匾额之所以题写“海门神寺”四字，皆因赤湾天后古庙是明清时期新安八景中的第一景——“赤湾胜概”（当时名称），而《新安县志》中，又记载了清代一位诗人游历“赤湾胜概”后写下的诗句：“一望苍茫万顷波，海门神寺奠山阿。”考虑到“海门神寺”既有出处，又是历史上赤湾天后古庙的真实写照。作者（陈文广）的建议得到采用。2019年4月26日，重建后的赤湾天后古庙牌坊正式落成并举行揭牌仪式。从此，赤湾天后古庙才算真正意义上恢复了历史上的进出门户。

由于天后古庙出入口及牌楼发生巨变，博物馆也对原有的照壁进行了制式调整，即照壁前后发生调向。原摆放在院内的妈祖青铜像亦被请至照壁前安座，俯瞰零丁洋。妈祖铜像的左右两侧则新增两座八角亭，方便信众敬仰和纳凉。拾阶梯而下，阶梯至牌楼的中间御道采用了老旧花岗岩石板铺设，阶梯两旁则耸立着两根高达16米的旗幡，旗幡的柱石更是重达20吨左右，旗幡和柱石均由善信“深圳湾游艇会”所捐赠。

新建的牌楼

第三，对博物馆内的建筑重新布局规划。1995年重建赤湾天后古庙时，除了正殿、山门及钟鼓楼等庙宇主体外，还兴建了几栋仿古建筑楼房，以作展览、经营、办公等用途。另外，由于历史原因，赤湾股份公司在天后博物馆红线内也兴建了两栋楼房作为对外租赁使用，由此对博物馆产生诸多的安全隐患。2016年，在南山区政府的支持协调下，政府相关部门租下两栋物业后划归博物馆使用。与此同时，对两栋物业和其他楼房重新规划修缮，并打掉中间的隔离院墙。提升后的博物馆，增加了三个固定展陈，分别为"'辞沙'与中国海洋祭祀""赤湾天后宫历史变迁""赤湾与深圳海上丝绸之路"，且规划设置了天后书院、多功能会议室及交流接待中心等功能。

5号楼和6号楼

“辞沙”展览

“赤湾与深圳海上丝绸之路”展览

“赤湾天后宫历史变迁”展览

“世界各地妈祖文化”展览

第四，重建左右偏殿。根据《新安县志》中黄谏撰写的《新建赤湾天妃庙后殿记》记载：“永乐初，中贵张公源使暹罗国，先祀天妃得吉兆，然后辞沙。天妃旧有庙，公复建庙宇于旧庙东南，岁久岿然尚存”[1]，可知，张源是在“旧庙”（即原来正殿）的东南处重建殿宇。再根据“旧庙”的遗址朝向和方位，我们不难判断，“旧庙”的东南位正是左偏殿的位置所在。也就是说，赤湾天后古庙历史上的左偏殿有可能是张源时所建。因此，在这种背景下，重建恢复左偏殿就具有极高的意义。之后我们在重建偏殿过程中，发现的部分基础基石、构件等遗址，也印证了上述说法。

早期（1995年）重建赤湾天后古庙时，或许没有考虑到上述历史，导致左、右偏殿位置上设计修建的两层楼房是以办公和员工居住为主，结构特性就根本无法用作偏殿使用（满足不了安座神像等功能）。之后，员工办公和居住调整到其他楼栋，导致左右偏殿位置上的楼房长期空置，而成为堆放杂物的仓库。基于上述考量，天后博物馆于2017至2018年期间，完成了左右偏殿的重建恢复。

重修后的左右偏殿

第五，改造院墙、综合提升院内环境。赤湾天后古庙原有的部分院墙与建筑楼房的间距过于贴近，且院墙基础差，曾发生局部坍塌现象。上述情况既不符合消防安全规定，也存在较大的安全隐患。因此，此次工程对东、南、西三面院墙进行了全面拆除改造，加固院墙基础和边

① 张一兵：《深圳旧志三种》，深圳：海天出版社，2006年，第1034页。

坡。改造院墙的同时，也设计提升了院内外树木及园林景观。

2018年，在树木、园林提升过程中，遭遇了超级飓风“山竹”登陆深圳，导致庙内许多树木倒塌，可巧合的是倒塌的树木（近十年种下的小叶榕树）正是此次提升改造要外移的榕树（移植原因是小叶榕树根系太过发达，已破坏庙内建筑及管网等系统），而院内本来最容易被风吹断的许愿树，在此次飓风中却毫发无损。这场深圳35年来最强的飓风“山竹”没让我们感到惊讶，可飓风过后，庙内倒塌的树木与原本设计树木外移方案几乎是如出一辙，这实实在在让我们吃惊不小，怎么会有如此的巧合？

随后，施工方迅速将倒塌树木移种到院外空地，腾出的空间为规划设计种植罗汉松使用。2019年初，热心善信徐根弟先生夫妇（捐日本罗汉松两棵栽种在大殿前左侧）、潘玉池先生夫妇（捐日本罗汉松一棵栽种在大殿前右侧中间位）、郑铁军夫妇（捐罗汉松两棵栽种在左偏殿前）先后捐树栽种。2021年，徐根第先生又以公司名义再次捐赠一棵高达11米的日本罗汉松（栽种在大殿前左侧第一棵）。

改造后的院墙

2019年4月，赤湾天后古庙修缮工程竣工并通过验收，4月19日，天后博物馆取消门票销售，实行对外免费开放，让公共文化福利惠及广大的市民百姓。并停止了馆内香、烛等各类经营活动。此轮修葺，赤湾天后古庙占地面积增加至近3万平方米，不仅恢复了明清时期出入天后古庙的门户、牌楼以及左右偏殿等历史风貌，还新设天后书院、四个固定展陈等。

书院内景

深圳扼守珠江口，毗邻香港，在粤港澳大湾区建设中占据得天独厚的优势地位。而大湾区的发展离不开中华优秀传统文化的支撑，习近平总书记指出“中华优秀传统文化是中华民族的精神命脉”，将中华优秀传统文化升华为“中华民族的基因”，使其成为民族精神的源头和“老根”。作为现代海洋城市，深圳具有一笔巨大的文化资产——妈祖文化。妈祖作为中华海神的象征，她集智慧、慈爱、包容、善良、勇敢于一身，体现了中国人在面对海洋时一往无前、开拓进取、敢闯创新的海洋精神。妈祖的影响不仅遍布中国，还远播至东南亚、欧、美、非等地，成为世界华人“文化认同”的精神力量。妈祖文化不仅是中国海洋文化的精神象征，也是世界海洋文化的精神象征。

赤湾妈祖文化是深圳深厚的文化底蕴的重要组成部分，主要体现在：第一，赤湾天后古庙是明清时期华南沿海地区最大的天后宫，是明代海上丝绸之路的重要节点，是深圳海洋文化的地标。第二，以赤湾天后古庙为中心的妈祖文化圈是辐射香港、澳门、东南亚等地，她是粤港澳湾区文化的重要组成部分，是中国海洋文明发展的活化石。第三，赤湾天后古庙的“辞沙”大典是目前发现的唯一仅存的古代国家最高规格等级的海洋祭祀大典，证明深圳赤湾的天后古庙在国家海洋文化和南海门户体系中有巨大的文化价值。

赤湾妈祖文化不仅是深圳的宝贵财富，也是深圳海洋文化的高度所在，在当今大湾区的政治、经济、文化构建中都独具价值。首先，从全球视野来看，妈祖文化作为中国为数不多的世界非遗，是中华传统文化的骄傲，在推动中国乃至全球社会秩序和社会进步方面独具贡献。其次，从人类命运共同体层面来看，妈祖文化凝聚于海洋文化的精神，是人类共同的精神财富。再次，从中华民族文化认同来看，妈祖文化是地域辐射最广的文化因子——有华人的地方就有妈祖。最后，从讲好中国故事，建立文化自信来看，深圳讲好本土妈祖文化故事，对于形成独具一格的深圳文化，其价值巨大。

深圳赤湾天后古庙不仅是“深港历史之根”的源头所在，还是深港城市海洋文化之根基，这些优秀传统文化和海洋文化浸润着深圳这座城市“敢闯、创新、开拓、进取”的精神，也同样是粤港澳大湾区共创未来的精神。我们期待赤湾天后古庙在未来的发展中，一方面能构建成为粤、港、澳的文化认同的圣地，成为大湾区一个象征性的文化家园。同时，为推动中国传统文化的复兴，发挥重要的作用。

第二节 当代“辞沙”祭典的变迁

一、“辞沙”祭典的重现过程

（一）1995年“辞沙”的发现与解析

我们前面在本书第二章节中有对“辞沙”进行过溯源，即“辞沙”（或称祠沙、祀沙）是古代航海者在出发前或经过沙礁（暗沙）海域时举行的祭祀海洋和海神的仪式。深圳赤湾地处广州出洋（南海）的珠江口，乃粤海之门户，明时期是使节出使放洋的港湾。而南海多有沙礁，“海舟触沙立碎”，航海途中危机四伏。因此，使节们希望通过“辞沙”以祈求海洋众神灵的庇佑，躲避沙礁，出使平安。明永乐六年（1408），张源出使暹罗，先在赤湾天后古庙祭祀妈祖，然后在庙前沙滩上举行具太牢的“辞沙”仪式。《新安县志》翔实记录了张源是如何使用“太牢”祭祀海洋（沉祭）的：“凡使外国者，具太牢祭于海岸沙上，故谓辞沙。太牢去肉留皮，以草实之，祭毕，沉于海。”“太牢”的使用也证明了“辞沙”的规格，张源举行“辞沙”祭典，开国家使节在赤湾祭祀海洋之先河。此后，凡使节出使南海诸国，必在赤湾举行“辞沙”祭典。

在中国祭祀文化体系里，官方祭祀民间化演变是一种较为普遍的现象。到了清代，“辞沙”祭典逐渐演变成商人、百姓在出海前的民间祭祀活动。《新安县志》载：“世俗：南北之济者，必祷于海岸，得吉，而后敢济，谓之辞沙”。而祭品规格也由“太牢”慢慢被整猪、肉米等所取代。屈大均在诗歌《澳门》中说：“五月飘洋候，辞沙肉米沉”。而“辞沙”的含义也发生了转变。航海者认为“辞沙”是舟船途径赤湾天后古庙时必登岸祷祀妈祖的习俗活动，又因“庙在沙滩上”，故而称之为

“辞沙”。清人屈大均在《广东新语》中说道：“其祠在新安赤湾，背南山，面大洋，大小零丁数峰，壁立为案，海上一大观也。凡济者必祷，谓之辞沙，以祠在沙上故云。”[①]清人范瑞昂在《粤中见闻》中也写到同样观点：“新安赤湾沙上有天妃庙，背南山，面大洋，大小零丁数峰壁立为案，最显灵，凡济者必祷，谓之辞沙，盖以庙在沙上也。每年三月二十三日，天妃渡海南，此有北风，渡海者皆候之。是日粤中边海地面皆有风雨。”[②]民间坚信如果经过赤湾天后庙不停船祭祀，则无法顺利通过庙前的海湾。在明中叶后一直到清中期这两、三百年间，地方官府很少，甚至停止举行“辞沙”的官方祭典，这也给“辞沙”提供了演变的时间与空间，官方“辞沙”祭祀的对象（海洋）渐渐被民间“辞沙”祭祀对象（妈祖）所取代，祭祀仪式的场地也由庙前沙滩上（官方“辞沙”场所）转到庙内举行，再加上“辞沙”字意解读容易被望文生义，因此，后人对“辞沙”理解的演变也就顺理成章了。

近代，由于战争等原因，民间“辞沙”祭典活动逐渐沉息不彰。

1995年赤湾天后古庙重建后，博物馆工作者在整理历代碑文时发现了“辞沙”的记载。由于仪式中使用了古代规格最高的“太牢”之祭，而历朝历代国家祭祀体系中记载妈祖祭祀规格是“少牢”之祭，福建湄洲妈祖祖庙重大节庆祭祀妈祖时，也是使用“少牢”祭祀，故“辞沙”祭典的发现得到了全国妈祖界的广泛重视。1995年，为祝贺赤湾天后古庙重建落成，福建省湄洲妈祖祖庙董事会赠予赤湾天后古庙对联一副：“东莞辞沙，粤庙古昭顺济庙；南山驻跸，赤湾潮接湄洲湾。”此对联说明，当时赤湾天后古庙的工作者认为“辞沙”仪式乃属于东莞信众祭祀妈祖的民间习俗活动，同时将“辞沙”祭妈祖活动宣传、介绍给湄洲

① 〔清〕屈大均：《广东新语》，北京：中华书局，1985年，第205页。
② 〔清〕范端昂：《粤中见闻》，汤志岳校注，广州：广东高等教育出版社，1988年，第49页。

妈祖祖庙董事会，从而有了“东莞辞沙”对联的产生。自20世纪80年代以来，东莞大批信众延续解放前的习惯，每年天后诞前后，各村各镇都有组织地前来赤湾天后古庙祭拜妈祖，故而天后庙的工作者认为东莞信众这种有组织的祭拜妈祖形式就是民间的“辞沙”祭祀活动。

1995年天后诞信众祭祀场景

（二）2005—2010年：打醮与“辞沙”

2005年，国务院办公厅出台了《关于加强文化遗产保护的通知》。当时博物馆工作者认为“辞沙”是目前国内唯一用“太牢”祭祀妈祖的仪典，因而决定将“辞沙”申报为深圳市非物质文化遗产。不过，由于没有认识到官方“辞沙”祭典其实已经沉浸了几百年之久，熟知赤湾天后庙传统习俗活动的老一辈也相继离世，加之博物馆工作者因专业局限，难以对“辞沙”进行深入的挖掘和考证，因此在申报“辞沙”非物质文化遗产时将“辞沙”理解为“辞别沙滩”的意思。“就是过去人们在出海前，祭祀天妃得吉兆，安全顺利返归者，为答谢南海女神的庇佑而进行的祭祀活动称为‘辞沙’”，即老百姓祭祀妈祖的一项活动。就此，时任天后博物馆馆长龙辉在2005年《赤湾天后宫年鉴》中写道：

原赤湾天后宫独有的祭祀活动是“辞沙”。就是过去人们在出海前，祭祀天妃得吉兆，安全顺利返归者，为答谢南海女神的庇佑而进行的祭祀活动称为“辞沙”。辞沙是用太牢来祭祀，太牢的祭品是牛、猪、羊，将此三牲去肉留皮，用草填实，摆祭于海边的沙滩上，祭祀完毕，将三牲沉于海中。[1]

可见，龙辉认为“辞沙”祭典本身就是祭祀妈祖的仪典，其祭祀内容和表现形式就是东莞信众祭祀妈祖的各项活动，并以东莞塘厦人林伦章率1000多人来祭妈祖为例。同时，将此观点写入“辞沙”申报省、市非物质文化遗产的文本中。其实，他的观点与天后庙之前的工作者（1995年天后庙负责人）的认识相同，均认为“辞沙”是东莞信众举行祭祀妈祖的民俗活动。这在他2006年出版的《赤湾妈祖文化概览》一书中有较翔实的描述：

过去的“辞沙”祭妈祖活动，主要是在农历三月二十三“天后诞”和出海前举行……因填海原因，虽然方式已经改变，但是人们没有忘记到赤湾举行盛大的“辞沙”祭妈祖活动，不在沙滩，而转移到宫庙，照样是热闹非凡，这种祭祀活动是在农历三月二十三“天后诞”或选择秋天举行（以2004年、2006年10月东莞塘厦人林伦章率1000多人来祭妈祖为例）。第一天，下午先头“部队”来近200人，开始在正殿、左右殿和阅台上摆设水果、饼干、牛奶等供品，给油灯添灯芯草和香油，同时在庙内建筑物的屋檐下，办公室过道、展览厅等处寻找睡觉的地方，我们提供一部分草席和仅有的被子，此时南国的天气还不算凉爽，蚊子正横行时。这天他们先是在山门平台上用竹片搭好人形架子，用纸糊了一个4米高的巨型“鬼王”，这“鬼王”右手执令箭，左手托“善恶分明”令牌，腰系大鼓，面目恐怖，同时还用纸糊了一县令和其所骑的小白马。晚上，他们在大殿举行一个简单的祭拜仪式。第二天，上午，“大

① 深圳市南山天后博物馆编：《2005 年赤湾天后宫年鉴》，自印，2005 年，第 45 页。

部队”来了——南巫（东莞人称做法事的人为南巫）来了，武术队来了，舞狮队也来了……大约8点，8位南巫身着道士长袍，敲锣击鼓，吹奏唢呐，诵经念文，在正殿内外带领800多信众叩首祭拜，祈祷天后娘娘保佑他们。信众按领头南巫指挥，叫跪下祭拜则全部下跪，喊起来祭拜就全部起身，这一起一跪就像是海浪跌宕起伏，蔚为壮观。在祭拜信众中有的手托一捆衣物（这里的习俗是带家人的衣物来祭祀，能保家人身体健康），有的手执阴阳胜，有的嘴巴自言自语……祭拜结束后，信众们开始观看舞狮表演和武术表演，舞狮队共有12人，4名年长者负责敲锣打鼓，8名童子负责舞两只狮。舞狮表演开始，8名男孩配合默契、动作协调，给人一种有力、阳刚、威武洒脱之感。武术表演中，个个功底扎实，手脚有力、行动迅捷，时而翻跟斗，飞毛腿，时而蹲马步，金鸡独立，拳打脚踢，叫人眼花缭乱。赢得信众们的阵阵掌声和喝彩声。午餐后，有一阿妈搬来一张竹椅坐在山门处，双目紧闭，嘴上振振有词，全身故弄抖动，百余人在围观，当说到“阿妈保佑我们”的时候，引来一阵阵喝彩声。有人看她的脚一直在抖动，就提来几袋物品，试图压住，但几袋物品全被抖动的双脚而抖掉，此举也引来一阵笑声。另有一个老太太，手执一把燃烧的香，放入嘴中，烟从鼻子里冒出，香从嘴里取出后，竟安然无恙，围观者拼命鼓掌喝彩，还给这老太太口袋里塞红包。四天三晚，热闹非凡，场景壮观。然而，他们甜出苦来，在天后宫内席地而睡，与蚊虫相随；白天烈日当空，汗流浃背，与澡无缘。为了与天后娘娘相“会”，祈求天后娘娘帮助净化心灵；祈求天后娘娘保佑各自的心愿和愿望得以实现，从而达到苦去甜来。这几天千人均是吃斋，祭祀活动结束的9日中午最后一餐饭是吃荤。第三天，晚上大家把4米高的“鬼王”抬到院内的广场上燃烧，在燃烧前，大家争先恐后去撕“鬼王”腰上挂着的纸鼓，据说带上这纸片可祛邪，瞬间，“鬼王”的鼓被大家“抢劫”一空。接着南魔点燃“鬼王”，嘴上喃喃念着咒语，大家把纸钱和大米撒向火海，此时，纸钱“鬼王”照天烧，整个大院火光冲天，亮如白昼。第四天，整个活动达到高潮，上午8点整，举行盛大祭拜仪式，大家给天后娘娘下跪叩首，锣鼓唢呐声回荡在大殿。①

当时提供给报刊报道的内容是：

据悉，“辞沙”源于元、明时期，那时的赤湾天后宫门前是一片白色的沙滩和苍茫的大海。当时居住在赤湾一带的渔民们通常会在出海之前，祭祀天后来获得吉兆。等到出海者顺利返回岸上后，便展开热闹的“辞沙”活动，由此表示对天后的谢意。

“辞沙”开始时，渔民们在天后庙和沙滩上张灯结彩，舞龙弄狮，搭台唱戏等，气氛热烈非凡。当时有许多南头本地人在“辞沙”现场搭建起商铺，销售香烛等祭祀用品。同时，专门做大盆菜的厨师也在赤湾忙碌，为数万人提供膳食服务。而“辞沙”活动的主持者则忙于将各人的捐赠品登记、造册和入库。接着便进入活动的高潮。主祭人将“太牢”（指猪、牛、羊）的肚子挖空，并用草填满，供奉于天后庙的大殿案台上。渔民们在天后坐像前烧香祈福，表达对天后的深切谢意。然后众人起身抬着“太牢”来到赤湾的沙滩上，将“太牢”沉入大海中，此时，沙滩上锣鼓喧天，爆竹震耳。据有关天后文化的资料显示，渔民们将“太牢”沉于海里，是因为天后即海神，代表着宽阔的海洋，渔民们希望以赠送“太牢”的方式来表示感谢。随着环境的变化和时代的发展，“辞沙”活动逐渐在20世纪中叶左右消失。如今，敬仰天后的人们仍会定期到天后宫，以参观和祭拜的方式表达对海神的敬意。②

---

① 龙辉：《赤湾妈祖文化概览》，上海古籍出版社，2006年，第104—107页。
② 韩筱妍：《“辞沙”敬谢天后》，《蛇口消息报》，2005年4月13日。

可见，上文是对“辞沙”祭妈祖大典活动进行全过程的叙述，但所述“辞沙”祭典的内容、表现形式其实与历史文献等史料有较大的出入，例如祭品，文献记载“辞沙”之祭品为“太牢”祭祀，而上文所述祭品也只是“摆设水果、饼干、牛奶等供品”。又例如，上文：“祭祀结束后，南巫点燃鬼王，大家把纸钱和大米撒向火海”，而文献载“太牢祭毕，沉于海”等等，在此，我们就不一一列举，在下一章节中再作论述。

其实，根据龙辉所描述的“辞沙”祭妈祖大典活动的特征，我们不难发现，整个活动的形式、内容与东莞一带最为盛行的“打醮”习俗如出一辙。“打醮”又称“醮会”（有的亦称庙会），是道士（亦称南巫）设坛祈福的一种法事活动。“打醮”活动常常也选在农忙过后的三月（即农历三月），每次活动三至七天不等，是人们感谢神祇庇佑和祈求消灾清宁的活动，是由各地信众骨干（或信众头目）负责组织发起。这种大型的斋醮活动，大多都会选取本地影响最大的神庙作为活动的场地，而赤湾天后古庙是广东最大的一座天后庙，因此，它是“打醮”组织者的首选，无论本地抑或是东莞信众，都希望在赤湾天后古庙设坛祈福。“打醮”设坛普请的是境内各路神、仙、佛等神灵，包括“大士王”（“鬼王”），以祈求地方天清地宁、风调雨顺。据说，“鬼王”是用来震慑魂魄，监管孤魂野鬼，使魂灵有秩序地接受善信施祭。仪式结束后，“鬼王”连同其他纸扎祭祀物品都会同时被火化（纸扎祭祀物品除了“鬼王”外，还有城隍、马神、鬼卒以及用来招魂的旛灯等一系列民俗用品）。综上可见，无论祭祀的时间、地点、流程，还是参与的祭祀人员，“打醮”习俗活动似乎与龙辉所叙述的“辞沙”祭妈祖活动完全吻合，由此我们判断，较大可能是龙辉将东莞信众的“打醮”习俗误认为了祭妈祖的“辞沙”活动。

我们在结合本书第二章第三节和第三章第四节关于“辞沙”之考证与演变的观点，认为官方“辞沙”祭典随着清代海上丝绸之路的衰退而逐渐消沉，取而代之的是民间百姓在有限的条件下发展出的“辞沙”祭祀活动，祭祀形式以及祭品也随之演变，慢慢更趋向于民间的习俗，这在清代的文献中都有记载，但是，“辞沙”的核心特征——沉海之祭（肉类祭品）仪式却仍旧保存下来。因此，这就难以认同“打醮”与“辞沙”乃是同一性质的仪式。

事实上，“打醮”与“辞沙”是两种截然不同的仪轨，前者隶属于道教的祭祀体系，在珠三角地区十分流行。而“辞沙”本是明代国家使臣出使前在赤湾天后古庙前的沙滩上举行的祭祀典礼，其仪轨采用的是国家祭祀体系中祭“岳镇海渎”之礼仪（儒家礼仪）。加之前面所述二者无论从祭祀的对象，规格、祭品，还是参与祭祀的人员来看，显然都不能同日而语。然而，也许受限于当时的条件，赤湾天后博物馆的工作者难以区分清楚。又缺乏进一步的挖掘、考证，因此，当时的“辞沙”祭典似乎只是“名义”上得到重新的认识与重视，却未能完全实质性（其本来面目）的恢复。但值得肯定的是，当时的工作毕竟推进了“辞沙”非遗文化的保护与宣传，为其后“辞沙”祭典的考证、恢复奠定了一定的基础。

2007年，东莞信众在赤湾天后庙举行打醮

（三）2013年至今：“辞沙”与中国海洋祭祀

2012年，我们在研究、挖掘“辞沙”史料文献过程中，发现天后博物馆之前工作者在论述解读“辞沙”祭典内容上与相关历史文献有较多

不一致，当时，带着这些疑惑提出以下两个思考：

思考一，“辞沙”祭祀的对象。“辞沙”是祭祀妈祖的仪典吗？我们知道“辞沙”是以“太牢”之祭，可从目前可查及的文献史料中，妈祖的官方祭祀规格仅为“少牢”，并无“太牢”祭祀的相关记载。再根据“辞沙”的史料记载来看，明使张源在天妃庙先祀妈祖，卜得吉兆后，方在天后庙前的沙滩上举行以“太牢”为祭品的“辞沙”仪典。由此来看，祭祀妈祖与“辞沙”活动是不同时、不同地举行的。上述说明“辞沙”祭祀的对象似乎并非是天妃。如果“辞沙”是祭祀天妃，理应在庙内天妃神像前举行祭拜，万万不会在庙外沙滩上拜祭神灵，这与中国传统的祭祀文化仪轨相悖。也就是说，按照传统祭祀礼仪，祭祀哪位神灵就会在哪位神灵的神像或牌位前祭拜。那么，为何在偏僻的深圳赤湾能够享有“太牢”祭祀呢？且“凡使外国者，具太牢，祭于海岸沙上”呢？在礼制森然的明代，明使张源及随后使臣都如此行事，必定自有其深意所在。因此，当我们提出“辞沙”所祭祀的对象应该不是妈祖，那其所祭祀的又会是何方神灵？

思考二，为何“辞沙”的祭祀仪轨中特别提到“太牢”“祭毕，沉于海”这一沉祭仪式？我们再通过查阅大量妈祖祭祀的文献，却并未发现妈祖祭祀中有使用沉祭这一仪轨。那么，“辞沙”与“沉祭”究竟有何特别关联，是否与其所祭祀对象有一定的联系？

为解答上述疑团，2013年，天后博物馆特邀请著名学者乌丙安等教授等前来调研指导“辞沙”非遗工作。2014年，与深圳大学海洋文化研究中心建立合作课题，收集、查证明代官方海洋和海神祭祀体系文献，梳理赤湾天后古庙历代碑刻以及新安、东莞等县志史料，同时展开口述历史调查，深入挖掘“辞沙”祭典的历史文化内涵和祭祀仪轨。经过一系列的努力，终于取得了重要进展。我们发现“辞沙”祭祀仪典是目前现存的古代国家规格等级最高的官方祭海仪典，归属于“岳镇海渎”这一祭祀体系，具体表现在：

首先，明使祭祀。明代使节常常代表皇帝行使职权，其出使职责是诏谕、册封和赏赐番邦，明使张源参与“辞沙”祭海，也印证“辞沙”为官方性质的祭祀活动。

其次，“太牢”祭祀。“太牢”是古代国家祭祀神明的最高等级，《大明集礼》有载：“合祭祀岳镇海渎山川，各用犊一、羊一、豕一。”可见，明代国家海洋祭祀享用“太牢”之祭品，也就是说，“辞沙”祭海是明代国家“岳镇海渎”体系下的海洋祭祀活动的重要组成部分，这也是赤湾天后古庙有别于各地其他妈祖宫庙的重要特征之一。

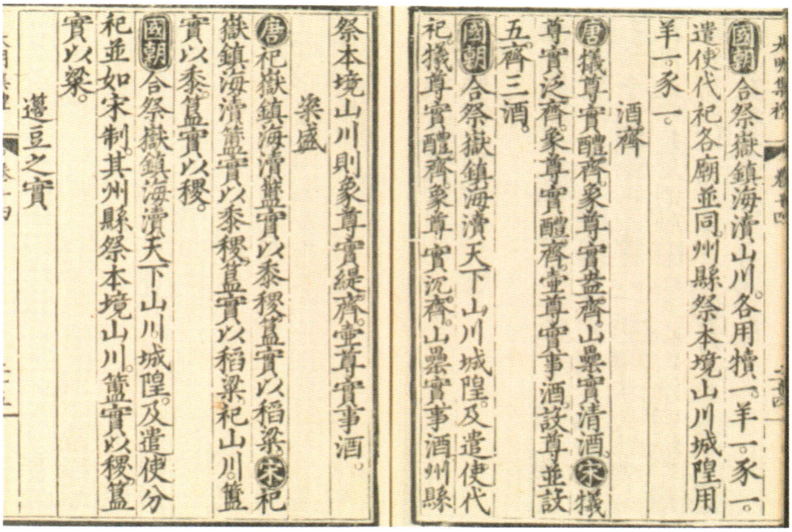
國朝合祭嶽鎮海瀆山川。各用犢一。羊一。豕一。遣使代祀各廟並同。州縣祭本境山川城隍用羊一。豕一。

酒齊

唐犧尊實醴齊。象尊實盎齊。山罍實清酒。宋犧尊實泛齊。象尊實醴齊。壺尊實事酒。設尊並設五齊三酒。

國朝合祭嶽鎮海瀆天下山川城隍。及遣使代祀。犧尊實醴齊。象尊實沉齊。山罍實事酒。州縣祭本境山川。則象尊實緹齊。壺尊實事酒。

粢盛

唐祀嶽鎮海瀆。簠實以黍稷。簋實以稻粱。宋祀嶽鎮海瀆。簠實以黍稷。簋實以稻粱。祀山川。簠實以黍。簋實以稷。

國朝合祭嶽鎮海瀆天下山川。城隍。及遣使分祀。並如宋制。其州縣祭本境山川。簠實以稷。簋實以粱。

籩豆之實

《大明集礼》卷十四

最后，“太牢”沉祭，“太牢”祭毕沉于海。沉祭是古代国家祭祀河海神灵的重要形式。早在夏商周时期，中国就形成了一套相对固定的祭水礼制，曰沉祭。甲骨文中“沉”字作[illegible]，是把牛或羊沉到水中的象形。而沉祭的主要特点有：其一，使用珍贵的物品祭祀水；珍贵的物品包括美玉、太牢（牛）、少牢（羊）等。其二，是将祭祀（贡献）水神的祭品沉于水中。明代礼制规定，凡是祭祀山川河海皆用沉祭，即“祭山林曰埋，川泽曰沉”。《大明集礼》也载：“岳镇海渎祭毕，其祝币牲馔，岳镇则瘗之于川，海渎则沉之于水。”

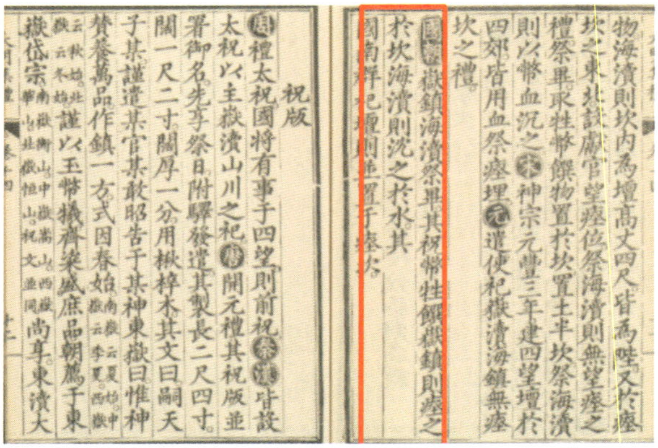
物海瀆則坎內為壇高丈四尺皆為陛又於瘞
坎之東北設廟官望瘞位祭海瀆則無望瘞之
禮祭畢取牲幣饌物置於坎置土半坎祭海瀆
則以幣血沉之（宋）神宗元豐三年建四望壇於
四郊皆用血祭瘞埋（元）遣使祀嶽瀆海鎮無瘞
坎之禮
（國朝）嶽鎮海瀆祭畢其祝幣牲饌嶽鎮則瘞之
於坎海瀆則沉之於水其
[illegible]則並置于瘞坎

祝版
（周）禮太祝國將有事于四望則前祝（秦）（漢）皆設
太祝以主嶽瀆山川之祀（唐）開元禮其祝版並
署御名先享祭日附驛發遣其製長二尺四寸
闊一尺二寸闊厚一分用楸梓木其文曰嗣天
子某謹遣某官某敢昭告于某神東嶽曰惟神
贊養萬品作鎮一方式因春始（南嶽云夏始中嶽云季夏西嶽云秋始北嶽云冬始）
謹以玉帛犧齊粢盛庶品朝薦于東
嶽岱宗（南嶽衡山中嶽嵩山西嶽華山北嶽恆山祝文並同）尚享東瀆大

《大明集礼》卷十四

通过不厌其烦的赘述和文献史料的印证，我们充分论述解读明代赤湾天后古庙“辞沙”的历史起源和变迁，并梳理了关于“辞沙”祭典中“太牢”与“沉祭”的相关疑惑。接下来留给我们的问题，便是如何在当代的历史背景和有限的条件下恢复“辞沙”祭祀仪典。

二、“辞沙”祭典的恢复过程

自2014年起，深圳南山天后博物馆（赤湾天后古庙）以《大明集礼》《新安县志》等典籍记载为依据，以明代国家海洋祭祀仪轨为指导，在遵循古制、古礼的原则下，结合岭南传统文化习俗，开始恢复“辞沙”祭海大典。

（一）恢复过程

首先，“辞沙”祭典的时间选取。根据《新安县志》等文献史料可知，“辞沙”仪式是使臣出使外国前的祭祀仪式。即凡使外国者，“具太牢，祭于海岸沙上”。可见，这是使臣在赤湾侯得季风后，准备出发前的一项重要仪式，而每年的秋季才是远航的最佳季风时节。因此，按史料分析来看，“辞沙”举行的时间主要发生在秋季。而当今，为了让更多百姓参与了解，天后古庙选取每年天后诞前的星期六或星期日举行活动。

其次，祭品的恢复。“辞沙”祭祀大典要遵循古制，就得先要恢复“太牢”祭祀，根据黄谏碑文所载之“太牢”是“去肉留皮，以草实之”而成。那么，“太牢”（牛、羊、猪三牲）为何要去掉里面的肉只留下表皮，然后以“草”充实呢？如此费尽周折制作的“太牢”又有什么目的呢？要解开这一疑惑，就必须了解我们传统的祭祀习俗，即祭祀神灵后，祭品会以不同的方式送至所祭的神灵，送达方式有焚烧、埋入、沉入等。我们知道，“辞沙”祭祀的对象是海洋，祭祀后，“太牢”就会沉入海底，以享大海，正如《新安县志》所言：“祭毕，沉于海”。因此，“去肉留皮，以草实之”的“太牢”，其制作的目的就是为了满足“太牢”能“沉于海”。反之，如果“太牢”不是“去肉留皮，以草实之”，试想，三牲如果整只沉入海底的话，细菌繁殖加上肉质腐烂会产生大量的气体，并迅速膨胀，再加上海水比重较大，三牲会加速的上浮，如此就根本无法达到沉祭的目的。

前文第二章中翔实考证了“太牢”“实之以草”的草就是与海洋息息相关的“海草”（海藻）。其实，在岭南沿海地区，“海草”是作为祭祀神灵时的重要祭品之一，民间也称之为“海味”。“海草”的种类繁多，人们常做祭祀用的有海带、紫菜、裙带菜等，而“海草”的特点就是遇水后体积会迅速膨胀，重量急速增加。据我们的了解，一公斤干紫菜泡发后，大概能够增重十倍左右，而牲牛“去肉留皮”后，肚内大致可填充紫菜十八公斤左右，如此一来，牲牛遇水后，其重量可达两百公斤左右，因此，“太牢”很快便沉入海底。再有，“海草”本身就是海洋生态链的重要构成部分，沉入海底的“海草”也为其它海洋生物提供有益的环境。由此可见，以“太牢”“祭毕，沉于海”的

“辞沙”仪典，不仅使用符合国家海洋祭祀的等级规格，还极具岭南沿海的地方特色。

2013年纸扎太牢

2014年太牢

第三，祭祀场地的恢复。明永乐年间，明使张源于赤湾天妃庙前的沙滩上举行“辞沙”祭祀大典，而后扬帆出使。20世纪80年代，中国的改革开放促使赤湾港口进行大量的规划建设，原本海边的赤湾天后古庙受到赤湾港围海造堤的影响而远离海岸。同时，赤湾港的建设也影响着“辞沙”祭祀大典的恢复，赤湾天后古庙如今通海的道路已被码头堆场所堵，庙前的沙滩更是不见踪影，根本无法满足举办“具太牢祭于海岸沙上”和“太牢祭毕沉于海”的“辞沙”祭祀条件。因此，早期举办的“辞沙”展演仪式只能将其分成两部分来举行——“庙祭”和“海祭”。一方面，因没有了庙前的沙滩，而转至庙内举行“辞沙”的祭祀仪轨，我们称之为“庙祭”；另一方面，“庙祭”流程结束后，“太牢”需出海沉祭。天后庙出海通道也被码头货场阻隔，只能将“太牢”转运至其他港口，出海沉祭，这部分我们称之为“海祭”。如此祭祀皆因赤湾天后古庙现有的环境与历史的记载已相去甚远所致。之后，虽然经过多方努力特别是南山开发集团的大力支持，赤湾石油基地同意提供庙前的赤湾港码头，作为举办“辞沙”活动时的临时出海的港口（只能在周六或周日使用），但是，庙前的沙滩和出海的道路仍旧是困扰“辞沙”恢复的主要因素。

为更好地弘扬中华优秀传统文化，2016年开始，深圳南山区委、区政府决定以土地更新的方式，更新赤湾天后古庙庙前的土地，并恢复天后古庙历史上的牌楼，与此同时，土地的更新也打开了天后古庙通往海边的道路，为“辞沙”祭祀大典遵循古制的恢复扫清了关键的障碍。但是，深圳赤湾港的开工建设，注定了天后古庙庙前的沙滩会从此消失，且无法复原。在此条件下，为了真实还原“辞沙”祭典的历史场景（庙前沙滩），天后博物馆于2016年开始，在举办“辞沙”祭祀仪典的场地上铺满厚厚的沙子，以此制造出庙前“沙滩上”的景象，最大限度地遵循、恢复“辞沙”祭祀场所。2018年后，随着庙前土地更新工作的完成，天后古庙牌楼、广场的建设竣工，“辞沙”仪典之庙前“沙滩上”“具太牢祭于海岸沙上”“太牢祭毕沉于海”才得以实现。

自2014年“辞沙”祭祀大典开始恢复以来，除按文献所述“具太牢祭于海岸沙上，祭毕，沉于海”的基本样貌不变外，随着研究工作和认识的不断深入，每年都会对祭祀内容进行一些调整和完善。具体历程如下：

2014年，“辞沙”祭典分成“庙祭”和“海祭”两部分，是不同地点的两场祭祀仪式，即“庙祭”于大殿正前方的阅台上举行，而“海祭”则在离赤湾天后古庙约三公里外的“深圳湾游艇会”码头举行。

2014年“辞沙”庙祭场景

2014年“辞沙”海祭场景

2014年祭品

2015年，随着对“辞沙”祭海大典认识的深入，即“辞沙”为明朝国家最高规格的官方祭海，再依据《大明集礼》所载“岳镇海渎”中海洋祭祀之礼制，天后博物馆在“辞沙”祭海仪轨上有了较大的变化。具体表现在：第一，祭祀器皿上。古代中国“神不歆非类，民不祀非族”，国家祭祀上有着极其严格的等级之分，祭祀器皿的陈设便是最重要的象征。例如：天子祭祀使用“九鼎八簋”祭器，而诸侯祭祀只能使用“七鼎六簋”祭器。由此，天后博物馆根据《大明集礼》所载的海洋祭祀之器皿，专门从河南洛阳市定制一批仿古青铜祭祀器皿，以供“辞沙”祭海大典使用。器皿包括尊、罍、爵、豆、登、簋、簠、笾、铏等等。第二，祭祀器皿“粢盛”的考究。根据文献所载“粢盛”之内容形式，不同器皿会“粢盛”不同种类的食物，即使同样的器皿“粢盛”的食物也不尽相同。例如祭祀中“笾、豆各十”，也就是说，十只笾或者豆所盛食物都不相同。可见，祭品和祭祀礼器逐渐变得考究和复杂。第三，祭祀场所的调整。随着祭品、祭祀礼器以及参与祭祀民众的增加，祭祀场所由大殿前的阅台转至山门前的广场，祭祀完毕后，“太牢”沉海也改至赤湾港码头出海。第四，遵循古制、完善仪轨。整个祭祀大典分为时日、斋戒、陈设、行事四大部分，且在“行事”前三日开始“斋戒”，天后古庙会在这期间散斋三天，为信众施以斋粥，作为施戒宣传。

2015年“辞沙”祭祀现场

2016年，根据天后古庙现有的环境，为真实还原“辞沙”祭典的场景（沙滩上举办），“辞沙”祭祀前在天后古庙的山门广场上铺满沙子。制造出“沙滩上”的景象，最大限度地遵循“辞沙”祭祀的表现形式。

2016年“辞沙”祭祀现场

2017年，随着支持、参与“辞沙”祭祀民众的不断增多，随船出海、“太牢”沉祭是每个人的愿望。为此，天后博物馆特意增加船只，并选取有较宽甲板空间的船只，以供牛、羊、猪三牲并排摆放祭祀，在“太牢”沉海前，举行简单的祭海上香仪式，然后，将“太牢”沉于海。

2017年“辞沙”祭祀大典

2018年，“辞沙”祭祀大典最大的变化就是“太牢”可以从庙前顺利出海。随着天后古庙庙前土地更新工作的完成，这样就彻底解决了天后古庙困扰已久的问题，恢复了历史上进出的正门，同时，也打通了天后古庙出海的通道。这一年，“辞沙”祭祀大典在仪轨上也进行了完善，仪式中增设了“坎”位，目的是将三牲毛血瘗于坎，以及用作燔、埋降沉香、金银香、币帛等祭祀物品。

2018年“辞沙”祭祀大典

2019年“辞沙”祭祀大典

2019年，赤湾天后古庙牌楼的落成剪彩，真正恢复了“辞沙”祭祀大典在庙前举行的历史场景——庙前广场“沙滩上”“具太牢祭于海岸沙上”“太牢祭毕沉于海”。

（二）“辞沙”陈设与仪轨（以2019年为例）

“辞沙”祭祀大典分为时日、斋戒、陈设、行事四大部分。

首先，陈设准备。祭日清晨，实尊罍簠簋笾豆牲俎，并陈毛血豆、篚币于神位前，列篚币于酒尊所。祭品陈设依次为：

前案：设登二（实以太羹）、铏二（实以和羹）、六碗饭、六碗茶。

豆案：十豆，分别实以菁菹（韭菜花腌菜）、芹菹（芹菜腌菜）、鹿醢（鹿肉酱）、韭菹（韭菜腌菜）、醓醢（猪肉酱）、兔醢（兔酱）、笋菹（笋腌菜）、鱼醢（鱼酱）、脾析（牛百叶）、豚拍（猪腿肉）。

笾案：十笾，实以形盐（特制成虎形的盐）、藁鱼（野生植物，一种喂鱼用的草饲料）、枣、栗、榛、菱、芡、鹿脯、白饼、黑饼。

簋案：簋二，实以稻（稻米）和粱（粟米）。

簠案：簠二，实以黍（黄米）、稷（糯米）。

三牲案：按传统礼制用“太牢”祭（全猪、全羊、全牛去肉留皮，以海草实之，托盘上垫发菜、生菜为底。发菜、生菜寓意发财，生财）。

尊案：牲尊四，实以醴齐（甜酒）；象尊四，实以沉齐（清酒）；山垒四，实以事酒（白酒）。

祝案：放置祝文。

除上述陈设外，还增添陈设了具有岭南传统特色的祭祀物品，例如：专为神明制作的非物质文化遗产纸扎“龙袍”等祭品，并将“龙袍”呈献于天后大殿两侧。纸扎“龙袍”及祭品包括玉皇、王母、天后、观音、财神、土地公婆、天兵天将等服装与鞋帽祀品。

丰盛的祭品

其次，祭祀仪轨。行事当日的具体仪轨流程如下：

祭祀开始前击鼓倒计时三分钟，然后依次敬请观礼嘉宾、祭祀嘉宾、承献官等沐手就位。

1.鸣钟、鸣鼓

主持人唱“某年辞沙祭祀大典现在开始”，“鸣钟”，“鸣鼓”。

2.嘉宾（观礼）献花、敬香仪式

主持人唱“恭请嘉宾献花”；

两名礼仪人员前后引领嘉宾到指定位，另外工作人员列队捧花到嘉宾旁，交给嘉宾后，退立嘉宾两侧。

主持人唱“鞠躬拜”，“再拜”，“三拜”，“献花”。

工作人员到嘉宾旁接花、献花至案台上，后列队退下。

主持人唱“恭请嘉宾上香”；

工作人员给嘉宾派香后，退立嘉宾两侧；

主持人唱“鞠躬拜”，“再拜”，“三拜”，“集香”；

工作人员上前收集香支插于香炉后退下。礼仪人员请嘉宾回到嘉宾观礼席。

3.迎神（音乐响起）

主持人唱“恭请粤、港、澳、台湾、东南亚承献官代表就位”；

五位承献官代表就位；

主持人唱“迎神”（此时音乐响起）；

两名执事者列队从东至西手捧毛血豆行到祭台前三拜后，转身行到瘗坎处将毛血瘗于坎（乐止）；同时，工作人员为每位嘉宾派香；

主持人唱“有司已具，行鞠躬拜之礼”，“拜”，“再拜”，“三拜”

4.奠币

主持人唱“奠币”；

六名执事者列队由西向东到承献官旁，一名执事者先集承献官香，后插于香炉退下，另五名执事者捧币站在承献官旁；

主持人唱“行跪拜之礼”，“跪”；

执事者捧币跪下后，将币交与承献官；

主持人唱“拜”，“再拜”，“三拜”；

承献官将币交与执事者后；

主持人唱“兴”；

执事者将币献于神位前；

5.进俎

主持人唱“进俎”；

两组执事者列队由东、西两侧到太牢旁，执事者掀开太牢的红盖布，准备好托举后；

主持人唱“奠俎”；

执事者举俎升阶；承献官做托举势；

主持人唱“拜”，“再拜”，“三拜”，“献”；

承献官做托举“牲俎”之势三拜，祭祀嘉宾持香行鞠躬三拜之礼，执事者将俎献于案上，之后原路返回；

6.初献、颂祝文

主持人唱“行初献之礼”；

六名执事者列队（托酒爵盘者五名、托牲尊盘者一名）由西向东行至承献官身后，再左转身前行至承献官身旁；

主持人唱“跪”；

祭祀嘉宾、承献官、执事者跪下，执事者将酒爵交与承献官，承献官授爵；

主持人唱“祭酒”；

承献官托酒爵三拜后，将酒爵交予执事者后，承献官俯伏；

主持人唱“行跪拜礼”，“拜”，“再拜”，“三拜”；

祭祀嘉宾跪着行三拜礼，承献官俯伏；

主持人唱“奠爵”，“兴”；

祭祀嘉宾、承献官、执事者起身，五名执事者列队将酒爵放于爵砧上退下，托牲尊盘者同时退下；

主持人唱“颂祝文”；

赞引引领祝献官行至祝案前，祝献官跪下，执事者于祝案上捧取祝文，跪下交予祝献官，祝献官诵读祝文，诵毕；

主持人唱“呈祝文”；

祝献官将祝文交回执事者后起身，赞引引领祝献官复位；执事者将祝文呈于祝案上后退下；

主持人唱“行鞠躬拜之礼”，“拜”，“再拜”，“三拜”。

7.亚献

主持人唱“行亚献之礼”；

六名执事者列队（托酒爵盘者五名、托象尊盘者一名）由西向东行至承献官身后，再左转身前行至承献官身旁；

主持人唱“跪”；

祭祀嘉宾、承献官、执事者跪下，执事者将酒爵交与承献官，承献官授爵；

主持人唱“祭酒”；

承献官托酒爵三拜后，将酒爵交予执事者后，承献官俯伏；

主持人唱“行跪拜礼”，“拜”，“再拜”，“三拜”；

祭祀嘉宾跪着行三拜礼，承献官俯伏；

主持人唱“奠爵”，“兴”；

祭祀嘉宾、承献官、执事者起身，五名执事者列队将酒爵放于爵砧上退下，托象尊盘者同时退下。

8.终献

主持人唱“行终献之礼”；

六名执事者列队（托酒爵盘者五名、托山罍盘者一名）由西向东行至承献官身后，再左转身前行至承献官身旁；

主持人唱“跪”；

祭祀嘉宾、承献官、执事者跪下，执事者将酒爵交与承献官，承献官授爵；

主持人唱“祭酒”；

承献官托酒爵三拜后，将酒爵交予执事者后，承献官俯伏；

主持人唱“行跪拜礼”，“拜”，“再拜”，“三拜”；

祭祀嘉宾跪着行三拜礼，承献官俯伏；

主持人唱“奠爵”，“兴”；

祭祀嘉宾、承献官、执事者起身，五名执事者列队将酒爵放于爵砧上退下，托山罍盘者同时退下。

主持人唱“集香”；

工作人员收集祭祀嘉宾香支，而后插于香炉中。

9.饮福受胙

主持人唱“饮福受胙”；

赞引引领五名承献官到饮福位（爵坫前），两组执事者列队由东、西两侧到太牢旁侧站，承献官三拜后，跪下；

主持人唱“饮福酒”；

承献官取爵坫上酒爵，三祭酒后，饮福酒，以酒爵复于坫上，执事者准备好托举太牢后；

主持人唱“受俎”；

执事者托举俎，承献官做托举势，执事者将俎献于案上；承献官俯伏；

主持人唱“兴”，“鞠躬拜”，“再拜”，“三拜”；

承献官三拜后复位。

10.彻豆

主持人唱“彻豆”；

执事者将神案前毛血豆彻下；

主持人唱“赐胙”；

所有执事者同声唱“饮福赐胙”；

主持人唱“行鞠躬拜之礼”，“拜”，“再拜”，“三拜”；

祭祀嘉宾行鞠躬拜之礼（注：承献官不行鞠躬拜）。

11.送神

主持人唱“送神”（音乐响妈祖颂）；

主持人唱“行跪拜之礼”，“跪”，“拜”，“再拜”，“三拜”，“兴”；

祭祀嘉宾、承献官皆行跪拜礼。

12.望瘗

主持人唱“望瘗”；

赞引引承献官、祝献官至望瘗位，工作人员取祝文、币帛、金银帛、龙袍、纸宝到望瘗位，放置于瘗坎内。

主持人唱“可燎”；

执事者高举炬火燔至半，东西面各二工作人员以土置于坎；

主持人唱“礼成！”，“敬请嘉宾随赞引入殿绕香，以答神贶”。

13.绕香神贶

所有嘉宾随赞引排队依次进入大殿绕香后到牌楼集合出海。

14.“太牢”沉海祭祀

所有嘉宾随船出海，“太牢”祭海。

三献礼

诵祝文

望瘗

庙内祭祀仪轨

“太牢”沉海之祭流程如下：

船只到达海域地点；

主持人唱“迎海神”，工作人员派香于每位嘉宾；

主持人唱“有司已具，行鞠躬拜之礼”，“拜”，“再拜”，“三拜”；

主持人唱“上香”；

工作人员集香，香支插于香炉中；

主持人唱“祭酒”；

捧牲尊、酒爵的执事者将酒爵交与承献官；

主持人唱“行鞠躬拜之礼”，“拜”，“再拜”，“三拜”，“奠爵”；

执事者接过酒爵放于爵砧上；

主持人唱“再祭酒”；

捧象尊、酒爵的执事者将酒爵交与承献官；

主持人唱“行鞠躬拜之礼”，“拜”，“再拜”，“三拜”，“奠爵”；

执事者接过酒爵放于爵砧上；

主持人唱“三祭酒”；

捧山罍、酒爵的执事者将酒爵交与承献官；

主持人唱“行鞠躬拜之礼”，“拜”，“再拜”，“三拜”，“奠爵”；

执事者接过酒爵放于爵砧上；

主持人唱“送神”（音乐响妈祖颂）；

主持人唱“行三跪九叩之礼”，“跪”，“叩首”，“再叩首”，“三叩首”，“兴”；“跪”，“叩首”，“再叩首”，“六叩首”，“兴”；“跪”“叩首”“再叩首”“九叩首”“兴”；

主持人唱“太牢沉海”，“祈愿四海清平、国运昌盛、风调雨顺、五谷丰登”。

巡游队伍

“辞沙”祭海现场

（三）“辞沙”祭典的重要价值

深圳赤湾天后博物馆作为官方“辞沙”祭祀大典的传承主体，专注该项目保护、传承、整理等工作：一是通过搜集、记录、分类、编目等方式，为“辞沙”项目建立完整的档案资料。二是再现“辞沙”祭祀大典，以《大明集礼》所载的“岳镇海渎”祭祀为依据，恢复“辞沙”祭海之仪轨。三是长期设置“辞沙与中国海洋祭祀文化展”，向公众展示中国海洋祭祀文化以及“辞沙”的历史渊源和祭祀过程等。四是通过吸收新鲜血液，组建传承队伍，如高校学生、初高中学生、社会文化工作者投入非遗传承工作中来。“辞沙”祭祀大典的保护与传承在当今大湾区的政治、经济、文化构建中都独具价值和意义，具体表现在：

1.唯一性和独特性

“辞沙”祭祀大典是目前发现唯一的国家海洋祭典的当代遗存，使节参与、“太牢”沉祭使得“辞沙”区别于一般的民间祭海活动，与今天深圳现代海洋文化优势相叠加，将重新定义深圳海洋文化的深度与高度，有利于深圳推动“一带一路”及粤港澳大湾区的文化建设。

2.国家邦交的见证

“辞沙”祭祀大典与明代使节出使西洋的历史密切相关，是海上丝绸之路沿线各国共同的历史文化记忆与和平交往的重要见证，是国家邦交的重要文化符号，在海上丝绸之路复兴的今天，有利于传承和平合作、开放包容、互利共赢的丝路精神。

3.鲜明的民俗特色

“辞沙”祭祀大典之清代后的演义，使之成为华南沿海民众传统的祭祀活动，具有鲜明的民俗特色，是联系海峡两岸和香港同胞的精神纽带，有利于推动维护国家统一，团结海内外华人华侨，凝聚民族精神。

4.重大的研究价值

“辞沙”祭祀大典内含政治、外交、军事、经济、民俗、礼仪等诸多元素，是研究“一带一路”历史和海洋文化的宝贵资料，是历史学、民俗学的重要补充。

第三节　当代赤湾天后古庙的民俗活动

一、祭祀习俗

（一）集体祭祀

1.诣庙进香

赤湾天后古庙自立庙以来，每逢天后诞辰，来自珠三角沿海地区的善男信女，都会成群结队前来进香，并举行丰富多彩的民俗祭祀活动，这一活动习俗一直持续到20世纪50年代。之后，直到中国实行改革开放，这些活动又逐渐得以恢复。集结进香的信众多以灵媒为核心，抑或以村落、宗族及行业为组织，自愿结成不同形式的“香会”，并缴纳一定的费用，这种俗约在广东地区十分盛行。而“香会”的组织者被活动成员称为“会头”。“会头”负责发起筹划前往庙宇祭祀的所有事宜，包括制定行程、购买祭品、聘请班子（如舞龙舞狮、戏剧等）以及祭祀的形式等。因此，“会头”往往是灵媒之人或村庙庙祝担任，“香会”成员也以中老年女性为主。

“香会”组织祭祀的形式与各地村镇的民俗民风有直接关系。赤湾天后古庙祈福的“香会”群体里，大多是非本地信众的进香团体，尤其以东莞、归善（今惠州）为众。也许是路途较远的缘故，这些“香会”团体更加注重活动的组织协调，另外也凸显了“香会”组织或“会头”的号召力。

天后神诞期间，“香会”组织前来贺诞进香时，所有成员常常会统一着装，头扎红绳、彩衣彩裤，他们或用神轿抬着，或用手抱着本村庙宇的妈祖神像，一路敲锣打鼓、欢歌笑语。当浩浩荡荡的“香会”团体进入庙门时，不但锣鼓喧天、唢呐嘹亮，甚至还载歌载舞、舞龙舞狮。以此引来其他进香者的驻足观看，精彩的民俗表演显得即热闹又隆重。表演持续到进入大殿，之后，她们会选择靠着殿内圣像最近的位置安座好本村妈祖神像，以此接近“大神”沾取灵气。接着将所带来的祭品整整齐齐地摆放在本村神像前，然后各自在庙中祈福祭拜。祈福祭拜完成后，又都聚集到本村妈祖神像前，由“会头”引领祭祀，“会头”边说边唱，会员则跟着“会头”说唱内容集体行祭拜礼。

以抬神像为中心的进香团

除了上述以灵媒或庙祝担任“会头”的“香会”群体外，还有以集资造船为习俗的“香会”组织。例如，东莞桥头镇地区的渔民会在天后诞前制作一艘小型的木船，船上满载着水果、大米等祭祀物品。据他们的老辈说，过去出海之前，他们都会在赤湾天后庙参神，祭祀神灵后会在天后庙前的沙滩上放送木船出海，然后才会出海捕鱼。如今，赤湾天后庙前已无沙滩，也无法举行木船放送出海仪式，因而祭祀之后，改为将木船烧给神明。上述放木船出海与徐兢《宣和奉使高丽图经》中的“祠沙”甚为相似。

祭祀的龙船

另外，也有以集资宰牲祭祀为习俗的“香会”。旧时，往来于赤湾天后古庙的商人们，传承着牲猪祭祀的传统，即在庙前台阶上举行宰牲沥血的祭祀仪式。现如今，信众百姓常以“香会”形式筹资，共购牲猪前来祭祀。“香会”一般是将宰杀好的牲猪以血抹红全牲，然后供祭于案桌上。还有的“香会”直接购置烧猪作为牲猪祭祀。总之，“香会”牲祭结束后，现场会在赤湾天后庙内集体分取猪肉。

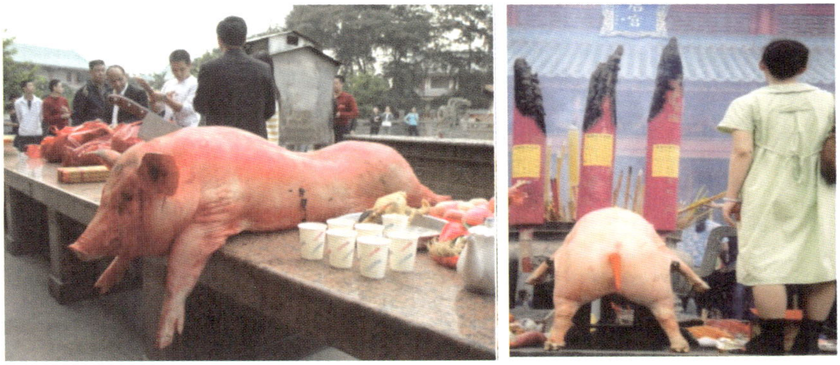

生猪祭祀

烧猪祭祀

此外，"香会"在庙中娱神节目除舞龙舞狮、大头娃娃等表演外，"香会"之间还会相互对歌（颂神歌）等，尤其是"香会"的"会头"希望借此展现才能，并以此带动众成员祷告神明，请求神明降临赐福。诵念、唱颂请神词语有：

天苍苍地茫茫，普天之下皆黄土，到处民间可住藏。自从盘古开天地，一切土地属君王。一炷清香扦炉中，缥缥缈缈神慈下九宫，三杯浓茶三杯酒，果品素菜五味中，六蕃紫卷连宵奏，七表真人瑞气浓，八宝装成金阶殿，九霄云外透虚空，十遍寰宇法界躬有事先拜请传香童子奏事同郎为民传奏。初开天地盘古先皇玉皇大帝、地府神、十大元帅、老祖宗，今有广东省东莞市××镇××村夫妻××，带女儿××儿子××。借深圳市蛇口赤湾妈祖庙门前高台结座吉日良辰三月廿三日提前贺妈祖华诞。拜请天公、天母、太阳、太阴、月公、月母、地母、天皇、日皇、军皇、盘古先皇、盘古婆婆、玉皇大帝、天兵、天将、万兵、万将、包公包母、钟馗、地公、地母、天兵、天将、万兵、万将、十大元帅，天兵、天将、万兵、万将，有清茶、鸡、猪肉、金猪一条、鱼、豆腐、素菜、喜板、红枣、糖果、饼干、花生、核桃、龙眼干、橄榄、瓜子、苹果、火龙果、香蕉、山竹、红橙、百香果等物品，有金山、银山、金吨、银吨、路路通、花篮、罗裙、长钱、各带、宝盆、船、大神农、五件化十件、十件化百件、百件化千件、大包、小宝、寿宝、天宝、金、银、钱、一元化十元、十元化千元、千元化万元、万元奉上盘古先皇、盘古婆婆、玉皇、王母、天后娘娘、妈祖娘娘、东京娘娘、九天玄母娘娘、冯仙娘娘、十二奶娘、地母娘娘、南海观音娘娘、北海观音娘娘、千手观音娘娘、送子观音娘娘、注生娘娘、七娘娘、碧霞元君、华临水夫人、金母娘娘、金华娘娘、娘娘、冯仙姐、何仙姐、张仙姐、仙姑姐姐、七位八仙、八位八仙、天河织女、金童、玉女、花公、花母、床公、床母、田公田母、粮公、粮母、来同台饮酒赤湾妈祖华诞节，拜请四大天王、白鹤仙师、托塔仙师、太上老君、老师公老师爷、元始天尊、通天教主、天河元尊、四方如来佛祖、出国诞子、三山国王、玄天上帝、太岁爷爷、天兵天将、五雷将军、五大佛家、八大金刚、十八罗汉、南斗星尊、大王爷、二王爷、三王爷、文昌公、华光仙师、张天师、地理师、斧头爷爷、水仙爷爷、赤脚仙师、茅山法师、月老爷爷同台饮酒。妈祖诞日拜请海关爷爷、六大文王仙师、和合仙师、解决师爷、算盘师爷、毛织师爷、财神爷爷、财神猫、运财师爷、五路财神爷爷、八路财神爷爷、求财童子、五谷师爷、福德公、福德婆、城隍公、百旺公、望海伯公、地主王公同台饮酒。天后娘娘诞日，拜请吕山法师、泥山法王、关公爷爷、圣帝公公、魁星爷爷、北帝爷爷、鬼谷仙师、榕树公公、车公、车母、黄大仙、药王仙师、华佗仙师、九宫二十十四位仙师、一百零百位大神同台饮酒。蛇口赤湾妈祖华诞，拜请东南西北小神小将、大神大将、东南西北天上飞机上、车公、车母、桥上伯公伯婆、山上山神土地同台饮酒。蛇口赤湾妈祖华诞，拜请海上龙公龙母、船工船母、千兵、千将、万兵、万将上、河公、河母、千兵、千将、万兵、万将、山神爷爷、灶君灶母、屋前屋后伯公伯婆、地主爷爷、厂内地主爷爷同台饮酒。好时好天后娘娘拜请不知天上有几多小神小将、大神大将，不知地下有几多庙堂，不知男仙和女仙，请唔到由玉爹玉母，去带到。请唔齐由玉爹玉母，去带齐。先请先到后请后到先请先饮后请后饮、请王家祖公祖婆、房叔房伯、仙男仙女亲骨肉、张家祖公祖婆、仙男仙女亲哥亲姐饮酒，低头饮酒，起头保佑保佑阖家平安。望天上神民、地府、祖先管丁、管财、管货源来香港合城公司接起来、小客、大客、小单、大单、小生意、大生意接起来，清溪谢坑合城……王家夫妻××等接货源滚滚、人丁、后接财、接起丁财两旺来、求财有丁、求财有财、求货有货、求生意兴隆、求四方八面财源滚滚来、求五路、八路财神运货象、合家有求必应、心想事成、合想合算、车辆、小车、大车出入平安顺利、在家顺利、工作平安顺利、出外工作、读书、脚踏四方平平安安、家庭和气、子女听话、六畜平安、厂家平安顺利、工人听听话话有求必应、心想事成、生意兴隆、财源广进、事事如意、一本万利、货源出入平安顺利、货源一出，好买好卖、一笔成功、万无一失、一帆风顺、水涨船高、一年四季平安顺利、月头旺到月尾、年头好到年尾、一年好过一年、一代好过一代、奉转五代同堂都要有文化人、聪明伶俐人、有做生意人、句句有应、句句有灵、有求必应、望天元帅、祖先、扶持保佑、左做左着、右做右着、横来直来都着、谋事在人成事在天、感谢天感谢地、感谢满堂神仙、感谢十大元帅、感谢祖先扶持保佑、样样顺顺利利、样样心想事成、合想合算、生意兴隆、货如轮转、四季平安顺利、男添百福、女纳千祥、老人福如东海寿比南山，老者少者皆平安顺利、感谢天感谢地、感谢满堂神仙、感谢十大元帅、感谢祖先贵人扶持保佑千万阳、阴笑容隔开、东南西北贵人跪神扶持保佑，大法大令喝山山转向、喝水水转头、拜开又一阵，在天者腾云驾雾，在地者快马加鞭，在水者摇船架桨，宫宫需到，殿殿须来揭开云雾含着香烟，伏望到来同台饮酒。谢天谢地谢十大元帅、谢祖先扶持保佑、凡仙神心百拜。

唱词如下：

我们是××镇××村的村民，今日三月××日，来到阿嬷你衙前，希望世界和平天下太平来哎呀！今日来到阿嬷你衙前，希望阿嬷保佑我们龙马精神年年好运年年行好运！今日来到阿嬷你衙前，阿嬷得啊胜来哎呀！各家各户来到你衙前，无忧无虑，工作顺利来；今日这里的人啊，姐姐妹妹，平平安安出入平安。希望世界和平无苦无灾，阿嬷得胜来！

今日阿嬷得胜来，事事行好运啊来，日日保平安。世界和平来，无有落泪来。神明得胜来。小妹妹呀得胜来……呢间阿嬷得得得胜来。年年日日保财来，保得各家各户好运来。龙马精神年年好运人人年年行好运，今年年年行好运，日日保平安，来到你阿嬷得呀得胜来……

世界姐妹一起来啊，来到你衙前（悄高）来啊，神明得胜来，唱歌快乐来。事事行好运来，每日每天工作来，姐妹跳高跳舞来，阿嬷得胜来。……各家各户来呀，来到你衙前来，身体健康来。今天3月保平安来，今日姐妹有缘来……各个姐妹跳高来呀，身体健康来，保佑保平安，工作顺利来，工作顺利来呀，做得生意来，做得无忧虑，世界和平来。今日阿嬷得胜来呀，姐妹有缘一起来。今日3月10日，宇宙……世界和平，天下太平来。(感叹词：咦湿！）

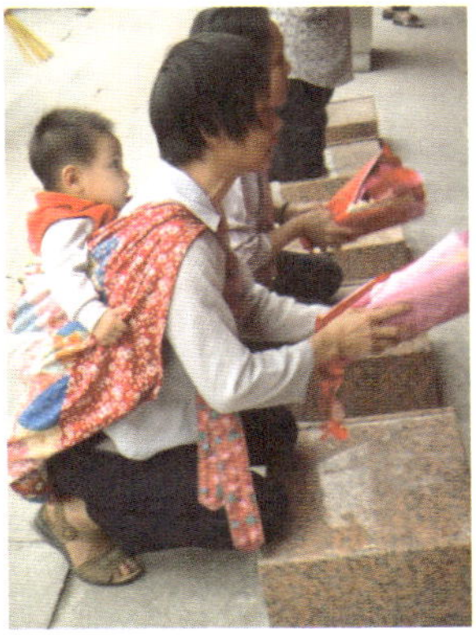

信众正在请神和对歌

2.设醮供祭

赤湾天后古庙的打醮传统可以追溯至明朝。康熙《新安县志》有载："遇神诞，设醮供祭。"赤湾天后古庙的打醮活动一般是由某一村落举办，通过打醮活动来酬谢神恩，确保地方安宁，祛除病魔。此外，也会通过打醮来安抚孤魂野鬼和消灾解难。过去来赤湾天后古庙打醮的主要有福田、沙头、湖贝、向西、蔡屋围、东莞及赤湾附近村落的人。1995年天后庙重光后，东莞的村民率先前来打醮。自此以后，大约每隔三年，东莞的村民组织都会前来打醮。

祭祀前一天，在正殿及阅台前摆设祭品，搭架子，糊鬼王。鬼王4米高，右手执令箭，左手托"善恶分明"令牌，腰系大鼓，面目恐怖，同时还用纸糊一县令及其所骑的小白马。晚上，在大殿举行简单的祭拜仪式。第一天，仪式正式开始，由南巫（道士）主持，他们敲锣击鼓，吹奏唢呐，诵经念文，在正殿内外带领信众叩首祭拜。第二天晚上，举行烧鬼王仪式。

此外，信众准备了丰富的纸扎制品，如元宝纸钱、龙船、神轿、马等。层层铺叠好后，将所有参加者的名单及祈祷祝福语摆在最上层，祭祀完毕后，便在聚宝炉旁边的空地上燃烧，大概是意在送瘟神之类。

丰富的纸扎祭品

（二）传统习俗

1.摸龙床

“龙床”指的是为天后娘娘专设的卧榻。沾、摸“龙床”会给人带来福气与运气。据解放前的记载，赤湾天后庙的“龙床”通常由庙祝负责守护，信众需缴纳一毫钱后，方能伸手进帐内摸索。如今，由于“龙床”是开放的，信众将钱放在床头后，便自行摸、坐“龙床”，甚至躺在床上进行祈祷。据传，摸过龙床后，老人可以消除疾病，年轻妇女则可以祈求子嗣，孩童则可以保佑平安健康。有的信众还会将自家小孩衣裤带来沾摸，以祈祷驱邪避灾。

摸龙床

2.圣水祈福

据东莞民间流传，在清朝时期，有一年东莞东坑镇瘟疫肆虐，乡民求医问药也无济于事，有人提议到赤湾天后古庙祈求天后娘娘祛病消灾。他们祭拜天后娘娘之后，打取庙内龙井中的圣水解渴，顿时感觉神清气爽，于是，将所带的竹筒和陶罐统统装满圣水，带回家中给亲人和患者使用，所得瘟疫果然治愈，由此，妈祖显灵赐圣水祛除瘟疫的故事便在东莞传播开来。所以，现今的东莞信众每次到天后庙里，都会带上大大小小的水桶，盛满龙井中的圣水，然后围着圣水举行祷告，祷告结束后，便将圣水带回家中冲茶煮饭，希望祛灾消病，延年益寿。

信众正在打井水

3.衣物沾灵

“衣物沾灵”是赤湾天后古庙十分盛行的一种民间习俗。每当节庆，各地信众前来天后庙拜祭祈福时，因部分家人有着各种缘由不能亲自前往祭祀，信众就会携带家人穿过的衣物代为祈福。这些衣物均为平常所穿，她们会把衣物按年龄大小依次叠好，像抱婴儿一样抱在怀中，跪于大殿天后神像前，祈念祝语代为祈福，然后托起衣物拜谢神灵。祭毕后，她们还会抱着衣物绕转大殿内、外有神灵的器物（如龙床、龙龟、仙鹤、香炉等），甚至有的将衣物靠近聚宝炉绕转烟火，这些举动皆希冀能沾上天后古庙中神灵之气，保佑家人化煞辟邪，平安大吉。

衣物沾灵

4.红花男、白花女

广东沿海一带民间百姓有到天后娘娘像前祈祷取花的风俗，她们深信“男白女红”的说法。未孕女子一般由村里老妇（多为灵媒之人或村里有地位的女长辈）相伴，在天后娘娘像前祭拜、祷告，然后抽取签文来定夺是否需要取花。如果妈祖示意取花，少妇即跪下拉起衣襟作好接兜的样子，老妇则到天后娘娘神座前，请取别人进献的或还愿的花朵，之后插在少妇的头上，所取的花是红的象征生女孩，若是白的则象征生男孩。如果真的怀了孕，生育后，数月之内还要亲自前来拜谢还花。关于“男白女红”的习俗，在《广东新语》卷六中也有记载：“有祝词云：‘白花男，红花女。’故婚夕亲戚往送花，盖取诗华如桃李之义。诗以桃李物兴男女二人，故‘夭桃’言女也，‘摽梅’言男也，女桃而男梅也。”上述可见，其实早在《诗经》一书中就有“白花男，红花女”的说法，这也是为女桃（花红）男梅（花白）所作的解说。另外，民间还有一种传说，认为幽冥之中有一座“百花桥”，桥头上有白花和红花，白花轮回入世为男子，红花轮回入世为女子。总之，无论何种说法，老百姓在天后古庙祈祷取花的风俗一直流传至今。

抢红花白花

5.抢慈菇

慈菇带有似箭头的小尖芽，被百姓戏称为“慈菇丁”。慈菇的“丁”寓意多子多孙。因此，在广东多地，慈菇是男丁的象征，而且，逢年节庆吃慈菇以讨个好彩头，寓意着添丁发财，是人民盼望美好生活的一个缩影，逐渐演化成一种风俗。每逢天后诞期间，东莞信众都会准备慈菇参神，祭祀完毕之后，会将慈菇抛洒到空地上，让信众哄抢。据说，抢得越多，运气就越好。

抢慈菇

6.恭请吉祥物

世间法则信则有不信则无，究其根本是信仰的虔诚，信众认为笃信的真诚方能得到眷顾。因此，信众、百姓争相在天后古庙恭请各类吉祥物品，祈愿妈祖赐福。例如寓意顺风顺水的“风车”、旗开得胜的“令旗”、避邪的“符咒”和许愿树的绿叶以及印有“平安”“喜”“福”字的米、茶等物品，在他们心中，这些物品能够给他们带来加持和好运。

风车祈福

头戴绿叶

请灵符、米茶

请令旗

7.摸福字

中国人最喜欢的一个字就是“福”字，中华民族还是一个崇尚“福”，追求“福”的民族。由此，“摸福”是中国人迎接新年的一项传统民俗。作为广东“大庙”的赤湾天后古庙，自然也成为老百姓新年祈福的重要场所。每逢农历新年，来许愿树旁“摸福”许愿的人群数以千计。据说，信众、游客只要闭上眼睛摸到“福”字的，就是有福之人，今年会有好运。因此，天后庙“摸福”迎新年习俗年年都吸引成千上万的善男信女。

信众排队摸福字

8.树下许愿

说起赤湾天后古庙的许愿树，来过的信众、游客几乎无人不晓。每逢天后诞时，前来祭拜的信众更是络绎不绝，甚至连东南亚的妈祖信众也会不远万里赶来。天后庙的许愿树其实是一棵树干与根须长得非常奇特的大榕树，该树经广东省农科所专家鉴定为榕树品种中的“寄生榕”，树龄将近四百年。有些虔诚前来“见树就拜”的香客可能不了解，其实，现时的许愿树（寄生榕）是寄生在原有的古树之上。据传，该古树是明使张源重修赤湾天妃庙时栽种的，由于历史上新安撤等缘故，庙宇渐渐破败损毁，古树也随之朽断。之后，随着新安的重新立县，庙宇又恢复了以往的生气，古树上的“寄生榕”也随之茁壮成长，直至今日。

天后古庙的许愿树被深圳、东莞等地的民众视为神灵，他们常常在树脚根部燃点香烛冥襁祈福，甚至还制作许愿牌，把姓名、出生时辰及愿望写在其上，且附上百解符，将其系上重物（早年用小石子，因担心误伤人，改用橙或橘）抛上树干，不跌下来者代表愿望可成真。据说抛许愿牌是道教的一种习俗，但也有专家认为，抛许愿牌非关传统而是潮流。后来，由于许愿树承载了太多太多善男信女的愿望，终于不堪重负，很多枝干被迫“断臂”，在2010年农历新年开始改为系许愿丝带，严禁投掷或系挂许愿牌，严禁在树根插放或焚烧香火。

除了为许愿树减负，让其休养生息，管理人员还展开相关拯救行动。如加装钢管稳定树身，并将榕树须根引入地表形成树干，分担承托力和养分供给。经过近十年的保护，许愿树吐故纳新慢慢已成树林（独木成林），成为市民百姓祈福、休息的场所。信众认为，在此树下祈福、许愿便能够心想事成。部分信众还自作红丝带，写上愿望，系挂在树上以作祈福。还有些信众还会摘下许愿树的树叶，或别在头上，或带回家中。

树下许愿

9.插龙头香

不知道从什么时候开始，“插龙头香，有求必应”的习俗在赤湾天后古庙广为流传。据说，庙中的神龙、麒麟甚有灵气，而且特喜烟火。信士弟子们为表虔诚，每次来朝拜妈祖都喜欢顺时针绕摸庙内的神龙和麒麟，并在其头上插香，且放置钱币和食物，以求得愿望的实现。

石狮插香

10.引福归堂

旧时，广东地区（包括香港）非常讲究“引福归堂”，民俗中有多种多样“引福归堂”的习俗。例如，前来赤湾天后古庙拜祭的各地信众，点燃香支祭拜妈祖后，常常会取出三支插于庙内香炉中，其余燃烧的香支倒插于香灰中，将其熄灭，之后，捆绑收好，带回家中祭拜神灵使用。在他们看来，在庙里拜过的香支能沾取神灵之气，可将灵验的福气带回家。

引福归堂

11.撞钟祈福

中国自古以来，就有盛世鸣钟鸣鼓的习俗。鸣钟也象征着人们祈盼国泰民安、欢乐祥和。赤湾天后古庙新年撞钟祈福习俗每年都会吸引大量的来自各地的香客。

一般来说寺院撞钟要撞108下，这108声钟声代表了三层含义：一是佛教认为人生有一百零八种烦恼，钟响一百零八次，则除尽人间所有的烦恼。二是撞钟108下，即为一年之意。因为一年有12月，二十四节气，72候（五日一候），共一百零八，象征年年循环不息，天长地久。三是在古代认为“九”寓意吉祥，一百零八是九的倍数，是至高无上的象征。

二、传说故事

（一）风水传说

1.赤湾天后古庙与宋少帝

传说南宋末期，宋朝军队与蒙古大军在广东新会的厓山进行了最后一次海战，最后宋军全军覆没，在国破之际，陆秀夫背负少帝赵昺投海自尽，许多忠烈追随其后，纷纷跳崖，十万军民为此殉国。之后，元军一直没能获寻少帝的遗骸。而远在厓山之东的赤湾天后古庙，此时殿内突然断了一根大梁，庙祝与乡绅父老急忙焚香问卜，卜得庙前海岸有异象，庙祝急急率众前往查看，发现海上漂来一具身着黄色龙袍且盖满羽雀毛的童尸。得知着龙袍的童尸应为少帝的遗骸，而殿宇断下的大梁，乃是天后娘娘怜惜少帝，送给少帝作棺木之用。于是众父老乡亲将少帝礼葬于天后古庙西边的山脚下。

解放前，赤湾天后古庙的司祝云："相传元兵犯宋，南京失陷，中原不保，宋室纷纷南下，元兵穷追至新会厓门。宋臣陆秀夫乃负帝投水而亡后。一夜司祝忽梦见帝，来报：'帝已莅此，天后怎不迎驾？'翌日，司祝在海滩边得一玉带，疑为由厓门漂流至此。与昨夜的梦有关，一时传为神话。乃决把玉带及衣冠葬之，遂成为今日的衣冠冢。"[①]

2.张镇与九十九道门大庙

传说清朝有位皇帝想攻打台湾，一统中国。但是，攻打台湾是需要会水战的兵将，所以皇帝下江南来到了深圳南头。住在南头古城（九街）的府衙里，他派人贴出皇榜，招兵买马。皇榜贴出来之后，很多人都来应聘，很快火头军、士兵、击鼓等职位的人员都已招满。但是，却迟迟没有人敢应聘"将军"这一职务。皇帝心中非常着急，于是告诉身边的大臣："只要有人揭下皇榜，无论他是谁，我都封他为大将军。"

张镇，是新安县（今深圳）南头城外北头村人。其家中非常贫穷，每日都以砍柴为生，由于他整天都忙于山上砍柴，当然没有听说皇帝在九街招兵买马的事情。张镇家中只有一个瞎眼的老母亲，这一日，是张镇老母亲的生日，张镇一早便上南山去打柴，之后，将砍的柴火拿到南

① 徐思琼：《赤湾行》，《广东日报》，1948年5月30日。

头九街卖得了一些钱，他用这些钱换了一块烧猪肉，高高兴兴准备带回家给老母亲贺寿。刚刚走出城门口，绑着烧猪肉的那根稻草突然就断了，烧猪肉掉到了地下。张镇心中一急："坏了！我不小心把老母亲的烧猪肉弄脏了。这下怎么办呢？"他到处看了看，发现城墙上贴着一张纸。他喜出望外地叫出声来："哇！这张纸用来包猪肉刚刚好啊！"张镇自小砍柴，根本不识字，当然不知道那张纸上写的是什么。原来，城墙上贴着的那张"纸"就是皇榜。他刚刚揭下皇榜，守城的士兵二话不说，立刻将张镇捉住，带到皇帝的面前。

皇帝非常欣喜地问："我封你为攻台大将军，带兵前去攻打台湾；你打算要带多少兵马？"张镇只是一个砍柴夫，哪里懂得带兵打仗，他见到皇帝的时候两腿吓得直打哆嗦，又怎么知道要多少兵马？但是皇帝问他话，他又不敢不答，他哆哆嗦嗦结结巴巴地小声念叨着："就……就……"皇帝一听，以为张镇要九十九条船的兵马，于是，一拍案桌大声说道："好！就给你九十九条船的兵马。"到了出发去打台湾的那日，所有的大船都集中在赤湾海上，大家跪拜完皇帝之后就都乘船出发了，唯独张镇所乘的那一条船，无论怎么拔棹升帆，船只就是一动不动。张镇自小通晓水性，为显其能力，他独自潜入水底一看究竟；原来水底有一位仙女坐在船棹上，难怪船走不了。张镇惊慌失措不知如何是好。仙女开口对张镇说："我好可怜啊，连房子都没有。如果你能给我一个地方住，那我就保证你可以顺顺利利打下台湾。"张镇一听，十分高兴，立刻应承下来说："如果你可以保佑我顺利打下台湾，我回来之后，就给你建一处100道门的大庙。如果做不到我就绝子绝孙！"他一说完，仙女就消失了。张镇马上回到船上，这下，船只终于可以开动了。这位考验张镇的仙女，原来就是"赤湾嫲"（赤湾妈祖）。

张镇舟师刚到台湾岛海岸，准备登岸进攻的时候，突然天上风云大作，黑云压顶，下起了瓢泼大雨，这场大雨一连下了几天几夜，据说将台湾所有的九十九个海港全部淹没，守卫的士兵被水困住没法抵抗，只好弃械投降。这样，张镇不费一兵一卒，就打下了台湾。张镇回到南头城之后，皇帝十分高兴，封赏了很多田地和金银给张镇，并赐姓“黄”。因此，南头城外北头村的人都改为黄姓。有了田地和金银的张镇很快在北头村给自己新建了一座大宅子，同时，在距宅子一公里的地方立了一块“下马碑”，并得意扬扬地告诉乡亲们：“我是皇帝封赐的大将军，你们经过我家门前都要下马走路。”

后来，张镇想起他答应过“赤湾嫲”要建一座100道门的大庙给她，于是他买下赤湾海边的地。说来也奇怪，明明他建了100道门的大庙，但是数来数去，都是九十九道门。然后他又重新建一道门，但是门刚刚建好，就倒塌了，重建，又倒塌。就这样，张镇只是建了九十九道门的大庙。最后，张镇也真的是绝子绝孙。

（口述人：周琼芳，南园村人；时间：2014年10月）

3.乾隆敕建赤湾庙

乾隆年间，皇帝下江南来到了广州城。他的船队经过赤湾的时候，看见赤湾澳口这个地方背山面海，心里暗暗想：此地山南水北，玉带环绕，汇聚灵气，是极好的风水宝地！是珠江东岸连绵山脉的“龙头”，从风水来看，这个地方容易出真龙天子。想到这里，乾隆帝开始担忧起来。身边的大臣似乎看出皇帝的顾虑与担心，小心翼翼地说：“臣以为，此处地方可以建一座宫庙，压住这里的龙头，这样就没有人能够乘这里的龙气了。”乾隆皇帝一听大喜，立即下旨敕建赤湾天后宫，希望通过“天后”的宫殿压住龙穴，这样别有用心之人就没有了可乘之机，从而解决后顾之忧。这也是为什么天后庙山门内有一口龙井的缘由。

（口述人：陈先生；时间：2015年10月；地点：赤湾天后庙）

4.赖布衣与赤湾

传说赤湾天后古庙的选址是由当时皇室御用风水大师赖文俊赖布衣确定的。赖布衣，江西赣州府定南人氏，对风水潜心研究，终成大器，甚得皇室礼遇。赖布衣从南岳衡山赶龙寻穴南下，足迹遍布粤郡各地，远至琼崖岛屿、香港新界，最后点穴于南山半岛太子岭赤湾山脚下。他见到天后宫玄武来脉，生然活现。左青龙沉腰隆首怒目（左炮台），右白虎舒臂柔身势缓（右炮台），前朱雀（伶仃岛），金腰带水（伶仃洋），阴府阳宅皆宜，是百年难遇的绝佳风水宝地。

相传赖布衣衔皇令，带一干禁军自开封府出发，追龙南下，辗转粤郡多日，均不得要领。一日黄昏，移船伶仃洋赤湾畔，正为难复皇命而沮丧。与校尉借酒浇愁，神晃间只见南山太子岭乌云翻滚，雷鸣电闪，天昏地暗，飞沙走石。一条八爪金龙从南山南漶松湖水涧冲天而起，肆意欢腾，龙吟声尖锐厉耳，摄人心魄。雷电照射下，龙鳞闪烁，面目狰狞，龙嘴喷火。当八爪金龙狂舞至南山西漶山脚下时，顷刻不见。树影婆娑，月朗星稀，南风爽肤，一切爽心悦目，仿佛方才的惊天动地场景从不曾有过。赖布衣一激灵醒了，原来是南柯一梦。他知道这梦中景象是真龙显灵。次日，旭日东升，南风柔顺。赖布衣不敢懈慢，忙备足祀礼三牲、纸钱香烛，净身修衣，移步龙隐之地。焚香上牲，拜天谢地，祷告皇书。一番忙活后，只见涓涓细泉，瞬间奔放。并伴有雷鸣之声，从泉底隐约传来，泉水顷刻芳香四溢，甘凛爽口，沁人心脾……赤湾妈祖庙由此诞生，香火历经千年不衰。后来人说南山龙脉来自南岳衡山最终结穴于赤湾山下，以下山虎形显示，当阴地出判官当阳地出将军。为何至今没出将军（包括曾驻宫内的国民党军），是因为赖布衣划界较线时，同行校尉宿醉未醒，脚颤手抖，差之毫厘。而使宫的轴心东偏3度，一度一级，故只能出都尉（团级）官吏了。（此段故事由退役军人彭金林提供。）

5.蛇口与赤湾

传说后羿射日之后，曾在南海之滨射杀了一条九头巨蛇，神箭插进蛇的脊背。剧烈的毒液使这条九头巨蛇立刻全身脱水，口干舌燥，吐出火焰在地上打滚。临死时它回光返照，一头插进南海。察看现今蛇口（南头）半岛的地形，这九个海湾构成了整个蛇口（南头）半岛的海岸线。九个海湾的形状又都惊人地相似，都有自己美丽的弧形海滨，长着仙人掌之类的植物，两端都有山头伸向海面，形成自己的上颚和下颚。而每个海湾又都像饿蛇一样张开大口，妄图把大海一口喝干。这大概是古时被大神人后羿神箭射杀的九头巨蛇，一头钻进南海时的“临死化身”吧！①赤湾澳口的两头也是九头巨蛇张着嘴的头部。

6.珠江水龙与赤湾

另外传说珠江乃是一条通天水龙，珠江水龙龙脉是汇集了广州、佛山、中山、东莞、惠州、珠海、深圳、香港、澳门等地方的水龙而形成的“水龙出海遇朝山”的格局。珠江口东西两岸的城市会因为这条通天水龙旺得一发不可收拾吗？事实却并非如此，只因为临近珠江口的众多朝山并不整齐，朝山零散并且明显往深圳与香港聚集；而临近珠江口西岸一侧则留了一条缝隙。正是这条缝隙，导致大水龙的“出逃”，气口散漫不聚，在而不利于珠江西岸城市的经济和发展，面对珠江口西岸的城市只能望江兴叹。而水龙出海的龙口（蛇口）正是深圳南山半岛一带，即今天之蛇口所在地。赤湾是其最关键的心脏部位，蛇的七寸之位。据称，孙中山制定建国方略时，赤湾是建设南方大港的所在地，但后来因种种原因被搁浅。

（口述人：陈南；时间：2018年5月；地点：赤湾天后庙）

① 转自邹富明、姚平芳：《蛇口古今情》，同济大学出版社，1991 年，第 12—13 页。

7.赤湾“食”住内伶仃岛

传说赤湾天后古庙的风水极佳。天后庙坐落在一形状似太师椅的山坳中间，两边是对称的山脊，就像椅子的两个扶手一样。在那个椅形位置上，庙宇正面遥望着伶仃洋上的内伶仃岛。人们解释说庙宇正好“食”（广东方言）着内伶仃岛的风水。

1935年，赤湾天后庙印送的重修该庙小序有云：“县属八景，以赤湾风景为最美。前有笔架为案，后有狮山作屏，内有龙虎拥护，外有龟蛇捍卫，罗成四列，沙水朝堂。”[①]

8. 赤湾天后庙与陷龙窝

宝安县赤湾，山势豪雄，峰峦起伏，矫若游龙，气象万千。山麓建有天后庙一间，前临大洋海，穷屿岛之萦回，极冈峦之体势。雕梁画栋，庙貌庄严，与香港之青山遥遥相对。每届三月廿三日，诞辰前后数天，省港澳及四乡人士来庙进香，贺诞者数十万众。庙前海面，湾泊大洋船多至五六艘，帆樯似蚁，竹篙如林，庙内人山人海，香烟如雾，爆竹如雷。其热闹有甚于悦城之龙母诞。山上有岩，名曰“陷龙窝”，方圆丈许，其深无底。遇将雨时，岩内山气上升，如云似絮，腾起空际，白雾弥天，乌云匝地，如张华盖，遮蔽半山。相传此岩原为某姓之墓，葬正生龙口，地师断其日当发真命天子，不图福薄。忽一日有孕妇上山采樵，倦憩墓上，适届临盘，在墓上产生一子，晦气触犯其龙，龙乃乘夜遁走。墓滔成岩，幸有天后庙镇压其上，使龙不得远遁，逃至海心为止。翌晨海心突起小山一座，由远处望之，见有龙气一条，由山上直透海中之小山，夭矫活灵，滚滚翻腾，是其明证以云。神话虽不足信，姑妄言之，姑妄听之可也。[②]

① 引自邹富明、姚平芳：《蛇口古今情》，上海：同济大学出版社，1991年，第12—13页。

② 《纪赤湾天后庙与陷龙窝》，《国华报》，1935年12月9日第4版。

（二）神迹传说

1.火光花香护舟船

新安县境内（今属番禺）有一个小礁岛名校杯（筶杯）山，两块巨石分立。民间传说，此石原是完整的一块，有一年妈祖神诞，番禺县一批百姓乘船往赤湾庙拜神，航行中遇大雾，风力很猛，船行如飞无法控制，突然在闪电中发现前面有巨礁，合舟人大惊失色。忽见空中一团红光，传来妈祖的声音："冲过去，新船不怕旧石！"合船人顿安，船工把稳舵直冲过去，只听一声巨响，船头把礁石劈成南北对峙的两块，船却安然无恙。

2.托梦示警去海贼

传说有一年天后诞，有几个海上毛贼，在凌晨4点钟的时候，偷偷地潜入赤湾天后宫的大殿中偷东西。据说赤湾娘娘神像里面是有如同真人般的心肝脾肺的，且是用黄金打造而成。这几个贼仔就是想来偷赤湾娘娘身体里面用金制成的器官。庙祝睡在大殿旁边的偏殿之中，由于时辰还早，睡得正香，根本不知道毛贼正在偷东西。这时候他梦到赤湾娘娘，娘娘扯着喉咙，大声地呼喊"有人偷喉啊，有人偷喉啊"。庙祝从梦中惊醒，他赶忙走到大殿，果然见到有几个人趴在赤湾娘娘的身上，正在扯喉咙上的金子。庙祝赶忙呼喊，毛贼见到有人过来，赶忙逃走了。

（口述人：南头陈屋村陈婆婆；时间：2015年2月；地点：赤湾天后庙）

3.巧惩小贼

传说以前深圳赤尾村民相约开船去赤湾庙拜神。拜完神之后，有一个人见到赤湾庙用来祭祀的碗十分漂亮，便起了异心，偷偷地藏在自己的身上。在回去的时候，同行所有人的渔船都顺利出发，只有那个偷了碗的渔民的渔船总是在海中打转，无法动身。这时有人问："你是不是偷了庙里的东西。赤湾庙的东西是不能拿的，你拿了赤湾娘娘的东西，赤湾娘娘怎么会让你离开呢！”他只好返回庙里送还被偷的碗。出来之后，渔船果然顺利转过赤湾，回到村中。

（口述人：福田沙埔头村娥姐；时间：2014年5月；地点：娥姐家）

4.妈祖救孙

以前东莞有一个渔民，她刚刚生下一个儿子，然后想过来赤湾天后宫拜祭天后娘娘。但是她的孩子没有人照顾。据说在天后宫里是不能随地吐痰、随地大小便的，因为天后娘娘喜爱干净。她担心小孩子会在拜神的时候大哭大喊、随便尿尿，被神明责怪。原本她希望她的婆婆可以帮忙照顾，但婆婆拒绝了她。没有办法，她只好用布条绑着儿子的生殖器并堵住孩子的嘴巴，以防止他随地尿尿和哭喊。当她拜完天后娘娘的时候却发现孩子没有了气息。这个年轻妈妈很害怕，就在回去的路上将孩子抛入了大海。但是，她一回到家就遭到婆婆的一顿骂，说她随便把孩子丢在家里让婆婆照顾。这位母亲很惊讶，说孩子已经死了，还被她丢进了大海，婆婆却说孩子就在床上哭喊呢。一看，果然是这样。这个年轻妈妈就知道，肯定是天后娘娘把孩子送回了家。从此以后，东莞的妇女们便认为赤湾天后娘娘可以帮她们照顾小孩。

小 结

本章主要讲述了改革开放以来赤湾天后古庙的历史变迁、“辞沙”海洋祭典的恢复过程和当代赤湾天后古庙的民俗活动。在国家文物保护政策的指导推动下，以及在深圳市南山区政府的倾力支持和海内外华人华侨的热情参与下，1995年赤湾天后古庙得以重光，并演变成为一间与文物保护和文化传承相结合的民俗博物馆。近年来，在“一带一路”和自贸区建设的推动下，赤湾天后古庙历经多次修缮，成为深圳市海上丝绸之路的重要文化符号。与此同时，“辞沙”海洋祭典的研究考证也在南山区政府的推动和研究者的努力下深入展开，逐渐恢复了历史所载之祭典场面，成为广东省和深圳市的非物质文化遗产，成为市民喜闻乐见的民俗活动。

结 语

赤湾妈祖信俗在深圳发生和传播的历史，与深圳海洋社会形成并逐步融入“国家”历史的过程是相一致的。我们尝试把深圳赤湾妈祖信俗放在海的历史过程中进行定位。中国的海洋社会自14世纪至21世纪，有数个活跃的周期。如果从海的角度对近五百年进行考察分期，可以分为几个阶段：

第一阶段，深圳赤湾妈祖信俗的产生与南宋灭亡的历史密切相关。宋少帝死后漂流至赤湾的传说，一方面反映了居住在珠江口东岸的遗民对于南宋王朝的沉重历史记忆和文化认同，另一方面揭示了赤湾天后古庙的历史与珠三角族群的生产经营活动息息相关。

第二阶段，以郑和下西洋为契机，赤湾天后古庙成为朝贡制度的重要一环。在朝贡制度下，国家禁止人民私自出海，意图垄断海洋贸易。由于深圳特殊的地理位置，赤湾天后古庙成为出使南中国海使节的必经之地。国家使臣参与赤湾天后庙的重修，并在这里举行高规格的“辞沙”祭典，体现了王朝对边疆地方统治的正统性和合法性，是国家意识形态在海洋社会的表达。

第三阶段，随着15世纪地理大航海时代的到来，明中后期民间海洋贸易逐渐取代朝贡贸易成为主要的通商形式。赤湾天后古庙作为海疆安定的象征，成为王朝控制地方社会的符号系统，是地方士大夫与州、府、县等官员联结的纽带，在地方社会中起到了安抚民众、稳定人心的作用，有利于王朝在地方社会推行教化。

第四阶段，随着资本主义世界迅速发展，从清代中后期到民国的一百多年时间里，赤湾洋面经历了河清海晏到鲸波惊起的剧烈转变。清代中前期，赤湾天后古庙成为清军歼灭华南沿海私人武装集团的驻所；鸦片战争后，随着香港开埠，赤湾民间海洋贸易兴起，赤湾天后古庙成为华南沿海香火鼎盛的庙宇。抗战期间作为粤省门户的赤湾多次受到日军的轰炸和侵略，天后庙一时处于沉寂状态。

第五阶段，改革开放以来，赤湾天后古庙的重建与“辞沙”祀典的恢复，发挥了连结海内外同胞的血缘纽带作用；“一带一路”倡议的提出，对赤湾天后古庙文化工作的重视，有利于深圳推动“一带一路”及粤港澳大湾区的文化建设。

可以看到，从宋代至今，赤湾天后古庙的历史变迁，是华南沿海各种海洋事件的缩影，与深圳的历史人文发展有着密切的联系，赤湾天后古庙每一阶段发展，无不与深圳社会息息相关。今天，深圳已发展成现代化大都市，其间社会之发展，时代之变易，致民生商俗之转型，则又可从所记而窥其堂奥。对于国家使节而言，赤湾妈祖寄托的是航海安全和出使顺利；对地方政府而言，她代表的是官方文化的教化功能；对地方军队而言，她是平定盗贼和维护沿海安定的象征；对商人而言，她是财富的象征；对于地方士绅而言，她意味着地方和社会的稳定；对沿海水上人而言，她既具有控驭大海和避免风暴袭击的能力，同时也能够庇护生产生活顺利的愿望。宋元以降，深圳地方社会与海洋社会的历史，可以在赤湾天后古庙的变迁中“全息”地展现出来。

参考文献

一、古籍

1.〔汉〕班固:《汉书》卷二十五下，清乾隆武英殿刻本。

2.〔五代〕刘昫:《旧唐书》，清乾隆武英殿刻本。

3.〔唐〕杜佑:《通典》，清乾隆武英殿刻本。

4.〔宋〕周去非著，屠友祥校注:《岭外代答》，上海：上海远东出版社，1996年。

5.〔宋〕王溥:《唐会要》，清武英殿聚珍版丛书。

6.〔宋〕徐兢:《宣和奉使高丽图经》，四库全书本。

7.〔明〕陈邦瞻:《宋史纪事本末》第2册，北京：中华书局，1977年。

8.〔明〕王在晋:《海防纂要》，明万历四十一年刻本。

9.〔明〕黄衷:《海语》卷下，民国景明宝颜堂秘籍本。

10.〔明〕徐一夔:《大明集礼》，明嘉靖九年内府刻本。

11.〔明〕徐溥等纂修:《大明会典》，明正德六年司礼监刻本。

12.〔明〕徐学聚:《国朝典汇》，明天启四年徐与参刻本。

13.〔明〕黄佐：《嘉靖广东通志》，嘉靖四十年刻本。

14.〔明〕郭棐：《万历广东通志》，明万历三十年刻本。

15.〔明〕张二果、曾起莘著；杨宝霖点校：《崇祯东莞县志》，东莞市人民政府办公室，1995年。

16.〔明〕张辅：《明太宗文皇帝实录》，一九六三年台湾“中央研究院”校印本。

17.〔明〕张溶：《明神宗显皇帝实录》，一九六三年台湾“中央研究院”校印本。

18.〔明〕张燮：《东西洋考》，北京：中华书局，1981年。

19.〔明〕严从简著，余思黎点校：《殊域周咨录》，北京：中华书局，1993年。

20.〔明〕应槚：《苍梧总督军门志》，北京：全国图书馆文献缩微复制中心，1991年。

21.〔明〕何维柏：《西樵历史文化文献丛书天山草堂存稿1》，桂林：广西师范大学出版社，2014年。

22.〔清〕张廷玉等：《明史》，北京：中华书局，2019年。

23.〔清〕张廷玉等：《大清会典则例》，清文渊阁四库全书本。

24.〔清〕阮元：道光《广东通志》，广州：岭南美术出版社，2009年。

25.〔清〕范端昂：《粤中见闻》，广州：广东高等教育出版社，1988年。

26.〔清〕蒋伊、韩作栋：《康熙广东舆图》，清康熙二十四年刻本。

27.〔清〕何梦篆：《思无邪斋集》，清刻本。

28.〔清〕陈寅：《向日堂诗集》，清道光二年海宁陈氏刻本。

29.赵尔巽：《清史稿》，民国十七年清史馆铅印本。

30.陈伯陶：《东莞县志》，东莞：养和印书局，1927年。

31.张一兵：《深圳旧志三种》，深圳：海天出版社，2006年。

二、著述、论文

A

1.〔美〕安乐博著、张兰馨译：《南中国海——海盗风云》，香港：三联书店有限公司，2014年。

2.〔美〕安东尼·罗伯特：《国家、社区与广东镇压海盗的行动》，收入于沛主编：《清史译丛第10辑》，济南：齐鲁书社，2011年。

C

3.陈允恭：《调查报告·宝安》，《统计月刊》，1936年第10期。

4.陈孝威：《若定庐随笔》第一集，香港天文台半周评论社发行，1939年。

5.陈台民：《中菲关系与菲律宾华侨》第2册，菲律宾以同出版社，1961年。

6.陈石莹：《深圳赤湾港》，《港口工程》，1986年第3期。

7.蔡明斋：《宝安县志遗略》，广东省宝安县委员会文史资料研编：《宝安文史》第2辑，1988年，第9—10页。

8.赤湾天后博物馆编：《赤湾天后宫》，香港：海峰出版社，1998年。

9.深圳市南山天后博物馆编：《赤湾天后宫志》，2009年。

10.陈春声：《明末东南沿海社会重建与乡绅之角色——以林大春与潮州双忠公信仰的关系为中心》，《中山大学学报（社科版）》，2002年第4期。

11.陈春声、肖文评：《聚落形态与社会转型：明清之际韩江流域地方动乱之历史影响》,《史学月刊》, 2011年第2期。

D

12.邓开颂、陆晓敏:《粤港关系史(1840—1984年)》, 香港: 麒麟书业有限公司, 1997年。

13.段雪玉:《乡豪、盐官与地方政治:〈庐江郡何氏家记〉所见元末明初的广东社会》,《盐业史研究》, 2010年4期。

F

14.傅庚常:《宝安县农业沿革概述》, 中国人民政治协商会议广东省宝安县委员会文史资料研究委员会编:《宝安文史》第三辑, 1990年。

15.费孝通:《费孝通论文化与文化自觉》, 北京: 群言出版社, 2005年。

G

16.郭棐撰, 黄国声、邓贵忠点校:《粤大记》, 广州: 广东人民出版社, 2014年。

H

17.黄序鹓:《海关通志》, 民国共和印书局, 1917年。

18.浩:《许地山赏识赤湾天后庙的鼓掌》,《天文台》, 1937年第56期。

19.黄镇国等:《深圳地貌》, 广州: 广东科技出版社, 1983年。

20.胡朴安:《中华全国风俗志》(下编), 武汉: 湖北人民出版社, 1986年。

21.侯甬坚:《由沧水入黑水——明代册封船往返琉球国的海上经历》,《中国边疆史地研究》, 2016年第1期。

22.胡爱民:《南山老村》, 北京: 团结出版社, 2016年。

J

23.蒋维锬编校:《妈祖文献资料》, 福州: 福建人民出版社, 1990年。

24.蒋维锬、郑丽航辑纂:《妈祖文献史料汇编第一辑(碑记卷）》，北京：中国档案出版社，2007年。

25.蒋维锬、郑丽航辑纂：《妈祖文献史料汇编第二辑（著述卷）》，北京：中国档案出版社，2007年。

L

26.林纯煦等：《广东农业概况调查报告书续编·上卷》，国立中山大学农科学院刊行，1929年。

27.梁叔文：《宝安县教育现况（附表）》，《教育研究（广州）》，1936年，第72期。

28.罗香林：《宋王台与宋季之海上行朝》，宋史座谈会编辑：《宋史研究集第九辑》，中华丛书编审委员会，1977年，第145—146页。

29.林仁川：《明末清初私人海上贸易》，上海：华东师范大学出版社，1987年。

30.梁逢伍：《赤湾港码头新型结构》，《水运工程》，1992年第8期。

31.刘平：《清中叶广东海盗问题探索》，《清史研究》，1998年第1期。

32.〔泰〕黎道纲：《郑和时期中暹关系浅议》，《东南亚研究》，2000年第4期。

33.廖迪生：《香港天后崇拜》，香港：三联书店有限公司，2000年。

34.李庆新：《明代海外贸易制度》，北京：社会科学文献出版社，2007年。

35.龙辉：《赤湾妈祖文化概论》，上海：上海古籍出版社，2007年。

36.李银、张增强：《论明朝勘合（朝贡）贸易的性质》，《河北经贸大学学报》，2009年第3期。

37.李晓龙：《宋元时期华南的盐政运作与区域社会——以东莞盐场地区为中心》，《四川理工学院学报（社会科学版）》，2013年第1期。

38.刘志伟：《“官方”庙宇意义转变——赤湾天后庙碑铭解析》，郑振满主编：《碑铭研究第2辑》，北京：社会科学文献出版社，2014年，第438–456页。

39.刘永华主编：《中国社会文化史读本》，北京：北京大学出版社，2011年。

M

40.〔美〕牟复礼，（英）崔瑞德编；张书生等译：《剑桥中国明代史》，北京：中国社会科学出版社，1992年。

41.马金科：《早期香港研究资史料选辑》，香港：三联书店（香港）有限公司，1998年。

42.〔美〕穆黛安《广东的水上世界：它的生态和经济》，《中国海洋发展史论文集》第7辑，中研院中山人文社会科学研究所，1999年。

P

43.〔葡〕皮列士著，何高济译：《东方志——从红海到中国》，北京：中国人民大学出版社，2012年。

44.彭全民：《深圳赤湾天后庙的过去与未来》，深圳博物馆编：《深圳考古发现与研究》，北京：文物出版社，1994年。

Q

45.屈大均著：《广东新语》，北京：中华书局，1985年。

S

46.孙卫国：《明代使臣述论》，《广东社会科学》，1992年第2期。

47.舒国雄：《明清两朝深圳档案文献演绎·第1卷》，广州：花城出版社，2000年。

48.深圳市档案馆编：《明清两朝深圳档案文献演绎》第4卷，广州：花城出版社，2000年。

49.深圳南山天后博物馆编：《赤湾天后宫捐款碑林（1993—2004）》，自印，2009年。

50.深圳市福田史志办公室编:《深圳福田革命斗争史》,海天出版社,2011年。

51.深圳市南山区区志编纂委员会编:《深圳市南山区志》,北京:方志出版社,2012年。

52.深圳市史志办公室编:《中国共产党深圳历史第一卷(1924—1950)》,北京:中共党史出版社,2012年。

53.深圳市史志办公室编:《民国时期深圳历史资料选编》,深圳:深圳报业集团出版社,2014年。

W

54.王元林:《国家祭祀与海上丝绸之路遗迹——广州南海神庙研究》,北京:中华书局,2006年。

55.王子今:《秦汉时期的海洋开发与早期海洋学》,《社会科学战线》,2013年第7期。

56.王萌筱:《权力的场域:清初平南王尚可喜在广东的寺庙建设及其权力运作》,《励耘学刊(文学卷)》,2014年01期。

X

57.向达校注:《两种海道针经》,北京:中华书局,1961年。

58.徐尚黎:《深圳南山赤湾天后宫浅说》,《寻根》,1996年第1期。

59.徐恭生:《郑和下西洋与〈卫所武职选簿〉》,郑和下西洋600周年纪念活动筹备领导小组编著:《郑和下西洋研究文选1905—2005》,北京:海洋出版社,2005年。

60.邢照华:《平南王铁钟及铭文考释》,《中国历史文物》,2005年第3期。

Y

61.叶显恩:《广东航运史(古代部分)》,北京:人民交通出版社,1989年。

Z

62.赵锡年主编:《赵氏族谱》,赵扬名阁石印局,1937年。

63.郑鹤声、郑一钧:《郑和下西洋资料汇编(上册)》,济南:齐鲁书社,1980年。

64.张镜潮、沈莹:《赤湾港泥沙淤积预报》,《海洋工程》,1984年第4期。

65.中共深圳市委党史办公室编:《深圳党史资料汇编》第4辑,中共深圳市委党史办公室,1989年。

66.郑广南:《中国海盗史》,上海:华东理工大学出版社,1998年。

67.邹富明、姚平芳:《蛇口古今情》,上海:同济大学出版社,1991年。

68.詹鄞鑫:《神灵与祭祀》,南京:江苏古籍出版社,1992年。

69.左中卫:《天后宫里水井的变迁》,《特区企业文化》,1996年第2期。

70.曾昭璇、梁景芬、丘世钧:《中国珊瑚礁地貌研究》,广州:广东人民出版社,1997年。

71.张玉春译注:《竹书纪年译注》,哈尔滨:黑龙江人民出版社,2003年。

72.郑有国:《中国市舶制度研究》,福州:福建教育出版社,2004年。

73.曾小全:《清代嘉庆时期的海盗与广东沿海社会》,《史林》,2004年第2期。

74.周肇仁:《宝安边境斗争纪事》,深圳市宝安区史志办公室,2006年。

75.郑永常:《海禁的转折:明初东亚沿海国际形势与郑和下西洋》,台湾:编译馆,2011年。

附　录

一、赤湾天后古庙大事记

宋元

南宋庆元三年（1197），提举盐茶徐安国派兵进入大奚山以捕私盐，引起民乱，后被广州知府钱之望镇压。

南宋德祐二年（1276），元军占领宋都临安，南宋益王赵昰、广王赵昺在宋臣护送下逃奔广东，先后在深港地区的梅蔚山、官富盐场、浅湾等地驻留。

南宋祥兴元年（1278），年仅8岁的赵昺即位。同年十一月，文天祥在海丰五坡岭被俘。

南宋祥兴二年（1279），张弘范向厓山发起攻击，丞相陆秀夫背负帝昺投水而死，南宋灭亡。

元至元二十二年（1285），《东莞县志》载：民间传言帝昺尚存，朝廷下令招捕赵昺及宰相陈宜中。

传言帝昺尸飘至赤湾，赤湾天后庙送棺木为其下葬。

明

永乐五年（1407），郑和第二次出使西洋，从广东出发，出使占城。

永乐六年（1408），张源第一次出使暹罗，护送暹罗使节回国，奉命斥责暹罗国王。

永乐八年（1410），张源第二次出使暹罗，敕劳暹罗归还罪人何八观等。他在赤湾候风，先祀天妃，后举行“辞沙”祭海，开历代使节在赤湾祭祀“辞沙”之先河。因出使顺利，为答谢妈祖庇佑，张源复建殿于旧庙东南。

天顺七年（1463），兵科给事中王汝霖、行人刘泰出使占城，泊舟庙下，于神是祷，往返无虞，出钱两万缗，托东莞知县吴中于后建正殿四楹，易前殿为享堂。令巡检马善督工。

天顺八年（1464），刑科给事中陈嘉猷、行人彭盛大自满剌加国还，复发钱万缗，以相其事。九月，庙成。知县吴中请翰林学院判广州府事黄谏撰文《新建赤湾天妃庙后殿记》。

又行人某，使外国还，捐金，令南园村人吴松山买田供祀天妃庙。

正德十二年（1517），葡萄牙人皮列士等率船8艘，以朝贡贸易的名义抵达南头屯门。

正德十六年（1521），广东海道副使汪鋐奉命驱逐佛朗机人。在望族乡绅吴瑗、郑志锐的帮助下，招募民兵，发起屯门海战。

嘉靖四十年（1561），东莞县大饥，南头一带饥民聚众地方神庙，试图闹事。南头乡绅吴祚、陈恻劝息之。

隆庆二年（1568），海盗曾一本寇省城，拒伤官军于赤湾、东瀰等处。同年，南海县人何维柏作献议《奉答制府刘公条议》，建议重视南头海防，倡议设置新县。

隆庆六年（1572），广东参政、巡海道副使刘稳巡察民情到南头，吴祚等乡绅请求建县。

万历元年（1573），王朝从东莞析“新安县”，取“革故鼎新，转危为安”之意。同年，知县吴大训、耆民吴祚等建汪刘二公祠。

万历二年（1574），刘稳复至南头。留下《入新安喜而有感》《祷天妃庙喜诸生会集》《嘉树亭成偶述》《别邑父老》等诗词一组。

万历七年（1579），南园村人吴国光以诗经中解元；涌下村人郑文炳为拔贡。

万历八年（1580），倭寇从浙、闽直犯广州南头、福永海面，海道副使兼参政刘经纬督牢行广州海防参将事游击韩沛，率领南头水寨水军追击；同年，老万山贼肆劫，广州海防同知周希尹遣兵讨平之。因军兵需要驻扎赤湾，周希尹乃集乡父老议，鸠工聚材，修葺赤湾庙。

万历十二年（1584），庙成。南园村父老吴松山请解元吴国光撰《重修赤湾天妃庙记》，刻石记功。

万历十四年（1586），总督吴文华、御史汪言臣会题“南头为全广门户”，请总兵移镇。

万历十五年（1587），知县邱体乾重修赤湾天妃庙。

万历二十七年（1596），《广东通志》将赤湾天妃庙列入祀典。

万历四十四年（1617），知县王廷钺重修赤湾庙，在大门外增设月池，跨以石桥，桥前为牌楼。

天启元年（1621），因葡萄牙人以澳门为港口进行贸易，澳门所在香山县海防地位骤升。原本由南头寨管辖的右司迅地划归香山寨管辖。

崇祯元年（1628），郑芝龙接受明初招抚后，其部下头目中有些不肯接受朝廷招抚，与郑芝龙决裂，复而为盗。李魁奇、刘香即是其中两位。

崇祯二年（1629），李魁奇入寇南头、虎门海域。同年，被郑芝龙带兵歼灭于厦门海。

崇祯五年（1632），知县乌文明重修赤湾天妃庙牌楼。

崇祯六年（1633），海盗刘香入寇虎头门，闽抚将郑芝龙出师进剿，战于赤冈，破之。香与余党遁去。

崇祯七年（1634），海盗刘香前来南头劫掠，被官兵破之，贼败离去。

崇祯八年（1635），刘香挟持朝廷官员洪云蒸、康成祖等，停泊南头城，索取城中的炭、铁、米、肉等。新安知县乌文明与士民坚守不应，相持月余。刘香纵火城外，知县因誓师出城救火。五月，闽抚将郑芝龙整装南下，与刘香在汕头田尾洋进行了激烈的海战，刘香自焚身亡。为追悼死于战争中的官兵百姓，广州总督令知县乌文明在南头海滨举行祭祀仪式。同年，副总兵黎延庆改革兵制，重修赤湾天妃庙，增建官房。

清

顺治三年（1646），郑芝龙率部归降清朝，其子郑成功出海抗清。

顺治四年（1647），南山村人陈文豹攻打占据南头城的清军，五镇施郎等水陆援守。陈文豹攻城三月不破，战死。

顺治十三年（1656），抗清将领李万荣接受清廷招抚，新安县全境归顺。同年，永历政权西迁昆明，清廷派兵征讨。守备张应科奉平南王尚可喜之命，押运粮食赴海南，在赤湾候风，祭祀妈祖，举行“辞沙”祭海仪式。因顺利返回，张应科得平南王尚可喜首肯，与州府武官张都督、地方士绅和诸商人出资重修赤湾天妃庙。时奉侍永历政权的王应华归顺，张应科请他撰写庙记。

康熙元年（1662）至八年（1669），清廷正式下令“迁界”。新安县先后两次在迁界之列，一度因人口缩减严重，归并东莞。直至八年，广东巡抚王来任、两广总督周有德多次上疏展界，新安县恢复县治。

康熙二十四年（1685），广东当局编修的《广东舆图》以赤湾为新安八景之一。同年，朝廷开放广州为通商口岸，设立粤海关。

康熙二十七年（1688），新安知县靳文谟、邑人进士邓文蔚主持修撰了《新安县志》，称赤湾天妃庙为“赤湾胜概”。

雍正十年（1732），新安县知县何梦篆重修赤湾天后古庙。

乾隆初年，南头商埠商人倪某捐资重修赤湾天后古庙。

乾隆末年至嘉庆十五年（1810），广东洋面兴起著名的七大旗帮海盗，在华南沿海大范围地劫掠。两广总督百龄和提督童镇升等剿平之。提督童镇升带兵驻辖赤湾，守御沿海。

嘉庆十九年（1814），提督童镇升倡议重修赤湾天后古庙。知县孙海观与地方士绅聚议重修。嘉庆二十一年（1816）十一月，增加砖石围墙，升高前门，增阔内殿等，规模式廓，视前有加。功成后，孙海观作《重修赤湾天后庙引》，进士蔡学元作《重修赤湾天后庙记》。

嘉庆二十二年（1817），两广总督蒋攸铦和提督林亦捐俸重修赤湾天后古庙。

嘉庆二十四年（1819），新修《新安县志》将赤湾天后古庙列入祀典。

道光二十年（1840）至二十二年（1842），英国政府派出远征军侵华，发动鸦片战争，清廷战败。清廷被迫与英国签订《南京条约》，割让香港岛。同年，香港开埠。

光绪二十年（1894），南头十八乡乡长与沙井士绅林彦阶等人发起重修赤湾天后古庙。

中华民国

1913年，新安县改名“宝安县”。

1922—1933年，军阀混战，多艘军舰停泊在赤湾海面。每逢赤湾天后诞，华南沿海民众前来赤湾进香参神。

1934年，香港咸鱼行商人为避免重税，拟打算在赤湾开辟渔区，但因投资耗费巨大，故未成。

1937—1945，日军入侵宝安县。赤湾为粤省门户，日军多次在此登陆，并多次炮轰庙宇，天后古庙损失惨重。

1948年，赤湾天后古庙重新举办庙会。

中华人民共和国

1949年10月2日，中国人民解放军第四、第十五兵团和两广纵队、粤赣湘边纵队、粤中纵队约22万人，发起广东战役。10月14日解放广州。后部队南进，驻扎赤湾天后古庙，攻打伶仃岛上的国民党残敌。

1953年，为打击流窜在海上的武装匪特，解放军加调了炮兵增强赤湾的海防力量，并增加了巡防珠江口的舰艇。并在该庙遗址基础上改建营房。

1982年8月24日，赤湾港发现清代沉船。

1983年初，赤湾发现了宋帝昺陵墓。

1983年5月23日，深圳市文化局下发《关于蛇口工业区文物保护的通知》，要求对赤湾左右炮台、宋少帝墓、赤湾天后古庙旧址划出保护地带。

1988年7月27日，经深圳市人民政府批准，赤湾天后古庙被公布为深圳市第三批重点文物保护单位。

1992年5月，中央召开全国文物工作会议，宣布开展文物抢救保护工作。8月8日，南山区政府下达《关于同意修复天后庙的批复》；12月17—19日，由全国古建保护专家组组长罗哲文、副组长郑孝燮、全国文物鉴定委员会副主任史树青等13位著名专家组成专家委员会，在蛇口明华中心举行评审会，对修复方案进行了科学论证和评审。

1993年3月7日，南山区政府下达《关于向社会募集资金修复南山天后庙报告的批复》；4月6日，成立南山天后庙修复委员会和修复天后庙筹款基金监事委员会；11月12日，修复委员会就修复天后古庙问题展开会议讨论（《天后庙修复委员会纪要》）；12月27日，委员会再次就天后古庙的征地问题进行讨论（《天后庙征地问题现场办公会议纪要》）。

1994年3月2日，南山区政府下达《关于调整深圳南山天后庙修复委员会成员的通知》；12月17日，南山区建设局和南山区文管会递呈《关于确认武警六支队基地用地范围红线申请报告》。

1995年4月22日（农历三月廿三），举行全面开工典礼；5月8日，修复委员会提出《关于加快天后庙施工进场的启示》；6月21日，南山区区长在赤湾村委会主持召开天后庙现场办公会议（《天后庙现场办公纪要》）。11月1日（农历九月初九日），赤湾天后古庙重光。

1997年11月28日，南山区政府同意撤销原有各种机构，正式成立南山赤湾天后博物馆。

1998年11月24日，天后古庙修复工程全部结束。

2002—2003年，南山区政府拨款修缮天后古庙大殿。

2005年12月，南山区天后博物馆龙辉馆长邀请学者朱安群撰写《赤湾天后宫修复碑记》。

2006年，修缮1—4号楼、钟鼓楼，将铁皮塔香棚改建为香云阁。同年天后诞，东莞塘厦人林伦章带领东莞信众入天后古庙为天后贺诞，举行为期三日的打醮仪式。

2009年，南山区政府启动了赤湾天后古庙主体结构整体修缮的工作，修缮范围包括山门、牌楼、影壁、大殿、钟楼、鼓楼，左右偏殿、院墙，一、二、三、四号楼以及香云阁、幡杆等附属建筑。同时，更塑天后神像，在山门内外两侧增设千里眼、顺风耳、嘉善、嘉恶神像。

2014年4月19日，赤湾天后博物馆举办“辞沙”祭妈祖大典，盛况空前。大典分为庙祭和海祭两部分，庙祭在天后古庙举行，而海祭则在深圳湾海边举行。

2015年春节，恢复赤湾天后古庙庙会；5月9日，举办“辞沙”祭祀大典。

2016年4月23日，举办“辞沙”祭祀大典。

2017年4月15日，举办“辞沙”祭祀大典。

2018年3月1日，原联合国教科文组织总干事伊林娜·博克娃（Irina Bokova）莅临赤湾天后古庙参观考察。

2018年5月5日，举办“辞沙”祭祀大典。

2019年4月26日，赤湾天后博物馆举行牌坊揭牌仪式；4月27日，举办“辞沙”祭祀大典。

二、文献碑刻

（一）碑刻

〔明〕永乐《天妃宫碑文》

夫天道行而万物顺，圣德修而万民化，大顺大化，不见其迹，莫知其然之谓神。神之著烜赫于当时，垂灵光于后世者，未有若天妃之显也。凡海岛间无不立庙以祀之。其驾舟渡江者率诣祠而祷焉，或中流遇飙风至樯柁倾摧，望空叩之，其应如响。广东城南有天妃宫，宋宣和间，给事中路允迪使高丽，中流遭飙风，八舟七溺，独公所坐之舟神自樯降，获得安济无恙。使归奏闻，特赐顺济庙号。由是累世加封，至我朝洪武间，赐号灵应孚济圣妃。永乐五年冬，内官张源钦往暹罗国。舟至洋中，不期飙风骤至，船欲倾覆，公遥祷于城南天妃祠，祈以护济，于是风恬登岸。使回，公诣城南祠下礼拜，因见庙宇年深不足以御风雨，归闻于上，命下有司重修。乃于永乐八年二月鸠工集材，宫廷廊庑焕然一新，庶几足为人瞻仰也。后公复至，有司告成，公诣祠下喜甚，乃曰："足以安吾神矣！"然不可不述其岁月以纪神功，乃使人命予记之。予维神依人而行，神之所以格于人，由人之诚心感于神也，所谓有其诚则有其神也。且夫城南之神不显于他，独示灵于公者，虽有公之一诚有以感之，而实以宫宇朽坏，神知公之力有以新之也。公果然始终其美，其记也宜矣。神，林其姓；通元，神其别号，莆田人也。是为记！

永乐九年辛卯十月良辰 内官张源 立

〔明〕黄谏《新建赤湾天妃庙后殿记》

天妃行祠，海滨地皆有，而东莞则有二：一在县［东］百余里，赤湾南山下。凡使外国者，具太牢祭于海岸沙上，故谓"辞沙"。太牢去肉留皮，以草实之，祭毕，沉于海。永乐初，中贵张公源使暹罗国，先祀天妃得吉兆，然后辞沙。天妃旧有庙，公复建庙宇于旧庙东南，岁久岿然尚存。去年冬，兵科给事中王公汝霖、行人刘公泰有占城之行，泊舟庙下，于神是祷，往返无虞。出钱两万缗，托东莞吴知县于后建正殿四楹，易前殿为享堂，令巡检马善督工。刑课给事中陈公嘉猷、行人彭公盛大自满剌加国还，复发钱万缗，以相其事，不越月而成。吴君请言，记之石。善夫！惟神有灵福人，惟人以诚答神，感应之妙，捷于影响。肃书于石，俾使而辞此者，知非谄事求福也。

按：〔清〕李元春撰《时斋文集初刻》卷十载："黄谏，字廷臣，兰州人。博学工书，登正统壬戌第一甲第三名进士。历官编修侍讲，尚实寺卿。使安南，风节凛然，交趾人至今称之。尝出金属自霍州归葬曹月川于渑池，以乡人忠国公石亨事败，谪判广州，从学者甚众，广人为立祠。"

〔明〕吴国光《重修赤湾天妃庙记》

王者主鬯，梯航万国，怀柔百神，煌煌乎盛矣。余考图牒，天妃之神，自宋至我朝，累锡封号。广之有庙，建自征南将军廖永忠，敕加赐额，有司春秋致祭。赤湾，地滨大海。永乐八年，钦差中贵张源使暹罗，始立庙。又行人某，使外国还，捐金，令父老吴松山等买田供祀。前后朝绅奉使，每出缗钱佐之。历岁浸久，稍就颓圮。万历八年，贰守周公以海防事至，顾瞻祀宇，低徊久之，乃集乡父老，议鸠工庀材，为鼎新计。逾四年告成。父老谒国光记之，光曰："余小子戋戋，不娴于辞，然窃有慨于中矣。夫明有礼乐，幽有鬼神，其理一也。捍灾则祀，恤患则祀，其典钧也。余闻故老相传，神灵显海上，舟棹遇风颠危，呼祷辄应。夫圣人不语神，惧惑天下也。今显赫征异若此，其英烈之气，郁结磅礴，必且靖鲸波，除旱魃，彰善瘅恶；上之辅国，下之庇民，功德宏茂，用光帝命；虽与天壤俱敝，国家共悠久，可也。赤湾，余童子钓游所，岁时展拜。祠下西以南，俯溟海，波涛万顷，奔腾澎湃，慨然兴朝宗之思焉。东北眺群峰，迤逦倚伏，罗浮、梧桐，隐隐云端；四顾郁葱，令人心旷神怡。山川之奇若彼，神显赫征异又若此，宜其灵杰益彰也哉。余小子管窥之说，亦安所当，聊以备观省耳。乃若访西来本始，搜遗经四十二章之义，则余未之逮也。神姓氏出处，具见《广志》。庙之寝殿三间，堂三间，寝至堂，亘以亭；堂之前，为重檐门楼三间；堂左右，为二厅；周围垣墙，楚楚翼翼。是举也，创议于贰守周公希尹，后先襄之者，则署县邓公凌云、王公维翰、前县侯梁公大昊、今邑侯邱公体乾也。督工父老吴□，郑仕才辈与有劳，并书之。祀田丘亩，暨捐金姓氏，别有《记》。

按：光绪《广州府志》卷一百二七载："吴国光，字观光，幼失怙恃，弱冠补邑庠，以易经领万历七年己卯举人。选授永福教谕，升广西兴安县知县。路冲务冗，光静以镇之，不务苛细，筑渠堤以济商民，修学宫以兴髦士。清丁粮，广教化，舆诵曰兴，屡为院司奖荐。有巨珰临县，光长揖不拜，大忤之，坐谪福建泉州府教授。寻擢浙江乐清县令，抑豪强，润寒素，却馈遗，慎狱讼。其地有雁荡山，当道缙绅之游者，冠盖相望，官仆送迎，民亦疲于奔命。光简其夫役，不为权贵所动，卒以受谤左迁，解组归，抵家数月而卒。邑令邱体乾曾聘修邑志。”

〔清〕王应华《重修赤湾天妃庙记》

天妃之神，与海相终始，自宋以来，累册封号，遣有司春秋致祭，其重几与祝融、勾芒、颛顼、蓐收四海神等。虎门为吾粤中路咽喉地，凡朝绅由广出使，与夫占城、〔爪〕哇、真腊、三佛齐诸国所贡献，自广入者，悉舣过于此。大洋之外风〔汛〕叵测，往往多漂没。明永乐间，中使张源始祠天妃于赤湾以卜济。其后，左行人加以祀田，王兵科、陈刑〔科〕广以后殿，周海〔防〕复踵而增之，而庙貌岿然〔矣〕。世俗：南北之济者，必祷于海岸，得吉，而后敢济，谓之“辞沙”。神之显赫，真如度量衡石，必不吾欺者。顺治十三年春，守备张君应科，奉平南王令，转饷琼海，舟过赤湾，俯谒祠下，告有事焉；且见庙之来已久，〔粗〕朴、下窄，上不足以致虔妥灵；而又栌桷失丹臒，垣堂失黝垩，祝以往返无虞，恭新其面貌，以畲神贶，已而，果得顺风。致事之日，以所祝请于王，王曰“可”。张君乃出橐中五百金；复请于都督张公，得百金；暨张公之侄，得五十金；其余劝募，诸公及货舶所喜助有差。于以鸠工〔庀〕葺，仍用后殿为正殿，前殿为享拜之堂，旁增厢房十二，大门内增钟、鼓楼各一；环庙皆匝以墙。经始于今年二月，落成于八月。既竣，谒《记》于余。余尝读《诗》，至《时迈》之二章，曰：“怀柔百神，及河乔岳。”诚以圣天子在上，幽明皆尽职也。王宣上威德，以底定全粤；都督公复从而镇抚海上之军民。则维我有祠，固默相之久矣。岂其转饷所至，为国家大命，加以守备张君，拜祷如礼，岁时修祀，不懈益虔；而神尚有不效灵者乎！宜夫海不扬波，而一切享海国澄清之福者，歆神之灵显以赫，而知朝廷之德久以遐，并知奉朝廷之命者，其所治明而所事诚也。故不敢以不文辞，而书此以畀之为《记》。

按：道光《广东通志》卷三百二十六载："王应华，字崇闇，东莞人，崇正戊辰进士。除武学教授，历福建按察使，鼎革后隐居水南，结溪南社，以文酒自娱。尤善画兰花竹石。"

〔清〕何梦篆《赤湾天后庙记》

赤湾与零丁山对峙，陆行由城南三里为崇镇沙，又十里绕南山而东。水行由城西门放舟出大海，抵外零丁洋，东转则赤湾之天后庙在焉。庙居中，左右国朝设炮台三，戍兵以守，盖一邑之险隘也。往时海氛多梗，闽潮贾舶率由佛堂门入新安内洋，拜神阶下，宰牲沥血而去。故庙之建，自明中使始。辛亥，副府莆人林君以神族支，故请予修后庙而许之助。明年，林君缘事左迁不果，予自怅其力之绵，而重念庙日圮不修，无以妥神之灵。邑民之祈祝，与商渔艘舶之往来，将何以赖用？是慨然自任，鸠诸匠作，庀群材，去栋宇之废坏者，尽举而更修之，佡然以深，闳然以静。阅两月，工讫，庙貌用新。庙前萦水为池，中构小桥，门以内夹植椰树、柯青如铁。中平敞。岁时邑人架台演剧以侑神。升阶为前殿，又进为正殿，神威俨然，祭者莫敢仰视。殿侧具神艇一，土人卜神之出，升艇海中，任其游而休焉，及还，艇自至，仍升之复于其所。其灵异如此。夫零丁洋，宋文丞相之所椎心也，今其子孙多家焉，而庙之赫，实当之于以享祀丰洁，风雨节而寒暑时。新邑之民，其敢须臾忘神哉？是为记。

附：重修天后更衣庙记（雍正十三年重修）

邑之有天后宫，赤湾为制最巨，其次则城阴之更衣庙与南山下等庙，有堂有寝，前临大海，后枕山，环堵为圃。附城之民，日驾艇乘桴，溯洄于波涛之汹涌，以采鱼虾而供鲜食。乃于神，出必告，反必面，有痛则呼，若人子之事父母，无顷刻能离者。然神之灵，固又亲且近若此哉。闻之祭义，有功德于民则祀之，能兴云雨、捍灾患则祀之。神之妥侑此城阴也，海波宁谧，时和年丰，历载已来，神实降福。岁乙卯二月，有乡耆某等来告曰："岁久风雨不除，庙将日圮，公其可无事。"余应曰："诺。"于是考龟诹吉，鸠工庀材，栋楹梁桷板槛之蠹坏者，盖瓦级砖之破损者，黑白之漫漶不鲜者，悉更治之，无侈前人，无废后观。工既讫，功众乃相与享祀，而因以落其成，士女和乐，溢邑阗郛。盖惟顺民之欲，祀神之功，与令之成民而致力于神，俱骎骎乎几于道矣。越明年，予被征博学宏词，束装北上，未暇为记，迨今归而叙其梗概云。

出处：〔清〕何梦篆撰《思无邪斋集》卷十九，清刻本。

按：嘉庆《新安县志》载："何梦篆，江南江宁人，进士，雍正八年任，至乾隆六年告致，历任十二载。"

〔清〕孙海观《重修赤湾天后庙引》

粤稽典礼，御灾捍患，有功于民，则祀。仰惟天后尊神，覆冒江海，奠安生民，随地效灵，代天布化，济人利物之功，莫可殚述。是以历代崇封，建庙设祀。我朝晋加徽号"敕封护国庇民、灵佑显著、宏仁普济群生教主、太后元君"，春秋致祭，著为令典。而新安赤湾天后庙，为省会藩篱之地，扼外洋要害之冲，护卫虎门、澳门，以作保障；汇东北诸海，以为归宿；外而占城、爪哇、真腊、三佛齐，番舶来贶，莫不经由于此，然后就岸。望海若而朝宗，荷慈航之普度；功施丕著，中外蒙庥。往岁盗贼披猖，蔓延滨海郡邑。制府百、都督童，秉钺南来，命师剿捕。维时驻辖赤湾，舟船成市，车骑如流。官弁稽首，祷祀于后。将事之日，乘风克敌，转舵登陴；士无伤残，民无瘴［疠］，守御三年，皆各安堵如故。惟神助顺，惟帝庸功，海氛荡平，海宇清晏；堂堂介胄，俄而飘组云台；奕奕兜鍪，亦复拖绅虎帐。于是环拜阶下，愿新作庙，以答宏庥。既而官各一方，不获协力。成之兹者，都督童属其事于邑，有司爰率绅耆，周视内外，栋桷摧朽，墙垣倾颓。相度基址，规画堂构，鸠工庀材，赀费万金有奇。官分余俸，力不能支，因思赤湾为洋舶往来之所必经，富商巨贾，既邀神贶，而享其利，必报神德，而输其诚。乃偕同官，捐赀倡首，卜吉兴工，更望四方善信，发施金布地之心，祈履险如夷之福。伫见万感灵旗，招摇立应；九天龙象，降格来临。允惟庙貌重新，庶得瞻依共遂云尔。

按：嘉庆《新安县志》卷五载："孙海观，甘肃平凉人，拔贡，嘉庆十九年任。"

〔清〕蔡学元《重修赤湾天后庙记》

赤湾，地滨大海，左控罗浮、梧桐之胜，右瞰虎门、龙穴之险。其地秀杰，其神灵异。凡出使外国，与占城、[爪]哇、真腊、三佛齐诸国入贡，悉经于此。宋宣和间，给事中高允迪使高丽，中流震风，神降于樯，赖以安济。明永乐八年，中使张源出使暹罗，乃于此立庙；赤湾之有天后庙，自此始也。万历十四年，邑令王添筑大门外月池，跨以石桥；桥前为牌楼，为窗十二。崇祯八年，副总兵黎修前殿，以后殿为寝殿，大门及中殿，左右各置官房。自时厥后，递有增建。我朝顺治十三年，守备张公转饷琼海，舣舟虔祷，履险如夷，重修旧庙，旁增厢房十二，大门内增钟、鼓楼各一；环庙皆匝以墙。迄今百有六十载，中间葺而复圮者，屡矣。往岁海氛未靖，濒海郡邑，日惧伤残。制府百、都督童，命师剿捕，驻辖赤湾，守御三年，士民安堵。惟神助顺，乘风克敌，丑类扫除。乃偕同官，捐俸倡首，愿新栋宇，以答灵贶。邑宰孙公复率绅耆，相度规画，诹吉于甲戌年八月，鸠工庀材，周围易以砖石，因而高前门，广内殿，黝垩堂垣，丹艧栌桷，规模式廓，视前有加。巍乎！焕乎！凡以报御灾悍患之功，而为一劳永逸之计者，非徒侈观瞻已也。方今圣天子德威遐布，幽明效职，海不扬波。向之蠢然思动者，胥就荡平，无复窃发。滨海之民，咸乐其生，因得以时，仰观庙貌，祷祀益虔。此则官斯土者之力，亦生斯主者之福哉。是役也，费动一万余金，功成二十七月。董其事者，武德骑尉蔡乾就，武举黄大鲲，解元吴懋修，贡生黄大坚，职员陈雄邦，监生郑埙、杜辉宇，生员黄大斌、吴霄、陈治平、陈大见，寿员郑琼枝，均与有劳，例得备书。

按：嘉庆《新安县志》卷五载："蔡学元，邑之沙浦人，授咸安宫学汉教习，任肇庆府教授，调潮州府教授。"

朱安群《赤湾天后宫修复碑记》

吾国海岸绵长，蜿蜒万里如龙。富渔盐以资民生，运舟船而便交通。惜乎风涛时起，灾眚迭兴；寡妇成村，悲声四送。官弁稽首而拜海若，商贾献牲以祷神灵。积渐所至，护海女神独受崇仰，天后文化广泛流行。

天后林默，俗称妈祖。生时预报气象，示人趋吉避凶；死为济难捐躯，身兼大智大勇。美德长久传扬，铸成集体记忆之慈仁象征；郑和七下西洋，备受妈祖精神之激励导引。由是湄洲岛上之普通渔女，被尊为靖海安航之中华海神。祠庙普建，民间供奉；典仪日隆，朝廷敕封。灵泽四海浩荡，湮祀千载相承。

猗我广东，妃庙多有，新安最崇。选址佳胜，气势称雄。南山挺秀，似灯塔指点迷津；赤湾环绕，如慈母抚抱舰艇。地当粤海藩篱之域，港扼外洋要害之冲。此间建庙，肇自赵宋（宣和）；扩大规模，乃在朱明（永乐）。于时物产富饶，经贸繁荣，舰舶据岸吞吐，此为枢纽；使臣乘槎来往，是所必经。官商人等，既邀神鉴而享其利，愿报厚德而输其诚。祈履险如夷之厚福，施捐赀建官之善行。庙貌焕然，香火鼎盛。

然朝代更替，战火频仍。赤湾难逃劫波，天妃庙屡受蹂躏。20世纪五十年代初，香炉没于榛莽，殿宇改为军营。白蚁损坏梁柱，荒凉令人心惊。水手出航，茫失精神依托；香客探访，慨叹缥渺人生。唯东莞信众，每当后诞日，万人云集凭吊；跪于废墟上，望海焚香致敬。自深圳创办特区，经济增长，一日千里，万民呼唤，文化立城。精神文明之激扬，适为物质文明之保证。修复文物古迹，升华民族心灵。加固爱国怀乡血缘纽带，利于五洲华裔寻根认宗；促进旅游观光事业，推动国际文化交融。深圳市暨南山区领导，审时度势，体认上述卓识；高瞻远瞩，作出重要决定；及时抢救历史文物，重新修复天后圣宫。

盛时修庙，战时筑城，文化资源，开发利用。乃顺应群众意愿之善举，引领万姓信仰之德政。消息不胫而走，电函蜂拥来询。企业团体，踊跃汇款；海外侨胞，慷慨捐赠。社会公众，闻风而动；义工献力，请缨助阵。万众奋臂，力可移山举鼎；齐心推毂，加速修复进程。一九九二年，重修方案出台，奠基启动；一九九五年，又现殿宇恢宏，迎接信众。四十年禁忌，曾使香火寂灭，息鼓哑钟；三年修复，伫见金声玉振，殿宇恢宏。四季惠风，拂彼南山，草木葱茏；八方恩波，汇此赤湾，友谊交融。新铸天后巨像，重现宋明姿容；每贺天妃诞辰，辅成海宇大庆。人潮涌至，车水舟龙；鼓乐喧天，祷福祈丰。祷于天者，风调雨顺；祈于地者，海晏河清。祝于人者，慈厚为怀，共仰妈祖仪型；扶危济困，佑助天下苍生。

谨此勒石，一以记盛记胜，铨叙建设大军之伟力与热情；一以垂诫垂训，铭记历史胜迹之易毁而难兴。愿世世代代勿相交恶，修文教而偃刀兵；愿子子孙孙福祉敷荣，定风波而享升平。

按：朱安群：1934年生，原江西师范大学文学院教授。江西省五、六、七届政协委员，江西省古典文学研究会会长，中国作家协会会员。曾借聘在深圳大学师范学院中文教育系代课，并任该系文学研究所顾问。

（二）地方志

1.万历《广东通志》卷十八坛庙

（新安县）天妃庙，在南山赤湾。

2.康熙《广东舆图》卷二新安县图说

南山，在城南七里，高七十丈，周五里秀拱如屏。南曰赤湾，气色郁葱，为新邑八景之一，旧志未载，今查出。……零丁山，在赤湾前海中，距城二百里，高一百丈，周围五里四面环海，下为零丁洋。

3.（清）翁方纲《粤东金石略》卷一广东府金石

辛卯十月四日，得新安宰李南涧文藻书，拓寄县南零丁洋赤湾天后庙碑一通，其额古篆“重建天妃庙后殿记”八字，文八分，书有“夏承碑遗意，天顺七年春正月望后三日，兰坡黄谏书”。

4.康熙《新安县志》卷三地理志

赤湾胜概，在南山之南，势耸丽，开展两翼，盘护葱郁，天妃宫殿在焉；前临海，洪涛万顷，一望无际，零仃数峰，壁立海中，为之屏案，海外奇观矣。天妃神甚灵应，船经此，必祷祠之。

5.康熙《新安县志》卷五宫室志

天妃庙，在南山赤湾。其神灵异，其地秀杰。旧志载：神林姓，世居莆阳湄洲屿，生宋元祐间；或云生宋建隆元年三月二十三日，在莆田县贤良港。未知孰是。宋宣和间，给事中路允迪使高丽，中流震风，八舟七溺，独公舟神降于樯，获济。绍兴、乾道间，屡有征应。明洪武元年，立庙于五羊驿之东，敕加赐额，有司春秋与南海神同致祭，至今海上累应。神至，以火光花香为验。赤湾神，自永乐年建，万历十五年，知县邱体乾重修；万历四十四年，知县王廷钺砌大门外月池，跨以石桥，桥前为牌楼，周以砖垣，为石窗十二；崇祯五年，知县乌文明重修牌楼，庀石为之；崇祯八年，副总兵黎延庆重修前殿，更塑神像，以后殿为寝殿，大门左、右各建官厅，及中殿左、右官房；岁有田租、湾租、树果，约民轮收；遇神诞，设醮供祭；后多有干没者矣。顺治十八年，平南王□张总镇会同各官，捐俸重修，刻碑于庙。见艺文。

6.嘉庆《新安县志》卷七建置略

天后庙，一在南山赤湾，永乐八年，中使张源重修；天顺七年，兵科给事中王汝霖、行人刘泰、刑科给事中陈嘉猷、行人彭盛夫重修；万历八年，海防同知周希尹，知县邓凌云、王维翰、梁大皞、邱体乾重修；顺治十三年，都督张、守备张应科重修；乾隆初年，埠商倪重修；嘉庆二十二年，总督蒋、提督林、知县孙海观重修。一在西门外厂前“岭南重镇”坊左，一在城外南山乡。每岁迎春，县长官必至其处，因呼为“春牛堂”。

7.嘉庆《新安县志》卷八经政略

天后：每岁春秋二仲月上癸日，有司致祭。祭品未有定例，仪注与文、武帝同。《祝文》：维后配天立极，护国征祥，河清海晏，物阜民康。保安斯土，福庇无疆。千秋巩固，万载灵长。神恩莫报，圣泽难忘。虔修祀事，恭荐馨香。士民一德，俎豆同堂。仰惟昭格，鉴此烝尝。尚飨！

8.嘉庆《新安县志》卷十八胜绩略

赤湾由南山落脉，两翼盘护，天后宫殿在焉。前临海，洪涛万顷，一望无际；伶仃数峰，壁立海中，相峙如案。天后神，甚灵应，凡船经此，必祷祀之。嘉庆乙亥，庙貌更新……竹林寺，在赤湾庙左，僧淡然建。

9.宣统《东莞县志》卷九舆地略

三月二十三日天妃诞，饰童男女为故事，衣文衣，跨宝马，结彩棚，陈设焕丽，鼓吹阗咽，岁费不赀。按：今莞人于是日多往赤湾。

10.宣统《东莞县志》卷三十前事略

（祥兴二年）二月癸未，有黑气出山西。是日，李恒、张弘范进攻，张世杰兵败，以十余舟夺港而去。陆秀夫负帝投海中，杨太后闻之，拊膺大恸，赴海死，世杰葬之海滨。已而世杰亦自溺死。宋自建隆至是凡三百二十年而亡。是年，乃元至元十六年也。《宋史新编》○按：今赤湾有冢，相传为祥兴帝陵。考南宋书云：秀夫负帝投海中，后宫嫔御及群臣多从死者。越七日，浮户十余万人。元卒有求物尸间者，遇一尸少而皙，衣黄衣，负诏书之宝。取宝以献弘范，弘范亟往求之，已不获矣。据此，则帝尸已葬鱼腹中，不应有陵，岂其后复漂流至赤湾，宋遗民葬是间耶？赤湾，宋属东莞，今隶新安。

（三）诗歌

赤湾

〔明〕王士龙

海上群山控海门，古祠钟鼓自晨昏。
诸彝贡篚南溟阔，万国舆图北极尊。
日照琼珠明岛外，风生麟角起云根。
胜游此地心逾壮，试看青萍醉一樽。

按：嘉庆《新安县志》卷十六，《选举志》：“王士龙，万历五年贡，任训导，升教授。”

祷天妃庙喜诸生会集

〔明〕刘稳

祈灵遥谒海神祠，冉冉春光欲暮时。
最喜山川堪入眺，何期童冠更相随。
使星虚说乘槎远，胜日还于鼓瑟宜。
作吏风尘休暇少，咏歌莫惜独归迟。

按：嘉庆《新安县志》（卷十四《宦绩略》）载："刘稳，号仁山，湖广鄢县人。隆庆六年任巡道。邑原隶东莞，离治百余里，倭彝海冠往往为患。恶少啸聚淫祠，公行部至，禁祀撤像，以乡约所额焉。朔望，诵读圣训，徇乡民吴祚等之请，以东莞相距辽阔，稽察难周，民易为奸，因转详大宪，设立今治。政暇，集诸生讲明道学，文风翕然丕变。其后，擢南京太仆贰卿。士民拥道，遮留者以万计。公慰以诗复，追送小金山乃还。爰创立生祠，共捐租若干亩以为祭田。万历四十三年，详允入祀名宦。"

赤湾胜概

〔清〕佚名

一望苍茫万顷波，海门神寺奠山阿。
圣朝雨露恩流普，远国梯航贡使多。
澎湃潮声飞白雪，郁葱树色绕青萝。
无边诗思来佳胜，□□河东意若□。

新安杂诗二十首（一）

〔清〕何梦篆

赤石湾前庙，相传驿使临。
映阶莲叶净，接戍桤林深。

市舶虔牲卜，居人包饭歆。

神功庇黔垩，风雨不能侵。

（二）

谋生沧海上，有险觉能忘。

歃血稽天后，扬舲过佛堂。

鲸吞身欲试，鼍作梦犹尝。

轻踔如番鬼，浮沤实可伤。

按：《嘉庆新安县志》载：何梦篆，江南江宁人，进士，雍正八年任，至乾隆六年告致，历任十二载。

九日宝安同人游赤湾

〔清〕陈寅

策马崎岖石径长，碧云红叶暮苍凉。

山中禽鸟依仙客，海底鱼龙静佛堂。

（佛堂门海面最阔）

千载高贤谁胜会，百年晴日几重阳。

临风怀古添佳兴，却爱黄花晚节香。

九日登新安炮台

〔清〕陈寅

城外高台控百蛮，海天空碧荡尘寰。

鱼龙气静三秋日，烟火村连十里山。

红炮雷轰岩谷应，绿营风静戍楼闲。

同舟佳节乘余兴，又趁斜阳过赤湾。

按:《嘉庆新安县志》卷五官职志载:“陈寅,浙江海宁人,举人,乾隆五十五年任。”

谒赤湾天后庙

〔清〕袁嘉言

庙貌光同日月昭,伶仃横锁海门潮。
云随仙佩归金阙,雾卷灵旗下碧霄。
岛外鲸鲵沉浊浪,空中鸾鹤舞回飚。
即今万国柔怀日,重译都来奠酒椒。

按:《嘉庆新安县志》卷五官职志:“袁嘉言,江西赣县人。附贡,乾隆六十年任。”

赤湾晚眺

〔清〕黄成元

偶来闲步夕阳斜,拂袂新凉兴自奢。
宿树鸟窥潭底影,骑牛人隔陇头霞。
云归烟管遮山色,风拥湖桥走浪花。
静听扣舷渔唱歇,满滩明月晒银沙。

按:嘉庆《新安县志》:“黄成元,字辅两,城外南头人。幼聪隽,善吟咏,乾隆乙酉以易经领乡荐。”

赤湾圣母庙

〔清〕潘乃光

形胜窥全粤,威灵遍大洋。
群峰如合抱,一苇岂能杭。

终古尊天后，余波镇谷王。
伤时休感愤，世事半沧桑。

按：潘乃光（1844—1901），字晟甫，广西荔浦人，同治四年（1865）举人，游于幕，积功至山东候补道。光绪十一年（1885），中法战争结束，据《中法会定越南条约》规定，潘乃光作为王之春的幕僚曾全程参与中越边界勘测。后王之春出任广东按察史，潘乃光一直跟随左右。著有《榕阴草堂诗草》。

谒赤湾天后庙二首

佚名

（一）

山环钟秀灵毓光，圣庙森严从碧墙。
玉砌闲移云渺渺，画檐平挹海茫茫。
一千北溯祥风远。五百南来泽雨长。
合计回头波浪静，拈花一笑上慈航。

（二）

曲径通幽谒蘚封，兰房明净想雍容。
锦衾绮褥纡文凰，绣榻罗帷绕彩龙。
宝盖分笼金芍药，香奁开出玉芙蓉。
诸天三月灵烟里，士女云参岁岁逢。

游赤湾天后庙

黄棣华

赤湾自昔无名胜，却借神灵地亦传。
东望屯门山郁郁，西瞻大铲水涟涟。

色如玉润青虾美，形若珠圆牡蛎鲜。
景象不殊龙母庙，鲎帆出没过门前。

按：黄棣华（1872—1955），字伟伯，广东顺德人。光绪癸卯举人，年二十八，弃儒服贾于香港。性好游，尤好诗。著有《负暄山馆诗词》《负暄山馆联话》《十五省记游诗草》《知稼穑斋纪游吟草》等。

（四）文人笔记

1.（清）屈大均《翁山文钞》卷三

阳江天妃庙碑记

扬粤之人，凡以乌白艚船自大小虎门放洋，经乌猪、独猪二洲而出，历大佛、灵昆之山，以贾于东西洋者，必祈祷于天妃焉。盖天妃者，奉上帝之命而治南海。南海之神，男为祝融，女为天妃，而新息、邛漓二侯佐之，皆百谷王之司命也。或以天妃为林姓，闽之女子，殆非也。天妃者，天之神、地之祇也。太虚之中，惟天惟大，地次之，故天称皇，地称后，海次于地，为地之宗，江河之所朝，故称妃也。又《易》兑为泽，泽浮通于天，故曰天；浑以海为大，故曰天池；而兑为少女，故曰妃。艮之男为地公侯，故兑之女为天妃也。天妃本非女子，以兑之象故妃之，妃亦配也。海者天之配，与天为匹；山者地之配，与地为匹。天妃云者，亦配天之义焉耳。知其说，则天妃之神益尊，乃与天同其高明，与地同其博厚也者。而以人之鬼当之，其毋乃亵乎？上帝之命也耶。且大海阴方也，诸岛夷阴类也，海童鬼车诸怪物皆凭依之，以阴召阴也。天妃又太阴之精也，以天妃治海，从其类也。祝融本火之帝，而兼为水帝，以治南海，其殆治海之阳，而天妃治海之阴乎？天之道一阴一阳，其气皆在乎海，故以祝融天妃盖治之乎。兑之象，二阳在其下，一阴在其上，祝融其二阳之所为乎，天妃其一阳其所为乎。然天妃神灵绝异，凡航海者，以星盘置神前为指南，上下二针相对，毫末之间，悬利害焉。卒遇怪风横作，摧折帆樯，或触铁板之沙，或胶石塘之雪，而海鱿嘘气，蜃像闪尸，鬼舶凭陵，攘人以甘其食，火长与斗不胜，则被发掷钱米，以厌胜之。又亟哀号叩首，请于天妃，须臾间有一大鸟华采翩翻，来止舵楼之上。而神光荧荧，如电如轮，火绕舟数匝，杂以素馨、抹丽、曼陀罹，种种花芬，而天妃降矣，其舟遂定，得不倾沉。又必候验神前灯焰，色红则降，青则否。红以福善，青以祸淫，一一不爽，此又天道之不可知者。其以香花、以灯火为歆应之兆，是皆神而女者之所为。则人以为林其姓，为湄洲之灵媛也，亦有由哉。天妃所在有祠，其正祠在广州归德门外，明洪武元年征南将军廖永忠所建，敕赐为昭孝纯正灵应孚济圣妃之宫。其在新安之赤湾者，舟行必告，是曰“辞沙”，以祠在零丁洋沙上也……

2.（清）屈大均《广东新语》卷六神语

海神

今粤人出入，率不乏祀海神，以海神渺茫不可知。凡渡海自番禺者，率祀祝融、天妃；自徐闻者，祀二伏波。祝融者，南海之君也。虞翻云：“祝，大也。融，明也。南海为太明之地，其神沐日浴月以开炎天，故曰祝融也。”祠在扶胥江口，南控虎门，东溯汤谷、朝暾初出，辄见楼殿浮浮，如贝阙鲛宫，随潮下上。每当天地晦冥，鲸去鳌掷，飓风起乎四方，雾雨迷其咫尺，舟中之人，涕泣呼号，皆愿少缓须臾之死以请于祝融。其声未干，忽已天日晴朗，飘行万里，如过衽席。而天妃神灵尤异，凡渡海卒遇怪风，哀号天妃，辄有一大鸟来止帆樯，少焉红光荧荧，绕舟数匝，花芬酷烈，而天妃降矣。其舟遂定得济，又必候验船灯，灯红则神降，青则否。其祠在新安赤湾，背南山，面大洋，大小零丁数峰，壁立为案，海上一大观也。凡济者必祷，谓之辞沙，以祠在沙上故云。

3.（清）屈大均《翁山诗外》卷八五言律

澳门

广州诸舶口，最是澳门雄。外国频挑衅，西洋久伏戎。兵愁蛮器巧，食望鬼方空。肘腋教无事，前山一将功。南北双环内，诸蕃尽住楼。蔷薇蛮妇手，茉莉汉人头。香火归天主，钱刀在女流。筑城形势固，全粤有余忧。路自香山下，莲茎一道长。水高将出舶，风顺欲开洋。鱼眼双轮日，鳍身十里墙。蛮王孤岛里，交易首诸香。礼拜三巴寺，蕃官是法王。花﨓红鬼子，宝鬘白蛮娘。鹦鹉含春思，鲸鲵吐夜光。银钱么凤买，十字备圆方。山头铜铳大，海畔铁墙高。一日蕃商据，千年汉将劳。人惟真白氍，国是大红毛，来往风帆便，如山踔海涛。五月飘洋候，辞沙肉米沉。窥船千里镜，定路一盘针。鬼哭三沙惨，鱼飞十里阴。夜来咸火满，朵朵上衣襟。

艨船

八字竞乘风，斜张扇子篷。飞扬纷水客，出没一梢公。海自三门入，洋教百货通。横江诸大艨，最是粤船雄。左右双帆起，垂天似大云。势争飞鸟疾，声与沓潮分。伐鼓辞沙庙，抛香为水君。待流时下碇，隐映在斜曛。

4.（清）范端昂《粤中见闻》卷五地部二

吾粤水国，多庙祭天妃。新安赤湾沙上有天妃庙，背南山，面大洋，大小伶仃数峰壁立为岸，最显灵。凡渡海者必祷，谓之辞沙，盖以庙在沙上。

三、近代报道记载的赤湾天后古庙

（一）1875—1911年

1.《礼神滋事》，《循环日报》，1882-05-16

（光绪八年五月）二十三日乃天后神诞，赤湾天后庙远近之前往礼神。男女杂沓，船艘辐辏者，甚形热闹。有渔艇亦备品物前往参神，其舵工忽拘执一人谓其窃物，不胜忿怒，挥以老拳。旁观止之，着其送官究治。舵工等谓送官则费时，失事且距衙署有五六十里程途，不如薄责而遣之。遂将其人绑在桅杆，攒殴以致毙命。适来一船见焉，谓为草菅人命，与之理论，互相角口，因而用武。各燃枪炮以相攻击，致伤四人，其一受伤极重。又有艇由港驶至，然后为之排解，各自散去。

2.《石船被劫》，《循环日报》，1884-05-19

（光绪十年五月）十三日，有石船一艘驶至赤湾海面，忽被贼船鼓棹而来，欲图劫掠石船。篙师力与相拒，无奈众寡不敌，被斫伤二人。贼遂乘势跃登石船，劫掠一空，鸣枪而去。所计所失物约值银三百余元云。

3.《劫匪成擒》，香港《华字日报》，1906-06-01

去年（光绪三十一年）廿八日有渔船在赤湾海面，忽有六人乘舟驶近渔船侧。三人携手枪，三人携利器，巡登船上。将船中人尽拘于舱内，抢劫衣服银物，共值九十六元，现已擒获。

4.《往赤湾轮船需有九龙执照》，香港《华字日报》，1908-04-09

（光绪三十四年）三月廿三日为天后诞。迷信者往赤湾庙行香甚多。是以各航商咸于之前派船载客前往。兹闻粤省大吏以该处非通商口岸，凡各轮船未领内河执照者，例不能往。特传各航商如派船往赤湾，必须先赴九龙关领取内河执照，如未领照而擅抵该者，照章将船充公云。

5.《吴敬荣禀陈缉获二辰丸起御情形》，《大公报（天津版）》，1908-04-02

宝璧兵轮管带吴敬荣禀陈：《缉获日本船第二辰丸私运军火，在九洲洋面起卸情形》云：初一日辰刻，管带敬荣遵奉督办保商缉捕事务，统巡各江水师。署提宪李密札会同委派之，广亨轮船暨通判王仁棠等启行，并约定广亨、安香于初二日下午，在赤湾地方天后庙前会齐，相机进驶。窃思此案，关系国权，为外交重要之件，非有洋人作证不足以杜将来借口……

6.《**轮船公告**》**，香港**《**华字日报**》**，**1911-04-17

《安利轮船来往赤湾告白》

夫阳春召，我李仙尚秉烛以游；佳景宜人，苏子每泛舟而往。及时行乐，诚达人之雅事也。赤湾有天后庙者，背负青山，面临碧海，具天然之名胜，擅地势之奇灵。以故每逢贺诞，士女风从，竞诩壮游，舟车云集。本轮船大川利涉，八点往而两点还。胜事追寻，十九起而廿三止。笙歌弦管，唱脚选声色之尤；人影花香，赏心在风尘以外。来往则居然快捷，招呼则格外殷勤。盖往观乎，骋流水高山之志，洵可乐也。逐帽影鞭丝而来，取价往廉，但愿同舟共济，依然不悮，何须折东相邀。

头等位每收银壹员，来回收银壹员半

二等位每收银六毫，来回收银壹员正

尾艘位每收银四毫，来回收银六毫正

大舱位每收银二毫，来回收银三毫正

香港泊上环平安码头，赤湾泊最涧大之第。

二竹桥有小火船数艘，轮流接济登岸。

辛亥三月十五，三利公司谨慎启

《广东广西轮船来往赤湾》

启者：本公司广东、广西轮船定期。本月二十至廿三日，连四日来往赤湾参神。每日晨早八点钟往赤湾，下午两点钟返港。沿海则笙簧叠奏，响遏梨园。通船则旗旌飞扬，辉胜菊部。加以舱楼布置，上下从容，酒菜亨调，中西竞美。极鲜明之茶点，甚妥当之招呼。另雇小轮船数艘，在庙前上桥渡客，上落最为利便，搭船希为留意。泊港上环新街元安码头。

西餐楼住房收银壹员五毫，来回票钱贰员。唐参楼住房收银八毫，来回票钱壹员二毫。尾楼收银四毫，来回票钱七毫。大舱收银贰毫，来回票钱三毫。

广西船：二十、廿二往赤湾；广东船：二一、二三往赤湾。每晚照常九点钟上省。

辛亥三月十七

元安兆安轮船公司敬启

《香山、金山、佛山轮船来往赤湾广告》

启者：本公司香山、金山、佛山、轮船，定于本月十八至廿三，连五日来往赤湾参神。每日晨早八点钟往赤湾，下午两点钟返港。船坚固稳迅速，位雅宽舒；旗帜则五色飞盈，酒菜则中西并美；兼选超群乐部高歌，壹路福星庶几雅致。游人可尽五天逸兴，指挥如意，接待殷勤。另雇小轮两艇，拖渡壹艘，渡客至庙前正桥上落最为利便。贵客搭船希为留意。船泊省澳轮船公司码头。

香山船：十八日

金山船：十九日廿一

佛山船：二十廿二日

往赤湾

头等位壹员五毫，来回弍员半

二等位六毫，来回八毫

大舱位二毫半，来回四毫

省港澳轮船公司太古洋行同启

辛亥三月初十日

7.《游赤湾之盛》，香港《华字日报》，1911-04-18

近因天后诞在即，故轮之载客前往者，每日数艘。船上均设有八音以助庆，一路笙歌悠扬，断续鼓轮舞棹之声互相接应。又值连日假期，红男绿女，联袂往游，帽影鞭络绎不绝。闻十八日有妇被匪掠去耳，环十九日亦有一宗。然幸该处有巡防管驻，故物甫被夺去，当即人贼两获。该处所产鱼蚝极佳且鲜，故游客多购回港云。

8.《**赤湾之花生**》，**香港**《**华字日报**》，1911-04-18

赤湾天后庙前一带田亩甚多，系种花生者。此数日间，轮船之往该处甚众，故其业主极不欢迎。因花生最忌烟及煤尘，实有碍于业主之经济也。

（二）1919—1929年

1919年

1.《**赤湾桥折述**》，**香港**《**华字日报**》，1919-04-22**第三版**

闻每年三月廿三，俗传系天后诞。而本港居民男女，恒于此数日前往赤湾拈香，今年尤为热闹。计共有轮船五艘前往：（一）安利；（二）安济；（三）新南海；（四）佛山；（五）新宁。每日来往，络绎不绝。二十日，人数愈觉拥挤。当一点半钟时，各客由板盖搭之浮桥登岸。斯时，先有中国海开巡船两艘泊在左，便故所由港及别处到之船只，咸抛泊于右。使各客上岸争先恐后，人多聚于板桥之右，使浮桥侧重在一边，訇然一声，遂致倒卸，致坠下水数十人。当时船只极多，纷往拯救，幸无损失人命，亦不幸中之幸。外间传溺一命者，实不确云。

1923年

2.《**海军在粤之近况**》，《**申报**》（**上海版**），1923-02-08

在粤海军自与滇粤军表示一致拥孙，后迭有电讯往来，兹汇录如下：

温树德率舰集中赤湾电（衔略）。溯自粤变骤起，义军云集，扰攘纷纭。行将匝月，饷源顿绝，军心涣散。加之不肖之徒，乘机煽惑，汕头各舰，独树一帜。永丰不察，驶出省河，此固树德维持乏术之所至，亦实因饷糈困难所由起。兹为镇定军心，远离诱惑起见，拟将各舰一律集中赤湾，藉免意外。静候大总统回粤解决一切，服从命令。深恐各方不明真相，特电奉。闻诸维亮察。温树德叩寒。

3.《**孙中山慰劳海军**》，《**申报**》（**上海版**），1923-03-27

民国六年，海军随孙中山南下护法，建设护法政府。中间经几许政变，海军诸将士始终不怠。此次孙重莅粤东，有一部分海军在汕头讨贼。外间盛传内部分裂，及温树德回省谒孙，表明心迹，由是疑团尽释。前日特派孙祥夫前赴赤湾代表慰劳海军将士，温树德遂派遣永翔军舰驶回省河，保护中山。

4.《**申报**》（**上海版**），1923-06-02

香港电：孙三十一日令，海军司令温树德不奉命令，擅离职守，应即免职。继任司令未任命以前，所有省河、赤湾、汕头各舰，一律暂由本大元帅直接管辖，饷项由大本营发给。闻海军将有变动（一日下午七钟）。

5.《**轮船不载客往赤湾**》，香港《**华字日报**》，1923-05-03

闻省港澳轮船公司及四邑轮船公司，以内河不靖，盗风猖獗，故今年天后诞将不载客往赤湾参神云。

1924年

6.《**赤湾参神之今昔观**》，香港《**华字日报**》，1924-04-23

赤湾天后庙，每年本港轮船前往贺诞者，非常热闹。惟今年因海盗猖獗，无一船敢往，极为冷淡，真有今昔之感矣。

1927年

7.《**今年有船行走赤湾**》，香港《**华字日报**》，1927-03-29

宝安南头之赤湾地，是处有一天后庙，每年三月二十三日即为诞期。昔年本港士女之前往参神者，甚为挤拥。即不参神，而借此游览者，亦复不少。惟近年因盗贼猖獗，而军队又甚为复杂，且其勒索手段比之盗贼尤甚，是以不敢前往。而轮船因之而停走者，亦已数年。今因地方太平，一般善男女，又欲前往参拜，且有已预定小轮者。又闻宝安方面，已有□□□□组织公司，预备租大船来往。及□□□□竹桥等事，因赤湾水浅而无码头，□□□□□桥以便小轮湾泊。如大船到此则以小轮转泊也。此等商人，准行此事，甚忙碌云。又闻已禀准宝安县游击队到庙保护，观此则沉寂数年之天后庙，今年又有一番热闹矣。

1928年

8.《港江轮兼送来往赤湾》，香港《工商日报》，1928-05-08

来往香港、江门四轮航业公司，逐日分派各轮、往赤湾参神。查新南海、安利两轮，二十日及二十二日开行。永安、大利两轮，二十一日及二十三日开行。每日晨早八点由港前往，下午两点返港，并有来回票发售。惟每日返港后，除廿三日系星期六外，仍照常启行往江门云。

9.《往赤湾轮改迟开行》，香港《工商日报》，1928-05-10

赤湾天后诞，在前时原十分热闹。现年来，神权逐渐冷淡，且内地又不太平，游客不无戒心，是以比以前略甚。昨日江港各轮，原定晨早八点启行，惟因游客太少，俟至九点乃动。查今日之大利、永安两轮，亦改迟九点乃前往云。

10.《摸窃匪在赤湾被拘》，香港《工商日报》，1928-05-12

今日系天后诞辰。每年十九日起，本港即有轮船来往该处，以渡本港人士之前往参神。连日前往参神者，以昨日最多。计新南海及安利两轮，均每船有约五百人。但当轮船抵达之时，有摸窃匪三人，欲向各港客施其妙手空空之技，但为保护参神者之民团所拿获。闻此三人，将施以枪决之刑云。

1929年

11.《港江轮来往赤湾》，香港《工商日报》，1929-04-25

赤湾天后庙，香火颇盛。每年神诞，来往本港各轮，亦多往贺诞。□查港江八轮，已由联合办事处议定，永安、大利、安利、哈德安、播宝、新南海六轮，于廿一、廿二数天，轮流前往。每晨八时半开行，下午两时半由赤湾开回本港。七时照常开往江门云（绛）。

又尔云：今年天后诞，往赤湾之轮船，除小轮而外，共有六艘，即哈德安、播宝、新南海、永安、大利各轮，因其船期，如在港三日，即行开走。播宝轮则于十九日首先启行。今年轮船既多，水脚亦比往年为廉。查西餐楼收脚二元，来回三元五毫；唐餐楼收一元半，来回收二元六毫；尾楼收一元，来回收一元八毫；大舱收六毫，来回收一元云。

12.《**赤湾防军枪决抢匪在天后庙抢劫妇女首饰**》，**香港《工商日报》**，1929-05-01

明日为天后诞之期，港中一般妇女，多往赤湾参拜。而一股男子，亦多乘机前往游玩。查昨日有妇女数百人，在寺庙参神。突然有强徒二人，竟在庙内抢劫。□□一时叫抢野之声不绝，□□为驻防该处之军官察悉，□入庙，将该劫匪拘获，并在空地□□□□枪毙。该尸现未殓云。

（三）1930—1936年

1930年

1.《**驱逐赤湾庙祝之快闻**》，**香港《华字日报》**，1930-04-18

宝安县属赤湾庙，每年旧历三月廿三天后诞辰，远方士女，联翩莅止。县长胡钰，深恐有人勾结神棍地痞，借端敛财，乃将该庙司祝驱逐云。

2.《**轮船纷纷往赤湾之原因**》，**香港《工商日报》**，1930-04-18

夏历本月二十三日为天后诞期，一般善男信女多往参拜。香港之内河轮船公司，特派轮船来往该处。今年有捷益公司，曾将赤湾三竹桥批租，故特租东、西安轮船，及台山、高州四轮航行此间。而永安、大利、新南海、安利等，亦各因其船期，亦加入行走。除此数轮外，复有小轮访员。向来航行赤湾者，未有如本年轮船之拥挤。特四出访查，始知本年天后诞之前，适遇复活节，洋行及衙□均放假数天。预计虽非参神，而借此前往游玩者亦必众，故今年轮船突增。今日开始启行者，有西安、台山、大利、南海等轮。又闻捷益公司既已批租竹船，则其他之各船、□□筑竹桥云。又宝安县属赤湾庙，每逢废历三月廿三天后诞辰，远方士女，联翩莅止。县良胡钰，为维持公安起见，深恐有人勾结神棍地痞，借端敛财。又恐间有宵小狂徒，乘机劫掠，特加派□警察及保卫队驻扎该处，妥为保护。又闻并将该庙司祝驱逐云。

3.**《东安·西安·台山·高州轮，往赤湾进香》，香港《华字日报》，**1930-04-19

本公司租到东安、西安、台山、高州四轮，往赤湾天后庙进香。行驶快捷，招待周到，客脚廉平，电船送客到岸。不另收费。贵客搭轮，无任欢迎。由夏历三月廿日起，至廿三日止。上午九时由港开行，下午三时由赤湾回港。捷益公司谨启。

《往赤湾参神者注意》

荣福公司现在众客参神期中，特将码头架搭坚固，全座租与香港捷益公司，专为东安、西安、台山、高州四轮搭客上落之用。其余别轮搭客，均不能由此码头驳运上岸。贵客搭轮，欲求利便稳固者，请认定东安、西安、台山、高州四轮，以免有行不得也。

4.**《游赤湾目睹之怪状》，香港工商日报，**1930-04-19

每年农历三月廿三日为天后诞期，于此前后数天，迷信者多往赤湾参神。昨日适为公众假期，各机关洋行一连旅假数天，故本年游人确比往年为众。昨日访员亦特往采探，兹将所得录下：计大船之前往者，有西安、大利、新南海等轮。另其他公司小轮盘艇等，不计其数。其中赴赤湾参神者，以妓女为最多，住眷则颇少；而男界则多数以赌博为生涯，及妙手空空见等辈，皆视此为莫大之机会；其余则多为猎艳之辈。当各船在本港码头时，一切如常。惟开出离港后，则赌具林立，尤以一种“买公仔有钱赢”之赌徒为最多，一般妇女之被骗者不计其数。昨日有某赌徒，在大舱向一女客施骗，为与该妇人同行之男子甲劝阻，该赌徒竟享以老拳。甲以众寡莫敌，不敢作声。各妇被骗后，只得大声哭诉，惟骗徒已不知去向。及船抵□，下小输□街，剪辔之辈又在人从中穿插，女界之被划穿衣袋者共十数人，且有弄至无船费返港者。登岸时，有一妇人行上竹船约十数丈，竟有一匪徒于众目睽睽之中，强将其髻押抢去。妇大声叫抢。有一男子为抱不平，欲追饰将匪徒捕获，但已被其他同党故意阻隔，且尾随男子行至偏僻之田边，以五六人向之围殴，及勒令讲数。虽有小数警察保护，仍矫饰前往，致蹈危险。及湾泊小轮之竹桥，在数年前已失事一次。是年人数较众，诚恐该竹桥不稳，故小童尤不宜往。当每年神诞，番禺属之波罗土人，必制一种纸质鸡公，运往赤湾售卖，名曰波罗鸡。昨天有一贩，提一箩纸鸡发沽，被地痞数人，成箩抢去，警察亦不敢上前干涉。妇女之到赤湾天后庙参神者，甫跪神前，即有神棍上前劝签香油费，□又持劝捐建筑庙费□部上前，迫令捐签。稍不如意，即被逐出庙外。更有一般妇女，欲在庙度宿，以祈神梦者，更为欺人之尤。此中黑幕，尽不胜□。出入路口，则疯人之求乞者触目皆是，令人可畏。凡此种种，俱迷信神权之害，希望一般为家长者，勿任令妇女前往云。

5.**《游赤湾记》，香港《工商日报》**，1930-04-22

三月廿日至廿三日，赤湾天后诞期也。赤湾居宝安县之郊，偏僻之地耳。欲使港人于平日就之者，彼必不肯，此日则反是。邦人士女，悉为法力所招，惠然肯来。于此荒墟中，平添如云游客。国人迷信之深，亦可知矣。是数日中，虽大汽轮亦肩载客之任，进香者每轮必满焉。而香烛业者大畅销矣。

吾辈以廿一日往。过数轮，卒不能得一席地。后乃至永安轮，船行两小时，始抵其地。驳小轮乃克登岸，则一路皆竹葵所建之室，此等室中全属赌馆与烟窟，有此佳趣者，俱可以尽量发泄，不愁无用武地矣。

乃循路行，路甚窄，人之行具有摩肩接踵之势。啸气如云，挥汗如雨，真为此时作也。然所见者，则有异事。异者何云，此丐乞之行乞地也。彼辈行乞匪徒呼叫也，以为不足以动人怜，则卧塘中，以泥洗面，以水没其躯，怜露其元，然后发为惨嚎。又有跪泥中作扣□，令面目尽为泥所淹没。总之，所最动人者，则无所不用其极。见之者多为酸鼻，目不忍睹。然彼辈亦不思之甚，虽得岂偿其失哉。行稍远，则小贩售神像也、售香烛也、售天后宫像也。而售生蚝者尤多，售生草药或茶饼者殊众。手艺之着莫如波罗鸡。鸡为纸制，不见美观，而人多买之。传每年所出之鸡，中有其一能啼。得之者则佳运立至。为此言者，亦惑人之尤者矣。再进，则天后宫在目前。占地颇广，外面装饰甚壮观，特内部多毁坏。大抵一年之中，最旺者为此一日，其余月旦至者，收入绝少。惟靠此数日收入以为弥补，此所谓发市当一年也。又闻人言，此宫地势至佳，风水至好。两山傍作椅状，而其宫居中。一面向海，宜其虽僻处一隅，人亦不惮千里而至，谓非风水致之不可也。一笑。入其间，香烟缭绕。求票者、求福者、求爱者，要皆有求而来。而妓女尤众，其来岂为求下半世福也。而庙祝应接不暇矣。又从而大加要挟，锱铢必较，谓之曰神棍。夫虽曰不宜，至其侧，则天后之睡床在也。铺设亦美，以□纱为帐，紧掩之，防污秽近也。然予以二角，则无论如何污秽，亦可以近之矣。一抚则止，不敢再□，防其亵也。旁有圣水，以钱求而盥面手，谓得福。女人为求嗣来者，则席地宿此至，其何所闻而来耶？此地既为国□，尚容此迷信之数，已不当。且复派警以护之，更不可解。吾愿有以改革之焉。

6.佚名《赤湾游》,《游历》,1930年第6期

香港的地方太少，游上几次，那风景比较好些的所在，都给我们游遍了。若果从远些的地方着想，又恐怕不能办到，我写到这里，也不禁为之扼腕叹息。

可爱的春光，现已过去了，若果还不去旅行，那末失去了良好机会，岂不是大大的可惜。故而，我们便指定旅行赤湾。赤湾这个地方，是归华人管辖的，离香港约莫有廿余里之遥，地方很是僻静。平时人们是不会去游的，但是这里有一所天后古庙，闻说很是灵验，所以凡是每年天后诞那几日左右，便有许多人跑去参神，同时那些行走省港和港江的轮船，也有好几艘驶往那里的。算是一年一度的盛会了。这日我起床较早，梳洗完了，跑去买面包。买了面包，进了膳，跑去趁轮。安利搭客已满了，东安也是如此，只得下了永安，刚巧我们都是熟读经济学的，不期而然同下了大舱。

看看将近动轮了，无情的雨不住地落下来，不久天就要放晴了，太阳就涌上来了。轮内的空气，的确是闷浊不堪，一片虑雉的声，夹着了云雾的气，令到我的心里，生了无限的恶感，迫得待收了船票后，跑上轮旁，吹了一下，舒舒我的闷气，他们也都跑上来了。汽笛鸣了一声，轮船抵步了。可是这里没有码头可泊，只有乘着驳轮抵岸，但又因人们争先恐后，小轮载人数太多，水又不甚深，只得停住了不动。性急的我们，之后驳上加驳轮再上艇，才得渡过彼岸。然而又多费了几角洋钱，晦气得很。上岸了，夹道的商店，都是临时用竹葵造成的。卖香的、卖食物的、卖生蚝的，居其多数。过了这几间商店，就是一座竹桥。这座竹桥，大约有好几十丈长，来往的行人，络绎不绝。桥的两旁是泥淖，再远一些就是田野。泥淖之中，有许多乞丐，陷了半截身子下去，弄得人不像鬼不像，悲啼声向过路人乞钱。这种不堪入目入耳的情状和声气，不禁使我不快了一会。吾书至此，当那一般不可压制的闷气，从我心里发出来的时候，我只恨步履太慢，不能一步就跑去，可恼的人多拥挤，欲速不达，徒唤奈何而已。

入到天后庙，看到许多的男女，老的少的，妍的娇的，一般跪在地上，若崩厥稽首，袅袅的香烟，把我们的双目迷失了。只好跑了出来，转过庙的左边，只有一张榻，垂着了帐，说是天后的榻子。闻说只要给那司祝两角小洋，便可伸手入帐里摸去，经过了一摸，此后双手就无往而不胜利的了。嘻！若果如此，那两角小洋，算是用得不错哩。从庙的左方跑上山去，此山的风景，不见得有什么好处，大树很少，小松却到处都有。逛了一会，摄了几张照片，留着一点纪念。摄完了，绕过庙的右方，循着原路回去。肚子渐觉得饿了，迫着跑去吃些东西，但是这些都太多肮脏，虽是吃着，总觉得没有一点儿滋味。重新四处跑去摄影，我因为那头颅给日光晒得要晕了，便觅了一处阴凉的地方，蹲着听农夫们谈天。不到一会，他们就跑了回来。一同下了轮，方才坐下。我的脑海里不住地涌现着，适间目击的情形，我很想不去再念着他，可是越不欲念他，越是不能忘记他真是莫名其妙。等待轮船启行后，走开船旁坐下，习习的凉风，把我的闷气吹走了一半。看看将抵步了，这一次的印象，是比较任何一次要深刻许多的。故而，这篇游记，也是比较以前的要详细得多哩！

1931年

7.《往赤湾船今日开走》，香港《工商日报》，1931-05-06

农历本月廿三日，俗为天后诞辰。每届节前数日，一般善男信女，群往赤湾天后庙烧香，积习相沿至近年。一般非迷信男女，亦多藉此令节，以为游玩。于是往赤湾者，每年拥塞于途。而一般船商，以为有利可图，多数派轮行走。今年来往此处者，有大利、安利、永安、新南海、播哈两轮。另有小输渡船等无算。各该轮船之行走，俱系依照其在本港航期而走，平分之，即系每日有三艘大船前往。而播宝轮，则定于今晨起开走云。

8.《轮船来往赤湾近讯》，香港《工商日报》，1931-05-09

明日为俗传天后诞，本港人士之藉此前往游玩者，实繁有徒。本港轮船之开往该处者，有大船六七艘，其余小轮及渡船则无数也。顷查各轮连日之行走情形，搭客每艘均人如山海。此中搭客，以游玩者占其多数，而本年比之往年情形更为热闹。即播宝轮船前定明日停止前往，今亦以搭客众多之故，明日再走一天。盖明日为星期日，洋行中之中西人士，皆有休息，而趁便前往，一览该处风景云。

1932年

9.《各轮船今晨开始往赤湾》，香港《工商晚报》，1932-04-24

旧历三月廿三为天后诞，每年届期，一般迷信神权者，纷纷前往赤湾参神。惟近年以来，港中人士多藉此机会前往游玩，以赤湾为一名胜，是故华人内河轮船，当依时开往。查各轮船定今日开始前往，各依其船期行走云。（环球社）

10.静观《到赤湾去》，《人言周刊》，1932年第2期

我们中国人，多数是迷信神权的；但是香港的侨胞，似乎比之内地的同胞更要迷信些。怎见得呢？请就拿香港和广州比较一下罢：香港的面积，虽不及广州这么大，可是安奉神祇的地方，——庙宇——却比广州为多；而且许多地方，都是以庙得名，以庙显著的。好像荷里活道文武庙，侨胞就叫它做文武庙直街；九龙城地方有侯王庙，因此招致许多人到九龙城去。（九龙城原是比较偏僻荒凉的地方）他如叫庙街，庙北街，庙南街……的地名，也有许多，我不暇细举了。你如有空到各地做一巡礼，那么，除了十分繁盛的大马路之外你可以看见许多角落聚集了很多三姑六婆，或者摩登少妇，在叩头虔拜，喃喃不休；垣墙之上，还贴了许多“贵人”“绿马”等类的纸制品，供你玩耍。这就是大直街道上开设着的神像，香烛，纸料等类店铺，数目也很多，统计起来，大约和民食所必需的米铺相差不远。再入平民的住家来看，所安的神，不止一个，种种色色都有；（有许多安奉马骝的）有些因安奉的神祇性质不同，因而发生争执的也时有新闻，这也是香港侨胞迷信神权的表征，广州所万万不及的。

侨胞们不特在家里虔诚拜祷神祇，不特在本地庙宇踊跃参加诞会，而且对于内地的著名寺观庙宇，也时往参拜的。若遇有菩萨佛爷宝诞盛典，更不远千里，遇早斋戒，隆重进香，好像西江方面德庆县的悦城龙母，就是侨胞们每年必集队前往那所在，而最为热闹，最为隆重的，尤莫如赤湾的天后庙。事关侨胞们是最崇奉天后娘娘的，而且庙址离港不愿，可以朝发夕至；有这样利便，所以每年逢天后诞的时期，侨胞中的善男信女，无不连群结队，前往参拜，大有“举市若狂”的情形。

赤湾是广东宝安县下属的一个乡村（香港从前也是属于这一县的），距港很近，汽船来往，点余钟即可抵步。天后诞在废历三月廿三日，为人多拥挤之故，在诞辰前三日，就有人开始前往了；一连三天，都是拥挤不堪的。行走各江的轮船公司，届时多派专轮，载搭乘客；来往省港的大船也抽调前往，几日之间，船费收入，也很不少哩。各船舶的开行，大约在上午八九时，十时左右就可到达；下午二三时就原船回港。所以这几天，当天下午四时左右，在海边干诺道一带，就看见一班善男信女们揣着燃了的宝香“引福归堂”了！

记者魏趁热闹了考察民情风俗起见，也跟着香客，到赤湾一游。船中的生活，特别兴趣，不比往常坐船的枯寂。原来船主为娱悦乘客，以广招徕计，特在船中备了许多东西，供客享受。船开行之后，音乐队在吹打着，醒狮在舞动着，还有许多赌具，向番摊马将，骰子等，任你所好，随意玩耍。这样一来，乘客固不虞寂寞，船主也多得收入了。这不是一举而数善备吗？“拜神不忘赌博！赌博不忘拜神”，这是值得特写的一点。

天后庙在赤湾的海滨，距海岸约百数十丈，往昔轮船多自备小轮，驳载搭客往来。至这几年，才改用竹桥。初搭桥的两年，有赳赳武人，握守桥口，抽过桥税，每人二角；近几年废止了，于是香客才得行动的自由。这大概也是神灵保佑的一点吧。庙上的建筑，也颇特别；门户总共有九十九个。但是门户虽多，都塞满着人，好像“不得其门而入”的一样。身入其中，香烟缭绕，火灰满天，使人如入烟雾网中，头为之炫，目为之花。后至的无法挤入，急不可待，多有在庙前罗拜的。一般登徒子，以有机可乘，遂穿插于女性从中，上下其手；一时哚、衰、病的娇嗔声，不绝的送入耳中，个中怪状，殊足令人发噱！在拜神当中，有几个缠足再放的妇人，被挤在群众中，欲进不能，欲退不得，狼狈不堪；其中情急的且高呼“救命”！可笑亦复可怜！这是何苦来呢？至于拜神者的祈祷，种类一定很多，但是求铺票的恐怕要占百分之九十啊！

侨胞的拜神，有些以为即日来回，远未足以表示是诚意的；于是有“打地气”之举。所谓“打地气”，是和“朱立仙睡梦”相似，凭梦来占卜吉凶，或用来拆字买票（山票、铺票、白鸽票等）的。参加的人多属妇女：大家闺秀，贵族姑娘！也不以此为嫌，留宿于神庙中。庙的两旁，有客舍百数间，密如蜂房，专为打地气的人居住之所。房中没有睡榻，通常都是席地而卧的。间有贵族些的，也只以毡盖席上，以作褥垫罢了。庙中备有饭膳，以招待地气客，饭膳的厚薄，看他们所捐香油的多少而定，多的享以罗汉斋，否则腐竹豆干而已。她们为拜神而来，饭膳虽劣，都“甘之若饴”哩！

每年一度的天后诞，荒凉的赤湾，骤现繁荣的景象；天后诞的司祝，腰缠充满，固不待说；即解签问卜之流，在这几天的收入，也足敷数月的黑白粮了，（白粮是米黑粮是鸦片烟）计庙之前后，这类档口，凡百数十档，鳞次栉比，也不患没有人来关顾的。试看他们笑逐颜开之相，就可知不景气已被驱散了！这是神通广大，神力扶持的结果吧！次于解签问卜的，是食品的畅销。食品之中，最畅销的莫如生蚝，因为宝安是以产蚝著名的；在诞辰前后，生蚝尤为肥美；所以凡往赤湾参神的，几乎没有一个不买生蚝回家大嚼的。我们不暇统计生蚝的多少，只看看载生蚝的器具——瓦煲，坐地起价，就可见生蚝的畅销了。通常每个瓦煲之值，不及一角，而这几天竟贵至三四角，游客们还不以为贵；因为既够生蚝，就不能不需要此君阿！在干诺道所见的香客，除揣了燃着的宝香之外，还有一抽瓦煲在揣着，这就生蚝了！

除上述外，还有借神力而显著的一事：天后庙侧有一坟墓，相传是宋帝昺的陵寝。考历史，帝昺殉国，原不是在赤湾，而在崖门（属新会县）。但乡人传说：当陆秀夫负帝投海的时候，御尸流至赤湾，遂卜葬于天后庙侧，坟墓占地不甚广，且荒草满地，绝不类帝王葬骨之所，所以人们多不注意他。惟以地近天后宝庙，所以拜神的男女，所顺道前往凭吊；有考古兴趣的，更徘徊不忍去。间有国家思想，民族意识较为旺盛的，更唏嘘叹息，愤激之情，现于面色哩。帝昺亡国的热烈，平时不足以动人凭吊，乃因天后而招致游客也。可以说是不幸中之幸了！

以上所述，固然是今年的情形；但是多年的情形，都是差不多的。至于香客的人数怎样，可惜没有可靠的统计，否则数目一定很惊人了！原来社会越是不景气，拜神求佛的事愈发旺盛。因为在这个时候，一般人处境恶劣，希冀菩萨降福免祸的念头必比之平时较为恳切的啊！这是这几年来香港的侨胞拜神意念所以特别热烈的一个缘故。

11.《帆船总会请求九龙关税务司，恢复大铲关、赤湾风警讯号》，香港《工商日报》，1932-09-19

帆船总会，为谋同人生命，得完秘保障起见，决向常道请求恢复大铲关、赤湾等处风警讯号，及改良内河轮船风警讯号。各情已首见本报详为记载。昨该会经上呈九龙关务司请求恢复大铲关、赤湾两风警讯号，并拟日内上书华商□会，请向当道改善内河轮船风警讯号。兹将原呈录下：

呈转呈察核事。现据鄙会会员佥称：窃会员等向以运输商货为业，周年来往省港间，共庆安澜。是诚本愿，而风云变幻，隐患堪虞。盖省港相隔，非朝发而可夕至者。每于启行之后，陆上消息及天文台警告，均茫无所知。常有冒昧航行，致遭淹没，言之宝足寒心。即如去年七月间，梁名利船由新塘载砖返港，舟次大铲关，前因该处并无风球挂，故不知趋避，卒致全船倾覆，财物荡然。会中同人有鉴于此，去年经函请华商总会转求港政府，敕令省港轮船悬挂风球，以便警告中途帆船避风之用，港政府准予照办。且于必要又□派救生小轮及水师差轮全体出发拖救。施行以来，收效颇□，第以港方风烈，轮船停航，无由传报风讯，犹嫌未臻完善。今为求万全起见，是以有恢复大铲、赤湾两处悬球之请。倘能见诸实行，则存备自然无忠。数千船户，俱感大德，永矢弗忘矣。等情据此，查大铲、赤湾地当冲要，为来往商船孔道。昔日为保障商船计，有悬挂风球，今日久□生，故无悬挂耳。现查该处桅杆尚在，若恢复出例，事轻易举，需费无多。素仰仁台热心公益，乐善为怀。对兹慈善义举，谅能俯顺众情，准予所请。据诉前由，理合具文呈请察核，是否有当，仍论指令，饬遵谨呈。九龙关税务司安、侨港帆船总会主席，梁玉堂、陈季初。

12.**《贼党械劫赤湾后，善男信女狼狈归来》，《天光报》**，1933-04-19

广东宝安县属赤湾地方，有天后庙焉。该庙之建筑，年代久远、不可稽考。而庙宇之宏大，门口凡九十九间，亦可称为伟大建筑物之一。相传该庙之天后神甚灵显，是以香火甚盛。废历三月二十三日为天后诞之期，省港澳之善男信女，赴庙参神者甚众。香港、大澳、澳门各处之渔船，亦自行驶往跪拜。诞之前后数日内，参神者极为拥挤。盖彼辈香油之收入逾万也。

13.**《陈济棠拟收编三舰，先电中央请示办法再为最后决定》，《申报（上海版）》**，1933-07-08

三舰舰长谒陈请收编，否则他驶。陈济棠召各将领讨论，关防极严。

（香港）三逃舰代司令姜西园、海圻舰长冉柏青、海琛舰长关缵席，七日晨偕方念祖由港乘车赴省。午到先赴海军俱乐部，由张之英引导谒陈济棠请求收编。陈济棠即召余汉谋、香翰屏、缪培南等开会会讨论，关防极严。至下午三时，尚未散会。闻已决定收编，惟归粤舰司令部或一集总部直辖，尚未决定。三舰改编后，月饷约八万元。另讯：汪蒋均有电致陈济棠，劝勿收容三舰。何应钦亦电陈济棠查三舰行踪，故陈济棠对收编事尚在考虑中。现先电中央，请示办法，再为最后决定。三舰现泊赤湾，由肇和舰长杨超仑率领。如粤收编不成，即他驶。姜西园在港谈反沈原因，虽复杂，但以不满沈个人为多。沈用人信任不专，对人不诚。最近疑东北籍官员怀抱异志，致激成此变。三舰将士已决心投粤，必不北返。此次南驶，肇和缺煤，由海圻拖牵，在台湾北又遇风，几致沉没，故迟迟始到粤云（七日专电）。

14.**《三舰驶入黄埔暂泊》**,**《申报（上海版）》**，1933-07-10

（香港）陈济棠决收编三逃舰，暂归粤舰队司令部节制，月饷七八万，先发煤费每舰五千。姜西园等得饷后，八日返赤湾，率三舰驶入黄埔暂泊。陈济棠派刘省文偕往慰劳，三舰十日晨可到黄埔。陈铭枢定两周后回闽。（九九日专电）

15.**《中央派海容等三舰抵粤海面》**,**《申报（上海版）》**，1933-07-12

（香港）海圻、海琛、肇和十日下午三时，驶抵黄埔，在军校前寄碇。三舰长官姜西园、冉柏青、关缵庸、杨超仑，转乘海虎舰赴省谒陈济棠，续商收编问题。政会十一晨讨论各舰编配问题。因接报，楚豫、海鸥、永翔三舰由青青南下，即可到粤议决。（一）各舰编配及组织法，交一集团起草，呈政会核。（二）各舰员兵薪饷造具册报，呈政会审核。（三）派刘纪文接收楚豫三舰，中央派来之海容、宁海、逸仙三舰。十一午抵港附近海面，旋在赤湾寄碇，终日生火。现有一英舰泊于附近。（十一日专电）

16.《海圻等三舰驶抵粤海，三舰投粤提出两要求》,《申报（上海版）》，1933-07-12

广州通信：渤海三舰海圻、海琛、肇和三舰，自反沈运动发生，相率离青南下后。本月一日过温州，直驶南下。五日上午八时，驶抵香港附近横澜灯塔五里外之我国领海，行驶甚慢。至五日下午五时许，三舰相继驶向东经线一一四二零度，北纬线一一二五五度间，迤西南方进驶，旋停泊于赤湾海面，排列成一字形。海琛、海圻、肇和三舰依次下碇，但炉火仍升，树红旗，表示戒严。俾各船只勿迫近，免生危险。六日，三舰以伙食煤斤亟待补充，曾一度派小轮驶往南头赤湾附近市场，备办粮食及日用品。该三舰抵粤海后，粤当局仍主取慎重态度，暂时无公开表示收容意。

17.《港商议集资开辟赤湾为港口》,香港《工商日报》,1933-12-28

离本港不远之赤湾地方，原为宝安县属，该处水面交通甚为利便，虽大艘洋船，亦可寄泊。盖此间□贴伶仃洋，海水颇深。昨港中某大商家，以宝安县自岩口路行车后，实深宝太两路，亦积极进行。不久对于省港交通，均形利便。除购买田地外，今拟向港中大建筑家即殷商集资，在赤湾开辟小港口，以利寄泊。据某君称，对于中国之织造厂、咸鱼栏、茶果行，举凡欲避免税饷者，对此无不表同情云。

1934年

18.《咸鱼行之避税运动，定明日赴赤湾调查。在华界设栏避入口税》,香港《工商日报》,1934-03-12

近年我国政府，为保护本国工商业，及增加税收入口税值，迭增不已。由香港入之货品，无论其为土货洋货，当同一征税。国货商人因年而来有减税之运动，如中乐行、鱼行及其他各行，均曾向内地政府请求减税。最近国货厂商联会之请求广州政府优待华侨入口货，其牵大者、惟政府以优待华侨入口货，未尝无相当情理，然在法理上，难表赞同。

对于此项请求，似已无接纳之表示。本港华商为今之计、惟有迁厂避税之一途耳。

咸鱼行拟迁赤湾。

顷查咸鱼行商人，近者有见及此，拟迁入赤湾，以避免入口税。但赤湾一地，是否合用，亟应考虑。故拟明日雇宝安小轮，前往该勘测水位深浅，及地址是否适合设栏。若果认为妥当，迁栏之事，不难见诸实现。然亦有相当时日之筹备也。

可在内地设分厂。

又查其他各国货商人，亦颇有避税之切实运动。盖香港与广州相隔咫尺，经济情况，大致相同。工业制品，若不能享受税率之便利，当难以与土制品竞争。香港厂商欲避免重税，惟有斟酌情形，设分栏于内地，则货物之销流南洋者，由港厂供给；销流于内地者、由粤厂供给，如是各得其宜。入口税何高昂，亦不成问题矣。但对国货厂商而言，迁厂实未容易。设分厂亦非经济能力所能及，故迁厂云云，只可以于少数之大工厂，其他资本小者，实未足与语也云。

19.**《咸鱼行商人，昨往赤湾调查。今晚开会报告经过》，《天光报》，**1934-03-14

本港咸鱼行，为避免内地入口税起见，拟将全行迁往赤湾，各情已首见本报前讯。查该行调查赤湾委员五十余人，已于昨晨乘宝安小轮，前往调查一切，迨晚始返。据该会委员卢维亚语记者，是日同往调查者，全船男女共五十余人。到赤湾后，将赤湾形势调查完竣，曾在当地之庙宇憩息片时。一时半乃下船转往岩口调查，后同乘汽车往游宝安县城。晚膳后，已五时半矣，即乘原车返岩口，下原船返港。查赤湾地势甚佳，惟昨日彼等前往调查时，雾霾过大，尚未尝一度探海工作，及细察该英面界问题，彼等仍未调查清楚，□日间再行细查始悉。总之，赤湾地势，照是日调查所得观感，以之做小商埠则有余，大商埠则不能。

至本行将迁往该地否，现始做完第一步工作，未有□定。然单独以之做鱼市区，则有殊觉困难，须另有别行业当其中方可。拟最近或再往别处调查，亦未可定。本查调委员会，□□于明晚召集全行会议，报告调查赤湾经过云。

20.《**咸鱼行商赞成在赤湾开辟渔区……昨晚会议结果……**》，《**工商晚报**》，1934-03-16

本港咸鱼行商，以所办之咸鱼，纯为土产，因营业上关系，先到港然后运赴内地推销。现因内地海关对由港入口货税重为征收，前经具呈宁、粤两地政府请求酌予减征，嗣以所请未达目的。刻为避免重税之苦，乃拟在赤湾投资开辟渔业区，且曾一度派员查勘，各情已志前报。查单泰亨、蔡汝求、卢维亚三人，为报告踏勘赤湾经过，于昨晚六时半，在咸鱼行策进会内召开会议。到者有各栏号之代表多人。先由单等将此次踏勘经过报告，略谓：本行为避免重税起见，拟在赤湾投资，开发渔区，遂有此次视察之举。至勘该湾经过，该处水陆交通堪称利便，盖该湾之水流不甚湍急。如遇风时，左有栗树湾，右有宴下湾，均可容多数之渔艇，绝无危险，诚一天然之海湾也。至该湾交通，水上方面，则连接珠江口岸，且为两粤出入必经之路。由该处赴省，与由港赴省时间相比，可少二小时；陆路则有岩口公路，可通太平、深圳、石龙而广州也。至此各代表皆赞同在赤湾开辟渔区之议，但关于该行商今后之进行，据该会主席单泰亨语记者云，现已积极进行，以谋早日达到避免重税之目的。将呈当局恳予：（一）对盐税酌为减轻；（二）增厚保护力量、以保商民；（三）请在该处设一关卡，以杜绝鱼目混珠之害。

21.《**咸鱼行迁赤湾，难成事实**》，《**天光报**》，1934-03-19

近年行商不景气，势难筹得户款筑堤。本港咸鱼行商人，以内地盐税既属无望，遂有联行迁往赤湾（华界），以求免税之议。经于日前同赴赤湾勘查，对当地情形详为调查，借作他日迁栏设计之资。但顷据该行中人言，迁栏避税当为众所赞成。但赤湾地方，若果无一二百万元之巨款以为筑堤建栈房之资，当难合用。以年来，行业之不景气，此笔巨款实不易筹，故料迁栏不易成为事实云。又查该行去年全行营业数一千万元左右，比较前数年大为逊色云。

22.《**咸鱼栏无迁蛇口可能，现积极筹划迁赤湾**》，《**天光报**》，1934-03-21

（专访童）本港咸鱼行，拟全行迁往赤湾，以避免重税一事，前曾派员前往调查，及会议讨论进行。近闻该行又有拟迁往蛇口消息。记者特往访该行委员卢维亚，询之一切。据云：现本行拟迁往赤湾、□当地建设需款殊巨，在此生意不景时期，亦非容易，将来能否成事实，现未敢决。惟迁往蛇口问题，则于事实更不能办到。盖蛇口地方海权均属英国手里，我等之迁入内地宗旨，纯为免税。若仍迁往外国人权限内之地，我国当局不能谅解免税，又何须多此一举。至于迁往赤湾问题，已在积极进行中云。

23.《**咸鱼栏迁赤湾拟扩大范围**》，《**工商晚报**》，1934-03-26

本港咸鱼行，为求避免入口税起见，全行拟迁往赤湾，各情见前报。顷据该行委员卢维亚等语记者，本行同人意见，现拟扩大范园，组一合众公司，招股开辟赤湾，使各行可得加入；同时亦可有一个计划进行，使建设方面，一将赤湾开辟为商埠，各宝安市、本行对此进行。一方已由个人名义向粤当局征求意见，一方函沪上各实业界咨询其意。若两方均有头绪，即行起草招□简章招股云。

24.《**赤湾神诞，善男信女走私，缉私处拘获渔艇甚多**》，**香港《工商日报》**，1934-03-26

（广州专）昨七日，即夏历三月廿三日，为赤湾天后神诞之期。在此数日中，省港士女因该处交通便利，而前往烧香拜佛者，人如山海，诚极一时之盛。虽远路如南海、番禺、东莞、宝安各属之迷信乡愚，亦多联群结队，自备船艇前往烧香。一时赤湾海岸、亦为之拥塞。热闹情形，于兹可见。查各迷信乡愚往赤湾拜神后，因该处属于香港境界，糖、盐、洋货各物价甚相宜、故无不罄其囊中所有，以购取各物乘原船而返。距知驶至大铲、虎门之附近时，即为缉私舰严密检查，并将人货拘留，原船拖返广州缉私处询办。计连日该处拘获赴赤湾拜神而走私之善男信女，不下十余船之多。人数亦有二三百人之众。及询问后，因多属无知乡愚，故分别释放，而将私货充公了云。

25.《**咸鱼栏迁赤湾之顾虑**》，**香港《工商日报》**，1934-03-27

本港咸鱼栏，前有迁往赤湾之建构。查该行商迟未实现者，因感内地之盐税奇重，关于所需盐料，未审与承商购用。抑或政府能否特许免饷，故此议亟待先决，方能□定行止云。

26.《**往赤湾参神，需领通过证，据谓系为筹款为文化建设之用**》，《**天光报**》，1934-05-01

旧历三月廿三为赤湾天后神诞之期。每年该日，本港华侨为习俗所囿，多联袂往赤湾参神。故港中各省港及港江轮船，是日多特别行走赤湾航线。来往之善男信女，亦殊热闹。惟昨者忽闻有一消息，凡往赤湾参神奉香之大小轮船，须先向驻港宝安县文化建设委员会办事处报告登记，并领取通行证，方得入口。此事颇为一般人所注意，昨下午□于县内之文化建设等落□，思有以□展之，惟苦无款项，后以赤湾神诞，参神之善男信女甚多，遂议决凡入口之轮船须登记，而各客亦须领通过证，缴费一毫，而将其所得为宝安县文化建设之用。当张县长在任之年，所入共约千余元，去年所得二千余元，均用为建筑赤湾马路等等之用。本年仍旧办理，但所以迟迟其布告者，实因香县长去任，而新县长接任之期，故略为阻延而已。现在宝安县公路，已先后开筑，本年拟将收入用为开办学校之用也云云。

27.《内河轮船开往赤湾》，香港《工商日报》，1934-05-03

本月六日，俗传为天后诞期。港侨之迷信者，多往参神。亦有志不在参神，而往游玩者，故每年由港乘轮前往者甚也。今距诞期甚近，昨日除小轮之外，有安利轮船开往赤湾，载客约有二百余人。据船员称，船抵步之时，该处治安，全由民团维持。及安利轮回港之际，则见有一兵舰，载有军队数十人到来，大约是驻防此处者也。昨日因时候过早，该处情形，不甚热闹。惟今日则有数艘轮船开往，乘客当较多也。

28.《赤湾天后诞之热闹：进香者沿途赌博……抢劫匪拐子赌棍多混迹其间……良家女子以不去为宜》，香港《工商日报》，1934-05-04

农历三月廿三日（即后日），为天后神诞之期，一般善男信女，往进香者甚形□□。由昨日起，已有轮船多艘，灯笼高树，乐奏八音，载客前往此地参神。据庙祝等宣言谓：该庙神极灵通，有求必应。因之迷信神权者流，趋之若鹜。庙中香火，遂日盛一日。每年诞期前后，港人连群结队，或驾私家车汽船前往参神。庙前解签问卜等辈，在路旁设摊，极为拥挤。该庙司祝每年一度开投，租价极贵。业司祝者，一年生意之盈亏，决于此数日间之收入。则港人消费之浩大，于此可见。宝安县政府乘此神诞之便，抽收入口证费，每客出入口抽取二毫，由轮船代缴。因人众之故，抢匪、拐匪、骗匪、赌棍多混迹其间，乘机抢劫。是以参神之轮船，多开设假赌局，引人入胜，囊括搭客之金钱。剪绺匪亦在人从中，搭施妙手。及抵赤湾，乞见载道，尾行人不去。或作种种苦状，如以头陷泥泞中等，以望行人施舍。抢匪则沿途抢物，路人稍一不慎，身上金饰即落在其手中。及入庙参神，拐匪又徘徊左右。每乘妇人求签进宝之际，辄将子女拐去。此中诡态，不一而足。厕身其中，实有百害而无一利。尤甚者，如打地气之女子，即在庙中度宿一宵以求神祐者，常有被污辱者。有家长之责者，当严束妇女，勿任共履此窝恶之渊也。

29.《**咸鱼行迁赤湾已作罢论，无非经济问题**》，**香港**《**工商日报**》，1934-06-20

咸鱼行前为避免重税，特拟迁往中英交界之赤湾。几经讨论，喧动一时。但顷据该行中人言，此事大概已作罢论。因赤湾需费一二百万元筑堤筑栈，在此不景气之时节，未易筹措。故各人主张暂将此议搁置，同时着力于减税运动。若果减税有相当结果，则行业既可苏其困，自无迁址之必要。刻下同人唯一希望，在求减税之实现，对于迁址问题咸表冷谈云。

1935年

30.《**赤湾参神将届，前往船只尚未定**》，**香港**《**工商日报**》，1935-04-16

农历三月廿三日为赤湾天后神诞。每当届时本港一般善男信女，多往参拜，其中游览亦有之，其拥挤情形，极为热闹。同时本港各轮船公司，亦特派轮船前往。查去年往者，有东安、西安、大利、安利、泰山、广东、广西、粤安、新南海等内河轮，及他小轮前往。本年天后诞亦将届，惟前往之船只现尚未定，或即去年之船只云。

31.《**海南"圣地"：赤湾进香巡礼**》，**香港**《**工商日报**》，1935-04-22

在宝安县的西南，有一带海湾，在其上有一所天后庙。天后的来源，虽然是虚无缥渺，但每年盈千屡万人从香港前去参拜的，也不必关心到这个问题。于是赤湾便成了香港的善男信女，一年一度的进香底圣地。

天后的生辰，一如天后今身来源不可稽考，一说是三月廿三日。但是有神心的人，从三月十九日起，便陆续地趁着船去。而地小人稀、荒凉满目、停留在中世纪时代中的中国的"圣地"，在这五日中，便变成香火满途和极度热闹的所在。以前——很久之前，只有小小的汽船从香港载客前去，但是向后□的时代的巨轮，一天天地驱策着人们满走虚幻的仙境去。为着如是需求，便有着很大的省港班的轮船，在这几天中，特别拨走这航线。现在从香港到赤湾的轮船，大小六七艘，这便是东西安啦、广东西啦、大兴啦、后海啦……其开行的时间，是上午八时半至九时半，最迟十一点半便到。下午两点由赤湾开回，四时便可回港。若不一定存心去参神的话，用一天的时光去消遣消遣，随便绰有裕如的。

记者对赤湾这个名词，在童年已有一个模糊的印象，所听到的各种神话，更使到好孩童心向往。这种好奇心，虽然跟着渐渐长大的年岁慢慢地稀薄，然而每将过去回忆起来，这赤湾便又在我脑海周憧憬着了。这次居然能到“圣地”巡礼，一方面固然负着一种使命，同时可说释了我心中的一件事。记者所趁的船，是上午九点开行，因为是第一天去的人比较少一点。可是亦已经大有可观了。大舱满了，尾楼满了，唐餐房也差不多满了，只是比较更贵的船位少一点客。

在朝辉遗留着残徐的气息时，船离开香港，向着中国的领海进发。在船未开行时，船尾已经有人声闹得震天价响。船旁挂着花篮，很像煞有介事。在点半钟的航行中，善男信女，各找各人的消遣。有的靠着船栏，有的睡觉，有的弄着纸牌，也有的拍着“麻雀”。因为船上有“麻雀”租的，收费四角子。残春初夏的天气，带着柔媚阳光，微风不波，使人觉得海行特别快意。所以短短的一点半钟的旅程，转眼便已消磨去了。

船十一点半便到宝安县境，好像翘望“蓬莱仙境”一般，人们都先想先睹为快。因为有许多已经是再渡的刘郎，不少是初到的。他们、她们互相问着这是赤湾吗。有的答说是，但也有的说“那边才是呢”。然而船毕竟在这边第一海湾停止了进行。首先活跃于我眼前的，是一大队艇，大的小的都有——向着我们的船蜂拥而来。船夫们的目的，是为了载游人于彼岸，报酬是每人半毫。虽然轮船准备小轮驳接搭客，不过因为太过济拥，很多都□进上艇去。

人潮把我送上一度新筑的竹桥。这竹桥，跟着引入到最繁盛的中心。竹桥中段，搭着一个小小的牌楼。行尽了竹桥，便是一条五六尺的泥路，上面有白布，写着“南山学校建筑赤湾道”条。这条道，在全世界最大城市之一的香港居民看来固然不大满意。但在这破产的农村中，的确是难能可贵了。踏上圣地后，心中仍是空洞无所得。不但花没有，树没有，就连青青的草也没有多几根。但乞丐之多，则是我有生以来所仅见。因此，如果说有什么特点，这也可以说是特点之一吧。据也曾到过的人说，从前有许多发麻风的人，沿途呼叫，但我昨日观察，发麻风的乞丐虽然也有，但其数不至于甚多。如果用细心去分析的话，二三百个乞丐之中，发麻风的，当在十个以上。其余则断臂的、烂脚的、年岁都通通在三十以上、六十岁以下。性别则男女的也有。不过两相比较，女乞丐仅占少数而已。我们习惯都市的人，见惯了都市的乞丐，当然以为我这里所说的乞丐，是和都市一样的吧。但事实不如此，因为我看见他们的形状，简直不像人形。头发长到头下，固不在然。这蹲在道旁，磕头哀鸣，或则伸出缺肢残骸，浊血从创口流出，在太阳光照射下，仿佛蒸发出千万的细菌，散步室中，使人不敢呼吸空气。他们好像定了一种例，□岸的不叫化，只是回船的才请求济施。同时如果你施给一个，其他便蜂拥而来。不至将你身中的铜板肃清了不止。然而善男信女之心，颇以为这是讨厌，而怀着一大德之人必为“神佑”，对于这布施的金钱，早已打入预算之内。因此，滑稽点讲，与其说是向人求乞，不如说是坐收俱献。虽为乞丐，次日亦不必多费口舌，而源源收入了。

走过了乞丐的区域，便是两旁的葵棚。因为只供几天之用，葵棚不必十分坚固，而面积也很少。葵棚内摆卖的东西，除些少果饼之类外，卖元宝香烛的几占百分之九十。除了这类经营的葵棚外，还有十足表现中国人特性和政府的德政的，便是烟和赌。“银牌”和谈话处、戒烟室其数实不比卖香烛的少。一条路行尽了头，我向右边走去，因为左边是通到荒芜的地方的。从右走的一条路，沿途所见，除了如上所讲的“银牌”、谈话处和贩卖香烛和什物者外，还有很多是卖“波罗鸡”的，和食物饭店，和路边的开赌的摊档。在一般人的心中，甚至为政者的标榜中无不视烟赌是摧残民族精神上和肉体上的恶魔，而以为有消灭的必要。真不明白，何以在这个短短的时间中，小小的地域内，去容许——也许奖励——这么多的烟赌馆的设立。赌馆和烟馆的标志，除了某某公司银牌，和某某谈话处外，还有亦灯笼，上面写着“防务经费”。这无异说纳了捐。闲人别得骚扰。同时门外站立着一名灰布军衣手持驳壳枪的卫兵，作周密的保护。说到军队，使我联想到治安的问题。据说，这地方从前的治安十分不好，摸窃匪横行，稍一不慎，便遭到他们的光顾。后来县政府颁行严厉的办法，凡捉到的摸匪，验明无讹，便就地枪决。于是匪风才大杀。对于以前的事，不甚明了。但昨天几小时的游玩，倒没有听见意外的消息，这不能不感谢先生们。

记者因为没有吃早饭，很想在这里“酒家”用点东西。但是有两个原因，使我不敢尝试。第一便是肮脏，第二便是不太相宜。鸡啦，鹅啦，鸭啦，牛肉啦，通通都挂在架子上，任尘埃□付，和啜食过疯人烂脚的苍蝇铺满。而且每碟炒粉，也要五角子省毫。至于其他的饼食，也一样地接受苍蝇的光顾。我们只需闭目冥想，这些东西实在不能下咽的。但除了这一切之外，还有一点东西，是值得买的。这便是蚝。因为蚝也是宝安县的特产，所以生蚝、干蚝都很平，很大的新鲜生蚝，只要省毫一角五分便可买得一斤。干蚝每扎（十环）仅值一元左右。而蚝油则一元三瓶。因此之故，过途的进香者，每人都有这三样东西之一。

关于“波罗鸡”，我听到这么一个说法。每年在这里出卖的波罗鸡，必定有一只会啼起来。如果啼起来，那家人便财源广茂，不会贫穷了。但这是绝对不会实现的事，是任何一个有点智慧的人所知道的。不过事实上这些波罗鸡是永远不愁销路不好的。波罗鸡的价值，视其大小而定。最大的比一个雄鸡还大，要两三块钱。小的一毫钱，可买两个。

约莫十五分钟的光景，便到了这历代相传的神圣庙宇。记者对于这个天后如何所以成为天后，和如何所以受到人们崇拜，没有加以考据。但听说自宋代以来，那已受人们奉祠。而她是个水神，所以特受与水有源的人所崇拜……至于其他男女，现在也争去膜拜于裙下，以求庇福的。想他们的心中，完全没有想到她是一个水神。还有一些神话，便是说从前由广州或内地去琼崖或南路各庙的“大眼鸡”帆船，出珠江口的海口后，经过宝安县赤湾必定要停船进香，祈求保佑。如果不如此，沿途必多惊险，虽不至沉船，也不免有多少损失。所以船家对这番手续，绝对不敢怠慢。

这所天后宫面海而立，可惜对海的视线完全被葵棚蔽着，不然则又有绿水和远近几点渔舟看来多么使人心旷神怡。庙的容积很大，除中门外，还有两横门。我进了中门，见了一个头陀拿着佛珠向人扣售。再入是天阶，这里摄着木盘，天后的宝座是在最后的一层。两边伴着四位金身塑像所谓四大金刚。可惜天后的□头藏在黑暗的神龛里，不能给诚信的善男信女瞻仰。就是这方横二三十尺的地方，容纳了千数百的进香者。进香的人们，所求的方式有所不同，但其对象不外丁财贵孙。龛前还有一个香炉，为其供奉得达于“圣母”，不惜千方百计炷香神前，继而膜拜地上。或求铺票，或问休咎，但是求签的“签筒”和求票的“票筒”租用一个，须要两角。这样看来，求财的未得其财，而这些神棍首先实收其利，其余还有香油钱一元几角不等。而所得的不过震耳欲聋的铜鼓之□。我们知道佛门的规例，是暮鼓晨钟。然而他们爽乱□乱撞。如果“天后”是有保佑人们能力的话，首先是要处罚这些乌烟瘴气的神棍。

我想在这里多站些时，但是充塞于庭内的火烟一阵一阵地向我的鼻孔进攻。同时寸炮的硫磺味，也很强烈地中我的嗅觉结果是涕泪交流，呼吸堵塞。若果再站半点钟难保性命都会断送。

从左边的一个小门走出，踏进庙的左廊。这里有一张圣母的龙床。这龙床放在狗□差不多大的黑暗的角落中，床大概是有三尺。有红的床□和绿的床帐。床帐是低垂者，故意示者神秘的样子。床置一约三寸径口的圆筒，写着如果以铜板投中的，必定横财就手。我亲眼见许多人拼命的投，一而再，再而三。直至投中了才停止。才现看得意之神态而去。据以此看来，投钱的，多是不中不休，但是即使天后有灵，可否尽令他们都变了富翁呢？至于龙床的功用，尤其是不可思议。据管理的妇人说，太太们嫁了丈夫，久不生育，只需给他一些钱，在龙床面前跪下，探手入帐中抚摸一番，回家便可一索得男了。有一位面黄骨瘦的中年妇女，是遵命地造了这一番手续。我以为可能生育与否，完全关系于生理和健康。若果向那位黄脸太太一样的人不想健康之改进，不仅抚摸龙床不能见效，即使将整张龙床，移到她家里，日睡夜睡，也绝无生育可能。这龙床之一室，收另有许多板床。我到的时候，已□通通都有人占据了。据他们对我说，这是不要钱，不过床有限，早到早得，他们将要在这里度过一宵，名为睡梦。希望睡后的灵魂得菩萨一些暗示。

庙的右廊，是宝安县文化建设委员会的办事处。不过我以为是庙宇委员会罢。停留了大半小时，这一个深中人们脑根的圣地的真面目已经见其八九，于是循着原船回到香港。此后结果得不到什么，只是一口瘴气。

32.《赤湾进香船中两件见闻》，香港《工商日报》，1935-04-26

女骗子乘机骗举

前日本港前往赤湾进香轮船某号，有一大舱搭客，于开行未几，即痛哭不已，继欲入海中，当时船中搭客甚众，见此情状。乃制止之，并询其所苦。据云其夫去世，家无积蓄，遗下一子，亦被拐云。现下欠债达百元，无法还清，故□自杀之。当时船中人闻讯，有怜其境遇者，乃解囊助之。一刹那间，已征集现款百余元，交该妇人后，船抵赤湾，则不见该妇踪迹。查该妇人如果意图投水，何必先哭？今乘进香之船而谓投水，显系利用进香男女多善士，从中骗钱。在捐银者损失无多，而骗子受惠不浅矣。

老妇进香被挤下海

又前日有某驶抵赤湾时，各进香男女，争先登岸，以致有一老妇被挤下海中，幸当时有人发觉代为呼援，得以不死，俱已全身湿透，头发脚也没有一条干矣。后该老妇尚谓菩萨有灵，得以不死，将来要到赤湾还神。今年年头着人看相，亦谓其有惊险，今当之矣云。

1936年

33.《又有轮船开往赤湾》，香港《华字日报》，1936-04-09

夏历本月廿三日，俗传所谓赤湾天后诞。该地并有宋帝衣冠冢，故每年本港人士之前往游览者，大不乏人。今年适值复活节假期，前往游览者更多。现闻有某轮船公司，以港江轮大利号、新南海号、航行快捷、座位舒适，特租赁之以来往该处。闻大利定由廿日、廿一日、廿三日开走，新南海定廿二日开行云。

34.《“天后”的崇拜者：万人冒雨到赤湾去。摸龙床少奶奶想生贵子，打荷包贼哥哥喜发横财》，香港《华字日报》，1936-04-12

神权时代早已是史册的旧页，可是神的权力，连统治者一部现世纪人们的思想。试看农历三月廿三日的天后诞，就可证明吾言不误吧。由所谓□正□三天起，至廿三日止，各地的善男信女，到宝安县赤湾天后庙进香，大概有数十万人。这样一来，平日冷静荒僻的赤湾，就活现着□□市集的情景。昨天起，由本港男男女女，已开始到赤湾去了。计昨天总船前往的人数，已超过万人。爰将各情分纪于后：

帆船云集

本港各轮船公司，为乘时营业起见，多在天后诞期特派船只行走赤湾。昨天在上午，由本岛开往赤湾的轮船，计开有□安轮船公司的京安号，由上午九时开行，下午二时回港；四邑轮船公司的大利轮，也是上午开行，下午返港；新界轮船公司的新洲号，在上午九时开行，午间十二时回港；还有油麻地轮船公司的民德号、民智号，□港渡恒安号大小轮船不下十多艘，都载着大批的进香男女开往赤湾。

张灯结彩

不论大轮船、小轮船，凡是开往赤湾的，都别有着特殊的标志，是船舷上悬挂着齐整的花灯花篮，船头或船尾写着“进香”等字样的大灯笼。船桅上也悬挂着万国旗帜。其次这些点缀得像花一般的船□，还有特聘的乐队，在船上开行之前，就吹奏着喧天乐声。前往赤湾进香的男男女女，也一批批下船。看热闹的人也站满了在干诺道中一带。去进香的人，面庞上流露着有所期待的神态，看热闹的，也有些表现着别人所不知的欢颜。

人数逾万

自然啦，到去进香的人们有着一颗诚信的心。到去游乐的人，也有着他们的趣味，信心坚，趣味浓，就更事情看得重。昨天早上，还没有八时，干诺道一带穿红着绿、扶老携幼的进香者，已络绎于途，同时各轮船还未到开行时间，座位早已满了、老的少的、俊的俏的、摩登装束的，男男女女，参杂其间。除了进香的人们，还有欧美人士、洋行职员，趁着耶稣复活节假期之便利，前往遣兴的也为数不少。统计起来，昨天由港坐船前前赤湾的人数，当在万人之上。此外还有堂口会众等团体，私家雇用小轮船只，携备金猪酒食的进香者亦不少。

微雨霏霏

从本港开往赤湾的轮船，大约是经过一小时又半的水程，就可以抵达目的地，轮船开到赤湾，小的轮船可以竹搭的码头湾泊。但大的轮船，就须要用小轮船转载游客登岸。昨天上午下着微雨，这对于进香的人们自然加了许多麻烦，但一般忠信神权的人，冒着雨踏着泥泞的路，沿码头而达庙境。在玉颜迷蒙中，这种进香人的行列，行列的左右也就是乞丐们的行列。假如用超现实的眼光来看，神的权力就更显示得伟大。还有一种尽面的衬托，湾前帆船林立，旌旗招展。读过《三国志》的人们底意识中，也就一定会刻画着恍如“赤壁鏖兵”的情景。庙前则摊馆林立，小食档、香烛档，像市集一般的紧密。这一种情况，也有如乡村演社戏时的情调。

香烟缭绕

进香的人们抵达了庙境，狂热的情形也加倍狂热。庙门拥塞着人群。庙里第一进拥塞着人群，庙里第二进天后正殿更拥着逾万逾千的人群。求签的求签、跪拜的跪拜、烧香烛的烧香烛、问杯的问杯。香烟缭绕中，人声喧杂得像怒吼者的狂涛。还有在庙内打地气的人们，也估计有相当的数量。这十分之十都是女人，有些睡庙的大概是睡足了罢，懒洋洋地席地而坐；还有些是熟睡的。在烟雾中，在嘈杂的人声中，在男女混杂的场合中，这是一种多么有趣的情形啊。

争摸龙床

庙的第一进、第二进正殿拜神睡庙的人多。左殿天后的梳妆阁也很热闹。梳妆阁也有龙床，罗帐低重，挤着算不清的女人站在龙床前等候摸龙床。司祝持派人守在龙床之前。摸龙床的人，要先缴摸龙床费两角，然后进去摸床。有些女人摸的了红鸡蛋，有些摸着了铺票字，有些摸着了签语。摸着了票字的，说买铺票会发横财；摸着了红鸡蛋的，说是会添丁；据说这一切都是好意的事。所以摸龙床的人也就源源而来。梳妆阁中除了龙床外，陈列着好几种女人的梳妆桌，据说这些梳妆桌是中了铺票添了丁的信徒们敬送给天后娘娘的礼物。

神通广大好符市

进香的人，除了参神、摸龙床、求签、许愿外，大概还有神通广大的灵符，他们不会忘记的，这种符是用红纸印成，符上印有“赤湾加封护国庇民英烈圣母天后元君坐镇”字样，符的后面则盖有三台（即所谓治台、案台、府台）。据说加封的从宋朝留存到现在玉印。参了神的人，大多数走出了正殿，还要跑到右殿去买这种灵符的。而左殿前面是食堂、食斋的善人，聚在这里食斋。

少妇怀中现款被窃

一些进香的船，其中自有不少的歹徒，混插人丛中施其空空妙手。查昨天上午八时许，前往赤湾进香的某轮，正当搭客上船的时候，在纷乱中，有一少妇突觉怀中的现款数十金，给剪□匪摸去了。发觉后，剪□匪已逃之夭夭。但宝安县政府知道一般匪徒必乘机活动，故加派特警驻护赤湾。同时警卫队又在赤湾标贴维持治安严拿为非作歹的告示，所以赤湾境内，尚算是匪徒敛迹。

宋帝昺墓邻于庙右

我们用浏览风景的眼光来看，赤湾天后庙的左右，都是山岗环抱，前临大海，背枕松陵。宋帝昺的墓地也就临近庙的右边山麓，还有参差的草寮茅舍，景色确实是不错的。

35.《**赤湾进香的写真：游人如织，摊馆林立，乞丐也总动员**》，《**天光报**》，1936-04-12

农历三月廿三是天后诞。每年这个诞期当中，当正诞期前三天计起，至三月廿三止，各地的善男信女到宝安县赤湾天后庙进香拜神的，大概有十数万人。这样一来，平日寂静得像荒岛一样的赤湾，却一变而为繁华的市集。故昨天由本港到赤湾进香的男男女女，已开始狂热，统计昨天趁船前往的人，男女老少，已在万人以上，胜地不当的热闹情形，还像往昔一般，爰将各情分纪如后：

大小轮开往赤湾

本港各轮船公司，为便利进香的男女起见，多在天后诞期，特派船只来往本港赤湾。昨天在上午由岛上开往赤湾的船，大大小小的不下十多艘，都载着大批的进香男女开往赤湾。不论大小轮船，凡是开往赤湾的，都特别有着标志，是船舷上悬挂着齐整花灯花篮，船头或船尾写着“进香”等字样的大灯笼。船桅上也悬挂着万万旗帜；其次还有特聘的乐队，在船未开行之前就吹奏着喧天声乐，前往赤湾的男女也一批一批下船，看热的人也站满了在干诺道中一带。

扶老携幼人數逾万

前往进香的人们，有着一颗忠信的赤心。前往游乐的人们也有着他们的心坚，趣味浓，就更把事情看得重。昨天早上，不到八时，干诺道一带，穿红戴绿、扶老携幼的进香者，已络绎于途。同时各轮船还未到开行时间，座位早已满了。老的少的、村的俏的、摩登装束的、男男女女，参杂其间。除了进香的人们，还有欧美人士、洋行职员，趁着耶稣复活节假期之便利，前往遣兴的也为数不少。统计起来，昨天由港坐船前前赤湾的人数，当在万人之上。

摊馆林立、贩档如市

从本港开往赤湾的轮船，大约是经过一小时又半的水程，就可以抵达目的地。轮船开到赤湾，小的轮船可以竹搭的码头湾泊。但大的轮船，就须要用小轮船转载游客登岸。昨天上午下着微雨，这对于进香的人们自然加了许多麻烦。但一般忠信神权的人，冒着雨踏着泥泞的路，沿码头而达庙境。在玉颜迷蒙中，这种进香人的行列，行列的左右也就是乞丐们的行列。假如用超现实的眼光来看，神的权力就更显示得伟大。还有一种尽面的衬托，湾前帆船林立，旌旗招展。读过《三国志》的人们的意识中，也就一定会刻画着恍如“赤壁鏖兵”的情景。庙前则摊馆林立，小食档、香烛档，像市集一般的紧密。这一种情况，也有如乡村演社戏时的情调。

香烟缭绕，水泄不通

进香的人们抵达了庙境，狂热的情形也加倍狂热。庙门拥塞着人群。庙里第一进拥塞着人群，庙里第二进天后正殿更拥着逾万逾千的人群。求签的求签、跪拜的跪拜、烧香烛的烧香烛、问杯的问杯。香烟缭绕中，人声喧杂得像怒吼者的狂涛。还有在庙内打地气的人们，也估计有相当的数量。这十分之十都是女人，有些睡庙的大概是睡足了罢，懒洋洋地席地而坐；还有些是熟睡的。在烟雾中，在嘈杂的人声中，在男女混杂的场合中，这是一种多么有趣的情形啊。

摸龙床者笑逐颜开

一进第二进正殿拜神呼庙的人多，庙的左殿（天后的梳妆阁）也很热闹。梳妆阁也有龙床，罗帐低重，挤着算不清的女人站在龙床前等候摸龙床。司祝持派人守在龙床之前。摸龙床的人，要先缴摸龙床费两角，然后进去摸床。有些女人摸的了红鸡蛋，有些摸着了铺票字，有些摸着了签语。摸着了票字的，说买铺票会发横财；摸着了红鸡蛋的，说是会添丁；据说这一切都是好意的事。所以摸龙床的人也就源源而来。梳妆阁中除了龙床外，陈列着好几种女人的梳妆桌，据说这些梳妆桌是中了铺票添了丁的信徒们敬送给天后娘娘的礼物。

神通广大好符市

进香的人，除了参神、摸龙床、求签、许愿外，大概还有神通广大的灵符，他们不会忘记的。这种符是用红纸印成，符上印有“赤湾加封护国庇民英烈圣母天后元君坐镇”字样。符的后面则盖有三台（即所谓治台、案台、府台），据说是从宋朝留存到现在玉印。参了神的进香人，大多数走出了正般，还要跑到右殿去买这种灵符的。而左殿前面是食堂、食斋的善人，聚在这里食斋。

少妇怀中现款被窃

一些进香的船，其中自有不少的歹徒，混插人丛中施其空空妙手。

查昨天上午八时许，前往赤湾进香的某轮，正当搭客上船的时候，在纷乱中，有一少妇突觉怀中的现款数十金，给剪□匪摸去了。发觉后，剪□匪已逃之夭夭。但宝安县政府知道一般匪徒必乘机活动，故加派特警驻护赤湾。同时警卫队又在赤湾标贴“维持治安，严拿为非作歹”的告示。所以赤湾境内，尚算是匪徒敛迹。

宋帝昺墓邻于庙右

我们用浏览风景的眼光来看，赤湾天后庙的左右，都是山岗环抱，前临大海，背枕松陵。宋帝昺的墓地也就临近庙的右边山麓，还有参差的草寮茅舍，景色确实是不错的。

（四）1937—1948年

1937年

1.《赤湾天后庙前，痴汉挥刀伤六人。善男信女祈福得祸，天后娘娘救命无灵》，香港《华字晚报》，1937-05-04

赤湾天后诞期，为旧历三月二十三日。期前，各轮船公司特别启航，行走赤湾本港之线，以利便本港人士之前往该地参神者。在诞期内，港中人士，多作赤湾游。迷信妇孺，由港前往参神者由多。据轮船方面统计，不下二万余人。其热烈情形，可想而知。月之二日，记者与友联赴赤湾，目的在浏览该地风景，及一睹盛况。即于当午抵达，离船登岸，已几无路可走矣。迨经变许拥挤，始抵大庙。庙内人山人海，莫能插足。香烟如云，熏人欲泪。

愚夫愚妇倒地膜拜者，此与彼继，司祝者应接不暇。无术分身。庙外葵寮几产，□属临时饭店。而发售生蚝者，更触目皆是。游览移时，不觉日近黄昏矣。于时记者与友，饥腹雷鸣，拟向临时饭店“福记”关顾，以资果腹。讵料将抵店门前，突有大汉一名，夺取该店于槛口之菜刀，不知如何，凶性大发，持刀向游人乱砍。当□砍伤人六名，登时秩序大乱。该店之顾客及附近游人见状，均惊惶万状，尤以妇孺为甚。且有大呼天后娘娘救命者，而有呼天后娘娘不来而尊呼观音娘娘救命者，其狼狈情形，莫成形容。该地警卫队聆耗，当即派队出维护秩序。而庙内参神者得聆人声鼎沸，更类闻救命之呼声，以为发生若何事故，多竞走避。惟地狭人稠，以致互相践踏。遗钗堕履，狼狈万分。该汉一见砍伤多人，知事不了，遂弃刀于地，从人群中乘乱窜去。事后据某乡人谈，该凶汉实染有神经病者，不知受何刺激，至弄出此惨案云。该当大汉挥刀乱砍之际，游人被其砍伤者，计有王何氏等妇人四名，男子一名，小童一名。六人中以妇人何氏受伤最重，伤及面、手各部，其势颇危。旋即由该地乡人送往附近医院救治，闻或有性命之虞。此外五人均略受微伤，无甚大碍。其中，陈李氏、陈凤两妇人，均为由港前往者。彼黄原为母女，受伤而后，即在该地其亲串家留宿一夜。闻彼等乃寓于铜锣湾大坑附近者，更其余伤者均属广州方面人氏。

2.浩《许地山赏识赤湾天后庙的鼓掌》，《天文台》，1937年第56期。

赤湾天后庙香火之盛，甲于华南，每年北至天津，南至新加坡，东至旧金山之粤闽商人多集资打金镯，绣龙袍，寄回供奉，故庙产收入之多，亦为全粤冠。旧历三月二十三日为圣母诞，各处之善男信女，前来进香朝拜者不计其数。是日也，赤湾海面停泊之艨艟巨舰，皆系远涉重阳而来者，其盛况可知。圣母庙规模宏大，有陈伯陶题扁诗。庙内有大鼓一，径长一丈，每早晚击鼓两次。击鼓时鼓手变化百出，渊渊之声，曲尽八音之妙，有时则可歌可泣，如怨如诉；有时则风起云涌，庄严肃穆。总之，击鼓之能事，已应有尽有。许地山先生因凭吊宋少帝陵寝，顺游圣母庙，闻鼓音，大加赏识，以为得未曾闻，归向亲友亦津津乐道不倦，如地山先生者，亦可谓鼓手之知音者矣。

3.孝廉《许地山教授之赤湾少帝陵考》，《天文台》，1937年第55期。

港报总编辑陈彬龢，为欢迎徐悲鸿画家，设宴于坚尼地道私邸。被邀陪坐者，有港大教授许地山伉俪，及马季明教授，林□民伉俪，黎猛与记者数人。惟马教授因小极未到，不无减色。席间许教授谈论风生，尽系史地典故，尤以九龙古迹，最感兴趣。今且专纪帝湾少帝陵一段之考据，以实吾台，当亦关心民族者之所乐闻欤？

地山教授，于悲鸿初到香港之际，携游赤湾，他人来此，大都为参拜圣母而来。大学问家见解，自与凡人不同，所摄照片，以宋少帝帝昺陵，最为珍贵。承惠赠一张，谨刊吾报，以献于读者。因帝昺陵之考据，不能不回溯于端宗皇帝。端宗名昰，度宗长子，在位三年，为元兵所迫，时年十一，崩于岭南之硐州，帝初封益王，元将伯颜入临安府，杨淑妃与其弟杨亮节负帝，与广王昺如温州，航海至福州，陈宜中、张世杰等奉帝即位，时丙子五月也。六月元人入广州，摧锋军将黄俊死之。十一月秀王与睾及元人战于温州，败绩死之。帝舟居于泉州港，招抚使蒲寿庚作乱，帝走潮州。丁丑景炎二年春正月，帝在惠州之甲子门。秋七月，帝舟迁于潮州之浅湾。十一月刘深以舟师袭浅湾，帝舟迁于秀山。十二月帝舟迁于井澳，飓风作。帝有疾，元刘深来袭井澳，执俞如珪以去，帝舟迁于谢女峡。戊寅三年春正月，帝在谢女峡。夏四月，帝崩于硐州。以其行在所经考之，此陵当为帝昰，非帝昺也。但陵前丰碑，赫然大书“大宋隆庆少帝之陵”，下署“赵氏遗裔三族公立”。该碑立于民国纪元，赵氏族人，殆未深考，故有误帝昰为帝昺也。帝昺，度宗之末子，端宗之弟也。在位二年，而宋亡矣。帝即位时，仅八岁。初封广王，遂即位于硐州，改元祥兴，升硐州为翔龙县。又迁新会崖山。初张世杰以硐州不可居，而崖山在海中，去湖广各四百余里，两山相对，势颇宽广，中有一港，其口如门，可以藏舟。世杰以为形胜之地，天险可扼以自固，乃奉帝移驻焉。

己卯祥兴二年春正月，帝在崖山，元张弘范袭崖山，力战御之。弘范舟师据海口，宋师樵汲道绝，兵士大困，世杰率众，旦夕大战，弘范四分其军，先挥北面一军，乘早潮而战，南师继之，宋师南北受敌，诸军大溃，世杰乃断维，以十六舟师夺港而去，陆秀夫走帝舟，帝舟大，且诸舟环结，度不得出走，乃先驱妻子入海，负帝同溺，后宫诸臣，死者甚众。太后杨氏闻帝崩，抚膺大恸曰：我忍死间关至此者，正为赵氏一块肉耳，今无望矣，遂赴海死，而宋亡矣。

宋史所载，陆秀夫负帝沉海，系在新会之崖山，何以鼎湖弓剑，会卜葬于赤湾，此应订者正一也。又圣德纪功碑，书："大宋隆庆少帝之陵。"帝昺只有隆庆年号，兴、庆粤语谐音同，故误庆为兴，此应订正者二也。

地山教授所述，大抵若是，用将□而出之，岭南人文荟萃，不乏博古之士，倘承有所考据订正，惠寄本报，扬民族未死之魂，补一代文献之阙，其幸又当如何耶？

4.杨朔《赤湾夜袭》,《光明》,1937年，第6—7页。

这是二十六年九月五号，朋友们请你记住。广东省新安县属的热闹市镇，坐落在海岸上，距离香港仅仅有十多夜。赤湾的天后庙正举行着盛大的盂兰会。这是座宝□□□英里。你知道，我们民族素来对于这类迎神赛会的土风是怎样的热烈。这一晚上，附近的居民几乎全都来了，男的大半光着膀子，赤着脚。女的垂着油光水滑的发辫，脚下拖着木屐，木板打在地上，发出和谐的音响。他们诚心诚意的拜神，而且把他们辛辛苦苦积下的一点点钱，换了香纸，投进神殿前的铁炉里焚烧，火光照澈了深沉的黑夜。

这是太平盛世么？不，朋友。绝对不是。可怜这些乡民，他们不知道自己在干着相同汉奸的工作呢！

四只从台湾开来的日本军舰，原来藏匿在博寮洲群岛的一带，于今挟了它的掳来的两条中国海关缉私船，偷偷地驶进赤湾。它们负了军事上的重大使命，准备进袭这个市镇。恰好天后庙的香火做了他们的信号。炮衣卸退了。轰轰，炮弹冲着岸上飞来，惊破了庙里的盂兰大会。

时间渐渐破晓。人们逃散了。岸上死沉沉的，没有一声回响。赤湾本来不是军事要塞，日本仔早料到中国不会有什么防备。他们深深地庆幸着自己用兵的神速，而且把握着最终的胜利。他们利用了劫来的两只海关小船满载五百多陆战队，朝着岸上驶来。他们一点一点地逼近，看看就要登陆了！

朋友，别慌。你以为中国果真那样疏忽？这儿虽然没有大陆的驻军，保安队却是相当的精悍。日本军舰发第一炮时，他们便集合起来了，趴伏在岸上，一动不动，直待日本兵临到近前，他们突然跳起来，机关枪雨点似的集中到小轮上。

这突如其来的袭击使日本兵有些手忙脚乱。他们发炮开枪，战争激烈的展开，延长到两点多钟，终于溃败了退回到军舰上。

这时广州已接到赤湾告急的电报，派了三架飞机，从云际里飞来，开始轰炸日本的军舰。舰上虽然装着高射炮，但他们已经被中国的声威吓慌了，不敢久战，结果掉转船头向澳门方面逃逸了。

这一次夜袭，敌人固然失败了，然而你瞧吧，他们总会再来的，因为——自从中国海口被敌人封锁后，广九和粤汉两条铁路已经成为国内外运输的两条要道了。敌人的本意是想从赤湾登陆，攻入深圳把广九铁路的华段打成粉碎。他们要扼住你的咽喉，把你活活地制死，我们拼命也不能让他们这样的！

5.《**赤湾海面，日舰行踪诡秘。夜间潜进蛇口图侵犯，日间驶往香山角潜匿**》，**香港《工商日报》**，1937-09-13

（专访）据宝安赤湾来客谈，敌舰日前将大铲关轰毁，及拘捕渔船货渡。最近敌舰行踪，益形诡秘。前晚敌舰六艘，于夜候□进赤湾后边关甲嘴海面（该处乃新界租界领海），近蛇口码头，贴近赤湾开枪示威。□向赤湾炮台扫射，天明□驶去。日间分驶往香山角海面潜匿。现蛇口驻军已严密防备，该处晚间戒严云。

6.《**敌舰开始进侵粤沿海各地，轰我赤湾，侵我东沙群岛，敌图掩护水兵在赤湾登陆未得逞。东沙岛传被敌占，虎门已宣布戒严。英星洲舰队将扫数调粤以防不测**》，**香港**《**工商日报**》，1937-09-07

昨晨七时许，敌舰四艘，内有驱逐舰早阳号一艘，图犯我宝安县境之赤湾，连发十二炮。我守军沉着应对，敌炮弹均落田野，卒不得逞……

7.《**敌舰砲轰粤海口，赤湾保安队受袭击。经还击后，敌舰遁去。敌扣留海关两巡舰。虎门要塞施行紧急戒严，澳政府决严拒日军登陆**》，《**申报**》，1937-09-07

日舰四艘，六日晨六时，驶至港北三十英里宝安县赤湾地方，向我保安队砲轰。我方迎击，并派机助战。敌舰夺大铲关轮两艘逃去。现巡弋珠江口，封锁我交通。虎门炮台施行紧急戒严，夜间不准船只进出。省港外轮尽改日间开行，华轮停航。（六日专电）

1938年

8.《**今年赤湾天后诞，居民多不敢前往参拜……因赤湾海途为敌舰骚扰**》，《**天光报**》1938-04-20

农历三月廿三日为天后神诞，往年在此时间，本港各地及新界九龙等居民、多已筹备往赤湾参神事宜。此日省港澳轮船，如金山、佛山、东安、西安、广东、广西等号，均应游客需求，开走此线。万头攒动，热闹非常。但本年因敌舰骚扰之故，且赤湾天后庙一部分被毁于敌炮之下，迄今农历十九日，各行走此线之轮船亦未有此种准备。而各居民之参神团会等组织，更为寂寞。各人多以在此国难严重时期，应将有用金钱，尽力节省，捐助政府云。

9.《**敌舰炮击赤湾村落**》，**香港**《**工商日报**》，1938-01-31

粤海敌舰大举他窜后，现在有少部仍在南路一带巡逻。惟琼岛敌舰已往唐家湾附近之小岛潜匿、行异常飘忽。虎门口外之赤湾海面，泊有二十二艘、敌驱逐舰一艘，不时向赤湾之各村落炮轰，村民损失奇重，纷纷他避，惟敌舰只作骚扰，不敢登陆云。又记者昨（卅）日由港返省，亦目击敌舰二十三号驱逐舰，又敌兵乘汽艇向渔民劫掠，故渔船已不敢出海捕鱼云。

10.**《日在赤湾陈屋登陆，进犯南头。日未得逞，双方激战甚烈。我死警察一名。深圳安谧如前，蛇口海关撤港》，《申报（香港版）》，**1939-04-12

日兵二百余名，昨晨第三度进犯南头。在赤湾及陈屋登陆，进扰县城。我游击队在南头近郊，猛烈抗战。双方以机关枪扫射，激战颇烈。我方仅死警察一名，重伤数名。兹探悉各情如后：

日兵两路再犯南头

查宝安南头，前会两度失守。日兵进犯，多甩马队。由三路经太平、广济墟、沙井而下，或由黄岗进迫，故日兵未来之前，我方已先得沿途谍报消息。但此次改由水路进攻，于昨晨三时，乘黑夜之际，分乘大小渔船二十余艘，由日舰随行。经伶仃洋抵赤湾海面，一批在赤湾湾登陆，一批在陈屋登陆。至晨光熹征之际，即分两路向南头进攻。

1939年

11.**《赤湾海面日军，竟入天后庙捣毁》，香港《工商日报》，**1939-01-03

宝安县属赤湾天后庙附近，月来迭有日军滋扰。该处附近之新庙，陈屋各乡民众已具呈该县政府，兼游击指挥部派兵防守。在案、县府据呈后，刻即兹由第四路军东路守备军指挥部设法派军守备中。距昨（十一）日上午七时许，突有日军卅余人由太平分乘电艇驶至赤湾海口，从海滩登陆，直向天后庙而来。我方游队自卫团等事前据报，经在大南山据险戒备，日军知我有备，仅达天后庙后便之旷地作足球之戏。

其余日军十余人，即步入天后庙内尽将天后龙床捣毁，所有床上衣物金饰均被掠去。至天后神像髹敷金身亦被日军削去，其庙中之圣迹遗物尽为日军劫掠一空。昔日名胜之赤湾天后庙，今已被日军摧毁殆尽。直至是日上午十时，始乘回电艇遁去。查广州虎门相继失陷后，宝安县城于去年十一月间亦一度沦陷至今，我为避免日舰炮火威胁起见，已将赤湾防御工事完全破坏。另于天后庙后之大南山一带，布有坚强工事握守。南赤公路晖非以重大代价，不能越过我大南山天险。对于天后庙前海滩空地，绝不派兵防守。查该地前面三临海，为宝安尽头去处，后面山地崎岖，运输接济困难。日军迭从海面到该处进扰天后庙情形，实为无聊所致，我防守大南山之团队，以日军无聊之举动，亦不加之理会。按赤湾距离县城二十余里，距太平则百余海里，日若来犯宝安，必无在此登陆之理。我宝安全县乡民，已熟稔日军此种无聊举动，咸皆照常安居乐业云。

12.《**天后诞辰，港轮停走赤湾，因时遭日舰炮轰**》，香港《**工商日报**》，1939-05-10

农历三月廿三日（即本星期五）俗为天后诞辰。习俗相沿，本港各区天后庙每年均有贺诞之举。虽曰迷信，然港中妇女，大多数均前往各庙膜拜，尤以宝安之赤湾大庙为盛。港侨士女，不少借此机会，前往赤湾参拜及游览名胜。港中轮船，在贺诞期内，多加开临时特别班行走赤湾，约有十余艘之多。而港中男女前往参神漫游亦达数万之众，故赤湾天后庙之香火，盛极一时。惟今岁则势易时移，以该地属华界，常遭日舰炮轰，情形极为危险。故本港各轮船公司，均停止派轮前往云。噫！在侵略者淫威下，神亦不能幸免，迷信的人们醒来吧！

13.《**大庙香火甚盛，赤湾则冷落不堪**》，《**工商日报**》，**1939年5月13日**。

阴历三月廿三日为天后神诞之期，忆以往数十年所有省港轮船均特别载客往赤湾参神。此种习惯，一方面为迷信神权，一方面借此作旅行。自日南侵后，赤湾之天后已成倒运之神，往赤湾参神之男女多裹足不前。结果，造成港外之“大庙”获取大利。大庙在鲤鱼门外碇齿湾，属西贡警治下，因往年地方平靖，港方善男信女多往赤湾，故大庙如置冷宫。今因时局关系，反造成空前热闹，司祝者以特别人情，向华民政务司以高价投得专利，所有入庙者，每人收费二毫，另其他租签筒加香油者，不计其数。以前日情形观察，筲箕湾、中环、油麻地均派小轮船往来其间，每收水脚八毫，一般歹徒，亦改道活跃其间，以此为第二赤湾之大机会。昨日正诞之旺，比之前日加倍。而铜锣湾之天后庙亦热闹非常。

14.**《东江我军极占优势，围攻石龙甚急。日军在深圳赶筑机场，在赤湾大南山建炮垒》，香港《工商日报》**，1939-10-24

（本报东区特派员专讯）……（廿三日）忽将赤湾大南山上原有之左右炮台拆去，改建二合土炮台一座，似系控制中英界之海面之设云云。现查我军对于日军之布防情形，甚为注意，已在加紧部署再度向日军进攻之工作中。故宝安境内我日两军对峙形势，日形迫近，大战□内续有开展。

1940年

15.**《日舰不断泊于赤湾等处，其目的乃在接载私货。宝安购运免税洋米之决议》，香港《华字日报》**，1940-04-07

日军近图扫荡珠江三角洲沿岸我军队，其诡谋已被我军击破。旬来乃不断派出日舰艇，三五成群，结集于赤湾等面。来去飘忽，南头沿海各乡民众，每一日数惊。本报记者，连日亲往南头，扮作渔民与陈屋海面渔民，乘艇驶出赤湾海面日舰附近视察。得悉每日集结于赤湾海面之日舰，于暮色苍茫之际，即日又四出活动。窥其目的所在，则赤湾海面，每夜必有大批帆船，从海外驶入赤湾。悬挂号登每夜必有灯，通知日方舰艇，泊于一日商船或日舰之旁，起卸各种货物，闻以钨矿铜油为多，兼有粮食各种。又由日舰将各种日货，搬回各帆船驶出海外而去。至翌晨，该日舰船艇，则将运来货物载返虎门而去。如是者，已非一日矣。我方游击团队据报，刻已设法各帆船截缉。而昨（六）日下午，南头海面，仍有日舰艇各一艘停泊，大约亦等接物也。

16.《赤湾“天后”与大庙》，香港《华字日报》，1940-04-29

明天农历三月廿三日，为俗传所谓“天后”的生日，这虽然迷信之谈，可是这一天实在轰动了岛上万千“善男信女”前去著名的天后庙进香，不能不说是一件盛事。

天后这海神，也叫做“天妃”。善信只称她为“娘妈”。据传说她是宋朝福建莆田人林愿的第六个女儿。小的时候，就有点神异。后来她的哥哥到外边做买卖，在海上遇有风暴，十分危险。她在家里，闭目出神，前往把哥哥救回。她的寿命很短，二十岁那年就死了。后来在海上显灵过好几次，航海的人都奉祀她。到明朝，封她为“天妃”，后来晋封为“天后”。这短短的迷信故事，也很有趣。

在香港九龙新界各湾头，都有天后庙，不论大小，照倒要有一所，似为渔人的告祀。香港方面的是，总湖灯笼洲天后庙；九龙方面的油麻地天后庙，香火都很盛。但在中日战事没有发生前，每逢天后生日这天，香港九龙以至新界的人，都要一到赤湾进香。很少在本地的天后庙拜拜就算了事。赤湾在政治区域上不属于香港而属于宝安，属于宝安第一区第十八约。从香港前去，大概有二十二英里路程，坐船要三四点钟。每年一到农历三月廿一日，就有航商渡船来往。

赤湾到了天后诞期，（废历三月廿一至廿三），就非常热闹。卖东西的、开赌馆的、乞钱的、引路的，把那一隅之地，搞得水泄不通，绝非笔者所能形容。何况，赤湾又是宝安八景中最好之一景。据土人说：“这个前有笔架为案，后有狮山作屏，内有彪虎拥护，外有龟蛇捍卫。”在庙的左方，还有宋帝昺的衣冠冢，也值得我们的凭吊，所以游人更多了。

但中日战争发生后，这古庙的香火、已经为香港新界的“大庙”取而代之。因为日本的海军在伶仃洋威胁着，大家都不敢作往赤湾进香之想了。大庙在鲤鱼门外佛头门内的□□□，从香港中环前往，不过一点钟的水程。……

1943年

17. 红客茶《赤湾天后庙》,《粤江日报》,1943年4月25日。

当神权未替，佛道争鸣之秋，庵堂观寺之多，不可胜数，所谓八大神庙者，如胥江北帝，悦城龙母，波罗洪圣，西壬紫帅，佛山祖庙类是矣，而赤湾之天后庙亦其一，盖赤湾天后香火之盛，实不下于上述诸庙也。

相传天后乃水神，浮家泛宅者固奉若神明，盖谓不得天后呵护，则难得舟楫安宁，如是则生命不免发生危险矣。故每值天后诞期，则争往庆贺，焚顶烧香，解衣敬钱，实所不吝也。天后不独为一般善男信女所礼重，甚至而西人之以梯航为业者，亦多崇祀天后。向昔省港轮船，亦有安奉天后于其中。习俗移人，贤者不免，况乎西人，亦难外此。赤湾以四面环水，渔船出没所经，梯航往来其处，罔不视为孔道，故此间之天后庙益被重视。榜人辈岁值观期，则靡论如此艰辛，亦必莅此庙贺，否则终年惴惴不安，惧神不我佑也。今则瞬移世易，此种迷信状态，当不复可睹。惟今年赤湾天后虽不振，但热闹之场面却转归于市桥。盖市桥亦有天后庙，向不及赤湾香火之十一。惟今年诞期，市桥人已准备出会庆祝，取赤湾当年之盛况而张大之，行见三月廿三天后诞期，市桥之天后当□赤湾之天后而上之矣。

1948年

18.《赤湾天后诞，今年恐冷落》，《工商晚报》，1948-04-27

每年农历三月廿三日，即俗称天后诞，战前每年前往宝安县属之赤湾天后庙进香者，颇为拥挤。而各线内河轮船，每年均增航赤湾线，以便进香之男女。惟自光复后，因赤湾一地之治安，颇成问题，故市民对赤湾之行，均告裹足。查本年度之天后诞，为期已届，惟因赤湾治安问题，故届时各轮船公司亦决不派轮航走赤湾线。惟预料由明（廿八）日起，将仍有少数小轮即盘艇等，利用此机会，载客前往赤湾天后庙进香云。又查因赤湾治安问题，进香男女多不敢前往，故多转趋向来港外之佛堂门天后庙（即称大庙）进香，致此僻处港海外之佛堂门，每年天后诞期内，即平添无限热闹，预料本年度佛堂门天后庙之热闹，将有增无已。并由明日起，将有渡海小轮行走佛堂门线，以利便进香之男女。

19.《廿三天后诞，轮渡增加大庙赴赤湾，利便各善信贺诞进香》，《华侨日报》，1948-04-28

农历三月廿三日（即五月一日），俗传为天后诞，港中善男信女，尤其是一般疍户，对天后信奉弥笃。每届诞日，筲箕湾之大庙，香火甚盛，香港油麻地小轮公司为便利市民往大庙进香，特于是日派小轮行走香港与大庙间。其开行时间如次：香港统一码头开，由上午八时起至下午三时止，每半小时一渡；大庙开，由上午十时起至下午五时止。每半小时一渡。

赤湾，宝安县城南赤湾，向有天后庙，最近经各方善信募助修理，已告竣工。本月（农历）廿三日，为天后诞期。战前遇天后诞期，往朝参天后者，颇为热闹。诞期中，不少轮艘航赴该地，载运旅客前往参神。惟战后，因内河轮艘沉毁至众，船艘缺乏，故未有客轮前往，此种渔船，亦达数十艘。目前天后庙主事，为适应游客，连日已布置码头，搭棚准备演戏。岩口车路公司，并于明日起，特派客车，行走该地云。

20.《天后诞：赤湾重戏盛大庆祝》，香港《工商日报》，1948-04-29

宝安县属赤湾，自宋以来，即建有天后庙，该庙建设千门万户，上栋卜宇，又为东方美术之典型。每年三月廿三日，许多烧香客与游人，前往赤湾参神者甚众。本月廿三日为该庙天后诞，该庙董事长联络东宝各县民众，特举行盛大庆祝，并演戏三天，通请附近及省港人士前往参观，当有一番热闹。又闻该处有赵王坟等古迹，届时介绍游客观览，并有军警保卫云。

21. 徐思琼《赤湾行》，《广东日报》，1948年5月30日

赤湾，是宝安县警察局水巡队的所在地，它距县城约有三十里，也是宝安县南边濒临海的一块沙滩，这里形势，好像一把靠手的交椅，左右及后背都是山，前面是海，建筑物除了在广州失陷前，给珠江口外敌舰炮轰得支离破碎的天后庙（当地人称为赤湾庙）是唯一的砖瓦建筑物外，还有约莫十间的茅寮。水巡队队部，便在其中之一。其余都是渔家的，有一两间兼售些杂货、香烟、饼食，这不过是供给远道而来的人，渔家本身很少在此消费。物价比南头实在相差得很远，使你吃惊。

渔业概况

记者后到附近渔家，叩问渔业近况。承一老者，详为报道。战时宝安渔民人数约有数千，渔船亦有数百。迨沦陷后，饱受敌人摧残，老弱者死。壮者多已改行转业。及光复以来，元气未复，海面谋生，实不容易。最近幸有水队设立，海面日渐宁静，赤湾一地，每日出海渔船，数量不定，最多时有百余艘。捕得鱼后，即运交来此估价而去。渔家或渔栏多把鲜鱼制成咸鱼，远销省港各地。本造以“曹白”为最多，腌制成鱼干者，每斤约需港币一元二三角，今后政府若能尽力保护与协导，即渔业前途当可乐观。

天后庙的一段“神话”

上面说过，天后庙是赤湾唯一的砖瓦建筑物，依山而筑，占地甚广。横通三过，深凡三进，青墙岩瓦，甚为壮观。惜乎前座及正门上，已给敌人炮火击毁，横额已无存在；中座，及奉祀“天后元君”之后座，大部完整。然其墙虽及□□上雕刻，多凋零剥落。据当地人称：每年旧历三月廿三日天后诞，一般善男信女来参拜者极众。由省港东莞各地来之“会艇”，亦不下百数十艘。近年来生活一岁不安定，始稍逊色。又得该庙司祝告诉：距离庙的六七十丈之右边大山上，有一宋帝的衣冠冢。相传于元兵犯宋，南京失陷，中原不保，宋室纷纷南下，元兵穷追至新会厓门。宋臣陆秀夫乃负帝投水而亡后。一夜司祝忽梦见帝，来报：“帝已莅此，‘天后’怎不迎驾？”翌日，司祝在海滩边得一玉带，疑为由崖门飘流至此。与昨夜的梦有关，一时传为神话。乃决把玉带及衣冠葬之，遂成为今日的衣冠冢。这个传说，实不足信，况厓门与赤湾不知相去几千里，更属无稽。记者始记于此，聊作赤湾行之一插曲耳。

后记

在本书即将交付出版之际，我们两位作者回顾本书写作的前因后果，不胜唏嘘，希望在最后留下一些话语，以兹记录。

两位作者因赤湾天后古庙结缘。2014年前后，深圳大学历史系与深圳南山天后博物馆建立合作，当时还是历史系本科生的龚礼茹在毕业论文指导老师彭鹏教授的介绍下，与天后博物馆陈文广馆长结识，并共同参与了赤湾天后古庙相关课题的挖掘、研究项目。在长期的调查和研究过程中，我们逐渐认识到赤湾天后古庙在深圳历史地位的重要性和特殊性，但目前却未有完整全面的对赤湾天后古庙的历史研究，在深感遗憾的同时，也意识到我们作为此时此刻“最了解”赤湾天后古庙变迁史的“妈祖文化传承者”，有义务将手头上收集到的历史资料整理成文并出版。这不仅是我们对自己多年研究的总结，还是传承深圳妈祖文化的最佳方式，更是希望借此机会让广大市民了解深圳的海洋历史文化。

本书的写作并非是为了进行专业的学术性研究（当然也与我们学术能力的限制、“心有余而力不足”有关），而是希望在各种文献资料的支撑下，讲好“妈祖故事”，呈现赤湾天后古庙在不同历史时期的变迁情况，揭示赤湾天后古庙与深圳海洋历史文化的关联。

基于这一写作目的，本书主要采用历史学和田野调查的方法。一方面通过搜集明清史书、地方县志、士人文集、报纸期刊等资料，将赤湾天后古庙放置在宋代以降中国海洋历史当中进行考察；另一方面，通过走访深圳、广州、东莞、香港和澳门等地，我们对赤湾天后古庙的信众开展了口述历史的调查，挖掘、整理了一些民间文献、诗歌和传说故事，这对我们了解赤湾天后古庙在广东民间社会中所处的地位大有裨益。

我们搜集到的历史文献和民间资料构成了本书的写作基础。虽然本书在写作和研究方面尚有许多不足，其中一些观点、认识也值得商榷，但是这些实实在在的历史材料却是我们的“底气”所在。本书发现的新材料有三方面：第一，发现了两篇未被收录进《新安县志》的庙记和多首诗歌。其中，一篇声称是明人“张源”立石的《天后石碑》保存在浙江常山《林氏宗谱》。另一篇是清雍乾年间新安县知县何梦篆撰写的《赤湾天后庙记》及两首诗歌，保存在其《思无邪斋集》中。还有清乾隆五十五年（1790）新安县知县陈寅、清末民国初广西人潘乃光、顺德人黄棣华及佚名人士的诗歌共计七首；第二，搜集了近代报刊大量记载的赤湾天后古庙材料，丰富了我们对近代赤湾天后古庙宫庙的运作方式（如管理机构、庙会经营）、香客构成、对地方社会的贡献等方面的认识；第三，收集了大量的传说和神迹故事，例如“赤湾天后庙与陷龙窝”“赤湾妈祖与南海神” “张镇与九十九道门大庙”等。

此外，我们搜集到的历史资料不仅仅是写作本书的源泉，还成为指导保护赤湾天后古庙历史建筑、还原“辞沙”非物质文化遗产以及传承妈祖与海洋文化的理论依据。第一，深圳市南山区委、区政府高度尊重历史文化，多次调整天后博物馆的修缮规划，不仅重修了赤湾天后古庙历史上的牌楼，而且增加赤湾天后古庙以及周边的文化用地等；第二，在本书考证和研究的基础上，在2014年至2019年期间，深圳南山天后博物馆以《大明集礼》为依据和规范，并结合岭南地区民间祭祀习俗，还原了“辞沙”祭海仪典；第三，通过展陈的方式，将一些研究成果进行展出。上述社会实践虽未尽善尽美，但也是本研究所取得的社会效益的初步呈现，亦是新时期我们如何讲好深圳妈祖文化、讲好深圳故事的最好实践方式。

最后，我们诚挚对在写作过程中为我们提供帮助的单位和个人表示衷心的感谢！首先感谢深圳市南山区委、区政府。其次要感谢深圳大学人文学院的各位老师，感谢章必功教授、景海峰教授、杨东林教授、彭鹏教授、问永宁教授、张小也教授对本书提出的写作建议和帮助！感谢在田野调查过程中遇到的可爱可亲的信众朋友们，如周琼芳婆婆、潘玉池先生、何玉民先生、徐根弟先生、蔡群芳女士等。此外，特别感谢本书的出版社——方志出版社及编辑人员！

陈文广　龚礼茹

2023年1月11日